Anonymous

Euphorion

Anonymous

Euphorion

ISBN/EAN: 9783337321352

Hergestellt in Europa, USA, Kanada, Australien, Japan

Cover: Foto ©ninafisch / pixelio.de

Weitere Bücher finden Sie auf **www.hansebooks.com**

Euphorion

Zeitschrift für Literaturgeschichte

herausgegeben

von

August Sauer

Sechstes Ergänzungsheft

Leipzig und Wien
k. u. k. Hof-Buchdruckerei und Hof-Verlags-Buchhandlung
Carl Fromme
1906

Verlags-Archiv Nr. 1081

Der Wiener Musenalmanach

Eine literarhistorische Untersuchung
von
Otto Rommel in Teschen

Der

Wiener Musenalmanach

Eine literarhistorische Untersuchung

von

Otto Rommel

in Teschen

Leipzig und Wien
k. u. k. Hof-Buchdruckerei und Hof-Verlags-Buchhandlung
Carl Fromme
1906

Verlags-Archiv Nr. 1081

Inhaltsverzeichnis.

Der Wiener Musenalmanach. Eine literarhistorische Untersuchung von Otto Rommel.

I. Einleitung S. 1—19. Gegenstand der Untersuchung S. 1. Verhältnis des Wiener Musenalmanachs zu den anderen Musenalmanachen des 18. Jahrhunderts S. 2—4. Wien im Wiener Musenalmanach S. 4—7. Bibliographisches S. 7—13. Der Wiener Musenalmanach in der Kritik S. 13—19.

II. Entwicklungsgeschichte des Wiener Musenalmanachs S. 19—59. Erste Periode S. 20—32. Zweite Periode S. 32—46. Dritte Periode S. 46—55. Literarische Namen im Wiener Musenalmanach S. 55—59.

III. Fremde Literaturen im Wiener Musenalmanach S. 59—67. Übersetzungen aus dem Französischen S. 59—61. Übersetzungen aus dem Englischen S. 61—63. Übersetzungen aus Petrarca und den Minnesingern S. 63. Übersetzungen aus dem Griechischen S. 63. Übersetzungen aus dem Lateinischen S. 63/4. Neulateinische Literatur S. 64. Verschiedenes S. 64. Übersetzungsmethode S. 64—67.

IV. Inhaltliche Analyse des Wiener Musenalmanachs S. 67—115.
   1. Die alten Gattungen S. 67—79: Fabel S. 67/8, Idylle S. 68, Epistel S. 68—70, Epigramm S. 70—79.
   2. Die Lyrik S. 80—109: Liebeslyrik S. 80—93 (anakreontisch-galante Lyrik und Lyrik nach dem Vorbilde der Dichtung der Göttinger S. 80—83, Motiv der glücklichen Liebe S. 83/4, der unglücklichen Liebe S. 84—89, Liebesgeständnis und Liebeswerbung S. 89/90, Preis der Geliebten S. 90—92, Ehelieder und Kinderlieder S. 92/3), Preis Gottes S. 93, Freundschaft S. 93, Natur S. 93—97, Wein S. 98/9, lyrisch-didaktische Gedichte S. 100/1, Scherzgedicht S. 101—103, Gelegenheitsgedichte S. 103/4, Kompositionen im Wiener Musenalmanach S. 105/6, die Ode und die barbische Lyrik S. 106—109.
   3. Die erzählenden Gedichte des Wiener Musenalmanachs S. 109—115: die Schwankdichtung S. 109—111, die lehrhafte Erzählung S. 111, die Ballade S. 112—115.

VIII Inhaltsverzeichnis.

V. **Vers und Reim im Wiener Musenalmanach** S. 115—145. Versbehandlung S. 116/7, Strophen- und Versformen S. 117—127 (gereimte strophische Gedichte S. 117—120, Sonette S. 120, Madrigal S. 120, Ode S. 120/1, Epigramme S. 121/2, vers libres S. 122—124, Alexandriner S. 124, Fünffüßige Jamben S. 124/5, Auftaktlose fünfhebige Verse S. 125, Vierhebige Verse S. 125, Anakreontische Verse S. 125/6, der Knittelvers S. 126, Hexameter und Distichen S. 126/7, freie Rhythmen S. 127, genre melée S. 127), Reimuntersuchung S. 127—145 (Reimzwang und Reimbänder S. 127—132, Zusammenhang zwischen Reim und poetischer Technik S. 132—138, Reimkunst im Wiener Musenalmanach S. 139—142, Unreine Reime S. 142—144, Namen im Reim S. 145). Anhang: Austriacismen im Wiener Musenalmanach S. 145/6.

VI. **Die Autoren des Wiener Musenalmanachs** S. 146—218.

1. Überblick über die Masse S. 146—162 (Namen und Verteilung auf literarische Strömungen S. 146—150, Chiffren S. 150—152, Verteilung auf Kronländer S. 152, Ausländische Mitarbeiter S. 152, Beteiligung der Autoren des Wiener Musenalmanachs an anderen Almanachen S. 152/3, Altersklassen S. 153, Besprechung der bedeutenderen Mitarbeiter: Jos. v. Sonnenfels S. 153/4, U. Petral S. 154, Jos. v. Retzer S. 154, K. J. Hartel S. 155, A. Grolzhamer S. 155, J. M. Brandstetter S. 155—158, Anmerkungen S. 158—162).

2. Einzelcharakteristiken S. 162—218 (J. B. v. Alxinger S. 162—185, L. L. Haschka S. 185—189, Gottlieb v. Leon S. 191—202, J. F. Ratschky S. 203—208, Gabriele v. Baumberg S. 208—212, B. J. Koller S. 212 bis 218).

Register S. 219.

I. Einleitung.

1.

Die Geschichte der österreichischen Literatur im Zeitalter der Aufklärung war bis vor kurzem ein Stiefkind der Forschung. Am meisten geschah noch fürs Drama. Auf den anderen Gebieten, besonders aber auf dem der Lyrik liegt noch fast alles im Dunkeln. Weder über die literarischen Strömungen und Bestrebungen, welche die Produktion beherrschen, noch über die leitenden Persönlichkeiten sind wir im klaren. Sauers erschöpfende Übersicht im § 298 des „Grundrisses" hat der Forschung ein ganz neues Arbeitsfeld eröffnet. Es ist nicht mehr erlaubt, sich in allgemeinen Wendungen über die Rückständigkeit der österreichischen Literatur zu ergehen, da nunmehr die einzelnen Tatsachen gesammelt vorliegen.

In dieser Arbeit soll der Versuch gemacht werden, an einem literarischen Dokumente, welches die österreichische, speziell Wiener Lyrik von dem Erlöschen der Anakreontik bis zum Erstehen des Klassizismus in sich vereint, am Wiener Musenalmanach 1777—1796[1]) den Abstand zu messen, welcher die österreichische von der großen deutschen Literatur trennt.

In jedem lyrischen Gedicht, mag es noch so kurz und auch unbedeutend sein, kommt ein bestimmter Ideengehalt und eine bestimmte künstlerische Tradition zum Ausdruck. Literarische Strömungen

---

[1]) Der Wiener Musenalmanach ist recht selten geworden, ja ein vollständiges Exemplar scheint überhaupt nicht mehr vorhanden zu sein. Die Universitätsbibliothek in Wien und die Landesbibliothek in Graz besitzen nur einzelne Bände, dem Exemplar der k. k. Hofbibliothek fehlt der vierte Jahrgang (1780), dem der Wiener Stadtbibliothek der dritte (1779).
Literatur: 1. Kaltenbäck schreibt im „Austriakalender auf das Jahr 1845" S. 1—4 unter der Überschrift „Zur Kultur- und Sittengeschichte" über die ersten Wiener Musenalmanache. — 2. Dr. A. Schlossar „Österreichische Kultur- und Literaturbilder" 1879: „Die Wiener Musenalmanache des 18. Jahrhunderts" S. 3—64. Dazu kommt jetzt die ausführliche Besprechung in der „Deutsch-österreichischen Literaturgeschichte" von J. W. Nagl und J. Zeidler, Schlußband 307 ff., die ich leider erst während des Druckes einsehen konnte.

werden sich also auf keinem anderen Gebiete dichterischen Schaffens so deutlich aufzeigen und verfolgen lassen als auf dem der Lyrik. Die Musenalmanache des 18. Jahrhunderts, in welche wie in gemeinsame Becken die jeweilige Jahresmenge lyrischer Ergüsse zusammenfloß, bieten als wenig oder nicht parteiische Anthologien ein gesichtetes Material zur Zeichnung des Hintergrundes, von dem sich dann die großen schöpferischen Individualitäten abheben.

Da ein derartiger Versuch noch nicht gemacht wurde, erwächst eine doppelte Aufgabe: erstens am Beispiele des Wiener Musenalmanachs (= WM), der in Einrichtung und Zusammenstellung nicht erheblich von seinen Vorbildern abweicht, zu zeigen, welche literarischen Gattungen und Richtungen in die Musenalmanache Eingang finden und in welchen Formen sich das Empfindungsleben der Zeit ausspricht; zweitens das Verhältnis zu untersuchen, in dem der WM zu seinen Brüdern im Reiche und zur deutschen Literatur überhaupt steht.

Der Wiener Musenalmanach nimmt unter den bedeutenden Almanachen, zu denen ich noch den Göttinger, den Leipziger und den Vossischen rechne, insoferne eine eigenartige Stellung ein, als er alles, was die Dichter eines bestimmten Kulturkreises hervorbrachten, in seinen Bänden vereinigt. Fast alle österreichischen Dichter, die 1777—1796 blühten, haben Beiträge zum WM gegeben, die älteren wie Blumauer und Alxinger steuerten ihr Bestes bei. So kommt in diesen WM eine Einheitlichkeit, wie sie die anderen — den Göttinger Musenalmanach bis zur Begründung des Vossischen ausgenommen — nicht, oder nur in ihrer Gesamtheit besitzen.

Der WM ist der jüngste unter seinen Brüdern. Eine direkte Abhängigkeit besteht zwar zu keinem von ihnen, doch drängt ein Vergleich sich von selbst auf. Freilich muß man, um gerecht zu sein, sich immer vor Augen halten, was die Begründer der zweiten Periode des Almanachs so eindringlich betonten, daß die anderen Almanache „der Zusammenfluß von fast mehr als halb Deutschland sind, hier aber ... nur Dichter einer einzigen Stadt ihre Produkte aufstellen".

Nicht in Betracht kommt der älteste deutsche Musenalmanach, der Leipziger. Seinem Herausgeber, der nicht wie Boie das verehrte Haupt eines Dichterbundes, sondern ein verhaßter „Recensent" war, kam es nicht darauf an, zu sammeln, was das Jahr hervorbrachte, sondern er wollte geben, was berühmt war, wovon gesprochen wurde, und er scheute sich sogar nicht, in den ersten Bänden durch preisende Anmerkungen im Inhaltsverzeichnisse den Leser auf die Schönheiten der einzelnen Stücke aufmerksam zu machen. Er nahm die Stücke, wo er sie fand, wenn sie nur berühmt oder von einem berühmten Verfasser waren. Ein Gelegenheitsgedicht von Zachariae

I. Einleitung.

oder Sonnenfels oder Maſtalier war ihm lieber als ein künſtleriſch wertvolles Gedicht eines noch unbekannten Autors. So zeigt der Leipziger Muſenalmanach zwar viele ſtolze Namen (ſiehe das Verzeichnis bei Goedeke), gibt aber kein einheitliches Literaturbild; ſein auffälligſtes Merkmal iſt, daß das Bardentum in ihm eine Stätte findet.

Unendlich höher als der Leipziger Muſenalmanach ſteht der Göttinger, der nicht wie jener auf Raub angewieſen, ſondern von einer Gruppe junger begabter Dichter unterſtützt wurde, von denen eine neue Richtung der Lyrik ausging. Zu ihm verhält ſich der WM wie die Nachahmung zum Originale. Alle literariſchen Strömungen der deutſchen Lyrik ſind im Göttinger MA durch ihre Begründer oder doch ihre berühmteſten Träger vertreten, im WM durch Nachahmer. Zu den Mitarbeitern des Göttinger MA gehören Deutſchlands berühmteſte und hoffnungsvollſte Dichter, die Mitarbeiter des WM hatten ſich alle erſt einen Namen zu erkämpfen. Zu einer ſo epochemachenden Bedeutung wie der Göttinger Muſenalmanach in ſeinem 1774er Jahrgang, der nebſt Oden von Klopſtock und Stolberg, von Bürger die „Nachtfeier der Venus" und „Lenore", von Goethe „Der Wanderer", „Adler und Taube", „Mahomets Geſang" brachte, hat ſich der WM nie erhoben. Ja noch mehr: verglich man die Gedichte des Göttinger und des Wiener Muſenalmanachs Stück für Stück, ſo müßte der Vergleich auf der ganzen Linie zu Ungunſten des letzteren ausfallen. Aber gerade an dieſem Maßſtabe gemeſſen, zeigt ſich auch die Bedeutung des WM: zwar ſind ſeine Gedichte, abſolut und einzeln betrachtet, faſt durchwegs weniger bedeutend als die des Göttinger, aber das Literaturbild des WM iſt, wenn wir es als Ganzes überblicken, dasſelbe wie das des Göttinger, nur ſchwächer in den Farben und unſicherer in den Umriſſen. Auch die innere Entwicklung iſt in beiden Almanachen die gleiche, nur daß der Klaſſizismus in den Göttinger Almanach früher eindringt als in den Wiener und das künſtleriſche Niveau desſelben nie ſo tief ſinkt wie das des Wiener.

Weniger bedeutend als der Göttinger Muſenalmanach iſt der Voßiſche. Er ſteht dem Wiener Muſenalmanach in vielen Beziehungen nahe. Nicht nur daß Voß häufig aus dem WM entlehnte:[1] auch die

---

[1] Folgende Stücke hat Voß mit Angabe des Verfaſſers, aber nicht der Quelle aus dem WM entlehnt und vielfach „verbeſſert" (die erſte Ziffer nennt den Jahrgang, die kleinere die Seite):

WM 78$_{109}$ „Der junge Herr und der Bettler" = Voß, Muſenalmanach [VM] 81$_{40}$: „Der Spieler und der Greis. Nach de la Monnaye".
WM 80$_{117}$ Retzer „Amor und Klio" = VM 81$_{80}$: „Die Muſe und Amor. Nach Shenſtone".

Zusammensetzung der beiden Almanache ist eine ganz ähnliche, gleiche Sympathien und Antipathien — abgesehen von dem stark demokratischen Elemente, das nicht nur dem Vossischen, sondern auch dem Göttinger Almanach eigentümlich ist und im Josefinischen Wien offenbar keinen rechten Boden fand — kommen in den polemischen Gedichten beider Almanache zum Ausdruck. Freilich sind auch im Vossischen Almanach die Mitarbeiter bedeutender: ein Hölty und Claudius für Gottl. Leon, ein Stolberg für Haschka oder Brandstetter, ein Bürger für Blumauer; aber dennoch ist das Literaturbild des WM reicher als das des Vossischen, dem die Pedanterie des Herausgebers, zumal in den späteren Jahrgängen das Gepräge einer einförmigen, kalten und innerlich leeren Korrektheit aufdrückt. Der Charakter der Bände von etwa 1790 ab ist durch Vossens Übersetzungen aus der Antike, seine antikisierenden Idyllen und durch die Beiträge von Matthisson und Freiherrn von Salis-Sewis bestimmt.

In den achtziger Jahren schon beginnt die besondere Bedeutung der älteren Almanache zu erlöschen. Die einzelnen Almanache werden einander immer ähnlicher, da dieselben Dichter an verschiedenen Almanachen regelmäßig Beiträge geben. 1787 erlischt der Leipziger, 1796 der Wiener, 1800 der Vossische und 1804 der Göttinger.

2. Wienerisches.

Für eine erschöpfende Darstellung der literarischen Situation Wiens vor der Begründung des Wiener Musenalmanachs fehlen noch die Vorarbeiten. Ich verweise, um das Wichtigste zu nennen, auf die

---

WM 83 $_{26}$ Blumauer „Wunder der Liebe" = VM 84 $_{209}$.
WM 83 $_{72}$ Blumauer „Grabschrift eines Spaniers" = VM 84 $_{191}$.
WM 83 $_{127}$ von einem Soldaten „Nach einer Execution" = VM 84 $_{211}$ „Die Execution" von einem Soldaten.
WM 85 $_{13}$ Sonnenfels „Nach Prior" = VM 86 $_{200}$.
WM 85 $_{52}$ von einem Frauenzimmer „Belisar und Pfeffel" = VM 86 $_{210}$.
WM 85 $_{61}$ U. „Gleichniß" = VM 86 $_{203}$: „Der Geizige."
WM 85 $_{77}$ von einem Soldaten „Magistratssession nach einer Feuersbrunst" = VM 87 $_{50}$.
WM 85 $_{90}$ J. B. Josch „Auf eine geschminkte Alte" = VM 86 $_{212}$.
WM 85 $_{106}$ J. J. Scheiger „Der Richter und der Bauer" = VM 87 $_{47}$ „Der Richter und der Bauer" von J. J. S.
WM 86 $_{25}$ Epigramme aus der griechischen Anthologie, übersetzt von Maßalier = VM 87 $_{25}$.
WM 86 $_{27}$ Grolzhamer „Lied eines Taglöhners in der Feyerstunde" = VM 87 $_{121}$.
WM 86 $_{68}$ Blumauer „Der Geizhals" = VM 87 $_{9}$.
WM 86 $_{137}$ Blumauer „Brief eines strengen Vaters an seinen Sohn" = VM 87 $_{143}$.
WM 86 $_{137}$ Alxinger „Glück und Unglück" = VM 87 $_{153}$ (vgl. Keil, „Wiener Freunde", Wien 1883, S. 47).
WM 87 $_{47}$ Blumauer „Lied der Freyheit" = VM 87 $_{162}$.

I. Einleitung.

Bücher von Richter und Hofmann-Wellenhof.[1]) Hier hebe ich nur heraus, daß in Wien schon zwei Jahre vor dem Erscheinen des WM die Gründung eines Almanachs geplant worden ist.

In der „Österreichischen Realzeitung" Jahrgang 1775, S. 431 erschien eine Nachricht des Inhalts, daß die Absicht bestehe, einen Österreichischen Musenalmanach herauszugeben. Die nähere Einrichtung solle zwei Monate vor der Herausgabe bekanntgegeben werden. Beiträge werden bis Ende Oktober angenommen unter der Adresse: An die Verfasser der k. k. privilegierten Realzeitung in Wien. NB. Beyträge zum Musenalmanach. In der Kurzböckischen Buchhandlung abzugeben. Man sei der Überzeugung, daß auch in Österreich manche junge Genies leben, die nur Ermunterung brauchen.

Im selben Jahrgang, S. 670 wird die Ankündigung wiederholt. Der Almanach, der 250 Seiten Gedichte, „ohne das übrige zu rechnen", umfassen soll, solle Mitte November erscheinen und den Pränumeranten durch die Weygandsche Buchhandlung abgegeben werden. Die Anzeige schließt mit den pathetischen Worten: „Die Ehre der Hauptstadt Deutschlands und unseres Vaterlandes überhaupt scheint es zu fordern, daß junge Genies mit vereinten Kräften trachten, Wien auf dem Klopstockschen Landtage Sitz und Stimme zu verschaffen." Seite 726 bringt eine dritte Nachricht des Inhalts, daß die Menge der Einläufe eine Verzögerung von einem Monate verursacht habe, so daß der Almanach erst am 1. Dezember erscheinen könne. Unterfertigt sind wiederum die Verfasser der Realzeitung, als Bezugsort ist wieder die Weygandsche Buchhandlung genannt.

Der angekündigte Almanach erschien aber nicht; in der Realzeitung findet sich in den zwei folgenden Jahrgängen nicht die leiseste Andeutung.

Ob der Plan dieses österreichischen Almanachs, der in dem berühmten Leipziger Verlag erscheinen sollte, ein Vorläufer der Gründung des WM ist, steht dahin. Jedenfalls hat der WM mehr Wienerisches an sich, als nach der Ankündigung der österreichische gehabt haben müßte.

Daß etwas Wiener Geist im Wiener Musenalmanach lebt, muß eine Analyse zeigen. Der Lärm der stolzen Kaiserstadt wenigstens bringt oft genug in die stillen Musenhaine des Almanachs. „O Kaiserstadt!" (85$_{115}$, 90$_{143}$). „O lautes Wien!" (81$_{37}$, 90$_{138}$) wird die Stadt angeredet und schon damals flüchtete man gerne aus „Wiens betäubten Straßen" (77$_{111}$) hinaus ins Freie (siehe den Abschnitt über

---

[1]) H. M. Richter „Aus der Messias- und Werther-Zeit". Wien 1882. Derselbe „Geistesströmungen". 1880.
Hofmann-Wellenhof „Mich. Denis". Innsbruck 1881.
Derselbe „A. Blumauer". Wien 1885.

I. Einleitung.

die Epistel), etwa aus „Grenzgebirg der reichen Steiermark" (93 $_{121}$). Was Wien zu bieten vermochte, zählt Alxinger in seiner Epistel „An Madame Göckingk" 86 $_{89}$ auf: „Kein thürmender Pallast", klagt er, habe ihren Mann in Wien zurückhalten können,

> ... kein goldner Saal,
> Kein Freudenfest, kein Opernsang, kein Prater,
> Kein vaterländisches Theater ...

Was weniger edle Geister in Wien anzog, ersehen wir aus Blumauers „Unterhaltungskalender eines jungen Wienerherrchens" 86 $_{71}$:[1]) Kasperltheater (auch 91 $_{143}$: „wie ein Tyrann im Kreuzerspiel"), Stuwers berühmte Feuerwerkskünste (auch 88 $_{79}$ und 93 $_{173}$), Ochsenteilung. Auch bildeten noch die Tierhetzen, die fast jeden Sonntag von Engländern auf maskierten Pferden (88 $_{79}$) durch Trommeln ausgerufen wurden, einen Anziehungspunkt, wenn es auch dabei viel weniger blutig herging als im alten Rom, da die Unternehmer ihre kostbaren Tiere möglichst schonten.[2])

Wir hören ferner vom Trubel der Faschingszeit („Der Fasching" 84 $_{86}$, „Andächtige Betrachtung am letzten Fastnachtstage" 84 $_{120}$, „Fastenlied" 88 $_{91}$, „Fastenlied" 96 $_{118}$) und des Auncutages (88 $_{78}$, 95 $_{30}$); es ist auch die Rede von einem Krapfenweib 84 $_{86}$, Wäschermädchen 77 $_{98}$ und dem berühmten Wiener Fiaker 91 $_{66}$. Der vielbesungene[3]) Prater wird in einem Gedichte, das dem Rezensenten der Allgemeinen Deutschen Bibliothek (siehe S. 15) als besonders charakteristisches[4]) Stück auffällt, gefeiert wegen der materiellen Genüsse, die er bietet (M. Span „An den Prater" 89 $_{57}$); da „schallen Konzerte von Geigen, Trommeln, Pfeifen, Dudelsack"; da gibt es Ballspiel, Feuerkunst, Marionettenspiel, Luftballon, Ringelspiel, zahme Hirsche (vgl. G. Leon „Ehrenrede an den guten ehrlichen Bruder Waldhänsel. Gehalten ... bey der Goldnen Weintraube im Prater" 81 $_{87}$); verliebte Paare durchstreifen die entlegeneren Gegenden. Von gutem Essen und Trinken ist auch sonst mehr die Rede als in anderen Almanachen (vgl. 85 $_{18}$ „Morgenbesuch" von Alxinger, 85 $_{67}$ „Dithyrambe auf die Einweihung einer neuerbauten Weinschenke", 92 $_{91}$, 96 $_{14}$ und anderes); der WM widerspricht also

---

[1]) Vgl. als Gegenstück dazu Alxingers „Visum nocturnum" 90 $_{39}$.
[2]) Siehe die Beschreibung einer solchen Tierhetze in Gräffers „Kleinen Wiener Memoiren" 2, 114.
[3]) Auch Mastalier hat ein Gedicht an den Prater in seine Sammlung aufgenommen; vgl. darüber Nagl-Zeidler a. a. O. 321.
[4])
> Du bist ein alter deutscher Biedermann,
> Bey dem man gastfrei sich den Schmerbauch über
> Und über tapfer schmausend füllen kann.

I. Einleitung.

Schillers bekanntem Xenion vom Volk der Phäaken nicht, wie er anderseits auch Zeugnis von ernstestem Streben belegt.

Wir werden in satirischen Gedichten auch in die vornehme Wiener Gesellschaft geführt. Wir sehen die Schöne, umgeben von geputzten „süßen Herrchen", die ihr Zoten zuflüstern (81 $_{78}$, 83 $_{108}$, 84 $_{44}$, 85 $_{57}$ und an vielen anderen Stellen). Daß der Umgangston in der Tat ein frivoler war, beweist schon der Umstand, daß Gottl. Leon seine sehr pikante „Geschichte der Schönpflästerchen" 96 $_{131}$ öffentlich einer Dame widmen durfte. Gegen die Putzsucht der Wienerinnen wird viel geeifert (81 $_{58}$, $_{78}$, 82 $_{158}$, 84 $_{57}$, 88 $_{79}$, 90 $_{7}$ und anderwärts), sowie gegen die Laxheit ihrer Sitten (81 $_{51}$, $_{78}$, 84 $_{77}$, 86 $_{109}$, 96 $_{133}$, $_{147}$ usw.; vgl. dazu unten den Abschnitt über das Epigramm).

Weniger verzerrt als in der Satire spiegeln sich andere Ausschnitte aus dem Leben der Wiener Gesellschaft in den Episteln (siehe unten deren Besprechung).

3. Bibliographie.

Der „Wiener Musenalmanach" (bis einschließlich 1785 „Wienerischer Musenalmanach" betitelt) erschien 1777—1796, umfaßt also 20 Jahrgänge. Die zierlichen Duodez-Bändchen sind durchschnittlich 165 Seiten[1]) stark, die Zahl der in einem Jahrgang enthaltenen Stücke schwankt zwischen 41 und 87.[2])

Die Zahl der Gedichte in den ersten vier Jahrgängen ist wegen der umfangreichen Beilagen geringer als später. Denn wie der Leipziger Musenalmanach nach dem Vorbilde des „Almanach des Muses" eine Notiz poetischer Neuigkeiten gebracht hatte, so bot der WM seinen Lesern eine „Wienerische Theaterchronik", das heißt ein Verzeichnis sämtlicher auf den beiden Theatern in Wien aufgeführten Stücke und Rezensionen der Novitäten, ein Beweis, wie sehr das Theater im Josefinischen Wien im Mittelpunkte des Interesses stand. Die Kritiken stellte Ratschky — alle stammten aus seiner Feder — schon im Jahre 1779 ein, müde der Anfeindungen, die sie ihm von seite der betroffenen Autoren und ihres Anhanges zugezogen

---

[1]) Die genauen Zahlen sind: 1777: 140 (wovon 68 Seiten auf die Beilagen entfallen); 1778: 130 (wovon 72 auf die Beilagen entfallen); 1779: 154 (wovon 96 Seiten auf die Beilagen entfallen); 1780: 129 (wovon 28 Seiten auf die Beilagen entfallen); 1781: 207, 1782: 185, 1783: 184, 1784: 172, 1785: 164, 1786: 156, 1787: 130, 1788: 154, 1789: 162, 1790: 156, 1791: 162, 1792: 172, 1793: 184, 1794: 168, 1795: 120, 1796: 150.

[2]) Die Zahl der Gedichte beträgt der Reihe nach: 41, 42, 43, 47, 58, 54, 85, 70, 65, 66, 57, 53, 66, 69, 68, 87, 57, 72, 72, 78.

hatten; 1780 erschien das Verzeichnis der aufgeführten Stücke ohne Rezensionen, seit 1781 fehlt auch dieses.

Noch durch eine Einrichtung unterschied sich der WM in seinen ersten vier Jahrgängen von den anderen: er brachte ein größeres Stück, das den Gedichten vorangestellt wurde. Im ersten Jahrgange war es ein französisierendes Singspiel von Ratschky, nach einem Ballett des französischen Ballettmeisters Monsieur Noverre, dem das Stück auch in einem französischen Widmungsgedichte zugeeignet ist; 1778 eine „Romanze im alten Rittergeschmacke" von Gottl Leou; 1779 eine (anonyme) Parodie auf die Sturm- und Drangdramen: „Geburt, Leben und Tod Alexanders des Großen" und 1780 „Darthula, ein Trauerspiel nach Ossian" von Fr. Saam.[1]

Der Almanach wechselte ziemlich oft den Verlag: 1777—1779 erschien er bei Jos. Edlen von Kurzböck, 1780 bei Joh. Thom. Edlen von Trattner, 1781—1785 bei Rudolph Gräffer, 1786 bei G. Ph. Wucherer, 1787 bei Chr. Fr. Wappler, 1788—1793 bei Rud. Gräffer und Komp. (nicht bis 1792, wie Goedeke 4, 366 angibt); nur 1794 (nicht 1793—1794) bei A. Blumauer (dem Herausgeber), 1795—1796 bei Jos. Camesina und Komp.

Der Almanach erscheint nach den Ankündigungen 1777—1780 zu Neujahr, 1781 Ende Januar,[2] 1782 zu Allerheiligen, 1783—1790 zur Michaelismesse, 1791—1794 zu Neujahr, 1795 entgegen der Ankündigung Blumauers erst Neujahr 1795 und 1796 wiederum zu Neujahr.

Die ersten drei Jahrgänge (Redaktion Ratschky) sind mit Kupferstichen und mit in Kupfer gestochenen Titelvignetten geziert. Der Kupferstich in 1777 ist eine Illustration zu dem Singspiel „Weiß und Rosenfarb", die beiden anderen haben keine Beziehung zum Inhalt. Der Kupferstich zu 1778 stellt Herakles dar, wie er die lernäische Hydra tötet, der zu 1779 Daphne, wie sie, von Apollo verfolgt, in einen Lorbeerbaum verwandelt wird. Die Titelvignette zu 1777 zeigt Amoretten, die mit einem Vogel spielen, die zu 1778 einen römischen Legionär, die zu 1779 Zeus mit der Nike. Die Vignetten zu 1778 und 1779 sind merklich schlechter als die erste. Über der Theaterchronik, dem längeren Stücke, zum Beginne und zum Schlusse der eigentlichen Gedichtsammlung sind Druckleisten angebracht. Der Druck ist in diesen drei Jahrgängen sehr klein, so daß besonders die Ziffern oft verschwimmen.

Dem vierten Jahrgange fehlen Titelvignetten und Druckleisten. Als einziger Schmuck sind ihm laut Anmerkung auf S. 130 zwei

---

[1] Auch im Einzeldruck: Frankfurt und Leipzig 1781 erschienen. Goedeke 5, 361.
[2] Die Vorrede ist vom 20. Januar 1781 datiert.

Schattenrisse,[1]) ein männlicher und ein weiblicher beigegeben. Dafür ist der Druck ein wenig besser.

Mit 1781 beginnt eine neue Periode in der Geschichte des WM. Der Druck wird größer und ändert sich von nun an nicht mehr. Auch neuen Schmuck erhält der Almanach.

Der Jahrgang 1781 hat zwar keine Kupferstiche und Titelvignetten wie die ersten drei Almanache, gibt aber statt der Druckleiste über dem ersten Gedichte („Germanien" 81 $_{9-27}$) und nach dem letzten („Zur Hör' und Lehre den Jünglingen meiner Vaterstadt" 81 $_{191-207}$) in Kupfer gestochene Vignetten, die sich auf die Gedichte beziehen, denen sie beigegeben sind. Die erste Vignette ist ein Medaillon mit dem Kopfe der „stirnengeschmückten" Germania, das mit einer Trophäe von zwei Speeren, Schwert, Keule und Schild gekrönt ist; die zweite eine Trophäe aus Schild, Schwert, Speer, Muschel und Telyn, umwunden von einem Eichenkranze. 1782 hat nur mehr eine (ebenfalls in Kupfer gestochene Vignette), eine Illustration zu dem ersten Gedichte („Der Neugeweihte und Sined" von Denis 82 $_{9-14}$). 1783—1793 begnügt man sich mit einer schmalen Druckleiste auf der ersten Seite; diese Druckleiste wechselt 1783—1786, bleibt aber von 1787—1793 gleich. 1794 erscheint wieder eine neue gebruckte Vignette über dem ersten Gedichte. Die letzten beiden von Leon besorgten Jahrgänge haben weder Vignetten noch Druckleisten, dafür reichverzierte, in Kupfer gestochene (für beide Jahrgänge gleiche) Titelblätter.

Die ersten vier Jahrgänge geben auf dem Titelblatte keinen Herausgeber an.

Den WM redigierten 1777—1779 J. F. Ratschky, 1780 Martin Jos. Prandstetter (als Stellvertreter des vorher engagierten Jos. Richter), 1781—1792 J. F. Ratschky und A. Blumauer, 1793—1794 A. Blumauer allein, 1795—1796 Gottl. Leon. Seit 1790 ist Leon der eigentliche Herausgeber, wenn er auch erst seit 1795 zeichnet. Erst von 1781 ab nennen sich die Herausgeber auf dem Titelblatte. Im ersten Jahrgange wird das Inkognito strenge gewahrt und der Vorbericht erbittet Beiträge unter der Adresse „An die Herausgeber des wienerischen Musenalmanachs, k. k. privileg. Kurzböckisches Realzeitungskomptoir". Erst 1778 gibt J. F. Ratschky seinen Namen als Adresse für Beiträge an, um dann 1779 im Vorberichte ganz offen hervorzutreten. Jos. Martin Prandstetter zeichnet 1780 die Vorrede. 1781—1792 zeichnen J. F. Ratschky und A. Blu-

---

[1]) Vgl. Schlossar a. a. O. S. 26. Sie fehlen in dem mir vorliegenden Exemplare. Der weibliche stellt nach Schlossar Fräulein Antonia Forster (= Fräulein von Forster 80 $_{52, 91, 122}$) vor.

mauer, als Abreſſat für Beiträge wird 1781—1785 Ratſchky¹) und erſt 1786—1794 Blumauer genannt.

Die Jahrgänge 1777—1781 und 1795 haben Vorberichte, 1796 eine Nachſchrift des Herausgebers. Sie gewähren uns einen Einblick in die Schwierigkeiten, mit denen der Almanach zu kämpfen hatte.

Der Vorbericht zu 1777 beſchwert ſich bitter über Mangel an Teilnahme an dem jungen Unternehmen: „Unſere großen Geiſter ſchreiben nicht für uns; wir müſſen ſie ſelbſt erſt aus auswärtigen Journalen, Almanachen uſw. kennen lernen. Von den gaskoniſchen Prahlereyen einiger kritiſchen Ausrufer²) im deutſchen Reiche, von ihrem dreiſten Stolze, der uns täglich durch mancherley Augenzeugniſſe lächerlicher gemacht wird, durch alle dieſe Blendwerke verführt, verleugnen ſie ihre Vaterſtadt, und kriechen ſklaviſch vor fremde Tribunale, um die Ehre zu haben, anderswo als in ihrem Vaterlande zu glänzen."³)

Im folgenden Jahrgange hatte er ſich gegen die „Literariſchen Monate" zu verteidigen, die zwar den Almanach außerordentlich günſtig beurteilt, aber ihn wegen des franzöſiſchen Widmungsgedichtes angegriffen hatten, worauf Ratſchky übrigens (ſiehe Vorbericht zu 1777) gefaßt geweſen war. Auch Anfeindungen wegen ſeiner Rezenſionen mußte er abwehren. 1779 iſt ſeine Geduld zu Ende. Er erklärt, daß er die Herausgabe des „wieneriſchen Muſenkalenders" niederlege „aus dreyerley Gründen. Fürs erſte bin ich des Recenſierens und Verſemuſterns herzlich müde.... Der zweyte Grundtrieb ſind Berufsgeſchäfte, die ich der Poeſie wegen nicht vernachläßigen kann.... Zur dritten Bewegurſache dient der durch die

---

¹) Alxinger ſchreibt am 20. November 1786 an Reinhold (Keil, „Wiener Freunde", Wien 1883, S. 46: „... Ratſchky hat keinen Teil daran (i. e. am Wiener Muſenalmanach) und wird auch nicht mehr mit herausgeben, da er als Gubernialſekretär nach Linz gehet."

²) Gemeint iſt wohl Ch. H. Schmid, der Herausgeber des Leipziger „Almanachs der Muſen", der Verfaſſer der kritiſchen Vorberichte, auf den ſich auch die Auſpielung 85,12 bezieht.

³) Darauf antworten die Herausgeber der „Literariſchen Monate" 1777, 1, S. 358, gegen welche Ratſchky im ſelben Almanach in einem Vorwort S. 67—68 polemiſiert hatte, in der Rezenſion des Almanachs: „Sobald die litterariſchen Monde angefangen wurden, haben Denis, Maſtalier und andere, die ſonſt an dem kritiſchen Theile des Journals keinen Antheil nehmen, willig ihre vorräthigen Aufſätze hergegeben. Es iſt Beleidigung von Männern ſolcher Art ſo zu reden, wie dieſer Vorberichter. Nicht ſie kriechen vor fremden Tribunalen, ſondern die auswärtigen Almanacher, Anthologiſten und Journaliſten kriechen vor ihnen, und wetteifern, ihre Sammlungen mit Gedichten dieſer großen Männer zu zieren. Doch der Herausgeber wehklagt, daß er keinen berühmten Mann in ſeinem Almanache habe; hinc illae lacrymae!"

itzigen Kriegsumstände, wie aller übrige Kommerz gehemmte Buchhandel". Er konstatiert noch mit Befriedigung, daß er nicht, wie fast alle seine Kollegen mit einem poetischen Bankrotte abtreten müsse,[1]) und übergibt die Herausgabe an Jos. Richter, der sich 1779 mit einer Ode „Der Luxus" einführt. Da dieser aber durch eine Reise verhindert war, sein Versprechen zu halten, so trat Jos. Martin Prandstetter für ihn ein, der seit 1779 bis zu seiner Verurteilung wegen Hochverrates im Jahre 1794 ein eifriger Mitarbeiter des WM blieb. Der Redaktionswechsel bedeutet insoferne keinen Einschnitt, als die innere Einrichtung des Almanachs dieselbe blieb und auch Ratschky Beiträge gab. Prandstetter versprach in dem Vorberichte zu 1780 die Redaktion weiterzuführen, und erbat Beiträge bis Ende Juli. Seine Bitte scheint erfolglos geblieben zu sein, denn erst Januar 1781 erschien der neue Jahrgang, aber unter neuen Herausgebern (Ratschky und Blumauer) in neuem Verlage. Der Vorbericht sagt: „Vier volle Jahre schon rang dieser Almanach sich aus der Minderjährigkeit emporzuwinden, die, wie viele wakre Leute sich verlauten ließen, ihm zwar nicht eben zur Unehre gedieh, die aber doch immer Minderjährigkeit war. Und noch würde es (lag die Schuld an der Unbiegsamkeit oder Schüchternheit des Vormünders, oder an was sonsten, das wollen wir, so triftig wir's auch könnten, nicht entscheiden) noch würde es vielleicht ein frommer Wunsch geblieben seyn, hätte sich nicht ein Freund des Gesanges, der selbst einen der rühmlichsten Ehrenstühle unter Deutschlands Dichtern einnimt, und dem auch das Verdienst der heurigen Herausgabe größtentheils zuzurechnen ist, mit all den Enthusiasmus, dessen ein Mann von Genie fähig ist, dafür verwendet."[2])

Mit Stolz heben die Herausgeber hervor, daß sie sich „nun durch die Beiträge fast aller Dichter,[3]) die hier einigen Namen haben, so gütig und so reichlich unterstützt sehen", entschuldigen Ungleichheiten in der Redaktion mit der Kürze der Zeit, „worinnen dieser Almanach veranstaltet werden muste," und versprechen für künftig größte Sorgfalt.

In der Tat nahm (vgl. unten) der Almanach nach 1781 einen mächtigen Aufschwung; gegen Ende der achtziger Jahre sank er wieder.

1794 versprach Blumauer in einer Ankündigung, den Almanach künftig in der Gestalt eines förmlichen Kalenders erscheinen zu

---

[1]) In der Tat traten in diesem Jahrgang sechs neue Dichter vor die Öffentlichkeit.

[2]) Es ist wohl kein Zweifel, daß Denis dieser „Mann von Genie" war, denn Blumauer hatte vor 1780 nichts veröffentlicht (Hofmann-Wellenhof „A. Blumauer", S. 18) und auch Alxinger war noch nicht so berühmt, wie der Preis durch den Vorbericht voraussetzt.

[3]) Nicht weniger als 22 Dichter haben sich genannt.

lassen,¹) kam aber nicht dazu. Der Jahrgang für 1797, den Leon in der Nachschrift zu 1796 verhieß, erschien nicht mehr, wie es scheint, aus Mangel an Beiträgen.²)

Über die Art der Redaktion läßt sich wenig ermitteln. Man suchte möglichst vielerlei zu bringen und um recht bunte Reihe zu erhalten, scheute man sich auch nicht, Zusammengehöriges, wie z. B. Schlossers Odenzyklus „An Laura" 78 ₁₀₂, ₁₀₅, ₁₁₀, ₁₁₇ zu zerreißen. Besondere Stücke erhalten eine besondere Stelle: die Gedichte von Denis werden an die Spitze, Blumauers Encomia wieder ans Ende gestellt.

Ratschky nahm ferner wie wohl alle anderen Almanach-Herausgeber das Recht, Gedichte zu verbessern,³) für sich in Anspruch; wie weit er dabei ging, ließe sich lediglich durch Einblick in die Redaktionskorrespondenz feststellen. Sicher ist nur, daß der WM weitaus nicht in dem Grade den Charakter ausgeglichener Korrektheit trägt, wie dies im Musenalmanach von Voß der Fall ist, welcher auch die Gedichte aus dem WM, die er aufnahm, zum Ärger der Betroffenen, auf das Rücksichtsloseste umarbeitete (vgl. Keil „Wiener Freunde" S. 47). Blumauer, der ja auch seine eigenen Gedichte nachlässig genug behandelte,⁴) scheint seine redaktionelle Tätigkeit auf die Auswahl beschränkt zu haben.

Eine einheitliche Orthographie ist in manchen Punkten z. B. in der Setzung der Doppelkonsonanten (besonders ff, ll) und in der Interpunktion in keiner Periode des Almanachs⁵) durchgesetzt worden,

---

¹) Der Göttinger war immer, der Vossische erschien seit 1797 als Kalender.
²) Der „Neue Wiener Musenalmanach auf das Jahr 1798, herausgegeben von einer Gesellschaft", hat mit dem Wiener Musenalmanach 1776—1796 nichts zu tun.
³) Vorbericht zu 1778: „Von den eingesandten Aufsätzen konnten wir nur sehr wenige in ihrer ursprünglichen Gestalt, so wie wir sie erhielten, benützen. Bey einigen war es mit einer kleinen Veränderung oder Abkürzung gethan; die meisten aber konnten wir nicht anders als ganz unterdrücken. Sollten einige diese eigenmächtigen Korrektionen übel aufnehmen, so wissen wir . . . ."
86 ₁₄₃ „An Blumauer" vergleicht die Arbeit eines Redakteurs mit der eines Werbers, der Rekruten mustert, aber wenig Freude erlebt:

Denn leider! neunzig unter hundert
Sind buclicht, lahm und krüppelhaft,
Und wieder schon von andern Werbern
Mit Schimpf und Schande fortgeschafft.

Noch glücklich, wenn Feldscherer Ratschky
Dem oft dabey der Muth entsinkt,
Doch einen und den andern heilet,
Daß er doch wenigstens nicht hinkt.

⁴) Hofmann-Wellenhof „A. Blumauer". Wien 1895, S. 34.
⁵) In anderen Punkten versuchte man wieder zu reformieren. So schreiben die Jahrgänge 1781—1784 statt d überall einfaches t, um später wieder zur alten Übung zurückzukehren.

während z. B. Voß seine eigensinnige Orthographie konsequent durchführte. Am nachlässigsten ist in dieser Beziehung die Redaktion in den Jahrgängen 1786—1789, in welchen die meisten Druckfehler vorkommen und am häufigsten Interpunktionszeichen fehlen.[1])

Manche Andeutungen lassen erkennen, daß der WM in der ersten (vorjosefinischen) und der letzten (nachjosefinischen) Zeit unter der Zensur zu leiden hatte. Leon berichtet in einem Briefe[2]) an Reinhold (am 16. August 1786) von den Anfängen des WM und bemerkt zusammenfassend: „All diese Fatalitäten (das heißt Anfeindungen seitens der Kritik usw.) nun zusammengenommen, glaub' ich, haben wir zu derselben Zeit wirklich das geleistet, was bey einer damals noch sehr eingeschränkten und erzbigotten Zensur, die unsere poetischen Charmanten uns nicht einmal im Geist zu küssen erlaubte, und den Busen unserer Schönen so oft kontreband machte, nur immer leisten konnten. Diese Schwierigkeiten, Hindernisse und Ungemächlichkeiten haben wir nun in der gegenwärtigen Zeit und Lage der Umstände bey der Herausgabe unseres Musenkalenders freylich nicht zu bekämpfen ..."[3])

Seit dem Zensuredikt Josefs II. dagegen scheint der WM eine schrankenlose Zensurfreiheit genossen zu haben (siehe S. 38 ff.). 1790 beginnen schon wieder die Klagen. Derselbe Leon schreibt an Reinhold am 23. Januar 1790:[4]) „Die Censur war dießmal äußerst strenge mit uns; so wie es überhaupt, nach den nun noch nicht lange eingeführten strengen Censurgesetzen zu urtheilen, mit unserer, vor dem so sehr gepriesenen Denk- und Preßfreyheit allmählich wieder krebsgängig zu werden anfängt; denn wer eine von der hiesigen Censur verbothene Schrift auswärts zum Druck befördert, soll laut eines an die Herren Censoren herabgegebenen Mandats, welches jedoch meines Wissens noch nicht publiciret wurde, einer Leibesstrafe unterliegen."

4. Aufnahme in der Kritik.

Zur äußeren Geschichte des WM gehört auch ein Bericht über die Aufnahme desselben in der zeitgenössischen Kritik.

Die Wiener Dichter und Literaten haben zur deutschen Kritik ein sehr übles Verhältnis. Sie fühlen sich von ihr unwürdig be-

---

[1]) Auch daß die Jahrgänge 1787—1789 keine Kompositionen bringen, während seit 1780 jeder Jahrgang solche gegeben hatte, deutet auf geringere Sorgfalt der Redaktion.
[2]) Keil a. a. O. S. 62.
[3]) Vgl. dazu die Nachschrift zu 1778: „Damit man nicht etwa in unsern Geschmack ein Mißtrauen setze, finden wir für nöthig anzumerken, daß wir ein paar gute Gedichte weglassen mußten, nicht, weil sie nichts bessers verdienten, sondern weil sie für Wien zu frey sind."
[4]) Keil a. a. O. S. 71.

handelt und in ihrem Streben verkannt; ihre Briefe (vgl. Keil a. a. O.) sind voll Klagen über ungerechte Rezensionen.

Wie der Wiener Musenalmanach zur Kritik stand, zeigt Reiters Gedicht „An Blumauer" 86₁₄₃:

> Und doch auf Michaelismesse
> Heißt's: aufmarschiert! Du stehest da
> En Ordre de Bataille wider
> Die große Czaarin Kritika,
>
> Die bald ein fliegend Korps Broschüren
> Und Wische dir entgegenschickt.
> Bald aus Berlin mit schweren Truppen,
> Aus Leipzig und aus Jena rückt.
>
> Doch Muth, denn die von dir gestellte
> Leibkompagnie ist brav, und ficht
> Gut wurmserisch, und deine Freunde
> Entstehn dir auch mit Hilfe nicht.

Leipziger Kritiken kenne ich nicht, denn die von Ch. F. Weiße geleitete Bibliothek der schönen Wissenschaften und Christian H. Schmid kritische Überblicke im „Almanach der deutschen Musen" haben vom WM nicht Notiz genommen. Rezensiert wurde der WM in Wielands Teutschem Merkur, in der Allgemeinen Deutschen Bibliothek und in der Jenaer Literaturzeitung.

Im Teutschen Merkur wurde der WM zweimal besprochen: im Juniheft 1778 und im Märzheft 1786 die Jahrgänge 1778 und 1786. Die erste Besprechung ist ganz kurz und allgemein gehalten, aber wohlwollend; den Verfasser interessieren mehr die Theaterchronik und die Rezensionen. Die zweite stammt aus der Feder Reinholds.[1]) Der Rezensent ist der Meinung, daß der Almanach erst seit 1781 bestehe, kennt also nur die zweite Periode seiner Entwicklung. Er rühmt „die artigen Blumensträuße, die Blumauer und Ratschky auf ihrem vaterländischen Boden gesammelt haben und die unserer Meinung nach, nur noch einer kleinen vorläufigen Musterung bedürfen, um in den unverwelklichen Kranz aufgenommen zu werden, den Teutschlands Muse von Österreichs Erstlingen flechten und in dem Tempel des Geschmacks der Nachwelt aufstellen wird". Darauf werden Mastalier, Sonnenfels, Retzer, Brandstetter, Alzinger und Blumauer einzeln ausgezeichnet.

In Nicolais Allgemeiner deutscher Bibliothek werden die Jahrgänge 1783, 1784, 1785, 1789, 1790, 1791 besprochen.

WM 83. Allgemeine Deutsche Bibliothek 54, I, 147. „Sowohl von den beiden Herausgebern, besonders von Blumauer, als auch von andern, zum Teile schon bekannten Dichtern, Denis, Mastalier, von Sonnenfels, von Retzer und

---

[1]) Keil a. a. O. S. 61.

I. Einleitung. 15

Leon findet man manches unverwerfliche Stück in diesem Almanache. Am zahlreichsten sind die Sinngedichte; aber nicht immer im wörtlichsten Verstand als sinnreich und oft zum Teile nicht leicht und ungekünstelt genug in der Einkleidung."
WM 84. Allgemeine Deutsche Bibliothek 57, I, 130. "Auch hier (d. h. wie in dem vorher besprochenen Almanache) eine Mischung von Gutem und Mittelmäßigem, obgleich das Bessere überwiegend ist. Wie sich verschiedene Sinngedichte von Goetingk in diese Sammlung, die sonst lauter Wiener Dichter zu Verfassern hat, verirrt haben, ist dem Rezensenten unbekannt."
WM 85. Allgemeine Deutsche Bibliothek 67, I, 125. "Man findet unter manchem Mittelmäßigem auch manches gute Stück von glücklicher Wendung und gefälliger Einkleidung, sowohl von den Herausgebern als von Alxinger, Haschka, Leon, Retzer, Sonnenfels." Blumauers Übersetzungsprobe von Voltaires "Pucelle" wird als "sehr glücklich" charakterisiert.
WM 89. Allgemeine Deutsche Bibliothek 92, I, 122. Ausführliche und sehr scharfe Kritik. Nach einleitenden Worten fährt der Rezensent fort: „... vortreffliche Stücke enthält dieser Almanach gar nicht, nur wenige sind gut, die meisten mittelmäßig, einige höchst schlecht." Blumauer wird scharf getadelt: die Probe seiner Übersetzung der Pucelle "erregt von dem Ganzen nicht die günstigste Erwartung." — "Noch geschmackloser ist die Parodie des schönen Liedes ,Ah si j'etois la fougère'.[1]) Überhaupt herrscht in den neuesten Produkten dieses Dichters eine ermüdende Einförmigkeit und Eintönigkeit, die sich nicht bloß auf Gegenstände und Gedanken, sondern selbst auf Wendungen und Ausdrücke, sogar auf Silbenmaße erstreckt." Darauf wird Spans Gedicht "Der Prater" als charakteristisches Stück hervorgehoben, die Unzweideutigkeit in Kollers Ballade "Die Weiber von Weinsberg" als Ungezogenheit gerügt; nur Jüngers "Fragment eines Briefes", Ratschkys "Klage eines österreichischen Bettelmönchs", Baumbergs Gedicht "Das liebende Mädchen" werden gelobt.
WM 90. Allgemeine Deutsche Bibliothek 101, I, 109. "Unter manchen mittelmäßigen und unbedeutenden Stücken fehlt es doch nicht ganz an guten, welche außer den beiden Herausgebern Denis, Retzer, Alxinger, Bathiany (!) beigetragen haben." Von den Sinngedichten, "deren eine ziemliche Menge sind", wird eins von Josch[2]) herausgehoben. Leon, der eigentliche Redakteur, der mit neun Stücken vertreten ist, wird gar nicht erwähnt.
WM 91. Allgemeine Deutsche Bibliothek 110, I, 100. "Mehr Aufmerksamkeit (es war vorher die bei Kaiserer in Wien herausgegebene "Blumenlese der Musen" getadelt worden) verdient die zweite Sammlung." Gelobt werden von Ratschky "Der Einsiedler" und von Alxinger "verschiedene poetische Nachahmungen Phädrischer Fabeln."[3]) "Der Sinngedichte sind nicht wenige, aber wenige zeichnen sich vorzüglich aus."

Die Jenaer "Allgemeine Literatur-Zeitung" hat die Jahrgänge 1785, 1787, 1788 und 1789 des WM rezensiert.[4])

WM 85. Allgemeine Literatur-Zeitung 1785, I, 219—220. Der Rezensent wünscht mehr Strenge in der Auswahl. Ausgezeichnet werden Blumauer, Alxinger,

---

[1]) Blumauer "Lied an der Toilette der Geliebten zu singen" 89_{37}. Vgl. Höltys Parodie desselben Liedes im Anhang zu Halms Hölty-Ausgabe.
[2]) 90_{87}.
[3]) In Wirklichkeit nur eine getreue Übersetzung des Prologs und der ersten Fabel des Phädrus als Probe einer (allerdings nicht erschienenen) Phädrus-Übersetzung (90_{70-71}).
[4]) Reinhold hat also Leons Bitte (Keil a. a. O., S. 71) um Rezension des WM 90 in der Allgemeinen Literatur-Zeitung aus irgend welchen Gründen nicht erfüllt.

Haschka, Ratschky, Pfeffel und G. von Baumberg; getadelt werden die beiden galanten Erzählungen von L. G. von Batthian. „Gottl. Leon hat nichts Auszeichnendes; sein bestes Stück ist „An Nabine'." Von einzelnen Gedichten werden getadelt: die Soldatenlieder (85 $_{22-23}$), „An eine Linde" von der Verfasserin des Fräuleins von Sternheim (85 $_{127}$); gelobt werden: „Ihr Bild" (85 $_{67}$), Ratschkys „Dithyrambe" (85 $_{67}$) und „An Herrn von Alxinger" (85 $_{112}$). „Die schönste Blume im ganzen Bouquet aber," fährt der Rezensent fort, „ist unstreitig Blumauers „Lob des Esels", das wir unsern Lesern ganz mitteilen müssen." Folgt Abdruck.

WM 87. Allgemeine Literatur-Zeitung 1787, S. 174. „Der Wiener Musenalmanach steht nur an Zahl der Stücke unter seinen nördlichen Brüdern." Gelobt wird Alxingers altmodisches Hochzeitskarmen „An ein Brautpaar", weil es „äußerst feine Wendungen und einige neue Ideen" hat, Ratschkys „An den Erzvater der alleinseligmachenden Kirche, Herrn Pater Frant!" (87 $_{34}$) als Dokument für die Preßfreyheit in Wien herausgehoben und Blumauers „vorzügliches" Enkomion „An den Magen" (87 $_{72}$) wieder teilweise zitiert. Doch wird schon die Wiederholung eines Einfalles gerügt.

WM 88. Allgemeine Literatur-Zeitung 1788, I, 546—548. Der Jahrgang 1788 wird als Mißernte bezeichnet, die weit hinter den vorigen zurückstehe und nur durch Blumauers Name gehalten werde. Als beste, aber noch immer mittelmäßige Stücke werden Kollers „Der Invalide an seinen Fleischtopf" (88 $_{121}$) und Brandstetters „Danklied" (sc. an die Pfeife 88 $_{11}$) bezeichnet; Petraks Satire auf Nicolai („Reisebeschreibung durch Böheim" 88 $_{72}$) und einige Sinngedichte werden getadelt. Das wenige Lob wird auf Blumauer und Ratschky gleichmäßig verteilt.

WM 89. Allgemeine Literatur-Zeitung 1789, II, 135. „Gewöhnlich pflegt man in diesem Almanach zuerst nach Gedichten von Hn. Blumauer sich umzusehn", beginnt die Rezension, die bis in Einzelheiten sich wie das Gegenstück zur späteren Rezension desselben Jahrgangs in der Allgemeinen Deutschen Bibliothek liest. Blumauers „Lied an der Toilette der Geliebten zu singen" wird außerordentlich gelobt, ebenso Ratschkys „Klage eines Bettelmönchs". Jüngers „Fragment aus einem Briefe", das dem Rezensenten in der Allgemeinen Deutschen Bibliothek als bestes Stück erschien, ist nach der Meinung dieses Rezensenten „wohl nur aus Gefälligkeit aufgenommen". Koller wird wegen seiner Unanständigkeit getadelt, wegen seiner Laune und Gewandtheit gelobt. Die Aufnahme der Übersetzungen von Gedichten des Hieronymus Balbi[1]) wird beanstandet. Zusammenfassend findet der Rezensent „mittelmäßig viel, ganz unwürdig keines" der Gedichte. Bei der Aufzählung der Autoren bedauert er, daß Alxinger und Leon so selten erscheinen.

Diese Rezensionen der ersten kritischen Zeitschriften sind nicht besonders ergiebig. Mit Ausnahme der Rezension des Jahrganges 1789 in der Allgemeinen Deutschen Bibliothek, bei der wohl persönliche Animosität gegen Nicolais Gegner Blumauer mitspielen mochte,[2]) bedienen sich fast alle desselben Schemas: allgemeine Verteilung von Lob und Tadel, Nennung der literarisch bekannten Namen, Besprechung und mitunter Anführung einzelner Stücke. Trotzdem spiegelt sich auch in ihnen der Entwicklungsgang des Almanachs. Nach 1790

---

[1]) Vgl. das Kapitel über die neulateinische Literatur.
[2]) Daß die Rezensionen in der Allgemeinen Literatur-Zeitung überhaupt merklich wärmer sind als die in der Allgemeinen Deutschen Bibliothek, ist nicht zu verkennen.

erlischt in den kritischen Journalen das Interesse wie an den anderen so auch an dem WM gänzlich.

Die Schicksale des WM in der österreichischen Kritik zu verfolgen, war mir aus Mangel an Hilfsmitteln und wegen der Entlegenheit der Literatur nur in sehr geringem Grade möglich. So weiß ich nicht einmal, wo die Ankündigung des WM erschienen ist, auf die der Herausgeber im Vorbericht zum ersten Jahrgange hinweist, entschuldigend, daß statt „Jason und Medea", wie in der Ankündigung versprochen, die Operette „Weiß und Rosenfarb" dem Almanach beigegeben sei.

Der Almanach wurde sofort in eine Polemik mit den „Literarischen Monaten herausgegeben von einer Gesellschaft" (1773—1777, redigiert von Fr. J. Riedel und L. L. Haschka) verwickelt. Ratschky hat den Anlaß gegeben. In einem zweiten Vorwort zum ersten Jahrgange (S. 67—68) beschwert er sich über die mißgünstige Rezension seiner Gedichte:[1]) „Wer hätte das gedacht?", „Rabeners Anakrise" und „Der Barde und der Minnesänger", die er noch einmal dem Urteil des Publikums unterbreitet (77 $_{74,\ 95,\ 101}$), und eifert gegen den Kritiker, „der die Miene zu haben scheint, jedem Dichter den Weg zum Parnaß zu versperren, der sich nicht zur Bardensekte bekennt". Die „Literarischen Monate" halten in der Rezension des Wienerischen Musenalmanachs („Literarische Monate" 1, S. 358, Monat Januar) ihr Urteil über diese Gedichte aufrecht, verwahren sich aber gegen den Vorwurf der Parteilichkeit. Sie übernehmen auch die Verteidigung von Denis und Mastalier, die Ratschky im Vorberichte[2]) heftig angegriffen hatte. Ratschky bekommt noch wegen des französischen Widmungsgedichtes an Noverre eins ab; es wird ihm sogar ein vermeintlicher Sprachfehler aufgemutzt. Dagegen verteidigt sich Ratschky im Vorbericht zum zweiten Jahrgange und kann sich die Genugtuung nicht versagen, mit folgenden Worten abzuschließen: „Doch genug von einem Gegner, von dessen Dasein man seit geraumer Zeit nicht die geringste Spur hat;" denn 1777 waren die „Literarischen Monate" eingegangen.

Wo die „Leibkompagnie" des Wiener Musenalmanachs ficht, deren Reiters Gedicht (siehe S. 14) Erwähnung tut, weiß ich nicht.[3]) Die Angaben dieses Gedichtes sind auch sonst nur mit Vorsicht aufzunehmen. So heißt es nach der oben zitierten Strophe dort weiter:

---

[1]) Weder die Universitäts-, noch die Hof-, noch die Stadtbibliothek in Wien besitzen die „Literarischen Monate" 1773—1776, nach Nagl-Zeidler erschienen sie nur 1776/7.
[2]) Siehe S. 10.
[3]) Die „Realzeitung" ist wohl kaum gemeint: siehe unten.

I. Einleitung.

> Darob rumort, wer diesen Krüppel
> Gestellt hat, noch, und kommentiert
> Zu dem beliebten Wienerblättchen:
> Nun sei der Kerl erst recht stropiert.

Im „Wienerblättchen" (begründet 1783) finden sich häufig „Eingesendet" und Beschwerden von Bürgern über wirkliche oder vermeintliche Mißbräuche; der Wiener Musenalmanach wird aber, abgesehen von Buchhändleranzeigen in den Jahrgängen 1783—1785 einschließlich nirgends erwähnt. Die Strophe ist nur durch die Annahme zu erklären, daß sie eine Befürchtung für die Zukunft ausspricht.

Die „Österreichische Realzeitung" hat nur die Jahrgänge 1778, 1779, 1781, 1782, 1785 und 1786.

WM 78 rec. Realzeitung 1778 $_{60-73}$. Der Rezensent stimmt in die von Ratschky im Vorbericht zu 1777 erhobene Klage ein, daß „Männer, deren Ruhm gegründet ist, trotz der patriotischen Gesinnung, die sie immer im Munde führen, fremde Blumenlesen schmücken und auf diese vaterländischen Produkte mit Verachtung — oder Neid herabsehen. Ratschkys erfolgreiche Replik auf die Kritik der „Literarischen Monate" wird schadenfroh zur Kenntnis genommen, den Rezensionen von Theaterstücken zugestimmt. Alle Mitarbeiter werden gelobt, am meisten Gottl. Leon: „In ihm darf Wien sich einen großen Dichter versprechen, wenn er sich einmal seine Manier gemachet. Balladen," heißt es mit bezug auf seine „Anmüthige und züchtige Historia..." sehr richtig, „scheinen seine Art nicht zu sein. — Es ist dazu nicht genug, das Antique in der Sprache zu treffen, man muß seinen Helden auch Gesinnungen in den Mund legen, die der Denkungsart ihrer Zeit angemessen sind, und die Farben zu Gemälden und Bildern nicht aus dem achtzehnten Jahrhundert[1]) holen."

WM 79 rec. Realzeitung 1779, S. 46. Die Rezensionen werden gelobt; daß Denis „ungeachtet des von uns geäußerten Wunsches" fehlt, wird bedauert. „Geburt, Leben und Tod Alexanders des Großen" ist eine Satire auf Göthens unglückliche Nachahmer, die manche wahrhaft komische Stelle enthält und nicht so schmutzig und ekel ist, wie das so sehr verrufene Marionettentheater von Schink; doch hätte man lieber eine Operette gewünscht." — Die Gedichte werden gelobt, doch wünscht man mehr Mannigfaltigkeit; herausgehoben werden „Gratulationsschwank" von Leon und „Gegenschwank" von Hartel. — Dann wird Ratschkys Rücktritt von der Redaktion zur Kenntnis genommen, sein Nachfolger begrüßt. Zum Schlusse weist der Rezensent mit Genugtuung auf die günstige Besprechung des vorigen Jahrganges (WM 78) im „Teutschen Merkur" (Juniheft 1778) hin und tröstet damit die jungen Dichter über den Tadel „verschiedener Journalisten".

Seit der WM nicht mehr im Verlage der „Österreichischen Realzeitung" (Jos. Edler von Kurzböck) erscheint, werden die Rezensionen immer seltener und magerer, obwohl von Ende 1782 bis 1784 Blumauer, der Herausgeber des WM, auch Redakteur der „Realzeitung" war und Ratschky, der Mitherausgeber des WM, zur „Realzeitung" in guten Beziehungen stand. Dies ist aus dem Vorbericht zu 1780 zu ersehen, wo es heißt: „Die kurzen kritischen

---

[1]) Vgl. über diese Ballade die Charakteristik Leons.

Anzeigen der in Wien neuaufgeführten Stücke schienen mir heuer völlig wegzulassen zu seyn, vorzüglich, weil sie heuer sehr gleichlautend mit jenen waren, die von Zeit zu Zeit in der k. k. privilegierten Realzeitung allhier bekanntgemacht wurden." Ratschky war wohl auch der Rezensent der „Realzeitung".

Realzeitung 1781 ₂₄₇ f. wird in ganz kurzen Worten der WM 81 angezeigt. Die Herausgeber (Ratschky und Blumauer) und die wichtigsten Mitarbeiter (Blumauer, Denis, Alxinger, Haschka, Hofstäter) werden lobend genannt; der junge Dichter Stürmer, der zum ersten Male mit einer Ballade und einem Epigramm aufgetreten war, wird als plötzlich verstorben beklagt.

Realzeitung 1782, S. 1 ff. bespricht den WM 1782 sehr günstig.

Realzeitung 1783, S. 256 bringt eine Notiz über eine Adreßveränderung der Redaktion, aber keine Besprechung.

WM 1785 rec. Realzeitung 1784, S. 667. Kurze, aber sehr günstige Besprechung. Retzers „Stufen des weiblichen Alters" (85 ₁₃₂) werden als Probe abgedruckt.

WM 1786 rec. Realzeitung 1786, S. 11. Wiederum sehr günstige Besprechung des Almanachs. Nur Reiters Gedicht „An Blumauer" wird wegen der Schlußstrophe[1]) getadelt.

Mit dem Jahre 1786 ging die „Realzeitung" ein.

II. Entwicklungsgeschichte des Wiener Musenalmanachs.

Wer die Bändchen des WM durchblättert, empfängt keinen günstigen Eindruck.[2]) Die Sammlung scheint auf den ersten Blick nichts zu enthalten als konventionelle Empfindungen, konventionelle Stimmungen und Situationen in armseligen abgebrauchten Reimen. Bei näherem Zusehen aber wird das Bild, das wir erhalten, farbiger und mit einer gewissen Rührung gewahren wir, wie diese kleinen Begabungen trotz ihrer geringen Kraft sich mühen, mit der Entwicklung der großen deutschen Literatur, von der Österreich so lange abgeschlossen war, Schritt zu halten, zuerst in weiterem, dann immer näherem Abstande, bis schließlich doch die Kraft erlahmte.

Drei Perioden lassen sich beim WM nach seiner inneren Entwicklung abgrenzen: I, 1777—1780; II, 1781—1789; III, 1790—1796.

---

[1]) Ich stell' hiemit die fünf Rekruten:
Doch assentiret die Zensur
(Denn zwey darunter sind venerisch)
Vermutlich die drey andern nur.

[2]) Dr. P. von Hofmann-Wellenhof sagt in seinem verdienstlichen Buche „Alois Blumauer", Wien 1885, S. 29: „Es ist wenig Rühmliches von diesem Unternehmen zu berichten, ja die Durchsicht der zierlichen Duodezbändchen führt uns recht eindringlich die traurige Inferiorität der damaligen Literatur Deutsch-Österreichs zu Bewußtsein." — Kaltenbäck, der den ersten Aufsatz über den WM schrieb („Austria oder Österreichischer Universalkalender für 1845, S. 1—4), meint, „es würde schwer halten, aus allen 20 Bänden zwei oder drei Gedichte für eine etwaige Chrestomathie zu sammeln."

1. Periode.

Die ersten vier Jahrgänge sind charakterisiert durch die allmähliche Zurückdrängung des anfangs dominierenden französischen Einflusses und durch das Hervorbrechen der Empfindsamkeit.

Als Ratschky sich im Jahre 1776 entschloß, nach dem Muster der bestehenden Almanache einen „Wienerischen Musenalmanach" herauszugeben, da konnte er nur auf zwei sichere Mitarbeiter rechnen, auf Gottl. Leon und Thaddaeus Schlosser. Dazu kam der nicht unbegabte Joh. K. Hartel, der 1779 mit neun Gedichten zugleich auf den Plan trat; er fehlt aber schon 1780 und wird WM 81$_{72}$ als tot beklagt. Nur vier junge Leute bildeten also die „kleine dichterische Genossenschaft", von welcher der Vorbericht des zweiten Jahrganges spricht; durch Verwendung von Chiffren suchten sie auch die Leser über ihre geringe Zahl zu täuschen.[1]) Die übrigen Gedichte sind Beiträge von wechselnden und bald wieder verschwindenden Autoren ohne jede Bedeutung.

Der erste Jahrgang steht ganz unter französischem Einflusse. Der Herausgeber — „⌂ Freund, der Du als Mensch und Dichter gleich korrekt" redet ihn sein Freund Alxinger in einer Epistel (88$_{31}$ „Prophezeihung bei meines Ratschky Abreise") an — glich dem Begründer des ersten (Göttinger) Musenalmanachs in der Vorliebe für französische Korrektheit und Zierlichkeit. Der Vorbericht zitiert Boileau, ein französisierendes Singspiel in einem Aufzuge von Ratschky („Weiß und Rosenfarb"), in einem französischen Widmungsgedichte Monsieur Noverre zugeeignet,[2]) steht an der Spitze des Almanachs und Ratschky übersetzt auch ein moralisierendes Gedicht („Abbildung eines Biedermanns. Nach dem Französischen des Fenelon" 77$_{120}$). Neben den Franzosen liebt Ratschky Boileaus Liebling Horaz. Er übersetzt eine Ode („An Lydia. Die 13. Ode des Horaz im I. Buche" 77$_{129}$) im Versmaß des Originales und verwendet für ein Strafgedicht „An aufrührerische Bürger" 77$_{70}$ Horaz' VII. Epode (Quo, quo scelesti ruitis . . .) als Musterbild. Zur deutschen Literatur nimmt er mit Entschiedenheit Stellung. Er preist Rabener, den er mit Archilochus, Petronius, Horaz, Persius und Despreux in der Unterwelt zusammentreffen läßt

---

[1]) Unter R., —sch—, —y versteckt sich Ratschky. Löbl scheint Leon zu sein, da Leon Löbls Gedicht „An den Mond" 77$_{71}$ in seine Sammlung („Gedichte" Wien 1788, S. 29) aufgenommen hat; W—g ist ebenfalls Leon, denn die Idylle „Der Blumenkranz" steht in Leons Gedichten S. 55.

[2]) Die Befürchtung, die Ratschky wegen dieses Gedichtes im Vorberichte zu 1777 aussprach, ging in Erfüllung; vgl. oben S. 17. Wie berühmt auch in Wien der Ballettmeister Noverre war, zeigt die Ankündigung seines Auftretens in der „Realzeitung" XVI, 189.

II. Entwicklungsgeschichte des Wiener Musenalmanachs.

("Rabeners Anakrise" 77 $_{95}$);[1]) dagegen bekämpft er in dem Gedichte „Der Barde und der Minnesänger" 77 $_{101}$[2]) die neue Richtung des Bardentums und der Minnelyrik und verspottet im „Verpachteten Parnaß" die ewigen Trinklieder der Anakreontik; und doch ist ein Trinklied (77 $_{73}$ „Die Weinlese") fast der einzige originelle Beitrag von ihm. Daß er der modernen Literaturentwicklung aber nicht durchaus ablehnend gegenübersteht, beweist die Aufnahme eines Volksliedes („Nach einem alten Liede" 77 $_{91}$).

Übrigens war Ratschky mit seinem liebenswürdigen Humor und seiner Bonhommie ein echter Wiener. Sein „Linzermädchen" 78 $_{187}$ und „Das schöne Mädel" 79 $_{104}$ sind die einzigen Gedichte in den ersten vier Jahrgängen, denen man anmerkt, daß sie in Wien entstanden sind.

Am produktivsten unter den drei Begründern des Almanachs war Gottl. Leon. Seine Gedichte sind glatt und leicht, fast spielerisch in der Form, und gehen in ihrem Vorstellungskreise ganz auf die Anakreontik zurück. Am Silberquell, wo die Nachtigall singt und laue Zephyre mit Veilchen spielen, mit einer „Schäfernymphe" zu kosen, um ein Mäulchen zu betteln, ist der beständig wiederkehrende Inhalt seiner Lieder. Doch sind Ansätze zu einer tieferen Entwicklung gegeben. Er gerät in den Bannkreis Klopstocks. Sein Gedicht „Selma an Selmar" 77 $_{79}$ knüpft direkt an Klopstocks Ode „Bündniß" („Selmar, dein Wort, du erscheinst, stirbst du vor mir, Deiner Selma!") an: „Selmar hat sein Wort gehalten, er ist der Geliebten erschienen, die nun nichts wünscht, als mit dem toten Geliebten vereint sein." Seltsam stechen die ossianisch-seraphischen Namen Selma und Selmar gegen die anakreontischen Schäfernamen der übrigen Gedichte ab.

Wirkte Klopstock auf Leons Empfindungsleben, so lernte der junge Dichter bei Hölty vertiefte Auffassung der Landschaft. Sein Gedicht

---

[1]) In seiner Gedichtausgabe von 1785 hat Ratschky das Gedicht auf Swift bezogen und „Dr. Swift im Reiche des Schatten" genannt. Der alte Bremer Beiträger mochte ihm später doch als zu veraltet für eine derartige Huldigung erscheinen (das Urteil der „Literarischen Monate" oben S. 17). Wie sehr er aber auf Ratschky gewirkt hat, beweist Ratschkys gegen die französische Revolution gerichtetes komisches Epos „Melchior Striegel", in welchem der Verfasser fast ausschließlich mit den Mitteln Rabeners arbeitet. Rabener war in Österreich sehr beliebt, wie Regelsbergers Gedicht „Auf Rabeners Tod. Tröstungsgesang an Sachsen" Wien 1771. (Einzeldruck. Goedeke § 218.13) beweist; 1773 wurde die von C. F. Weiße besorgte Sammlung der Briefe Rabeners in Wien nachgedruckt.

[2]) Mit gleichem Spotte spricht er sich in der Rezension von Weidmanns „altdeutschen" Lustspiele „Der Fuchs in der Falle" (78 $_{34}$) gegen die teutonisierende Richtung aus. Durch seine Stellung zog er sich die Feindschaft der „Literarischen Monate" zu, als deren Herausgeber ich schon Fr. J. Riedel und den Barden L. L. Haschka nannte. Bei Goedeke (§ 218 17) ist Ratschky trotzdem merkwürdigerweise unter das Schlagwort „Barden" eingereiht.

„Frühlingsempfindungen" 77₁₀₅ zeigt zwar noch das typische Landschaftsbild: ein Bach, der lieblich säuselnd durch die Büsche irrt, schnäbelnde Tauben auf dem Dache, fromme Lämmchen auf der bunten Au, Lerchen in rosenfarbnen Höhn, Meisen, Finken, Zeisige in den Büschen, Bienen auf den Blumenfeldern, aber der Dichter kommt doch ohne Mythologie aus und das Gedicht endet nicht damit, daß eine Lisinde oder Lilla erscheint, sondern klingt in einen jubelnden Preis der Allmacht Gottes aus. In die gleiche Richtung weist, daß Geßner Leon anzieht. Der Almanach wird durch zwei Prosaidyllen beschlossen, von denen allerdings nur eine 77₁₃₆ „Geschichte des Isters" von Leon gezeichnet ist, während die andere durch die Chiffre A. gedeckt wird.

Eine Besonderheit Leons sind die Minnelieder, zu denen nach seiner eigenen Aussage Bürger und Gleim ihn anregten: 77₁₁₈, 78₁₁₈, 79₉₀, 81₃₁, ₁₀₁, ₁₀₇, 86₈₁, 87₆₄. Näheres siehe unten in der Charakteristik Leons.

Den Ernst vertritt in den ersten Jahrgängen des WM Th. Schlosser. In schwerfälligen Oden, die sich neben Leons leicht gereimten sangbaren Liedchen doppelt wuchtig anhören, besingt er die düstere Mitternachtsstunde („Um Mitternacht 77₇₇) und erhebt die bange Frage, ob er sich reif fühlen dürfe für die Stunde des Gerichtes. Mit trübem Pessimismus grübelt er über „die ächte Freude" 77₁₀₇, die er nur in frommen Gedanken an Gott findet. Der Hinweis auf das Jenseits ist auch der einzige Trost, den er einer trauernden Mutter zu geben vermag („Tröstungsgedicht. An Frau v. St." 77₈₉).

So sehen wir die wichtigsten literarischen Strömungen der Zeit im WM vertreten: die Anakreontik durch Ratschky, die Bestrebungen des Göttinger Hains in Gottl. Leon und das Klopstocksche Pathos und die Klopstocksche Sentimentalität durch Th. Schlosser. Die Entwicklung geht in diesen Bahnen weiter. Zwar war Ratschky liberal genug, trotz seiner Polemik gegen das Bardentum und die neumodische Minnelyrik im zweiten Jahrgang ein echtes Bardengedicht (O. W. „Auf das Beylager Antons Freyherrn von Ulm mit Marien Theresien, Gräfin von Wolfegg" 78₉₄) aufzunehmen und dem Publikum an der Stelle, an welcher er im ersten Jahrgang sein Singspiel „Weiß und Rosefarb" gebracht hatte, eine „Romanze im alten Rittergeschmacke" von Gottl. Leon vorzuführen, aber er stemmte sich dafür mit aller Gewalt gegen die neue Richtung des Sturms und Dranges und „die neue Empfindungssprache", die seiner jovialen Natur unverständlich und entgegen war.[1]) Besonders charakteristisch

---

[1]) Vgl. H. M. Richter „Aus der Messias- und Wertherzeit". Wien 1882, S. 123—199.

ist die ausführliche Rezension der „Zwillinge" Klingers im WM 78₈₇₋₉₂; er nennt[1]) das Drama, mit Beziehung auf das bekannte Urteil der Hamburger Preisrichter, „ein Pêle-mêle, dem, wo Galimatias und Nonsense den Preis ziehen, nichts so leicht den Rang abläuft".[2]) Mit diesem Urteil über den Sturm und Drang stand er nicht allein. 78₁₀₆ heißt es in einem mit P. gezeichneten satirischen Gedichte „Sehr nützliches Projekt fürs allgemeine Wohl":

> Vor wenig Jahren ward geklimpert
> Von lauter Lieb', und lauter Wein:[3])
> Jtzt göthisieret man, und stümpert
> Von Sturm und Drang und Mondenschein.
>
> Es will nur alles, alles fühlen,
> Und schmiert mit federleichter Müh
> Ein tolles Zeug von Trauerspielen,
> Und nennt hernach sich ein Genie. —
>
> O baut, ihr Großen dieser Erden!
> Für all die Herrn ein Thorenhaus;
> Denn alles könnte Göthe werden
> Und prügelt' uns zur Welt hinaus.

Der Jahrgang 1779 bringt — also etwa gleichzeitig mit Klingers „Plimplamplasko" und Lichtenbergs Satiren — an erster Stelle ein in Knittelversen abgefaßtes parodistisches Drama „Geburt, Leben und Tod Alexanders des Großen, ein Schauspiel für Wahnsinnige" von Jldephons Kunterbunt, in dem in gelungener Parodie Alexanders ganzes Leben in acht Szenen dargestellt wird; die Vorrede kopiert den Geniestil.

Bei dieser Denkart kann es nicht wundern, daß noch recht viel Altmodisches im WM steht. War im ersten Jahrgang Rabener gefeiert worden, so taucht im zweiten ein noch älterer Bremer Beiträger auf: 78₈₄ wird auf Zachariäs „Murner in der Hölle" 20 Jahre nach seinem Erscheinen angespielt. Schon moderner waren da Haller, der in einem Nachrufe (79₁₁₀ „Auf Hallers Tod") weniger als Dichter denn als Forscher[4]) gepriesen wird, Ew. von Kleist, dessen Muse

---

[1]) Noch derber ist die Rezension in der „Realzeitung" Jahrgang 1777, S. 30, 40, 50, die (siehe oben S. 18) vielleicht auch von Ratschky herrührt.
[2]) Bekanntlich hat auch Kaiser Josef II. sich in ähnlich abfälliger Weise geäußert.
[3]) Vgl. Ratschky „Der verpachtete Parnaß" 77₉₀.
[4]) Bekanntlich hat Josef II. Haller auf seiner Rückreise aus Frankreich zu Bern besucht (vgl. Hirzels Einleitung zu seiner Ausgabe: Bibliothek älterer Schriftwerke der deutschen Schweiz III. CDXCVIII). An dieser Stelle erwähne ich auch Jos. von Retzers Epigramm „Unter Hallers Bildniß, welches v. Mechel nach seiner Zeichnung dem Kaiser überreichte" 83₁₂₅. Wie sehr Haller als Denker interessierte, zeigt, daß Haschka zweimal (85₉₁ und 85₉₉) an seinen Ausspruch vom Menschen, dem unseligen Zwitterding zwischen Engel und Vieh, anknüpfte.

ein Dichter beim Lobe eines Gärtchens 80₄₅ anruft, und Gleim, der 80₁₀₉ („An Minnas Nachtigall. Nach Gleim") nachgeahmt wird; der Verehrer Gleims (Hussar) nennt auch als erster[1]) im WM den Namen Wielands als eines Lieblings der Grazien (80₇₃ „Die Grazien").

Der französische Einfluß dauert im zweiten Jahrgang noch ungebrochen fort. Trotz der „Hamburgischen Dramaturgie" wird 78₁₃₁₋₅ ein „Versuch einer Übersetzung des Polyeukt, von Peter Korneille" (V 3, ₄) gegeben und neben zierlich tändelnden Gedichten im Stil der französischen Anakreontik (Amors Lotterie 78₇₆, Klimene 78₈₂, Kupido 78₉₂) stehen Übersetzungen französischer Anekdoten (78₉₉ nach La Fontaine, 78₁₀₉)[2]) und Epigramme.

Unaufhaltsam dringt jedoch die Zeitrichtung der Empfindsamkeit in den Almanach und fegt das zierliche Wesen der Anakreontik hinweg. In der Lyrik steht Klopstocks großer Name an der Spitze der Bewegung.

An Leon läßt sich der Wandel am deutlichsten beobachten. Er, der seiner ganzen Veranlagung nach so wenig von Klopstocks gewaltigem Pathos und mächtigem Schwunge hatte, weiht dem Meister ein begeistertes Gedicht („An Klopstock" 79₁₁₇) und schreibt ein Gegenstück zu Klopstocks[3]) „Vaterlandslied" 79₁₀₃. In nicht weniger als fünf Gedichten hat er das Klopstocksche Motiv von der zukünftigen Geliebten behandelt.[4]) In Tränen fleht er zu Gott, ihm die zu senden, die ihm bestimmt sei. Er weint über das Leid, das sie darüber empfinden muß, daß sie ihn ebensowenig kennt als er sie.

---

[1]) Von Radischnigs Gedicht „An die Dichter" 78₁₂₁, wo Ariost, Voltaire, Rost, Goethe, Wieland, Bar, Fontaine als unsittliche Dichter genannt werden, sehe ich ab.

[2]) Ist nach Voß, der diese Anekdote in den Jahrgang 1781 (S. 40) seines Musenalmanachs unter dem Titel „Der Spieler und der Greis aufnahm", von be la Monnaye.

[3]) Klopstocks „Vaterlandslied": Ich bin ein deutsches Mädchen!
Mein Aug' ist blau und sanft mein Blick,
Ich hab' ein Herz,
Das echt ist und stolz und gut.
Gottl. Leon „Vaterlandslied": Ich bin ein deutscher Biedermann
Mit Mannheit stattlich angethan,
Mein Aug' ist blau, mein Blick ist warm
Und eisenstark mein Nervenarm.

Man würde die Verwandtschaft im übrigen kaum erkennen; doch trägt das Gedicht in der Gedichtsammlung Leons vom Jahre 1788 (S. 36) ausdrücklich den Zusatz „Nach Herrn Klopstock", obwohl es dem „Vaterlandslied" von Claudius näher steht. Über die vielen Nachahmungen von Klopstocks Vaterlandslied vgl.: Friedländer „Das deutsche Kunstlied des 18. Jahrhunderts" 2, 129.

[4]) 78₇₅ „An meine Zukünftige", 78₆₃ „An Gott", 78₁₀₁ „An Sylli Wallberg", 78₁₁₅ „An meine künftige Geliebte", 81₁₄₂ „Meine gefundene Sylli".

In naiver Begeisterung für Fr. Jacobis Roman „Aus Eduard Allwills Papieren", der seit April 1776 im „Teutschen Merkur" erschien, nennt er sein Ideal nach einer Figur dieses Romanes Sylli Wallberg. Noch 81$_{142}$ veröffentlicht er ein den Charakter der Improvisation tragendes Gedicht „Meine gefundene Sylli. Amalien von D***s gewidmet. An einem Sonntagsmorgen auf dem Wege nach Heiligenstadt im Herbste 1780" und verweist auf die Gedichte im zweiten Jahrgang. So sehr war ihm die Dichtung zum inneren Erlebnis geworden.

Die Wertherstimmung erfaßte ihn. Er fühlt sich als eines „jener überfüllten Herzen, die so heiß umfahn ihr ganzes Seelenall" („Brief an den Verfasser des S**ts" 78$_{125}$), und seufzt unter „all den zermalmenden Lasten des unermeßlichen Jammers", „Welche zerdrücken mein drangvolles Herz" („Drang zu Gott" 78$_{103}$). Der „Schwermuth Flammenwurm frißt an seinem Herzen" (78$_{113}$, „In einer Regenmondnacht" 78$_{113}$). Er sehnt sich nach dem Tode („Drang zu Gott" 78$_{103}$, „In einer Regenmondnacht" 78$_{113}$, „Jägers Liebeslied" 78$_{97}$, „An Silly Wallberg" 78$_{101}$). Dem Verfasser des „Siegwart", den er als echtes Genie-Werk auffaßte,[1]) spricht er „heißen Wonnedank" aus für der „sanften Wehmut wollustreiche Schmerzen" in dem „Brief an den Verfasser des S(iegwar)ts" 78$_{125}$.

Ein Hauch von Sturm und Drang weht in diesen Gedichten, mögen wir auch ihre Tränenseligkeit belächeln. Seine Lyrik vertieft sich, soweit es ihm gegeben war. In dem Gedichte „In einer Regenmondnacht" 78$_{113}$ versucht er zum ersten Male, die Stimmung einer wirklich gesehenen Landschaft zu erfassen.

Der Geist der Schwärmerei herrscht auch in Schlossers Oden. Sein Laura-Zyklus atmet die ungesunde Sentimentalität der Laura-Oden Höltys.

Wie sehr neben Klopstock die Dichtung des Göttinger Hains wirkt, darauf habe ich schon hingewiesen. Leons Maillieder gehen auf Hölty zurück. Schlossers Ode „Am Geburtstag der Geliebten" 78$_{79}$ behandelt ein typisches Motiv der Hainbildung und der junge Joh. K. Hartel, von dem Voß ein Gedicht in seinen Almanach aufnahm („Fastenlied" 80$_{163}$), steht ganz unter dem Einflusse von Bürger und Claudius, deren humoristisch-herzlichen Ton er zu treffen sucht (vgl. besonders „Mein Mädchen" 79$_{123}$, „Frauendienst" 79$_{143}$).

Der dritte Jahrgang ist noch besonders charakterisiert durch die herzlichen Gelegenheitsgedichte, welche die Mitglieder der „kleinen dichterischen Genossenschaft" untereinander austauschen, als wollten

---

[1]) Über die Verbreitung von Millers Siegwart in Wien siehe Richter a. a. O. 163 ff. Wie sehr „Siegwart" auf die Lyrik gewirkt hat, zeigt unten die Analyse der Liebeslyrik.

sie gerade in dem Augenblicke, da Ratschky ausschied, dem Publikum zeigen, wie sehr sie ihre Zusammengehörigkeit fühlten. Ratschky richtet ein Gedicht „An meine Spießgesellen" 79$_{94}$ und zwei Gedichte an Leon: „An meinen kranken Leon" 79$_{88}$ und „Über Leons Tonsur" 79$_{130}$ (Leon hatte durch Krankheit sein Haar verloren). Leon antwortet mit einem „Bundeslied. An Ratschky" 79$_{79}$. Auch Joh. K. Hartel, der jung Verstorbene, bekennt sich zu diesem Kreise, indem er mit Leon Gedichte wechselt (Leon „Gratulationsschwank. An Hartel" 79$_{133}$. Hartel „Gegenschwank. An Leon" 79$_{153}$).

Alle diese Gedichte tragen trotz des Humors, der sie belebt, den Charakter des Enthusiastischen, Schwärmerischen. Eine vertiefte Auffassung der zeitgenössischen Dichtung scheint sich bei den Freunden Bahn gebrochen zu haben. Ratschky, der Klinger einen Schwindelgeist genannt hatte, „der sich durch zügellose Riesenideen von anderen zu unterscheiden, oder, wenn er das nicht kann, doch wenigstens jede Trivialität mit weitausholenden gaukelspielerischen Grimassen wichtig zu machen sucht" (78$_{39}$), sagt von Goethes „Erwin und Elmire": „Über das Stück selbst zu urteilen, wage ich nicht; ich will es bewundern, aber mich nie unterfangen, Fehler darinnen aufzusuchen" (77$_{83}$). — In dem Gedichte „An meinen kranken Leon" 79$_{88}$ heißt es:

Statt deinem Goeth' und Bürger liegt ein Wisch
Von Recipe auf deinem Nebentisch.

Hier verehrte man also Goethe und Bürger.[1] Die Gedichte, welche Leon und Hartel wechseln („Gratulationsschwank" 79$_{133}$ und „Gegenschwank" 79$_{135}$), sowie der in diesen Zusammenhang gehörige „Meisterschwank an den Azkünstler Herrn Gabriel Fießinger, anlangend die Kunst und ihre Genossen. Am 25. Ostermonden 1781" 82$_{84}$ erinnern durch die eigentümlich archaisierende Färbung im Stil an Goethes Farcen und Gelegenheitsgedichte aus der Frankfurter Zeit.[2] Besonders der Meisterschwank zeigt unverkennbar

---

[1] C. Pichler (geb. von Greiner, Mitarbeiterin des WM) erzählt in ihren Memoiren, daß ihr Lehrer Leon seiner Schülerin zur Belohnung für fleißiges Lernen oft Stellen aus „Götz", „Werther", „Woldemar" und Bürger vorlas. Noch 1786 zitiert Leon in einem Briefe an Reinhold (Keil „Wiener Freunde" Wien 1883, S. 63) eine Stelle aus „Erwin und Elmire" und interessiert sich aufs lebhafteste für die in der „Allgemeinen Literatur-Zeitung" angekündigte Gesamtausgabe der Werke Goethes. Wie eifrig man in Wien an den Werken des jungen Goethe teilnahm und wie beliebt insbesondere „Erwin und Elmire" war — Madame Sacco feierte als Elmire Triumphe — darüber vgl.: H. M. Richter a. a. O. S. 177 ff.

[2] Näheres unten in der Charakteristik Leons. Diese Manier war sehr verbreitet und wurde heftig bekämpft: „Nach und nach wird man, wie ich hoffe, aus dem Goetheschen Enthusiasmus zum gesunden Menschenverstand zurück-

II. Entwicklungsgeschichte des Wiener Musenalmanachs.

Goethes Einfluß. Leon spricht von Künstlers Erdenwallen, von der Quellkraft, die dem geschwächten Schöpfungssinn aus den Allmachtswerken der Natur zuströmt, von der Fülle des Herzens. Er wünscht, ein Fürst zu sein, um Freund Gabriel zu ermöglichen: „Nach deinem Evangelium, Natur! getreu zu handeln" und nicht „nach der Kunst Alfanzereyn und ihren Schulfuchsnormen".

Der „Meisterschwank", sowie zwei in freien Versen verfaßte Gelegenheitsgedichte bei Übersendung von Kunstwerken (Prandstetter „Sacco-Medea,¹) gemalt vom Herrn Hickel dem jüngeren. Fragment 1779" 81₁₆₈ und G. Fießinger²) „An meinen lieben Haschka. Bey Überschikung eines Kopfs der jüngsten Tochter Niobens" 81₁₆₈)³) zeigen, welch reges Interesse und starke Empfänglichkeit für Kunst diesen Kreis beseelte. Man höre nur, wie Prandstetter, ein durchaus nicht besonders begabter Mitarbeiter des WM (vgl. unten seine Charakteristik), den Eindruck schildert, den Hickels Bild auf ihn macht:

> Gesehen hab' ich sie, gesehen,
> Wie sie wankte — matt
> Und mit sinkenden Händen,
> Zwischen deren leblosen Fingern
> Der fallende Dolch hängen blieb. —
> Aber ihre Brust wallte,
> Und ihre Adern schwollen
> Über ihre Brust her,
> Und ihrer schwarzen Haare Hälfte
> Hatte sich losgebäumt
> Von den Fesseln des Perlenkamms,
> Und fiel über ihre Brust her,
> Und ihr feuriges Auge starrte
> In die Schwärze des Wetters,
> Und siedende Thränen
> Tropften aus den fleischrothen Eken;
> Oben in der Falte, zwischen den Augenbraunen,
> Und in dem halboffnen Munde
> Saß schmerzliches Bewußtseyn
> Der gerechten Rache;

---

kommen, die Manier Hans Sachs'ens verlaßen, man wird den Handwerksburschen ihre Lieder gönnen ...." (Richter a. a. O. S. 179). „..... Und seitdem Goethe nur einigemale das arme e verschluckt hat, seitdem schluckt sein ganzes pecus alle e, die ihm vorkommen, bis zum Ersticken hinunter" (Richter a. a. O. S. 179/180).

¹) Josef Hickel malte auf Verlangen Kaiser Josefs II. eine Galerie der Schauspieler und Schauspielerinnen des k. k. Hoftheaters. Über die Schauspielerin Sacco vgl. Werner „Aus dem Josefinischen Wien". Lemberg 1888, S. 148.

²) Hier ist auch zu erwähnen G. Fießingers Ode „Warum denn ein Christusbild?" 82₁₁₂. Fießinger hatte Klopstock ein Christusbild gewidmet und verteidigte die Wahl des Sujets.

³) Vgl. den Eindruck, den dieser Kopf nach Wielands bekannten Versen auf Goethe machte.

28   II. Entwicklungsgeschichte des Wiener Musenalmanachs.

> Aber in den liegenden Falten
> Der halblächelnden Wangen
> Lag Reue, Reue über den Mord
> Geliebter Kinder.
>
> Her über mich fiel die Gewalt
> Dieses Wundergemisches,
> Von Zärtlichkeit, Schmerz
> Und gerechter Wuth;
> Jason ward mein Gedanke,
> Und mir glühte der Kopf. —

So hob ehrliche Begeisterung auch diese geringen Begabungen über sich selbst hinaus.

Im 4. Jahrgange, den nicht mehr der besonnene und kritisch angelegte Ratschky leitete, durchbricht die Sentimentalität alle Dämme der Vernunft.

Eine ganze Reihe von neuen Mitarbeitern[1]) treten auf: Engel, Höfflein, Fräulein v. Forster, Hussar, Oswald, Fr. Saam. Schlosser, der 1779 gefehlt hatte, erscheint noch einmal mit einem sentimentalen Gedichte, um dann für immer zu verschwinden. Die Gedichte aller dieser jungen Leute — Hussar allein bekennt sich als Schüler Gleims und Wielands (80$_{73}$ und 80$_{109}$) — sind von einer trüben Schwermut erfüllt, welche die Betroffenen selbst als Krankheit empfinden, aber doch wieder hegen und pflegen wie ein krankes Kind. Fünf Gedichte (Engel „Die empfindsame Schwermut" 80$_{39}$, Höfflein „Stunde der Schwermut" 80$_{67}$, Prandstetter „Verführung" 80$_{53}$, Fräulein von Forster „Erinnerung" 80$_{122}$, Prandstetter „Melancholie" 80$_{125}$) geben dieser Stimmung Ausdruck und in Oswald, der im WM durch zwei Gelegenheitsgedichte auf Musiker 80$_{43}$, 80$_{66}$ und ein aus dem Französischen übersetztes Epigramm 80$_{113}$ vertreten ist, haben die neuen Dichter ihren Komponisten gefunden.[2])

So überschwenglich diese Gedichte auch sein mögen, wir dürfen an der Ehrlichkeit der Empfindung bei diesen jungen Leuten nicht zweifeln, wenn sie sich auch in ihrem Leiden sehr interessant vorkamen und sich gerne selbst schilderten, wie sie mit wildstarrenden Augen und leichenblassen schmerzverzerrten Zügen im Mondlichte

---

[1]) „Das Vorzüglichste dieses Almanachs darf ich wohl dreist darein setzen," rühmt sich der neue Herausgeber im Vorberichte, „daß mehrere junge Dichter ihre Produkte darin zum ersten Male aufstellen; wie schmeichelhaft wäre es dem Institute, wenn die Aufmunterung, wozu dies Büchlein Gelegenheit gäbe, Nahrung für ihr poetisches Feuer würde, daß es mehr und mehr auflodernd, und hell einst leuchtete." Die Hoffnung hat sich nicht erfüllt. Die neuen Kräfte fehlen alle schon im nächsten Jahrgange.

[2]) Er hat in Musik gesetzt: „Verführung" 80$_{53}$, „Die Getrennte" 80$_{107}$ und „Melancholie" 80$_{125}$ von Prandstetter und „Einladung an ein Mädchen" 80$_{113}$ von Saam.

durch die öden Lindengänge irrten.¹) Die Schwermut überfällt sie plötzlich und ohne bestimmten Grund. Der Befallene erkennt sie als

> Leeren kindischen Wahn, Phantomen täuschender Träume,
> Und Schreckgestalten des kranken Gehirns (80₆₉),

als „bösen Hang" (80₁₂₅); aber so schwer leiden sie, daß ihnen kein Ausweg bleibt als die Hoffnung auf den Erlöser Tod („Melancholie" 80₇₅, „Stunde der Schwermut" 80₆₇, „Verführung" 80₆₃). Nur zwei Dichter geben Gründe ihrer Schwermut an: Prandstetter klagt, daß die Großstadt ihn verderbt habe,²) Engel trauert um den zerstörten Jugendglauben an die ewig waltende Gerechtigkeit. Wie letzterer am tiefsten motiviert, so ist er auch der einzige, der nicht mit dem Wunsche nach dem Tode schließt, sondern sich fähig fühlt, ein volles Menschenlos zu ertragen: „Himmelsfreuden und Höllenpein" („Die empfindsame Schwermut" 80₉₉).

Trotz aller Gefühlsweichheit verkünden diese Gedichte den Sturm- und Drang. Engel klagt um die entschwundene „Herzensfülle" und fleht um „Seelenwärme, das beste Loos der Erdensöhne". Prandstetter redet von der Menschheit Würde.³) Höfflein spricht vor Schiller seine Verachtung über das „dreimal glückliche — papierne Säkulum" aus („Die Säkeln Deutschlands" 80₁₀₀). Shakespeares Riesengestalt taucht auf („Auf die Vorstellung des Hamlet im k. k. Nationaltheater" 80₉₉).

Dem Sturm und Drang gehört auch der heiße Freundschafts- enthusiasmus an: bebend vor Wonne wagt der Jüngling, am ein-

---

¹) Höfflein „Die Stunde der Schwermuth" 80₆₇:
> Hier sitz' ich einsam und stumm, das Haupt hernieder zur Erde
> Von Centnerschweren Gedanken gebeugt;
> Mit wild hinstarrendem Aug und todtenblassem Gesichte,
> Die kalten Händ in dem bebenden Schoos; ....

Prandstetter „Melancholie" 80₁₂₅:
> Hier in diesem öden Lindengange
> Wein' ich Abends spät und Morgens früh,
> . . . .
> Ach es nagt an meinem Herzen,
> Leichenblas ist mein verzerrt Gesicht, ...

Ähnliche Selbstbespiegelung in allen diesen Gedichten; siehe besonders Prandstetters „Geständnis" 80₄₀.

²) „Verführung" 80₆₃:
> ... Weg meine Kräfte;
> Schwach mein Pulsschlag; matt mein Blick,
> Und verdorben meine Säfte —

³) 80₆₃:
> Wenn ich so im Mondenglanz'
> Einsam in des Haynes Stille
> Gehe, und so tief, so ganz,
> Menschheit! deine Würde fühle, ...

II. Entwicklungsgeschichte des Wiener Musenalmanachs.

samen Hügel im Mondlicht hingestreckt, am Geburtstag des Freundes mit Wonnetränen im Auge zum ersten Male den fernen Freund mit dem Freundesnamen anzureden (Hösslein "An seinen Freund" 80₃₈); ebendahin neigt die Rousseausche Sehnsucht nach der Natur ("Aus einer Epistel an meinen Freund auf dem Lande" 80₆₃, "Mailied" 80₆₄, "An einem Frühlingsmorgen" 80₁₁₃, v. Forster "Erinnerung" 80₁₂₁).

Am deutlichsten zeigt sich die Durchdringung von Sentimentalität und Sturm- und Drang-Stimmung in Fr. Saams "Darthula, ein Trauerspiel nach Ossian" 80₃₋₂₈,¹) das im Jahrgange 1780 an derselben Stelle steht, die 1779 eine Parodie der Sturm- und Drang-Dramen gebracht hatte: Caibar hat Darthulas Vater und Brüder erschlagen und doch liebt er sie. Sie dagegen liebt den sanfteren Nathos. Nathos und Darthula fliehen, werden aber von widrigen Winden wieder zurückgetrieben. Es kommt zum Kampfe. Nathos fällt durch Verrat, Darthula stößt sich einen Dolch in die Brust. "Sie hat sich vorgesehen!" ruft Combar, ein Greis, aus. Caibar: "O Elend, du schlägst wie Flammen über mir zusammen!"

Von irgend welcher dramatischen Technik ist keine Rede. Die Personen kommen und gehen, wie der Dichter es braucht; die Naivetät des Verfassers bezeugen szenische Anmerkungen wie: "Combar — der Greis, der teilnehmende Zuschauer — kommt zur rechten Zeit!" Die Hauptszene ist die zwölfte, in welcher Nathos den Caibar zum Einzelkampfe auffordert, und in dieser herrscht wildester Sturm- und Drangstil:

Nathos (Darthula umfassend): .... der muß haben stark Eisen um die Brust, und auf seine Faust muß er sich können verlassen!
Caibar (mit seinen Heeren): Der Mann bin ich!
Nathos (läßt seine Mädchen los, die steht zitternd)
Caibar: Ich! — (Sie sehen einander lang an, ohne zu reden)
Nathos: Du!
Caibar: Du!
Nathos: Du!
Caibar: Du!
Nathos: Du!
Caibar: Du! (einander anstaunend) Was hält mich, daß ich dich nicht zertrete!
Nathos: Ich habe es dir in der Schlacht gewiesen
. . . .

Nathos: Du Niederträchtiger! der du tausend sammelst gegen einen einzigen! — Komme allein heraus mit mir zu kämpfen, um den Besitz des Mädchens! das mag entscheiden.
Caibar: Heraus denn mit dir ans Ufer her da.
Nathos: Heraus?
Caibar: Raus!
Nathos: Raus! (laufen miteinander hinter die Scene).

---

¹) Auch selbständig gedruckt: Frankfurt, Leipzig 1781.

Wie sehr hier Sturm und Drang herrscht, sieht man am besten, wenn man dieses „Ossianische Trauerspiel" mit dem sorgfältig stilisierten Gedicht Blobigs von Sternfeld („Das Grabmal in Caracthuna" 82₁₄₁) vergleicht, eines Schülers von Denis: in wechselnden Versmaßen (Hexameter nach dem Muster Denis', chevychase- und Odenstrophen) wird der Untergang eines Heldengeschlechtes beklagt.

Die Sentimentalität bringt natürlich auch in die Liebesgedichte. Das Fräulein von Forster erzählt eine bewegliche Geschichte von einem Brautpaar, das nach langen Kämpfen die Einwilligung der Eltern gewinnt, aber noch am Hochzeitstage durch einen Blitz getötet wird („Wilhelm und Röschen. Eine Romanze" 80₉₁). Ein trostloser Liebender klagt um Laura, die ihm untreu geworden ist („An Laura" 80₈₇). Prandstetter läßt eine Liebende am Grabe ihres Wilhelm klagen (80₁₀₇ „Die Getrennte"!) und so ist seine Phantasie vom „Siegwart" erfüllt, daß ein prangender Frühlingsmorgen in ihm das Kontrastbild eines unglücklichen Mädchens hervorruft, das vielleicht „aus dem ruhelosen Bette" zum Grabe seines Trauten hinschleicht (Mailied 80₇₅).

Mitten in aller Weichheit sehnte man sich aber nach Kraft. Fr. Saam, der Verfasser von „Darthula", ist im Jahrgang 1780 noch durch fünf Gedichte (80₄₇, ₁₀₅, ₁₁₅, ₁₃₂; 80₅₇)[1]) vertreten, in denen er unter der Maske eines tapferen Reitersmannes auftritt und seine rauhe Tugend in Gegensatz zu den gezierten Städtern stellt. In 80₄₇ „Mein Mädchen" entwirft er das Bild der — künftigen Geliebten des Reiters, die irgendwo für ihn heranwächst. Auch hier finden wir eitle Selbstbespiegelung,[2]) doch ist ein Zug zum Kräftig-

---

[1]) 80₆₇ „An eine Städterin" steht zwar unter der Chiffre R. X., kann aber nur Saam zum Verfasser haben, wie jede Zeile unwidersprechlich beweist.

[2]) 80₄₇: O! glaube nicht dem äußern Schein;
Sieh! dieses Panzerherz
Ist liebevoll, ist zart, ist rein,
Kennt süßen Mitleidschmerz.

Und hier das Auge, wild erstarrt,
Vom großen Hut beschwert,
Weint heiße Thränen auf den Bart,
Und fühlt sich nicht entehrt.

Und hier das Schwert zur linken Hand,
Zur rechten das Geschoß;
Und vor mir her noch zwey gespannt,
Und hier mein schwarzes Roß!

Wenn die Feinde kommen, . . .

Dann aber feur' ich siebenmal
In der Minute los;
Dann streifet mein geübter Stahl
Durch Feindes Mann und Roß.

volkstümlichen nicht zu verkennen. Desselben Verfassers Gedicht „Nachtphantasie" 80₁₂₉ trägt den Zusatz „Nach einem alten Liede" und sein Trinklied „Der treue Bruder" 80₈₅ fängt an[1]) wie ein altes Studentenlied.

Ich mußte die ersten vier Jahrgänge, gleichsam die Jugendgeschichte des Almanachs, ausführlicher behandeln, weil sie zwar an Umfang geringer, an Inhalt aber viel reicher sind als die späteren. Während die späteren Bändchen in ihrer Zusammensetzung immer einförmiger werden, trägt jeder der ersten vier Jahrgänge noch seine eigene Physiognomie; zusammen geben sie in kleinem Maßstabe ein Bild der großen Entwicklung. Freilich darf man dabei nie vergessen — das Vorwort zu 1781 erinnert wiederum eindringlich daran —, daß die anderen Almanache „Zusammenfluß von fast mehr als halb Deutschland sind, hier aber nur Dichter einer einzigen Stadt ihre Produkte aufstellen".

Der Ton des Jahrgangs 1780 scheint keinen Beifall gefunden zu haben, denn der nächste Jahrgang erscheint unter neuen Herausgebern, mit neuem Programm und neuen Kräften. Von den Namen, welche dem Jahrgange 1780 ihre Signatur aufgedrückt haben (Engel, von Forster, Höfflein, Saam, Schlosser), geht keiner in den neuen Almanach ein; nur Prandstetter, der Herausgeber des sentimentalen Jahrganges 1780, erscheint auch 1781, aber als ein völlig Verwandelter.

Die Bände 1781—1789 sind durch die Redaktion Blumauers charakterisiert und machen eine ähnliche Entwicklung durch wie Blumauer selbst. Bis 1785 etwa ist ein beständiger Aufschwung zu verzeichnen, nationales Pathos, lebendige Anteilnahme an den großen Fragen der Gegenwart erfüllen und heben den Almanach; aber schon der Jahrgang 1784 bringt das erste der berüchtigten Encomien aus der Feder Blumauers, Frivolität und Schmutz nehmen überhand.

Die Jahrgänge 1790—1796 stehen unter dem Einflusse Leons, der tatsächlich die Redaktion besorgte, wenn auch Blumauers Name noch bis 1794 auf dem Titelblatte steht; der Almanach wird anständiger, freilich auch farbloser.

2. Periode.

M. Denis scheint der „Mann von Genie" gewesen zu sein, der nach dem Vorberichte zu 1781 den WM über Wasser hielt (vgl. S. 11).[2]) Wohl ihm zu Ehren ist der Almanach mit barbischen

---

[1]) „Ich bin zwar etwas liederlich .." vgl. Kopp „Das deutsche Volks- und Studentenlied" Nr. 155.
[2]) Auch Zeidler ist dieser Meinung, wie ich nachträglich sehe (a. a. O. S. 310).

Emblemen geschmückt, aber auf die Leitung des Almanachs hat er keinen besonderen Einfluß gehabt und vom Bardentum ist sehr wenig zu spüren (vgl. das Kapitel über die Bardendichtung). Die Seele des Unternehmens waren vielmehr Blumauer und — nicht Ratschky, der bis 1792 mitzeichnete, aber durch Amtsgeschäfte, Reisen ɛc. an einer wirksamen redaktionellen Tätigkeit verhindert war — Alxinger, beide Aufklärer vom reinsten Wasser, beide erfüllt von der frischen Begeisterung, welche beim Regierungsantritte Josefs II. ganz Österreich durchströmte.[1])

Blumauer, Alxinger, Haschka, Leon, Ratschky, von Retzer, Prandstetter und Grolzhamer — auch Sonnenfels stand nahe — schließen sich zu einer neuen Gemeinschaft zusammen. Das ist aber nicht mehr der schwärmerische Dichterbund der ersten Periode des Almanachs, sondern der Leser mußte den Eindruck haben, einer geschlossenen Kampfgenossenschaft, einer wehrhaften Allianz der besten Köpfe Wiens gegenüberzustehen, die an allen Fragen der Gegenwart lebendigsten Anteil nahm.

Diese Männer bekämpften die Büchelschreiber[2]) (Blumauer „Autorpolitik" 81_{127}; Grolzhamer „Knittelreime auf die Wiener Knittelautoren im Jahre 1781" 82_{60}; Ratschkys Episteln 84_{97-103} und $85_{112-120}$; siehe auch unten unter Epigramme), geißelten die Auswüchse des üppig emporwuchernden Journalismus (Sonnenfels „Strephon. Geschrieben in dem Jahr 1766, da man binnen 4 Monaten 27 neue Wochenschriften angekündigt und verschwunden sah" 83_{107};[3]) vgl. unten das Epigramm), griffen die Nachdrucker an (Koller „Panegyricus auf die Herren Nachdrucker" 89_7, Schram „An meine Seele" 89_{120}) — ein wichtiges Thema in der Stadt, wo die berüchtigte Raubfirma Trattner und Komp. hauste — und verteidigten Österreich und Süddeutschland überhaupt gegen Nicolai[4]) (U. Petrak „Reisebeschreibung durch Böheim" 88_{88}).

Ihre Hauptaufgaben aber sahen diese Männer, von denen Blumauer, Alxinger, Sonnenfels, Leon, von Retzer und Prandstetter der von Ignaz Born, dem berühmten Verfasser der „Monachologie", geleiteten Freimaurerloge „Zur wahren Eintracht" angehörten,[5]) in

---

[1]) Vgl. Hofmann-Wellenhof „Alois Blumauer" 1885, „Zeitverhältnisse" 1—10.
[2]) Vgl. Hofmann-Wellenhof a. a. O. S. 76 ff.
[3]) Offenbar jetzt veröffentlicht, weil die Zensurerleichterung durch Josef II. ganz ähnliche Erscheinungen hervorgerufen hatte; vgl. Zenker „Geschichte der Wiener Journalistik" Wien und Leipzig 1892, S. 62 ff.
[4]) Vgl. Hofmann-Wellenhof a. a. O. 79 ff.
[5]) Blumauer, Leon und Ratschky haben jeder eine eigene Rubrik „Freymaurerlieder" in ihren Gedichtsammlungen. Freimaurergedichte im WM: 81_{73} „Das Gesicht" von Alxinger, 86_{132} „Schwesterngedicht" von Sonnenfels, 92_{130} „Bundeslied" von Leon.

der Unterstützung der Reformbestrebungen[1]) Josefs II. Der Kaiser wird gefeiert als Friedensfürst, der „des Fanatismus eisernes Joch zertrümmert" („Josef der Zweyte. 1785"; 95₁₀ aus dem Nachlasse des 1786 verstorbenen Dichters veröffentlicht). In einem anderen Gedichte („Abbitte" 95₁₀₂) leistet Fortuna dem Kaiser im Elysium Abbitte dafür, daß sie seine Pläne nicht verstanden und unterstützt hat. In den Schmerz um seinen frühen Tod[2]) mischt sich die bittere Empfindung, daß es ihm nicht vergönnt war, sein Werk durchzuführen (Leon „Über Josefs II. Tod" 91₁₂₈, Leon „Des ehrlichen Herrnalser-Philipps Glückwunsch zur Kaiserkrönung Leopold II." 91₁₅₆, „Abbitte" 95₁₀₂). Ja man sieht sich gezwungen, den großen Verkannten und seine großen Ziele in Schutz zu nehmen; hierher gehören Leons oben zitierte Gedichte 91₁₂₈, ₁₅₆ und wohl auch das Epigramm „Auf die, so wider Ihn murren" 83₁₄₃.[3])

---

[1]) Ganz frei von Politik war auch die erste Periode des Almanachs nicht gewesen. In einer Ode Ratschkys („An aufrührische Bürger" 77₇₀) werden ungarische (?) Empörer zur Ruhe verwiesen und der Kartoffelkrieg von 1788 hat im WM in zwei Gedichten (Schlosser „An mein Vaterland" 79₁₀₇ und Ratschky „Auf die Klingenschmiede zu Pottenstein" 79₁₅₁) Echo gefunden. Beide Gedichte atmen heftige Erbitterung gegen die Preußen, die als räuberische Horden angeredet werden. Die Erregung in ganz Österreich war groß. Rautenstrauch gab einen „Österreichischen Kriegsalmanach" (Goedeke § 218, 15) heraus und ließ „Kriegslieder für Josefs Heer" Wien 1778 und „Friedenslieder" Wien 1779 erscheinen. Überall tauchten Nachahmungen der berühmten „Kriegslieder eines preußischen Grenadiers" auf: Jgn. Cornova „Die Helden Österreichs, in Kriegsliedern besungen" Prag 1778 (Goedeke § 218, 19, 4[1]; „Kaiserliche Kürassier- und Grenadielieder" 1778—1779 (Goedeke § 218, 24) und andere.

[2]) Auf den Tod Maria Theresias und den Regierungsantritt Josefs II. bringt der WM kein Gelegenheitsgedicht. Ein demokratischer Zug kommt in dem Schweigen zum Ausdruck.

[3]) Gräffer verzeichnet in seinen „Josefinischen Curiosa" 1, 49 eine Broschüre: „Warum wird Josef von seinem Volke nicht geliebt?" 1787 bei Ph. Wucherer. Leon läßt seinen „ehrlichen Herrnalser-Philipp" die Vorwürfe, die man dem Kaiser machte, in folgenden Strophen zusammenfassen:

„Doch hält Hannshagel nicht das Maul,
Dem nichts hier recht behagt,
Und schilt ihn, wie einst König Saul,
Und lästert ihn und sagt:

„Er war oft barsch und ungerecht,
Nahm stäts zu voll den Mund,
Daß vor Befehl wohl Herr und Knecht
Sich manchmahl nicht verstund."

Wenn er, wie Petrus um ein Ohr,
Sein Schwert nicht ausgestreckt
Hätt' er zu Aufruhr und Rumor
Nicht Leut' und Land geweckt." —

„Hannshagel lästre, wie er will . . . . .

Vgl. dazu Hormayr „Wien, seine Geschichte und Denkwürdigkeiten" 5, 75 ff.

II. Entwicklungsgeschichte des Wiener Musenalmanachs.

An dem Reformwerke des Kaisers nahmen fast alle Mitarbeiter des WM lebhaftesten Anteil und der leidenschaftliche Kampf gegen die Pfaffen,[1]) der alle Zeitschriften der Josefinischen Periode füllt, bringt auch in den Almanach. Die beiden Herausgeber, beide kaiserliche Beamte, stehen im Vereine mit Alxinger an der Spitze der Bewegung.

Der erste Ausfall in einem Epigramme 81₁₅₁ ist noch ganz harmlos; er ist gegen die schlechten Prediger gerichtet (vgl. auch) die Anspielung in Blumauers Gedicht „An die Langeweile" 86₉₀), zu deren Bloßstellung ja L. A. Hoffmann bekanntlich eine eigene Zeitung gründete, die sich zwei Jahre hielt²) („Wöchentliche Wahrheiten für und über die Prediger in Wien" 1782—1784). Bald kommt es derber. Es wird ausschließlich mit den Waffen des Spottes und des Hohnes gekämpft. Ziemlich harmlos ist es noch, wenn die alten Anekdoten, in denen die mittelalterliche Satire gegen den Klerus fortlebt, aufgewärmt und ähnliche neu erfunden werden: 83₄₀, 84₁₃₆, 155, 164, 85₅₀, 94, 86₁₀₉, 151, 87₁₃, 58, 88, 89₉₆; selbst U. Petrak, der freisinnige (vgl. „Execution eines Moralisten" 88₁₃₇) Prior von Melk, erzählt Klosterwitze, deren Spitze sich gegen das Mönchsleben richtet: 87₁₁₄, 88₅₆, 89₆₃.

Neben dieser allgemeinen Satire geht aber eine außerordentlich heftige persönliche einher: „Die Pfaffen" P. Merz, P. Fast, P. Pochlin werden ungescheut bei Namen genannt. Der joviale Ratschky ist einer der allergrimmigsten Pfaffenfeinde. In seiner Epistel „An meine lieben Freunde Blumauer und Prandstetter. Przemisl, im Heumond 1783" 84₉₇₋₁₀₃ erkundigt er sich liebevoll:

> Doch dieß beyseit'! Erzählt mir, was handthieren
> Die Stribler Wiens? was macht die Bonzenzunft?
> Verheert die Flut tollsinniger Broschüren
> Noch immerhin die Früchte der Vernunft?
> Wird viel vom Greul des jüngsten Tags gepredigt,
> Und Wißlingen die Hölle heiß gemacht?
> Hat Pochlin sich die Lunge schon beschädigt,
> Und ist zeither kein neuer Fast erwacht?
> O ganz gewiß! denn eure Kanzelhelden
> Sind stäts bereit zum geistlichen Turnier.

---

¹) Der Tyrannenhaß der Göttinger findet im Josefinischen Wien keinen Boden. Alxinger eifert gegen die Eroberer (86₆₁) und die Tyrannen (81₁₇₃). Haschka fordert die Künstler auf, die Fürsten, welche die Künste nicht unterstützen, durch „stolzes Verstummen der Kunst zu bestrafen" (82₅₆, ähnlich 87₈₁); ferner finden sich Ausfälle gegen die Sittenlosigkeit des Adels (84₂₃, 88₄₀, 90₃₉, 55, 93₁₂₃ und anderes) und gegen die Jagd 81₉₀ (vgl. dazu: „Sineds Klage" 81₉₆ und „Das Lämmchen" 81₁₇₇). Das alles ist zahme Tradition. Die schärfsten Ausfälle gegen die Fürsten und Hofleute sind Goeckings Epigramme 84₁₃₃, 155, 166.

²) Auch in Prag erschien eine „Geißel der Prediger" 1782, herausgegeben von A. von Steinsberg (Goedeke § 298, 3. II. cc. = 6, 695). Vgl. A. G. Przedal, Der Prager Broschürenkrieg: Deutsche Arbeit 2, 516 ff.

In einer anderen Epistel („An Herrn von Alxinger. Preßburg im Heumond 1784." 86₁₁₂₋₁₈₀) zählt er alle Mitkämpfer auf: Alxinger, Born („Monachologie"), Sonnenfels,[1]) Blumauer („Aeneide"), Haschka („Ein kühner Meteor aus Haschkas Kiel"), der Verfasser des redlichen „Faustin",[2]) die Predigerzensoren.

Die Formen der Satire sind verschieden. Ratschky widmet eine ironisch vorgetragene Legende „Der keusche Einsiedler Pachon" 86₆₂ dem P. Fast. Winkler von Mohrenfels verhöhnt in einer Bürgers „Lenore" parodierenden komischen Ballade „Pater Merz" 84₁₁₂ den Bekehrungseifer des P. Merz.[3]) In einem „Gassenhauer aus dem Jahre 1628"[4]) 88₈₇ wird den „Pfaffen" höhnisch die Wirkung der „Wöchentlichen Wahrheiten für und über die Prediger in Wien" vor Augen geführt; die Herausgeber geben sich nicht die geringste Mühe, die Fiktion aufrecht zu erhalten, sondern heben in den Anmerkungen, in denen auch auf die Polemik Rautenstrauchs gegen P. Fast angespielt wird, die Anachronismen geflissentlich hervor.

Am häufigsten bedient man sich der Form der direkten Ironie: Alxinger entwirft 83₄₇ („Der Abbé") das Bild eines eleganten ge-

---

[1]) Vgl. „An Herrn Hofrath von Sonnenfels, als er sein Lehramt niederlegte" 92₁₃₄₋₁₃₈; auch van Swieten wird gehuldigt 92₁₅₉.
[2]) „Faustin oder das philosophische Jahrhundert", ein philosophischer Roman nach dem Vorbilde von Voltaires „Candide" hat Joh. Pezzl zum Verfasser. Dieses Werk muß sehr stark gewirkt haben, denn Bauernfeld bezeichnet es fünfzig Jahre später in einer „Übersicht über die schöne Literatur in Österreich" („Österreichische Zeitschrift für Geschichts- und Staatskunde" 1885, S. 296 ff.; Schriften des Literarischen Vereins in Wien 4, 137 ff.) als noch lebendig. Vgl. jetzt G. Gugitz, Jahrbuch der Grillparzer-Gesellschaft 16, 164 ff.
[3]) Die Erinnerung an Lessings Kampf gegen die Orthodoxen stellt sich von selbst ein:
          Herr Pater Aloysius
          Wohl zubenamset Merz,
          Der Katholiken Goezius,
          Berstand sehr wenig Scherz,
          Und donnerte, daß Gott erbarm!
          Vom Predigtstuhl den Kezerschwarm
          Mit rasender Geberde
          Wohl hundertmal zur Erde.
Dr. Bahrdt wird bei ähnlicher Gelegenheit erwähnt:
          Der Layen Schaar
          Will itzt sogar
          Als ob wir Knaben wären,
          Wie Doktor Bahrdt
          Nach neuer Art
          Die Bibel uns erklären.
heißt es in dem „Klagelied eines österreichischen Bettelmönchs" 89₁₅₄₋₁₆₂, S. 156. Auch Voltaire vergißt man nicht, als Bundesgenossen anzurufen: 87₃₄, 86₉₅.
[4]) Die Herausgeber merken an: „Das bekannte Lied: Es waren einmal drei Schneider gewest; o je! etc. ist eine Nachahmung dieses Liedes."

schniegelten Abbés, der folgende Jahrgang bringt 84₄₉ ein „Lob des Kapuzinerlebens", 85₄₀ folgt ein „Trauerlied beym Abzuge einer Versammlung von Seelsorgern" und 85₁₂₃ die „Klage eines frommen Geistlichen über den Verfall der Religion"; noch 89₁₅₄ wird dasselbe Motiv wiederholt: „Klagelied eines österreichischen Bettelmönchs". In seinem ironischen Sündenbekenntnis „An den Erzvater der alleinseligmachenden bayrischen Kirche, Herrn Pater Frank. München im Heumond 1786" 87₉₄ zählt Ratschky alle Postulate der Josefiner auf: Duldung des Freimaurerordens, Freiheit der Forschung, Besetzung der Professur des Kirchenrechtes durch Laien, Aufhebung der müßigen Mönchsorden (vgl. die Epigramme 89₃₃, ₁₀₀). Am herbsten ist Netzers „Der Beichtvater und der junge Geistliche als Beichtkind. Nach Voltaire" 86₉₅: der Beichtvater rät dem jungen Geistlichen, dumm zu bleiben, was am leichtesten durch die Lektüre der Schriften P. Fasts, P. Halbs und P. Merzens zu erreichen sei; dann könne es ihm nicht fehlen.[1])

Mit dem Jahrgange 1789 verstummt die Polemik, 1790 fehlt schon jede Anspielung; die Zensurfreiheit war zu Ende (vgl. oben).

Mit dem Barden Denis zieht zwar nicht die Bardendichtung (vgl. unten), wohl aber das nationale Pathos in den WM ein. An der Spitze des Jahrgangs 1781 steht ein in freien reimlosen Rhythmen abgefaßtes Gedicht von Hoffstätter „Germanien", das durch Aufzählung der wichtigsten deutschen Erfindungen[2]) die Größe Germaniens

---

[1]) Auch gewichtige Autoritäten scheute man sich nicht anzugreifen. Von Haller, der in den Jahrgängen 1779 und 1783 so hoch gefeiert worden war, heißt es 90₃₉ in einer Epistel:

  So schrieb, als Greis, selbst Haller bald
  Romane, gut zum gähnen nur, und bald
  Bigot vertheidigt' er, voll Scheelsucht ob
  Voltaires Ruhm, der Exegeten Dunst —

In einer Anmerkung zu dieser Stelle wird auf Hallers Usong, Alfred, Fabius und Cato und die Briefe über die Offenbarung verwiesen.

[2]) Es wird Hoffstätter nicht immer leicht, all diese komplizierten Dinge mit ihren prosaischen Namen poetisch zu umschreiben, und er muß sehr oft zur rettenden Anmerkung greifen:

  z. B. Wer lohnt dir
  . . . .
   Wenn du bequemer die Zeiten
   Massest,*) und tiefer die Größen;**)
   Wenn du neue Farben,***)
   Am Hämus einst unerkannt
   Deiner edlen Gespielinn,
   Sicyons Kunst, ersannst.

*) Erst im 16. Jahrhunderte kamen die so bequemen Sakuhren aus Deutschland nach England. **) Durch die Differentialrechnung, welche Leibniz gefunden hat: bald darauf kam auch jene des Neuton zum Vorschein. ***) Johann von Eyk erfand die den Alten unbekannte Kunst, mit Ölfarben zu malen.

anschaulich machen will (vgl. von demselben „Die Erfindungen" 81₁₀₃). Hofstätter blickt in die Gegenwart und Zukunft, Haschka und Blumauer schauen in ihren nationalen Gedichten in die Vergangenheit zurück. Haschka, der Barde, versenkt sich in die germanische Urzeit („Zur Hör' und Lehre den Jünglingen meiner Vaterstadt" 81₁₉₁),¹) Blumauer stellt in drei Gedichten („Donaufahrt" 81₈₈, „Lied an die deutschen Mädchen" 81₇₉, „Lied an die Donau" 82₁₇₄) die Ritterzeit mit satirischem Eifer der entarteten Gegenwart entgegen. Es war die Epoche der hochgehenden Begeisterung für das Mittelalter, welche der „Götz" und die Flut seiner Nachahmungen heraufbeschworen hatte. Blumauer hat dieser Richtung durch ein Ritterstück „Erwine von Steinheim" seinen Tribut gezollt.²) Die Freimaurer fühlten sich mit Stolz als Nachfolger der alten Ordensritter, als „Maurerritter".³) Auch der Lyriker kleidete sich in die ritterliche Rüstung (siehe Gottl. Leons Charakteristik).

Der erste Jahrgang des WM war durch ein französisches Gedicht Ratschkys an den französischen Ballettmeister Noverre eingeleitet worden; 1782₁₈₈ erscheint ein englisches ziemlich albernes, der Anakreontik angehöriges Gedicht „The fate of Chloe" von James Kemper, das die Herausgeber mit folgender Anmerkung einführen: „Da es seit ein paar Jahren das Ansehen gewinnt, als ob hier in Wien die französische Litteratur von der englischen verdrängt werden würde, so glaubt man den Versuch eines jungen Mannes ohne Bedenken hier einrücken zu können. Wenn auch ....." Diese Worte sind uns ein wichtiges Zeugnis für die Geschmacksumwandlung, die zu Beginn der 80er Jahre in Wien eintritt.⁴) Hatte der Herausgeber 1777 im Vorbericht Boileau zitiert, so beruft er sich 1781 an derselben Stelle auf Pope. Über französisches Wesen wird jetzt gespottet (Blumauers Gedichte z. B. 81₈₈, ₈₂, Leons „Ehrenrede" 81₈₈, Hofstätters „Erfindungen" 81₁₀₃, „An den Winter 83₁₁₉, Petrafs „Kapitellied"⁵) 86₇₆, Spans „Der längste Krieg" 96₁₀₄), der schmarotzende Deutschfranzose tritt auf (83₁₅₂ „Monsieur le Marquis de Ventrebleu"). Der Teutonismus des Hains bringt auch in die Liebeslyrik (Nomis „An eine Deutsche" 84₄₄).

---

¹) Seine Kenntnis germanischer Urzeit belegt der Dichter in den Anmerkungen mit Zitaten aus Plinius, Tacitus, Ossian (in Denis' Übertragung) und Klopstocks „Hermannsschlacht".
²) Vgl. Hofmann-Wellenhof a. a. O. S. 23 ff.
³) Vgl. Gottl. Leons „Gedichte" Wien, 1788, S. 165 „Ordenspflichten eines Maurerritters". — Blumauer schrieb eine Abhandlung „Versuch einer Geschichte der alten Ritterschaft, in Bezug auf die Freymaurerey" vgl. Hofmann-Wellenhof a. a. O. 73 f
⁴) Vgl. darüber Nagl-Zeidler a. a. O. S. 324 ff.
⁵) Siebente Strophe: „Pfuy über die Köch' aus Franzenreich . . . ."

II. Entwicklungsgeschichte des Wiener Musenalmanachs.

Es wird aus dem Englischen ziemlich viel übersetzt (vgl. die Übersicht unten). Jos. von Retzer gab eine Choice of the bestes poetical pieces. Vienna 1783—1786 heraus, die viel gelobt und viel benutzt wurde. Freilich wird viel Altmodisches übersetzt, aber die großen Strömungen[1]) der Literatur gehen nicht spurlos vorüber. Die Balladenpoesie wird in dieser Periode des Almanachs gepflegt. Zwar ist nur eine Ballade (Stürmers „Rosamunde" nach dem Englischen 81 $_{140}$) aus dem Englischen übersetzt, aber die ganze Richtung der Ballade geht ja auf englischen Einfluß zurück, wenn auch im WM Bürger und Stolberg die unmittelbaren Muster sind.

Die Stoffe schöpft man meist aus der deutschen Vergangenheit. Das patriotische Interesse überwiegt: „Kaiser Arnulphs Hasenjagd" 79 $_{113}$, „Lied eines Tyrolers aus den Zeiten des Konziliums zu Konstanz im Lager seiner dem Herzog Friedrich mit der leeren Tasche allein getreu gebliebenen Landesleute" 82 $_{130}$.[2]) „Philippine Welserin, eine Ballade aus dem sechzehnten Jahrhunderte" 81 $_{51}$, „Adelheid von der Wart" 93 $_{109}$.

Mit den nationalen Bestrebungen der Wiener Dichter steht ihr Interesse für das Volkstümliche im Zusammenhang.

Schon die ersten vier Jahrgänge hatten nach dem Vorgange des Vossischen Musenalmanachs Volkslieder veröffentlicht. Auch hier ist patriotischer Stolz die Haupttriebfeder. „Wir rücken ihn (das ist den „Gassenhauer" 78 $_{138}$) hier fast zu sagen unverändert ein" — sagt die Vorrede zu WM 1778 — „nicht sowohl wegen seiner inneren Güte, als wegen der an einem österreichischen Gassenliede in der Tat zu bewundernden Reinigkeit der Sprache."[3])

Die neuen Herausgeber behielten diese Sitte bei. So veröffentlichten sie aus den Schätzen der kaiserlichen Hofbibliothek:

1781 $_{119}$ „Es fur ein mägdlein übern See" = Uhland 1, 164.
1782 $_{89}$ „Ein Schöner berg reyen, Von der schönen Madalena" = Böhme „Altdeutsches Liederbuch" 1877, Nr. 64. Erk „Liederhort" 1894 Nr. 135.

Sonderbare Aufschriften auf Häusern und Grabkreuzen werden gesammelt: 82 $_{49}$, 85 $_{74}$, 89 $_{48}$; Anklänge an Gassenhauer sind in zwei Trinkliedern zu spüren.[4])

---

[1]) Sternes „Empfindsame Reise" wird 79 $_{86}$, 86 $_9$ zitiert.
[2]) 1782 erschien in Innsbruck ein Schauspiel „Friedrich mit der leeren Tasche" von Primisser.
[3]) Wie schlecht es mit dem richtigen Gebrauch der Sprache in Österreich stand, darüber Sauer in Goedeke § 298. Im WM ist es nicht anders. Doch wehrte man sich auch gegen Bevormundung durch die Reichsdeutschen und besonders Haschka verteidigt österreichische Idiotismen mit Berufung auf Adelung 85 $_7$, 79, 130.
[4]) Fr. Saams „Der treue Bruder" 80 $_{49}$ beginnt wie deutsches ein Volkslied (nach Kopp „Das deutsche Volks- und Studentenlied" Nr. 155) mit: „Ich bin

Auch das parodistische Lied Spreihls „Die leichtsinnige Freyerin" 89₄₂ und Pessels „Lied der Freundschaft" 94₁₀₅ klingen an Volkslieder an.

Auf literarische Tradition (Gleim und Claudius) gehen die Bauern-, Handwerker- und Soldatenlieder des WM zurück. Dem verstiegenen Empfindungsleben und der Sentimentalität, wie sie in der Literatur zum Ausdruck kommt, wird das gesunde Fühlen einfacher Naturkinder gegenübergestellt. Besonders Leon hat solche „Volksgedichte", wie er sie in seiner Gedichtausgabe (S. 111—136) nannte, geschrieben („Lied eines Bauermanns" 82₃₄, „Hanns und Grethe. Ein Kapitel über die Landliebe" 93₉₇) und sogar nach dem Vorbilde Claudius' sich einen eigenen Typus, den „ehrlichen Herrnalser-Philipp" (vgl. S. 34) geschaffen. Hierher gehören noch: Grolzhamer „Lied eines alten Leyermanns" 84₁₆₈, Grolzhamer „Lied eines alten Taglöhners in der Feyerstunde" 86₃₇,¹) Blumauer „Wunderseltsame Klage eines Landmädchens in der Stadt" 82₁₅₈, M. Span „Lied eines Bauernmädchens" 89₂₅.²)

Eine eigentümliche Erscheinung sind die Soldatenlieder,³) die 1783 und 1785 mit der Unterschrift „Von einem Soldaten" erschienen sind. Der Soldat, der 84₄₅ ein Epigramm aus Martial übersetzt, ist nach Goedeke K. Gottl. Hoffmann.

Der Soldatenstand war durch den siebenjährigen Krieg und durch die Fürsorge Maria Theresias in den Augen der Bürger gehoben worden. Ein Oberleutnant Hompeck veröffentlicht 79₉₁ ein in Alexandrinern abgefaßtes kurzes Lehrgedicht „Fragment eines Schreibens an einen Officier", der als eine Art aufgeklärter Despot im kleinen dargestellt wird. Welch romantisch verklärter Auffassung das junge Geschlecht fähig war, zeigen die Reiterlieder des vierten Jahrganges. Seltsam stechen davon Soldatenlieder von „einem Soldaten" ab, die im Jahrgange 1783 erschienen: 83₃₅ „Der Schlappermentstag" (= der Tag vor der Auszahlung, an dem die Soldaten kein Geld mehr haben), 83₈₃ „Der Geldtag", 83₉₆ „Vor einer Execution. Als einer erschossen werden sollte, der seinen Feldwebel schwer bleßirt hatte", 83₁₂₇ „Nach einer Execution", 83₁₆₈ „An einen Reichsrekruten". Die ersten zwei Lieder geben ein realistisch gezeichnetes Bild des Kasernenlebens, 83₉₆ und 83₁₂₇ erheben sich zu schlichter

---

zwar etwas liederlich". Kollers „Bacchus der Zweyte" 90₁₁₁ beginnt wie ein noch jetzt gesungener Gassenhauer: „War einst ein Pfarrer in Österreich."

¹) Dieses Lied ist nach Kaltenbacks Zeugnis (Austrialalender a. a. O.) wirklich zum Volksliede geworden.
²) Auch auf der Bühne waren die ländlich-tugendhaften Figuren beliebt (Goedeke 5, 300).
³) Über diese Soldatenpoesie vgl. Nagl Zeidler a. a. O. S. 328 ff.

Tragik. Im letzten Liede warnt der Soldat einen Rekruten aus dem Reiche vor der Desertion. Alle fünf Lieder sind einfach in der Form, echt volkstümlich; selten fällt der „Soldat" aus der Rolle.

Zwei Jahre später (85 $_{22-23}$) erschienen noch „Drey Soldatenlieder. Auch das Gerücht vom Türkenkriege zu Anfang 1783", die viel weniger wirksam sind. Das erste, das die Kriegsvorbereitungen schildert, ist ganz volksliedmäßig und lehnt sich wohl auch an ein Volkslied an,[1]) es wird auf „Prinz Eugenius, der edle Ritter" angespielt; das zweite setzt die Türken herab und das dritte fordert die Soldaten auf, die gefangenen Mädchen aus den Harems zu befreien und als Weibchen nachhause zu führen, denn

Josef hat vorgesehen
Und sorgt für seinen Mann.[2])

Um diese Soldatenlieder richtig einzuschätzen, muß man sie mit den blutlosen, dürftig-moralisierenden Soldaten- und Marschliedern vergleichen, mit denen der alte Gleim die preußische Armee nach seinen „Grenadierliedern" bedachte. Diesen Wiener Soldatenliedern liegt stets eine reale Situation zugrunde, sie gehen aus dem realen Leben hervor.

Der „Soldat" hat Schule gemacht. Es erscheinen massenhaft Soldaten- und Invalidenlieder. Koller schrieb: 88 $_{121}$ „Der Invalide an seinen Fleischtopf", 90 $_{80}$ „Der Invalide an seine Krücke", 91 $_{31}$ „Der Invalide an sein Holzbein", 92 $_{12}$ „Der Invalide an Laudons Grab". M. Span schrieb: 90 $_{97}$ „Lied eines österreichischen Soldaten im Winterquartier", 91 $_{119}$ „Liebeslied eines österreichischen Invaliden".

Überblickt man die politischen und die patriotischen Gedichte des WM, so erhält man den Eindruck regen Lebens. Weit weniger günstig stellt sich das Bild, das man aus der tendenzlosen Lyrik des Almanachs gewinnt. Nur wenige Individualitäten heben sich von der Masse der beständig Kommenden und Gehenden (vgl. den Abschnitt über die Autoren) ab. Leons Talent versiegt zu Beginn der 80er Jahre, der liebenswürdige Großhamer, der 1782—1786 auftritt, wird schon 87 $_{57}$ als tot beklagt. Prandstetter bleibt, von seiner Sentimentalität völlig geheilt, bis zu seiner Verurteilung wegen Hochverrates im Jahre 1794 ein treuer Mitarbeiter des Almanachs. Seine — nicht bedeutenden — lyrischen Gedichte sind durchwegs heiter (von „Verzweiflung" 91 $_{122}$ und der lehrhaften Erzählung „Pythagoras" 91 $_{87}$ abgesehen), oft sogar ausgelassen lustig; interessant sind seine Ver-

---

[1]) Er beginnt: Sie fahren wohl und reiten
   Von früh bis in die Nacht.
[2]) Durch die Erziehung der Soldatenkinder (Anmerkung des Dichters).

suche, frei erfundene Stoffe im Balladenstil zu behandeln (vgl. unten die Ballade). Zu den Getreuen (1784—1796) des Almanachs gehört ferner das Fräulein Gabriele von Baumberg, die Sappho Wiens; in zartempfindenen, aber farblosen und in den Mitteln ganz konventionellen Gedichten spricht sie von ihren Leiden und Freuden.

Bestimmend für den Charakter des Almanachs sind die beiden Hauptmitarbeiter: Blumauer und Alxinger. Beide haben ihr Bestes für den Almanach hergegeben, beide waren zum Unglück für das Unternehmen Talente von kurzer Blütezeit.[1]) In Alxingers Entwicklung ist die Zeit 1781—1788 die fruchtbarste und in den Gedichten, die er dem WM anvertraut, kommen alle Seiten seines Wesens zum Ausdruck: seine starke Sinnlichkeit, sein starrer, im innersten Grunde poesiefeindlicher Rationalismus, sein satirisch-moralischer Eifer, seine Begabung für Wirklichkeitsdarstellung und sein pedantisches Streben nach Korrektheit. Ebenso läßt sich Blumauers ganze Entwicklung im WM überschauen: wie er als Schüler Bürgers — man stellt ihn mit Unrecht zu Wieland — beginnt, seinem Meister ähnlich in heiß-sinnlichem Temperamente, in humoristischer Begabung, in seinem Sinn für das Volkstümliche und seiner Auffassung des Dichterberufes. Seine didaktisch-satirischen Gedichte (siehe oben) und seine Balladen sind gehoben durch ein starkes Pathos, seine erotischen Gedichte („Blick der Liebe" 81 $_{163}$ „Der Mann am letzten Tage seiner Wünsche" 82 $_{123}$, „An die Muse" 81 $_{38}$) zwar sinnlich, aber nicht schmutzig. Allmählich wird ihm die komische Wirkung alleiniger Zweck. Schon 1784 steht das erste seiner berüchtigten Encomia, die nun bis 1789 fortgehen und als besonders kostbare Stücke meist an das Ende eines jeden Bändchens gestellt werden. Ein Schüler Blumauers ist B. J. Koller (1788—1793).

Die ersten Jahrgänge der zweiten Periode des Almanachs stechen erfreulich gegen den 1780er Jahrgang ab. Die überströmende Sentimentalität ist geschwunden, der sinnlich-kräftige Bürger[2]) ist bestimmendes Vorbild.

---

[1]) Ihre Gedichtsammlungen (Blumauer 1787, Alxinger 1788) geben die Grenze.
[2]) Daß die gesamte Balladendichtung unter Bürgers Einfluß steht, habe ich schon erwähnt; ebenso, daß Blumauer Bürger oft in Einzelheiten nachahmt (vgl. Hofmann-Wellenhof 40 f.). Ein Nachahmer Bürgers ist ferner Bened. von Wagemann mit seinen Gedichten „Der edle Mann" 92 $_{130}$ (vgl. Bürger „Der brave Mann" und „Männerkeuschheit"), „Mein Weibchen" 91 $_{80}$, „Liebesschwank" 91 $_{97}$. K. J. Hartel schildert in „Mein Mädchen" 79 $_{123}$ seine Geliebte in Bürgers parodistischer Art; ähnlich gehalten ist Leons „Vernunft und Liebe" 86 $_{96}$. Prandstetter ahmt in „Liebchens Bildniß" 81 $_{44}$ Bürgers berühmtes Gedicht „Die Holde, die ich meine" in allerdings sehr plumper Weise nach und Schram reflektiert in einer Bürgerschen Strophe und mit Bürgerschem Humor über die Unsterblichkeit der Seele („An meine Seele" 89 $_{116}$). 83 $_{174}$ und 84 $_{112}$ wird die Lenore=Strophe parodistisch verwendet.

In lehrhaften Gedichten (Alxinger „Antiplatonismus" 82₁₅₋₂₂, Blumauer „Illusion und Grübeley" 81₁₀₆₋₁₁₂, „Die beiden Menschengrößen" 84₅₈, „Mein System" 84₇₀), in Episteln (siehe diese unten), in Liedern (Alxinger „An den Unbestand" 84₁₃, Blumauer „Meine Wünsche" 83₆₄, „Lied der Freyheit" 86₄₇) tritt man mit Entschiedenheit für eine genußfreudige Lebensauffassung ein. Grolzhamers „Romanenlied" 86₄₁ verhöhnt die Tränenseligkeit des Siegwart und des Werther und Schleifers allerdings erst später erschienenes Gedicht „Mein Amor" 96₈₉ nennt den Mann, in dessen Lebenswerk man diese Lebensanschauung verkörpert sah, mit Namen: nicht Siegwarts Amor soll sein Vorbild sein, auch nicht Grecourts Amor, sondern:

> Wielands Amor, Sohn der Freude,
> Den die Weisheit küßen lehrt,
> Weisheit, die im Rosenkleide
>   Süßen Frohsinn nie gestört;
> Amor, der auf Blumen lieget,
> Sanft von Zephyr'n eingewieget,
> Wie ihn schlafend, hold und schön,
>   Einst die Grazien gesehn.

Es führen natürlich Fäden von der ersten Periode zur zweiten hinüber, wie Leons Minnelieder 81₁₆₄, ₁₈₄, sein „Meisterschwank" 82₆₄ und seine laut eigener Angabe aus den Jahren 1778—1780 stammenden sentimentalen Gedichte im Jahrgang 1785 (85₃₂, ₁₀₅, ₁₂₀). Prandstetters 1779 datiertes Gedicht „Sacco-Medea" 81₁₆₈ und Fießingers Oden 81₁₈₆, 82₁₁₂. Ein Schüler Denis' bringt ein Ossianisches Gedicht „Das Grabmahl auf Caracthuna" 82₁₄₁ und von Ossian inspiriert erscheint Meyers „Lied der Klage" 83₁₂₄. Aber ganz fehlt der Geist der Leidenschaft. Für den Sturm und Drang hat man jetzt nur Spott („Liebeserklärung eines Kraftgenies" 84₁₂₁, „Das Genie" 84₁₄₀). Eine ganze Reihe von Gedichten geben der Sehnsucht nach stillem, leidenschaftslosem Glücke Ausdruck (82₃₁ ₃₄, 83₃₂, ₆₄, ₁₅₅, 84₅₃, ₁₆₈ und andere) und wo die Sentimentalität auftritt, hat sie den Beigeschmack des Sanften, Spielerischen: 81₁₈₄ „Vergißmeinnicht", 81₁₉₀ „Die Sehnsuchtsthräne", 82₁₇₅ „Auf einen Vogel, der...", 83₆₉ „Timarete", 83₁₅₃ „An eine Linde zu P***" und andere).

Die Hauptmasse der Gedichte ist heiter oder wenigstens harmlos tändelnd: 81₃₀, ₄₄, ₆₉, ₁₁₂, ₁₁₄, 82₄₇, ₆₁, ₁₀₉, 83₃₂, ₈₉, ₁₀₈, ₁₁₃, ₁₅₅, ₁₇₂, ₇₈₀, 84₆₁, ₁₁₀, ₁₂₈ und andere; mitunter entschieden frivol: 82₆₁, ₁₈₃; 83₄₇, ₁₆₀, 84₁₄₀, 85₄₅, ₁₀₂ und andere.

Man greift, während man sonst französisches Wesen bekämpft, im Liebeslied auf die französische Anakreontik zurück und es erscheinen Übersetzungen von Gedichten wie:

II. Entwicklungsgeschichte des Wiener Musenalmanachs.

81_{42} „Weisheit und Liebe" nach Boufflers.
82_{166} „Amors Erwachen" nach Grecourt.
84_{13} „Frage und Antwort" nach Piron.
84_{36} „Auf eine Rasenbank" nach Chevalier Parny.
84_{43} „An die Freude" nach Mab. Maintenon.
84_{155} „Ehebruchsünde" nach J. B. Rousseau.

Ebenso die galanten Epigramme nach dem Laiminger $83_{139, 141}$.

Die Überschrift „Aus dem Französischen" 84_{122} verheißt etwas Pikantes. Die Gedichte des Grafen L. Batthyan („Die Erzählung" 85_{45}, „Der Abend" 85_{102}, „Als eine Dame dem Verfasser ein Blatt von dem Blumenstock abpflückte, der an ihrem Fenster blühte" 89_{72}) tragen den Charakter galanter Lyrik oder der älteren Anakreontik (vgl. den Abschnitt über die Liebeslyrik).

Die auf eine ältere Strömung zurückgehende weiberfeindliche Stimmung der Epigramme kommt in Episteln und Liedern zum Worte: es werden gegen die Weiber im allgemeinen und gegen die Ehe im besonderen echte Junggesellengedichte gemacht: 83_{145}, $84_{37, 40, 57}$, $85_{132, 148}$ und andere. Trinklieder erscheinen massenhaft: 82_{49}, $83_{7, 52, 104, 135}$, $84_{31, 69, 81, 149}$, $85_{59, 67, 71, 90}$ und andere, haben aber mit den Weinliedern der Anakreontik nichts gemein (vgl. unten über die Trinklieder).

Das Lustige und entschieden Komische wird bevorzugt. Die Anekdoten und Epigramme bezwecken hauptsächlich Erregung der Lachmuskeln, die satirischen Gedichte gegen die „Pfaffen" sind erfüllt von Komik. Jeder Jahrgang bringt aber außer den satirischen Gedichten, den Anekdoten und Epigrammen noch Scherzgedichte, Travestien und Parodien ($81_{170, 189}$, $82_{75, 179}$, $83_{115, 174}$ und andere). Seit 1784 erscheinen in ununterbrochener Folge Blumauers Encomia und ihre Nachahmungen (vgl. über das „Scherzgedicht" unten).

83_{92} erscheint die erste komische Ballade, die ernsten verschwinden mit 1783 (vgl. „Erzählende Dichtung" unten).

Die Epigramme und Anekdoten nehmen[1]) so zu, daß es mehreren Rezensenten (vgl. Allgemeine Deutsche Bibliothek 54 I, 147; 101 I, 109; 110 I, 100; Allgemeine Literatur-Zeitung 1788 I, 546—548; vgl. oben) auffällt; der Witz wird immer schmutziger und sucht seine Pointe immer häufiger im Sexuellen.

Die Gelegenheitsgedichte sind in beständiger Zunahme:

$81_{31, 57, 126}$.
$82_{152, 162, 163, 168}$.
$83_{39, 121, 123}$.

---

[1]) 1784 hat 23 Epigramme, darunter in $84_{30, 74, 122, 163, 167}$ sexuelle oder schmutzige Pointe; 1785 hat 16 Epigramme, darunter in $85_{60, 61, 131, 136}$ sexuelle oder schmutzige Pointe; 1786 hat 42 Epigramme, darunter in $86_{41, 67, 70, 122}$ sexuelle oder schmutzige Pointe.

II. Entwicklungsgeschichte des Wiener Musenalmanachs.

$84_{37, 92}$.
$85_{16, 45, 53, 85, 109, 122, 129, 138, 149}$.
$86_{25, 46, 73, 89, 108, 129, 136, 143, 150, 152}$.

Es häufen sich ferner die Übersetzungen mit Quellenangaben, ein Zeichen für das Versiegen der Kraft: $83_{91, 42, 60, 91, 136, 150, 165}$ und $86_{25, 45, 107, 140}$ überträgt Mastalier Epigramme aus der griechischen Anthologie in Distichen, 85_{100} gibt Blumauer Proben aus seiner Übersetzung der Pucelle, 86_{121} wird Tibulls V. Elegie, 86_7 ff. Ovid Met. I, 84—150 übersetzt.

Zwar traten neue Mitarbeiter von Namen auf; aber weder der berühmte Sonnenfels (1785 und 1786), der so armselige Gedichte machte, noch der begabte Haschka mit seinen leidenschaftlichen, höchst persönlichen Oden und gehaltvollen Lehrgedichten konnten den Niedergang des Almanachs aufhalten. Der Jahrgang 1787 bezeichnet den Tiefstand.

Über den Schmutz des Epigramms „Damengeschmack" 87_{75} und der Anekdote „Die Stimme der Natur" 87_{99} waren Alxinger und Leon in gleicher Weise empört[1]) (Keil „Wiener Freunde" S. 46 und S. 65).

Wieder 14 Epigramme, davon zwei (S. 56, 75) schmutzig; sieben Anekdoten, drei Encomia ($87_{22, 68, 127}$), eine komische Liebeserklärung („Brautwerbung eines Juristen 87_{63}) und eine elende komische Ballade 87_{45}; ferner nicht weniger als neun Gelegenheitsgedichte $87_{7-12, 40, 44, 57, 63, 79, 86, 93, 121}$), wovon eines (Alxinger „An ein Brautpaar" 87_{40}) ganz den Typus des Hochzeitslärmens zeigt: eine Götterversammlung und ein Zynismus als Pointe.

Die lyrischen Gedichte dieses Almanachs sind charakterisiert durch den völligen Mangel an Originalität: zwei Trinklieder $87_{43, 76}$; ein Gedicht, das zum Lebensgenuß auffordert (87_{116} „An einen Rangsüchtigen"; vgl. dazu 77_{127} „An einen Freund", 80_{126} „An M. im Frühlinge");[2]) ein Gedicht „Der feste Vorsatz" von Eberl 87_{49}, welches das Motiv von 84_{61} („Der feste Vorsatz" von Ratschky) wiederholt; ein anakreontisches Gedicht von Alxinger „Auftrag an Amor" 89_{85} (vgl. 83_{172} „An ein Sommerlüftchen"). Leon bringt wiederum ein Minnelied („Ritter Minnebolds Freudenlied" 87_{64}) und pikante Sachen: $87_{51, 84}$.

Empfunden sind nur die Gedichte Gab. von Baumbergs, die immer trübseliger und dabei aber auch farbloser werden ($87_{7, 54, 124}$). Zum ersten Male tritt C. von Greiner (verehelichte C. Pichler) auf mit einem sentimentalen Gedichte „An die Nacht" 87_{90}.

---

[1]) Es sollte allerdings noch ärger kommen, wie das Epigramm 88_{87} „Die Modekrankheit" zeigt.
[2]) Vgl. unten über die lyrisch-didaktischen Gedichte.

II. Entwicklungsgeschichte des Wiener Musenalmanachs.

Auf ungefähr gleichem Niveau bleibt der Almanach in den folgenden zwei Jahrgängen: gepfefferte Epigramme, gepfefferte Anekdoten und ziemlich viel Gelegenheitsgedichte. Auffallend mehren sich die Übersetzungen mit Quellenangabe:

88_{61} (= Catull 77), 88_{61} (= Catull 71), 88_{20} (Martial II, 3), 88_{124} (= Martial I, 74) von Alxinger; 88_{125} (nach Properz); $89_{125-137}$ (= Met. IV, 285—388); 88_{30} (= Pucelle, Anfang des zweiten Gesanges), 89_{17} (Pucelle, Anfang des ersten Gesanges) von Blumauer; 89_{98} (= Horaz I, 13), 89_{48} (= Horaz II, 18) von Ratschky.

In den Jahrgängen 1787—1789 fehlen auch die Kompositionen (vgl. S. 12 und 13). Die Gedichte 89_{25} „Lied eines Bauernmädchens", 89_{57} „An den Prater", 90_{99} „Das Töchterchen", alle drei von M. Span, sind dem „Wienerblättchen" (1783, 24. Oktober; 1783, 22. September; 1783, 9. September) entnommen, während sonst gewöhnlich das „Wienerblättchen" aus dem WM entlehnte. Zum ersten Male bringt also der WM Nicht-Originale.

In der Lyrik beginnt die Reflexion zu überwiegen. Es scheint, als ob man versuchte, durch Zurückgreifen auf Motive und Vorbilder der Haindichtung das Niveau des Almanachs zu heben: 88_{65} erscheint eine komische Ballade Leons im Stile Bürgers; Bürger wird zweimal nachgeahmt (88_{82} „Suschen", 89_{116} „An meine Seele"); 89_{25} „Lied eines Bauernmädchens" geht auf Boßens Landlieder zurück, Perinets Gedicht „Rückerinnerung" 89_{83} behandelt eines der beliebtesten Motive der Haindichtung.

3. Periode.

Das Jahr 1790 bedeutet wieder einen Einschnitt in der Geschichte des Almanachs. Die Zensur wird strenger.[1]) Der Kampf gegen die „Pfaffen" ist wie mit einem Ruck plötzlich abgeschnitten. An öffentlichen Ereignissen nimmt der WM von jetzt ab nur in der allerloyalsten Weise Anteil. 1790 bringt nicht weniger als sieben Jubelgedichte auf die Eroberung von Belgrad (14. Oktober 1789);[2]) Denis, Alxinger, Blumauer, Leon, G. von Baumberg, kurz alle Koryphäen des Almanachs sind daran beteiligt. Soldaten- und Invalidenlieder (siehe oben) entstehen unter dem Einflusse der Kriegsbegeisterung. Als bald darauf die Helden Laudon und Habdik starben, wurden sie im Almanach $91_{61, 145}$; 91_{104} in Gedichten beklagt. Josef II. wird betrauert, sein Nachfolger begrüßt (Blumauer „Bittschrift der verwittweten Erzherzoginn Austria an ihren neuen

---

[1]) Vgl. oben.
[2]) Vgl. Hormayr 5, 92 f. — Der Göttinger Musenalmanach brachte 90_{29-33} „Türkische Kriegslieder" von Uzim Abballah.

Gebieter Leopold II." 91₈₈; Leon „Über Joseph des Zweyten Tod. An Eulogius Schneider". 91₁₂₃; Leon „Des ehrlichen Herrnalser-Philipps Glückwunsch zur Kaiserkrönung Leopolds II." 91₁₅₆). Es folgen Gedichte wie: D. Catharinae II. Autocratrici Epinicion 92₇ (Denis), „Auf den Tod der Kaiserinn" 93₁₅₈ (Alxinger), „An die Kaiserinn-Königinn. Nach ihrer Krönung zur Königinn von Böhmen" 93₇₉ (Nomis). Der Koalitionskrieg läßt Kriegs- und Grenadierlieder entstehen: 93₄₅ „Schlachtgesang eines hessischen Grenabiers 1792"; 93₁₄₉ „Siegeslied eines hessischen Grenadiers nach der Bestürmung von Frankfurt"; 94₁₅ „Kriegslied der vorländischen Bürger beym Auszug gegen die Neufranken am Rhein"; 94₈₆ „Lied eines Jünglings der k. k. Grafschaft Fallenstein an die Neufranken". Man wünscht den Koalierten Glück (94₆₀ „An Fortunen"), man feiert ihre Siege (94₁₃₂ „An meinen Freund"),[1]) man verhöhnt die unterliegenden Feinde (95₈₀ „An Scipio-Dumouriez. Nach der Schlacht bey Neerwinden).[2])

Über die französische Revolution herrscht in der Heimat der unglücklichen Marie Antoinette nur eine Stimme: man verabscheut die „Herren Glücklichmacher" (95₁₆ „An meinen lieben Wölffeld"), man verhöhnt die „Franzen" (Ratschky „An die Frau Landräthin von *" 92₁₅₀₋₄), die

   Sich einzeln, um im Ganzen
   Einst glücklicher zu seyn,
   Die Hälse wacker brechen.

In einem Epigramme (94₅₂ „Kleiner Unterschied") wird auf Goethes „Bürgergeneral" angespielt, der sich also in Wien schnell verbreitet haben muß, in einem anderen über die „Preßefreyheit" (96₉₃) gespottet. Die Fabeln „Der Hengst und der Wallach" 94₁₀₁ und „Die Weinbeeren" 96₁₂₅ scheinen sich ebenfalls auf die französische Revolution zu beziehen und nehmen gegen sie Stellung.

Alxinger übernahm die heikle Aufgabe, ein Gedicht „Über den Tod Antoniens, Königin von Frankreich" 94₁₄₁ zu schreiben. Er ergreift bei jedem Anlaß das Wort (94₉₈, ₁₅₅) und wer er ist es auch, der (96₇₉ „An Deutschland. Bey Gelegenheit der letzten Oesterreichischen Siege") die Deutschen darauf hinweist,

   . . . . . daß sich's nirgends gut,
   Als unter den weit ausgedehnten Flügeln
   Des hohen Kaiseradlers ruht.

---

[1]) 94₁₃₂ verherrlicht besonders den Prinzen von Koburg, der auch in den Volks- und Soldatenliedern der Zeit viel gefeiert wurde; vgl. Ditfurth „Die historischen Volkslieder der Zeit von 1756—1871". 2. Band, S. 100—104 und S. 130, 167.

[2]) Ein Spottlied auf Dumouriez nach der Schlacht bei Neerwinden verzeichnet auch Ditfurt a. a. O. S. 120. . . . .

II. Entwicklungsgeschichte des Wiener Musenalmanachs.

Von der zweiten Periode unterscheidet sich der Almanach von 1790 ab auch dadurch, daß er völlig den Charakter des Anständigen trägt.[1]) Dies ist Leons Werk, der diesen Almanach in einem Briefe an Reinhold[2]) als ein Produkt seines literarischen Fleißes in Anspruch nimmt, wenn auch 1790—1792 noch Blumauer und Ratschky, 1794 Blumauer allein zeichnen.

Daß man sich des Tiefstandes der Wiener Literatur im allgemeinen und des WM im besonderen bewußt war, zeigen Leons Briefe an Reinhold in Keils Sammlung. Die Ursache suchte man vor allem in der mangelnden Förderung der Literatur durch den Adel und Ratschky übersetzte für den neuen Jahrgang Alxingers „Visum nocturnum" 90 $_{88-47}$, eine bitterböse Satire auf den indolenten, in Genüssen aufgehenden Adel, der sich um vaterländische Kunst nicht kümmere.[3]) Eine Regeneration erstrebte man dadurch, daß man auf die Bestrebungen zur Zeit der Begründung des WM zurückging. Die Ode, die seit 1786 verschwunden war, tritt wieder auf und fehlt in keinem Almanach mehr. 90 $_{132-9}$ finden wir seit 1778 zum ersten Male wieder eine Prosaidylle von Leon, Ratschky setzt eine Idylle von Geßner in Verse um:[4]) seine „Melinde" 90 $_{24}$ geht zurück auf Geßners Idylle „Der feste Vorsatz" (Gesammelte Schriften, Reutlingen 1789, 2, 189). Leons „Hanns und Grethe" 93 $_{97}$ erinnert an Voß und Claudius, 90 $_{117}$ zeigt wörtliche Anklänge an Hölty,[5]) Benedikt von Wagemann ahmt Bürger sklavisch nach (90 $_{41, 80, 97}$, 92 $_{120}$). Wiederum wird Bousflers übersetzt („An Lydia 94 $_{108}$), wieder tauchen anakreontische Gedichte auf.

---

[1]) Freilich tritt das Zotenhafte, das 1790 fast ganz fehlt, schon 1793 wieder (93 $_{141, 147}$) hervor, aber nie mehr in dem Grade wie 1787—1789.

[2]) Keil a. a. O. 71: „Um auch etwas von meinem litterarischen Fleiße zu erwähnen, so kann ich Dich auf kein anderes Produkt, als auf unsern dießjährigen Wienermusenalmanach verweisen, dessen baldmöglichste Anzeige in der allgemeinen Litteraturzeitung ich Dich zu übernehmen bitte."

[3]) Auch schon früher war das Thema vom fehlenden Mäcenaten angeschlagen worden: 81 $_{118}$, 82 $_{86}$, 86 $_{142}$; 94 $_{27/8}$, 95 $_{90}$.

[4]) Bekanntlich hat Ramler „Salomon Geßners auserlesene Idyllen in Verse gebracht", Berlin 1787 herausgegeben. Erst 1789 war „Sal. Geßners episches Schäfergedicht der Erste Schiffer in Verse gebracht" erschienen.

[5]) 90 $_{117}$ von Kreuzner „An Elisen":

> Es stand vor mir ein schönes Kind,
> Schön wie Dianens Nymphen sind,
> Ein . . . .

von Hölty „Erinnerung" (Höltys Gedichte herausgegeben von Halm, S. 142).

> Als Julie, das schöne Kind,
> Schön, wie die lieben Engel sind
> . . . .

Mitunter ist die Einwirkung der Wiener Nachdrucke zu spüren. Wenn 93₇₄ ein Gedicht von Hagedorn paraphrasiert wird, so hängt dies sicher mit dem Nachdrucke vom Jahre 1790/1 zusammen, ebenso die Nachahmung Gotters (90₅₇ „Väterliche Warnung") mit dem Nachdrucke von 1787, die Höltys in den Gedichten 90₁₁₇, 95₇₂, 96₆₀ mit dem Nachdrucke von 1790 und der seit 1786 bemerkbare Einfluß Ramlers (vgl. oben) mit dem Wiener Nachdrucke von 1783.

In einem Punkte ist aber ein Fortschritt zu bemerken: Leon bringt nicht mehr Minnelieder, sondern — freilich noch recht freie und unvollkommene — Übersetzungen¹) aus den Minnesingern (vgl. Leons Charakteristik) und nicht „petrarchische Oden", sondern formstrenge Übersetzungen der Sonette 92₁₄₀, 93₇₁. Darin erscheint er als ein Vorläufer der Romantik und sein Nachfolger in den späteren Wiener Musenalmanachen ist Streckfuß.

Vielfach aber greift man noch weit über die Anfänge des Almanachs zurück. 90₆₆ erscheint, seit 1786 zum ersten Male, wieder eine Fabel; 91₇₀/₁ gibt Alxinger eine Probe einer (nicht erschienenen) Phaedrusübersetzung. 94₉₁ übersetzt Ratschky ein Bruchstück aus Popes „Essay on the criticisme", der vielleicht 1741 wirksam war, als er in Bodmers Kritischen Schriften erschien (Goedeke 4, S. 12). Die Übersetzung ist in Alexandrinern abgefaßt, nachdem schon 91₈₈ Alxinger in einem Gelegenheitsgedichte diesen Vers wieder verwendet hatte. 91₇₋₈₁ erscheint als Prachtstück des Almanachs eine Übersetzung von Parnells „The Hermit"²) in Stanzen (ebenfalls von Ratschky) und 92₇₄ übersetzt G. von Baumberg das weiland berühmte Gedicht „Les Moutons" von Mad. Deshoullieres" (K. von Greiner, verehelichten K. Pichler gewidmet).

Die Tendenz dieser Periode des Almanachs ist also entschieden reaktionär, der Almanach greift weit hinter seine Anfänge zurück.

Trotz aller Bemühungen bietet er ein armseliges Bild. Die Epigramme nehmen zu: 1790 bringt 24, 1791: 28, 1792: 34, 1793: 18, 1794: 81 [und — ich setze auch die Zahlen der folgenden Almanache her — 1795: 25, 1796: 22].

Die Gelegenheitsgedichte auf private Gelegenheiten, also Gratulationsgedichte, Hochzeitsgedichte, Stammbuchverse, Huldigungen an Mäcenaten, Boutsrimés ꝛc. — die Gedichte auf öffentliche Ereignisse habe ich schon erwähnt — sind außerordentlich zahlreich:

---

¹) Auch der Göttinger Musenalmanach auf 1790 bringt — ein merkwürdiges Zusammentreffen — Übersetzungen aus den Minnesingern (F. W. Schmidt) und Petrarka (A. W. Schlegel); vgl. dazu R. Sokolowsky „Der altdeutsche Minnesang im Zeitalter der deutschen Klassiker und Romantiker". Dortmund 1906.

²) War schon von Bodmer 1753 übersetzt worden (Goedeke § 203, 41).

II. Entwicklungsgeschichte des Wiener Musenalmanachs.

1790 $_{35}$, $_{53}$, $_{59}$, $_{89}$, $_{94}$, $_{101}$, $_{104}$, $_{115}$, $_{122}$•
1791 $_{34}$, $_{35}$, $_{96}$, $_{109}$, $_{125}$, $_{135}$, $_{141}$•
1792 $_{38}$, $_{41}$, $_{50-5}$, $_{56}$, $_{57}$, $_{71}$, $_{78}$, $_{81}$, $_{94}$, $_{110}$, $_{132}$, $_{134-9}$, $_{155-64}$, $_{165}$•
1793 $_{41}$, $_{50}$, $_{82}$, $_{105}$, $_{134}$, $_{139}$, $_{153}$, $_{162-6}$, $_{169}$, $_{177}$•
1794 $_{19}$, $_{20}$, $_{68-72}$, $_{74}$, $_{77-82}$, $_{113}$, $_{130}$•

Es fehlt an neuen Gedichten und man muß auch solche aufnehmen, welche das Datum eines früheren Jahres tragen. So ist ein Gedicht 93$_{138}$ von 1782, 94$_7$ von 1784, 94$_{39}$ von 1787, 94$_{49}$ von 1783 datiert.

Während von den Jahrgängen der ersten Periode jeder einzelne ein individuelles Gepräge trug, setzen sich jetzt die Bände in höchst einförmiger Weise aus den Beiträgen von Spezialisten zusammen. Alxinger gibt Allegorien oder Gelegenheitsgedichte, Eee (1790), J. B. Josch (1790, 1791, 1792), Wiedemann (1791, 1793), Itzig Leibesdorf (1794, 1796) bieten nur Epigramme dar, Koller trägt (1790, 1791, 1792) Epigramme und einförmige Rollenlieder bei, Denis (1790, 1792) lateinisch-deutsche Huldigungsgedichte an Große, Wagemann (1791, 1792) Bürgernachahmungen, Deurer (1794, 1796) stolze Oden ꝛc.

Den Mangel an lyrischen Gedichten sucht man durch die Pflege der poetischen Erzählung zu decken. Neben den schon früher vorkommenden Erzählungen im Stile der komischen Balladen (Koller „Bella Donna" 92$_{52}$), Fabeln (90$_{66}$, 94$_{101}$) und Schwänken nach alten Quellen („Der Esel" 90$_{43}$, „Der Junker und der Schloßkaplan" 93$_{141}$) erscheinen jetzt lehrhafte Erzählungen, wie sie in allen Jahrgängen des Göttinger und Vossischen Almanachs vertreten gewesen waren: 91$_{87-94}$ „Pythagoras", von Prandstetter, 93$_{59-63}$ „Die Laute", 93$_{103}$ „Die Rache", 99$_{7-13}$ „Coßroim und Timur", 94$_{89-95}$ „Der Erbe und der Wanderer" von Nomis; 94$_{57}$ „Die Urteile" von — im —. Am merkwürdigsten ist der Quelle wegen die ebenfalls mit — im — gezeichnete, im Wielandschen Tone gehaltene Erzählung „Alexander Aristoteles" 93$_{7-89}$ nach Le lay d'Aristote in Legrands „Fabliaux ou Contes", Paris 1779.[1])

Auch eine ernste Ballade von starker Wirkung bringt der an Erzählungen so reiche Jahrgang 1793 (93$_{109}$ „Adelheid von der Wart" von M. Schleifer.)

Das Bild, welches die eigentliche Lyrik bietet, ist im ganzen dasselbe wie in der zweiten Periode: tändelnde und sentimentale Liebeslieder, Episteln, Gedichte, die über allgemeine Themen reflektieren und hie und da wohl auch ein schlichtes Lied von inniger Empfindung wie 94$_{54}$ „Landlieb" und 94$_{137}$ „Abendempfindungen",

---

[1]) Dieselbe Geschichte wird im Göttinger MA 91$_{99}$ unter dem Titel „Ein Athener Gassenhauer. S. M. Theodorich K. b. O. auf Befehl gewidmet" von Plato erzählt (von J. L. W. Meyer).

11. Entwicklungsgeschichte des Wiener Musenalmanachs.

beide von Anton Edlen von Vogel, Friedelbergs „Lied" 94₁₁₅ und Vessels „Lied der Freundschaft" 94₁₀₅. Einförmig wiederholen sich die Motive; der Jahrgang 1792 z. B. enthält nicht weniger als vier Gedichte mit der Horazischen Aufforderung zum Lebensgenuß: 92₃₁ „Frohsinn", 92₈₁ „Die Vielwisserey", 92₁₂₄ „Carpe diem!", 92₉₆₋₁₀₀ „An den Wahn".

Die Hauptmitarbeiter sind dieselben: Alxinger mit den galant-zärtlichen Liebesgedichten seiner letzten Periode und seinen steifen Allegorien, Gabriele von Baumberg mit ihren trübseligen Klageliedern und Reflexionen; Prandstetter erscheint ungewöhnlich ernst wie im Vorgefühl der ihn bedrohenden Katastrophe, Koller zeigt sich von einer neuen Seite in seinen breit-rhetorischen Gedichten „An Herrn Hofrath von Sonnenfels, als er sein Lehramt niederlegte" 92₁₃₄₋₈ und „An den Wahn" 92₉₆₋₁₀₀.

Und doch bereitet sich leise eine neue Strömung vor: der Klassizismus.

94₃₇ veröffentlicht der Konsistorialsekretär Fribrich, ein langjähriger Mitarbeiter am Göttinger Musenalmanach, aus dem Nachlasse seines schon 1787 verstorbenen Freundes Ferdinand Deurer, eine von 1786 datierte Ode „An Fribrich", die einzige der 20 Jahrgänge des WM, welcher ein Strophenschema vorgesetzt ist.¹) Fribrich antwortet darauf in einem längeren „Dichter und Dichterlinge" überschriebenen Gedichte in anakreontischen Versen (94₂₉₋₄₈), das 1787 datiert ist. Er gibt darin einen von nicht gewöhnlicher Feinheit des ästhetischen Empfindens zeugenden Überblick über die verschiedenen Strömungen der zeitgenössischen Literatur und stellt als Programm für den wahren Dichter auf, daß er

>... edles Herz
>Mit leichtem Scherz,
>Der Griechen Styl
>Mit Kunstgefühl,
>Und Bildnerkraft
>Mit Wissenschaft,
>Getreu verbindet.

Ganz ähnlich spricht er sich 91₁₅₄ in dem Gedichte „Was ist, und war, und seyn wird" aus: er polemisiert gegen den Naturalismus und schließt:

>Natur! Natur! —
>Rief auch, begeistert, Griechenland:
>Doch kannt' es ihre Spur,
>Und wählte sich, mit Meisterhand,
>Des Urbilds schönste Züge nur.

---

¹) Hier ist wohl Ramler Vorbild, dessen Gedichte 1783 in Wien nachgedruckt wurden.

> So ward sein hohes Ideal!
> Und stand, wiewohl nur von der kleinen Zahl
> Der Weisen jedes Volks bewundert,
> Unübertroffen da durch jegliches Jahrhundert.

Diese Strömung, die 1791—1794 nur Fribrich vertritt, wird in den letzten zwei Jahrgängen stärker. 1795 erscheinen vier Epigramme in Distichen von Deurer (95 $_{22}$, $_{38, 59, 88}$), die von den Epigrammen alten Stiles scharf abstechen. Schleifers Ode „An Mariens Locke" 95 $_{61}$ gipfelt in klassizistischer Manier in einer Anspielung auf das Haar der Berenike. Die Oben werden in den letzten zwei Jahrgängen überhaupt häufiger (vgl. oben) und strenger in der Form. In Fribrichs Epigrammen 96 $_{30}$ „Schönheit" und 96 $_{38}$ „Weibliche Größe"[1]) ist Schillers[2]) Einfluß nicht zu verkennen. Während also Deurer in seinem Klassizismus auf Klopstock und Ramler zurückgeht, ist Fribrich bereits von Schiller beeinflußt. Auch Matthissons Einwirkung zeigt ein Gedicht, allerdings ein einziges: F. K. Paldamus „Auf dem Rauchenstein bei Baaden" 95 $_{87}$ (vgl. den Abschnitt „Natur" unten).

Der „Wiener Musenalmanach auf das Jahr 1798, herausgegeben von einer Gesellschaft", steht schon ganz im Bannkreise des Klassizismus; er bringt z. B., um nur dies eine hervorzuheben, einen Epigrammenzyklus „Wien", der bis ins Einzelne Goethes „Venetianische Epigramme" nachahmt.

Ich habe vorgreifen müssen und nehme den Faden wieder auf. 1795 übernahm Leon auch nominell die Redaktion. Seine Vorrede zeigt, daß die Zeit für den Almanach vorüber war; er erklärt sich bereit, „von dem Plane seiner würdigen Vorgänger abzugehen und nicht bloß Gedichte allein, sondern auch kleine prosaische Aufsätze jeder Gattung (der theologischen und politischen[3]) allein ausgenommen) in diese Sammlung aufzunehmen, da gegenwärtig die

---

[1]) Thaten der Helden beschämt die stille Größe des Weibes,
Welches, treu der Natur, wirket im Kreise der Pflicht.

[2]) Schillers Einfluß zeigt in der Diktion auch B. J. Kollers Gedicht „An den Wahn" 92 $_{69-106}$ (siehe Kollers Charakteristik). Leons Vorrede zum Jahrgange 1795 erinnert in ihrer Ausschließung alles „Aktuellen" an das Horenprogramm.

[3]) Auffallend ist, daß 1795 zwei Gedichte auf Josef II. erscheinen: 95 $_{10}$ (datiert 1785) „Josef der Zweyte" von Deurer und 95 $_{102}$ „Die Abbitte" von Liebhold. Vielleicht läßt sich diese Tatsache durch ein äußeres Ereignis erklären, 1794 war einer der ältesten und treuesten Mitarbeiter des WM, der städtische Beamte Martin Prandstetter wegen einiger freimütigen Äußerungen in den berüchtigten Jakobinerprozeß verwickelt und zu dreitägigem Prangerstehen und 30jährigem Kerker verurteilt worden. Die Erinnerung an den großen Schützer der Preßfreiheit und Toleranz mochte die einzige Art des Nachrufes sein, welche der Almanach sich erlauben durfte.

Fruchtbarkeit auf unserem Parnasse eben so sehr als der Geschmack des Publikums an einer Sammlung von bloß poetischen Produkten abzunehmen scheint."

Es gelang ihm nicht, dem Almanach neues Leben einzuhauchen. Die „Freunde und Freundinnen des Schönen und Edlen", die er in der Vorrede zu 1796 anruft, kamen nur spärlich (B. D. Arnstein,[1]) Florian Daxberg, E. H. Follershall, Liebhold, F. A. Gaheis, Gerning, Joh. Rupprecht, Thomas Schidion, von Traubenberg (Pseudonym?), Baronesse von Buschmann, Maria Anna E—h, geborene T—l, Wilhelmine Maisch) und mit recht unbedeutenden Beiträgen.

Wiederum bringen die beiden Bände viele Epigramme (1795: 25, 1796: 22) und Gelegenheitsgedichte auf Privatereignisse: 95_{1-9}, $16-22, 27, 36, 43, 46, 51, 54, 57, 60, 99, 103, 110, 111$ und $96_{13, 15, 17, 20, 38, 46, 53, 81, 84, 86, 87, 91, 93, 96, 103, 105, 107, 118, 124, 129}$.

Wiederum müssen ältere Gedichte herangezogen werden: 95_{10} ist von 1785 datiert, 94_{14} von 1789, $95_{44, 63, 94}$ (von E. von Greiner) von 1792; 96_{81} von 1785, $96_{124, 131}$ von 1790, 96_{92-9} von 1791.

Wiederum wird die poetische Erzählung gepflegt: Alxinger gibt ein Stück aus seinem verbesserten[2]) „Doolin von Mainz" 96_{1-6}, Schidion erzählt eine lehrhafte Geschichte „Der Prophet in Hindostan" 96_{130}; Fabeln ($96_{122, 125}$) werden gebracht, Schwänke[3]) („Der kluge Junker" 96_{104} und „Glimpf und Schimpf" 96_{49-52} [nach Poggio Fiorentino]).

1796 tauchen auch wieder komische Lobgedichte auf: „Lob des Geldes" 96_{126}, ein „Lob- und Ehrengedicht auf die edlen Kartoffeln" 96_{42} (komponiert!), „An einen unglücklichen Dichter, der schlechte Verse auf schöne Mädchen machte" $96_{110-117}$.

Die aufgenommenen Prosastücke waren gleichfalls nicht danach angetan, den Almanach zu heben. K. von Greiner gab zwei Schulaufsätze: 95_{28} „Die Morgennebel", 95_{80} „Die Pappelweide", die beide nach ein- und demselben Schema gebaut sind (A. Beschreibung einer Naturerscheinung, B. Anwendung auf das menschliche Leben); Ratschky eine unbedeutende Epistel im genre melée 95_{1-9};[4]) Leon zwei „Götterfabeln": „Die Herrschaft der Gestirne und ihre Feyer"

---

[1]) Über B. D. Arnsteins literarischen Salon vgl. Nagl-Zeidler a. a. O. 326.
[2]) Ist in der Gesamtausgabe nicht berücksichtigt.
[3]) Seit 1792 erscheinen die Schwänke Langbeins, an dessen Einwirkung vielleicht zu denken ist.
[4]) Vielleicht haben hier die im genre melée verfaßten berühmten Episteln von Uz gewirkt, dessen „Sämmtliche poetische Werke" 1790 bei Schrämbl neuerdings (früher schon 1769 bei Trattner) nachgedruckt worden waren.

$95_{114-118}$; der Jahrgang 1796 enthält ein von Edelmut und Rührseligkeit triefendes dramatisches Familiengemälde im Geschmacke des 18. Jahrhunderts („Die Kleinobien. Einige Familienscenen" 96_{62-76}) von B. D. Arnstein und eine sehr pikante, im genre melée verfaßte mythologische Erzählung „Geschichte der Schönpfläfterchen und der Mode Fumée de Londres" ($96_{131-148}$) von Leon, in der man den Verfasser der Minnelieder gar nicht wiedererkennt.

Die beiden Almanache machen einen recht altmodischen Eindruck, K. von Greiner bemüht in einem Hochzeitsgedichte $95_{103-109}$ noch eine ganze Götterversammlung. Deurers Gedicht „Thränen" 95_{83} und das anonyme „An Elisen" 96_{112} atmen die Sentimentalität der Siegwartzeit, gegen welche Schleifer „Mein Amor" 95_{83} und Leon „Geschichte der Schönpfläfterchen" $96_{131-148}$ ankämpfen. Leons „Mahlied" 95_{72} (auch das widerwärtig-süßliche Gedicht „Der kleine Veit an den Frühling" 95_{48} von —b— möchte ich Leon zuschreiben) gehen auf Hölty zurück.¹) Leon spielt in jener „Geschichte der ..." auf Lavaters Physiognomik an und spottet über den „am Grabe seiner Marianne jämmerlich erfrorenen Kapuziner Siegwart", was gewiß nicht mehr zeitgemäß war. Nur ein neuer Zug kommt in das Bild: ein Gedicht von Baldamus „Auf dem Rauchenstein bei Baaden" 96_{87} zeigt unverkennbar den Einfluß Matthißons.

Ebenso zeigt sich in der Form Erschlaffen der Kraft und Rückschritt: an Stelle der Strophen treten auch in lyrischen und Gelegenheitsgedichten häufig die vers libres und viermal kommen Alexandriner vor: $96_{17, 41, 99, 105}$.

So versiegt der WM allmählich. Bedeutend ist er nie gewesen, in die Entwicklung der Literatur hat er nie eingegriffen; aber mit schwachen Kräften haben die Wiener Dichter eifrig am großen Werke Anteil genommen. Jugendlich enthusiastisch waren seine Anfänge. Sturm und Drang brauste auch in den Köpfen dieser Dichter, mit richtigem Gefühl erkannten die besten unter ihnen die führenden Geister: in der Verehrung Goethes findet sich ein auserlesener Kreis zusammen.

Mit der Thronbesteigung Josefs II. tritt der Almanach in sein Mannesalter; seine Dichter stehen, durch den Freimaurerbund mit

---

¹) Hölty, dessen Gedichte 1790 in Wien nachgedruckt worden war, wird auch 96_{5}, („Erinnerung an meine Knabenjahre") von Gaheis nachgeahmt:

Wie war ich doch so wonnereich,
Den frohen lieben Engeln gleich
In meinen Knabenjahren,
Als Vater nur und Mutter nur ...

Vgl. dazu: Höltys „Erinnerung" (Höltys Gedichte herausgegeben von Halm, S. 142).

den Spitzen der Intelligenz vereint, dem Kaiser in seinem Kampfe gegen den Jesuitismus bei. Von patriotischer Begeisterung erfüllt, versenken sie sich in die große Vergangenheit und führen sie in Balladen und Liedern der schwächlichen Gegenwart vor Augen. Um die Mitte der 80er Jahre erlahmt das Feuer, immer mehr ist man auf bloße Unterhaltung bedacht, immer wahlloser wird man in den Mitteln. Der feingebildete Leon versucht Anfang der 90er Jahre das Unternehmen zu heben, indem er auf die Anfänge des Almanachs zurückgeht, als ob es möglich wäre, die Entwicklung noch einmal durchzumachen. Er findet keine Mitarbeiter und der Almanach erlischt, nachdem er in seinen letzten Jahrgängen noch an der Bewegung des Klassizismus schwachen Anteil genommen.

Überblicken wir rasch die literarischen Namen, die in Liebe oder Haß im WM genannt werden, und prüfen wir den Abstand, der zwischen ihrer Wirksamkeit im Reich und in Österreich liegt.

Fridrich gibt in dem erwähnten, von 1787 datierten, aber erst 94₂₉₋₄₈ veröffentlichten Gedichte einen Überblick über die Strömungen der zeitgenössischen (gemeint ist wohl kaum bloß die österreichische) Literatur.

Nach ihm gab es 1787: Gelegenheitsgedichte, Elegien, Satiren, Epigramme, Oden (nach Ramler und Klopstock), Erzählungen (nach Wieland), Kriegslieder (nach Gleim und Weiße), Idyllen (nach Geßner und Voß), Balladen (nach Bürger), volkstümliche Gedichte (nach Claudius), Liebeslieder (nach Tasso, Goethe), sanfte Lieder nach Hölty, heroische Gedichte nach Ossian und Homer. Das Verzeichnis ist nicht vollständig, bietet aber ungefähr dasselbe Bild wie die Zusammenstellungen Goedekes und Kobersteins.

Ich verzeichne die einzelnen Namennennungen. Rabener wird 77₉₅[1]) gepriesen, 78₄₈ wird auf Zachariaes „Murner in der Hölle" angespielt, der 1757 und 1767 erschienen war (die Anspielung muß allerdings in einer Anmerkung erklärt werden). A. von Haller († 1777, Ausgaben von 1732 bis 1777) wird 79₁₁₀, 83₁₂₈, 85₄₈, ₉₂ gepriesen, seine Alterswerke 90₆₀ verspottet, Ew. v. Kleist wird 80₄₃ als Muster angerufen; Haller und Kleist zusammen nennt als Lieblingsgedichte seiner Jugend ein anonymer Dichter 96₂₇. Außerordentlich stark hat Geßner wie in ganz Deutschland (vgl. Goedeke § 211) auch in Wien gewirkt. Er wird als echter Dichter gepriesen 79₁₁₉, Prosaidyllen werden nach seinem Muster verfaßt (77₁₃₂, ₁₃₆, 78₁₂₇, 90₁₂₃,[2]) 91₇₃,[2]) Geßnersche Idyllen werden in versifizierte Er-

---

[1]) Vgl. oben.
[2]) 90₁₂₃ und 91₇₃ dürften allerdings schon früher entstanden sein; Beweis in der Charakteristik Leons.

zählungen¹) umgearbeitet (82₁₁₉ „Die Treue. Nach Geßner" von Hofstätter und 90₈₄ „Melinde. Nach einer Geßnerischen Jdylle" von Ratschky).²) Wie in Deutschland (vgl. Goedeke § 211) blieb Geßner auch in Wien bis zum Ausgange des Jahrhunderts lebendig, seine Jdyllen wurden dramatisiert und aufgeführt.³)

Aus den Anakreontikern werden Hagedorn⁴) 84₁₃, 93₇₆, J. G. Jacobi 83₅₇, Gotter 90₅₇, C. F. Weiße 87₈₁ und Gleim 80₁₀₉, 84₁₂, 91₅₅ genannt. Gerne werden berühmte Lieder paraphrasiert wie Hagedorn „Grenzen der Pflicht" (vgl. Friedländer „Das deutsche Kunstlied des 18. Jahrhunderts" 2, 28), C. F. Weißes „Die Verschweigung" (C. F. Weiße „Kleine Gedichte", Wien 1783, 1, 30) in Leons „Verschwiegenheit. Nach Herrn Weiße". 87₈₁ und Gotters „Selbst die glücklichste der Ehen" in „Väterliche Warnung" 90₅₇. Gleim nimmt als großer Anreger eine besondere Stellung in der Geschichte der deutschen Lyrik ein, die sich auch im WM spiegelt. Leons Minnelieder (77₁₁₈, 78₁₁₈, 79₁₀₈, 81₁₆₄, ₁₈₄, 86₈₁, 87₆₄) gehen nach des Dichters eigenem Geständnis auf Gleim und Bürger zurück (vgl. Leons Charakteristik), die komischen Balladen (vgl. die Ballade) auf Gleim, ebenso wie die Kriegslieder⁵) der Koalitionskriege (siehe oben).

Klopstock wirkt im WM am stärksten in den Jahren 1778—1782; die gesamte Odendichtung steht aber unter seinem Einflusse.⁶) Auch die „Hermannsschlacht" wird 81₁₉₅ zitiert.

---

¹) Vielleicht durch Ramler angeregt, aber nicht in Hexametern, welche Ramler nach antikem Vorbilde gewählt hatte.
²) Zu 82₁₁₉ ist die Quelle eine Episode aus Geßners Schäferroman „Daphnis" (siehe Geßners Schriften, Reutlingen 1789, 1. Band, S. 297 ff.), zu 90₈₄ die Jdylle „Der feste Vorsatz" a. a. O. 2, S. 189.
³) Siehe die Rezension einer solchen Bearbeitung im WM 1777₃₃ und die Epistel Gabriele von Baumbergs an K. von Greiner 92₇₁:

Als wir voll arkadischer Gefühle,
Und entzücket in die Schäferwelt,
Kleine geßnerische Hirtenspiele
Auf der Rasenbühne vorgestellt.

⁴) Ein berühmtes Gedicht Hagedorns wird 83₁₁₄ „An einen Arzten" zitiert: „Aus den Reben, singt Hagedorn, fließt ja das Leben."
⁵) Die Wiener Gedichte auf den Kartoffelkrieg 1778 im WM 1778 stehen mit Gleims neuen Grenadierliedern und Ramlers Kriegsliedern auf dasselbe Ereignis in keinem Zusammenhange.
⁶) Am kräftigsten hat seine Persönlichkeit den leidenschaftlichen L. L. Haschka gepackt; vgl. 86₉₃ („Über den Ruhm"):

Also pochte mein Herz, da mir, ein Sturm, ein Blitz,
Klopstocks Name entgegenfuhr!
Also weinte mein Aug Thränen der Ruhmesbegier
Klopstocks früher Unsterblichkeit.

Was aber von der Bardendichtung in den MW Eingang gefunden hat, geht nicht unmittelbar auf Klopstock, sondern auf Denis zurück (vgl. unten), dessen Ossianübersetzung Haschka 81_{107} nennt. Von einer Einwirkung Kretschmanns, dessen Gedicht „Hymen und Amor" nach dem ersten Bande von Schmids „Anthologie der Deutschen" (erschien 1770) von Prandstetter 80_{51} zitiert und parodiert wird, ist nichts zu spüren.

Welchen Widerhall der Sturm und Drang im WM fand, habe ich oben gezeigt. Mächtig hat natürlich Goethes „Werther" gewirkt,[1]) „Der arme Junge"[2]) wird ein stehender Ausdruck: 84_{29}, 86_{41}, 86_{83}, Lottens Farben Weiß und Rot werden getragen: 85_{182},[3]) Werthers Schicksal wird neben das Romeos gestellt 86_{41}; ja es entsteht sogar ein Reimband „Mordpistole: Giftphiole" 82_{81}, 84_{16}, 93_{115}. Ein Wort Werthers wird zitiert.[4]) Daß der Roman erst so spät genannt wird, beruht wohl nur auf Zufall, denn „Siegwart" (78_{125} „Brief an den Verfasser des S(iegwar)ts") und Fr. Jacobis Roman „Aus Ed. Allwills Papieren" (78_{101} „An Sylli Wallberg") schlagen sofort ein. Auf die Romane der La Roche wird 88_{28} angespielt.

Seinen Grundcharakter empfängt der WM wie alle anderen Musenalmanache durch die Einwirkung der Lyrik des Göttinger Hains. Alle die typischen Motive des Hains: Liebe, Wein, Vaterland, Aufforderung zum Lebensgenuß, Natur und, wenn auch selten,

---

[1]) Vgl. H. M. Richter „Aus der Messias- und Werther-Zeit", Wien 1882, besonders S. 163—199.
[2]) Ich zitiere aus Grolzhamers „Romanenlied" 86_{41} die auf den „Werther" bezügliche Strophe, weil mir hier direkte Beziehung auf nebenstehende Strophe aus Reitzensteins berühmtem Gedichte „Lotte bei Werthers Grabe" (Teutscher Merkur Juni 1775), komponiert von dem Wiener Musiker Steffan, vorzuliegen scheint:

Grolzhamer: Wenn der Herrlichste der Jungen,
Knall und Fall sich niederschießt,
Ausgelitten, ausgerungen
Aller Drang und Jammer ist, ...
Reitzenstein: Ausgelitten hast du, ausgerungen
Armer Jüngling, deinen Todesstreit;
Ausgeblutet die Beleidigungen . . . .

Reitzensteins Gedicht wurde in der „Realzeitung" besprochen (Richter, a. a. O. 154).
[3]) Vielleicht hat auch Ratschkys Singspiel „Weiß und Rosenfarb" im ersten Jahrgang seinen Titel nach Lottens Farben erhalten.
[4]) 84_{104} „Das Leben" von J. K. Winkler von Mohrenfels:

Wenn um Mitternach des Todes Wehen
Welten auseinanderstäubt im Wind,
Dann o denke Werthers*) „Nie vergehen
Können wir, o Lotte! denn wir sind."

*) Siehe Werthers Leiden, 2. Teil, S. 229 (Anmerkung des Dichters).

Frömmigkeit sind, wie die folgende Analyse zeigen wird, gepflegt worden und alle Individualitäten unter den Dichtern des Hains haben abgefärbt: Höltys liebliche Mailieder, sowie seine sentimentalen Oden; Millers sentimentale Lieder sowie sein „Siegwart", Claudius' volkstümliche Lieder, Voßens satirische Gegenüberstellung von Stadt und Land, Stolbergs Naturbegeisterung, sein ethischer Eifer und sein Freiheitsenthusiasmus, Bürgers kraftvolle Sinnlichkeit, seine Balladen, kurz alle Töne des Hains haben auch) im WM ihr Echo gefunden.

Die Namennennungen geben kein zuverlässiges Bild, da sie vielfach vom Zufall abhängig sind. Hölty z. B., der so vielfach gewirkt hat, wird nur 94_{37} genannt, Bürger nur 79_{88}, 85_{120}, 87_{79}, 89_{120}. Stolberg erscheint nur 85_8, 88_{88}¹) und doch mußte er so bekannt sein, daß eine Anspielung wie in Deurers „Am ersten Jänner 1783" 86_{184} verstanden wurde.²)

, Eine alles überragende Stellung nimmt in der Wertschätzung der Wiener Dichter Wieland ein, wenn er auch auf die Lyrik naturgemäß nicht viel wirken konnte. Seine Lebensauffassung wird mit Freuden aufgegriffen (Schleifer „Mein Amor" 95_{83}),³) ihm wird gehuldigt (80_{73} „Die Grazien"), seine komischen Erzählungen werden zitiert 93_{86}, auf die Erzählung „Kombabus" (84_{15}, 92_{104}, 93_{174}), auf des Maultiers Zaum (90_{12}), auf den „Neuen Amadis" 96_{143}, auf Oberons Zauberbecher 93_9, ja sogar auf einzelne Wendungen⁴) wird angespielt, auf seine Autorität hin übersetzt ein Anonymus (96_7) den ersten der Hetärenbriefe des Aristänet und bei Gelegenheit des Dankgedichtes an Kaiser Franz I. für die Erhaltung des Hoftheaters 94_{145} wird als schwerstes Geschütz ins Feld geführt, daß Wieland in seinen prosaischen Aufsätzen die Gründlichkeit des Schlusses von den Ergötzungen eines Volkes auf den Grad seiner Kultur verteidige.⁵) Wielands Beifall tröstet Alxinger über die Nichtanerkennung in Wien („Alxingers Trauungsgesicht" 90_{88-47}).

---

¹) 83_{56} wird seine Ilias-Übersetzung zitiert.
²) Die Stelle: „Euch Weibchen, die ihr andern glüht, (sc. wünsche ich) Den Todtenkopf in Stolbergs Lied".
bezieht sich auf F. Stolbergs Ballade „Die Büßende", in der ein Ritter seine ehebrecherische Gemahlin zwingt, täglich aus dem Schädel ihres Buhlen zu trinken.
³) Die Erzählung „Alexander und Aristoteles" wird als ein Gegenstück zu „Musarion" ausgearbeitet.
⁴) Blumauer „An meinen lieben P*" 82_{77-83}, S. 82:
„Daß ein Heer davon, wie es beym Wieland heißt,
Leicht auf einem Mückenschwanze reist.
⁵) Ohne Zweifel ist der in Wielands „Kleinen prosaischen Schriften", Leipzig 1875 (vorher im Teutschen Merkur 1781) erschienene Aufsatz „Etwas von den ältesten Zeitkürzungsspielen" gemeint, in welchem es heißt: „Worin spiegelt sich der Charakter einer Nation aufrichtiger als in ihren herrschenden Ergötzungen?"

Wieland wird mit allen möglichen Autoren aller Zeiten zusammen genannt:

77₁₂₁ „An die Dichter": Plato, der die Dichter aus seiner Republik verbannte, wäre noch strenger gewesen, wenn er den Ariost, Voltaire, Rost, Goethe, Wieland, Bar, Fontaine gelesen hätte.

85₁₄₉ „Du liest ... Denis, Wieland, Klopstock, Goethen .."

87₇₉ Meißner an Becker: Wenn es nach Recht ginge, wärest du „bei Bürger und bei Wieland Flügelmann".

88₃₈ Meißner „An meine Braut":
  Wär' Stolbergs Laute mir bespannt,
  Schlüg' ich mit Wielands Zauberhand
  Die Saiten, daß sie bebten . . . . .

88₄₀ nennt Ratschky als seine Tröster in der Einsamkeit: Horaz, Ovid, Virgil, Voltaire, Swift, Pope und Wieland. Ähnlich wird Wieland 95₁₉ mit Aristophanes, Voltaire, Swift, Lukian zusammengestellt. 96₁₁₃ werden schließlich Gleim und Wieland vereint als süße Sänger gepriesen.

Nicht vergessen darf ich, daß auch Kotzebue im WM Erwähnung findet. Cora in G. von Baumbergs Gedicht „Cora an die Sonne" 91₁₂₆ ist die Hauptperson in Kotzebues „Sonnenjungfrau", einem Stück, das nach dem Zeugnisse der C. Pichler („Aus meinem Leben" 1, 104) häufig auf Privatbühnen dargestellt wurde.

Wenn schließlich Ratschky in seiner Übersetzung von Parnells „The Hermit" 91₁ ff. einen armen, aber gastfreundlichen Mann, der zu einem reichen Geizhals in Kontrast gestellt wird, zu einem Jäger macht, so haben wir darin vielleicht einen Einfluß von Ifflands Schauspiel „Die Jäger" (1785) zu erblicken.

III. Fremde Literaturen.

Eine Besprechung der Übersetzungen fremdsprachlicher Literatur im WM möge das Kapitel über die literarischen Strömungen ergänzen.

Französische Literatur.

*Weniger als man erwarten sollte, wird aus dem Französischen übersetzt.

44 Stücke sind aus dem Französischen übersetzt oder tragen wenigstens die Bezeichnung „Aus dem Französischen". Sie verteilen sich auf die einzelnen Jahrgänge wie folgt:

77:2, 78:3, 79:0, 80:0, 81:1, 82:1, 83:5, 84:8, 85:2, 86:2, 87:4, 88:1, 89:6, 90:1, 91:2, 93:2, 94:0, 95:2, 96:1.

---

*Was Plato von der Musik eines jeden Volkes sagt, gilt auch von seinen Spielen. Keine Veränderung in diesen, die nicht Vorbereitung oder Folge der Änderung sittlicher oder politischer Zustände wäre." Wielands sämtliche Werke, Leipzig 1853/58, Band 33, S. 75 - 105.

III. Fremde Literaturen.

Die Jahrgänge 79, 80, 81, 82 übersetzen am wenigsten, die Jahrgänge 83, 84, 87, 89 am meisten. In der Zeit 1779—1782 herrscht eine teutonisierende Richtung, die Zeit 1783—1789 erscheint als eine Zeit des Verfalles im WM.

Von denjenigen Stücken, welche die Bezeichnung „Aus dem Französischen" ohne Angabe eines Autornamens tragen, sind die Stücke 77$_{100}$, 83$_{47, 72}$, 84$_{122}$, 89$_{76, 104}$ Epigramme; die Stücke 78$_{109}$,[1]) 85$_{94}$, 86$_{37}$, 87$_{13, 88}$, 89$_{82, 108}$, 91$_{65}$ Anekdoten;[2]) 78$_{76}$ („Amors Lotterie"), 87$_{84}$ („Das verlorene Paradies"), 89$_{52}$ („Das liebende Mädchen"),[3]) 90$_{88}$ („Nach dem Französischen. Sonnet"), 95$_{99}$ („An die Liebe") tändelnde Liebesgedichte.

Ernst gehalten sind: das eigenartige Gedicht „Glück und Unglück" 86$_{125}$ (übersetzt von Alxinger, von Voß für den Vossischen Musenalmanach 87$_{152}$ „verbessert"; vgl. Keil „Wiener Freunde" 47), das pathetisch, in spitzfindigen Antithesen sich bewegende „Der Vater als Nebenbuhler seines Sohnes" 84$_{151}$ (übertragen von Blumauer) und die sentimentalen von G. von Baumberg übersetzten Gedichte: „Schwur und Glaube" 91$_{116}$, „Nachruf an Österreichs Krieger" 95$_{74}$.

Von französischen Autoren werden genannt:[4]) Boufflers (81$_{43}$ „Weisheit und Liebe", 94$_{108}$ „An Lydia"); Madame Deshoullières (92$_{74}$ „Die Schäfchen"), Grécourt (82$_{166}$ „Amors Erwachen"), Henault (84$_{43}$ „Die Mutter an das Kind, das sie noch ungeboren tötete"), La Fontaine (78$_{99}$ „Der Spötter und die Fische"), Mallet (89$_{67}$ „Die zwey Pilger"), D'Hermite de Maillane[5]) (85$_{38}$ „An eine Ernonne"), Madame de Maintenon (84$_{43}$ „An die Freude"), Chevalier de Parny (83$_{34}$ „Grabschrift eines Kleingläubigen", 84$_{36}$ „Auf eine Rasen-

---

[1]) Ist von Voß in seinen Almanach 81$_{40}$ aufgenommen worden.
[2]) Die Anekdoten 85$_{94}$, 87$_{13, 88}$, 89$_{108}$ sind gegen die Pfaffen gerichtet und die Angabe „aus dem Französischen" möglicherweise Fiktion.
[3]) Übertragen von Gab. von Baumberg. Das Gedicht wurde mehrfach übersetzt und komponiert (vgl. Friedländer „Das deutsche Kunstlied des 18. Jahrhunderts" 2, 468). Es war in Gesellschaft sehr beliebt, wie der folgende, von Friedländer a. a. O. zitierte Brief Goethes an Fr. Rochlitz (vom 29. März 1801) beweist: „Sollte Ihnen nicht ein Liedchen bekannt geworden sein, das von Kapellmeister Himmel componiert ist, es drückt die Unruhe eines verliebten Mädchens aus, das sich seinen Zustand nicht erklären kann, jeder Vers endigt mit einem Partikel z. B. Ich weiß nicht, woher, wohin, warum.' Es ist ein Scherz, den man in einer Gesellschaft wohl gern einmal anhören mag."
[4]) Leider konnte ich wegen Mangels an Hilfsmitteln nicht alle Quellen nachweisen. Die Epigramme 78$_{79}$, 83$_{139}$ und 83$_{151}$, sämtlich von Schisling übersetzt, tragen den Zusatz: nach dem Laiminger; es scheint eine Chrestomathie gemeint zu sein.
[5]) Der Name ist weder in der „Biographie universelle" noch in der „Nouvelle Biographie générale" zu finden. Hermite ist ein beliebtes Pseudonym; ein Hermite de Maillane ist aber auch in Quérards Wörterbuch der Pseudonyme nicht verzeichnet.

III. Fremde Literaturen. 61

bank"), Alexis Piron (84₁₃ „Frage und Antwort"), de la Place (96₁₆ „Die Verlassene"), J. B. Rousseau (84₁₅₅ „Ehebruchssünde"), J. J. Rousseau (87₉₄ „Drei Lieder aus Bastien und Bastienne, einer neubearbeiteten freyen Übersetzung des „Devin du Village")¹), Voltaire (86₉₅ „Der Beichtvater und der junge Geistliche als Beichtkind").²)

Außerdem wird 77₁₂₀ ein Stück aus Fenelons Telemaque, 77₁₈₁ ein „Versuch einer Übersetzung des Polyeukt" (V₂) übersetzt — aus Mangel an guten Originalbeiträgen, wie der Herausgeber in der Vorrede ausdrücklich entschuldigt. Blumauer gibt 85₁₀₀, 88₅₀, 89₁₇ Proben einer nicht vollendeten³) Übersetzung von Voltaires Pucelle.

Zitiert werden ferner noch Liedanfänge (93₁₁₅ „Je vais peindre traits pour traits", 93₁₅₃ „Le Destin nous separe, le Penchant nous unit"), Blumauer nennt im „Lob des Flohs" 88₁₅₀ Linguet, der anonyme Erzähler von „Alexander und Aristoteles" 93₇ nennt als Quelle „Le Lay d'Aristote" in Legrands Märchensammlung (= Fabliaux ou Contes des douzième et treizième siecles traduits ou extraits d'après les manuscripts .. par Pierre Jean Legrand d'Aussy, Paris 1779).

Beliebt und lebendig sind also besonders die französischen Anakreontiker Boufflers, Grécourt, de Parny, de la Place. Lafontaine, Piron, J. B. Rousseau sind mit harmlosen Stücken vertreten, der Aufklärer Voltaire wird von den Josefinern zuhilfe gerufen. Der älteste unter den genannten Namen ist wohl der der Madame Deshoullières, an der Idyllen man durch die Geßnerschen erinnert wurde (vgl. Widmungsgedicht zur Übersetzung 92₇₁).

Englische Literatur.

Neben der französischen kommt unter den modernen Literaturen eigentlich nur noch die englische in Betracht (vgl. S. 38 f.).

Freilich von der großen literarischen Bewegung, welche sich an die Namen Percy, Ossian, Shakespeare, Richardson, Sterne anknüpft, ist wenig zu spüren: Hamlets Monolog wird parodiert (82₁₇₉ „Freyn oder nicht freyn" vgl. Goedeke § 259 = 5, 299), auf Sternes „Empfindsame Reisen" (79₈₈, 85₉) und Richardsons „Pamela" (85₇₉) wird angespielt und eine einzige Ballade von dem jung verstorbenen J. Stürmer „Rosamunde, eine Ballade aus dem Englischen" 81₁₄₉ geht auf ein englisches Vorbild zurück.⁴)

---

¹) Vgl. Keil, „Wiener Freunde", S. 61.
²) Es scheint die Schilderung des königlichen Beichtvaters im XII. Gesange der Pucelle zugrunde zu liegen.
³) Vgl. Hofmann Wellenhof „Aloys Blumauer", S. 45.
⁴) Die Quelle ist nicht „Fair Rosamond" in Percys „Reliques of Ancient English Poetry" (Schröer 1, 352 ff.), sondern die Ballade „The infor-

30 Stücke tragen den Zusatz „Aus dem Englischen" und verteilen sich in folgender Weise:

77:0, 78:0, 79:0, 80:1, 81:2, 82:2, 83:1, 84:1, 85:2, 86:5, 87:5, 88:1, 89:1, 90:1, 91:1, 92:2, 93:1, 94:1, 95:2, 96:1.

Von den 17 Stücken, welche keine Autornamen angeben, sind elf Stücke Epigramme (86$_{41}$, $_{67}$, $_{137}$, $_{147}$, 87$_{56}$, $_{60}$, $_{109}$, 89$_{25}$, 92$_{67}$, 95$_{33}$, 96$_{41}$), drei Stücke Anekdoten (87$_{13}$, 88$_{90}$, 90$_{48}$), ein Stück (87$_{122}$ „Weiberungerechtigkeit") ein frivoles Scherzgedicht, 81$_{136}$ „Am ersten Maymorgen" (übersetzt von P. Negelsberger) ein beschreibendes Frühlingsgedicht, das Gott in der Natur preist; dazu die Ballade „Rosamunde" 81$_{149}$.

Von den 13 Gedichten, welche einen Autornamen nennen, sind sieben Stück wiederum Epigramme (81$_{103}$ und 92$_{34}$ [1]) nach Pope, 84$_{120}$ nach Dr. Evans, 85$_{13}$ nach Prior, 85$_{131}$ nach Landsdowne, 86$_{124}$ nach Nugent, 95$_{97}$ nach Chesterfield),[2] so daß die Epigramme (11 + 7) mehr als die Hälfte aller englischen Stücke ausmachen.

Folgende Autoren sind mit größeren Gedichten vertreten:

80$_{121}$ Prior „An Kloen, da sie weinte", übersetzt von Schießling = „To Cloe weeping" (Prior „Poems on several occasions", London 1720, S. 63; in Retzers „Choice" 5, 255).

82$_{72}$ Abbisson „Die erste Scene des fünften Aktes aus Abbissons Kato", übersetzt von Alxinger.

83$_{91}$ Waller „Auf Krommelles Tod", übersetzt von Retzer = Upon the Death of the Lord Protektor" — The Works of the English poets by Samuel Johnson 16, 147; auch bei Retzer 3, 108.

91$_1$ Parnell „Der Einsiedler", übersetzt von Ratschky = The Hermit (Retzers „Choice" 3, 47).

93$_{87}$ Tompsen „Elegie eines tiefbetrübten Witwers an der Todtenbahre seiner innigstgeliebten Gattin" (parodistisch), übersetzt von Ratschky.[3]

94$_{21}$ Pope: „Probe einer Übersetzung von Popens Versuch über die Kritik", übersetzt von Ratschky = Anfang von Popes „An Essay on Criticism". The Works of Alexander Pope by Rev. Whitwell Elwin, vol. 2, 33.

Retzers Gedicht „Amor und Klio" 80$_{117}$, das von Voß unter dem Titel „Die Muse und Amor" in seinen Almanach (81$_{60}$) aufgenommen wurde, ist eine Übersetzung von Shenstone „Anakreontic" (siehe Retzer Choice 1, 173).

Die Übersetzungen aus dem Englischen überraschen durch ihre Rückständigkeit: Abbisons „Cato" wird 1783, Parnells „The Hermit"

---

tunate Concubin, or Rosamonds Overthrow", die in Retzers „Choice of the best poetical pieces of the most eminent English poets. Vienna 1783—1786, 3, 210—218 abgedruckt ist.

[1] Dieses Epigramm hat Alxinger in seiner „Grabschrift Rousseaus. Nach dem Englischen" 87$_{199}$ benutzt.

[2] Findet sich in Retzers Choice 1, 181.

[3] Ein Benj. Tompsen (Allibone „Critical Dictionary of English literature" 1, 564); ob einer von den vielen literarisch tätigen Thompsen (Allibone 3, 2390—96), kann ich nicht feststellen.

III. Fremde Literaturen.

1791, Popes „An Essay on Criticism" gar erst 1794 übersetzt. Das Anschwellen der Übersetzungen aus dem Englischen um 1786/7 und das Überwiegen der Epigramme steht wohl mit dem Erscheinen der schon oft zitierten „Choice of the best poetical pieces of the most eminent English Poets" zusammen, die 1783—1786 von Jos. von Retzer, einem Mitarbeiter des WM, herausgegeben und z. B. von Alxinger in einer Anmerkung in seinen „Sämmtlichen Gedichten" 1788, 1, 72 empfohlen wurde;[1]) sie enthielt Gedichte von 225 Dichtern.

Italienische und mittelhochdeutsche Literatur.

Von einem Einflusse der italienischen Literatur, die doch durch Meinhard, Wieland, Klamer Schmidt, Heinse und andere neu beliebt wurde, ist so gut wie nichts[2]) zu spüren. Daß Gottl. Leon 92_{140-6} und 93_{71} sechs Sonette $(5+1)$ von Petrarca übersetzt, hängt einerseits mit der Anakreontik zusammen und weist anderseits auf die Romantik hin. Von der Nachahmung kam er zur exakten Übersetzung. Seine Entwicklung ist also dieselbe wie auf dem Gebiet des Minnesanges. Hier ahmte er zuerst nach dem Muster von Gleim und Bürger die Minnelieder nach (77_{118}, 78_{118}, 78_{90}, 81_{164}, 184, 86_{31}, 87_{64} vgl. Leon Charakteristik unten), dann übersetzte er treu, soweit Hilfsmittel und Verständnis ihm gestatteten (90_{64}, 72, 80, 91_{26}, $93_{17, 35, 43, 79, 111}$).

Antike Literatur.

Während aus dem Griechischen nur Epigramme nach der griechischen Anthologie (81_{86} von Prandstetter, 83_{179} anonym, 83_{21}, 42, 60, 91, 136, 150, 165, $86_{7, 25, 107, 140}$ von Mastalier) und der erste Hetärenbrief des Aristänet (96_{7-13} „Lais") übersetzt werden, nimmt die römische Literatur eine dominierende Stellung im WM ein.

Martial wird übertragen (84_{48}, $88_{30, 124}$), Ovid (86_{7-31} = Met. I, $54-150$, 87_{15-21} = Met. X;[3]) $243-294$, $89_{125-137}$ = Met. IV, $28-335$), Horaz (77_{120} = 89_{99} = Od. I, 13, 83_{31} = 89_{48} = Od. II, 8, 90_{28} = Od. II, 14, 93_{33} = Od. I, 11, 93_{107} = Od. I, 20, 93_{131} = Ep. 13), Catull (88_{61} = Cat. 77, 88_{61} = Cat. 71, 92_{92}

---

[1]) Auch die Rezensionen in Nicolais „Allgemeinen deutschen Bibliothek" Band 62, I, 96, 75, I, 125, 78, I, 104, 86, II, 443 waren sehr günstig.
[2]) C. von Greiner (verehelichte Pichler) dichtet 95_{44} ein Lied „Hedwig. Auf das italienische Lied Nel cuor più non mi sento". Aus der Oper La Molinara. 1792, sowie sie 96_{102} ein Lied „Sehnsucht nach Ruhe. Auf Mozarts Musik: „O Isis und Osiris schenket" macht.
[3]) Met. X, 243—294 (Pygmalion) wurde auch von Alxinger in freien Stanzen (Sämmtliche Gedichte 1788 II, 151), Met. IV, 285—337 (Salmacis) von Gottl. Leon („Gedichte" 1788, S. 65) in echten Stanzen übertragen.

III. Fremde Literaturen.

nach Suffenus iste...., 96₁₃ nach Catulls drittem Gedichte auf den Tod eines Sperlings), Tibull (84₁₂₆ nach Tib. IV, ₁₃, 86₁₂₁ = Tib. IV, ₅) und Properz (88₁₂₅ An Lilla).¹)

Daß das Lateinische so stark überwiegt, hängt wohl damit zusammen, daß die meisten der Mitarbeiter (Alxinger, Ratschky ..) von Jesuiten oder in Jesuitenschulen erzogen worden waren, entspricht aber überhaupt dem älteren Geschmacke.

Auch die neulateinische Literatur blieb lebendig. Es werden vier Schwänke des französischen Exjesuiten François-Joseph Debillons (1711—1789) übersetzt (77₇₉, ₉₁, ₁₀₁, ₁₁₃), drei Epigramme von John Owen 84₃₀, ₁₈₂, 91₁₅₂, eines von Papst Urban VIII. (85₄₄), schließlich noch sechs (von Retzer übersetzte) Gedichte von Hieronymus Balbi²) (89₇₂, ₁₈₁ sind Epigramme, 89₄₅, ₅₅, ₇₄, ₈₈ Amores und ein Schwank nach Poggio 96₄₀). Ich erinnere daran, daß auch Alxinger noch lateinische Gedichte in seine Sammlung aufnahm (vgl. seine Charakteristik unten).

Andere Literaturen.

Noch mancherlei Ausländisches findet sich im WM zusammen. 83₉₀ wird ein Epigramm (angeblich) aus dem Spanischen übersetzt, 84₆₀ trägt ein Gedicht anakreontischen Charakters den Zusatz „nach dem Arabischen des Abi'l-âla"; 87₆₂ steht ein Epigramm „Gesetz des Kaisers Cam-Hi",³) angeblich aus dem Chinesischen; 96₁₃₀ werden gelegentlich einer Erzählung die „Vidams oder Beda's" (= die Veden) erwähnt.

Ordnet man die Literaturen nach der Zahl der Übersetzer — ein gewisser Maßstab für ihre Verbreitung —, so steht obenan das Französische, dann folgt das Lateinische und erst an dritter Stelle das Englische. An Masse (Zeilenzahl) steht das Lateinische sogar an erster Stelle.

Übersetzungsmethode.

Die fünf Stücke⁴) aus dem Französischen, für welche mir die Originale zugänglich waren, sind, soweit es möglich war, in Inhalt

---

¹) Eine bestimmte Vorlage läßt sich nicht nachweisen.
²) Bischof von Gurk, lebte 1485—1530. Retzer veranstaltete eine Neuausgabe der „äußerst seltenen" Werke dieses Kirchenfürsten, die er WM 92₁₃₅ ff. dem Grafen Chotek widmet.
³) China galt ja im 18. Jahrhundert als Idealstaat. Der Vossische WM bringt häufig lehrhafte Erzählungen in chinesischem und japanischem Kostüm.
⁴) 84₃₆ „Auf eine Rosenbank", übersetzt von Ratschky = Au gazon foulé par Éléonore (Oeuvres de Parny, Paris 1862, S. 75).
83₃₄ „Grabschrift eines Kleingläubigen" — Epitaphe (Oeuvres 351).
84₁₃ „Frage und Antwort", übersetzt von Bur = Oeuvres badines d'Alexis Piron, 1717, ohne Druckort, S. 78 (ohne Überschrift).

und Form getreu übersetzt; nur in der Idylle „Die Schäfchen" 92₇₄ wurden statt der vers libres des Originals vierzeilige Strophen gewählt, in dem anakreontischen Gedichte „An eine Rasenbank" 84₃₆ hat Ratschky die 19 verschlungen gereimten Verse des Franzosen durch drei sechszeilige Strophen wiedergegeben und den Namen Éléonore durch Klärchen (den seiner Frau) ersetzt.

Ebenso schließen sich die Übersetzungen aus der englischen Literatur, die ich kontrollieren konnte, so genau als möglich an das Original an. Auch die Form wird beibehalten, nur Ratschky wählt in seiner Übersetzung von Popes „An Essay on Criticism" statt der fünfhebigen Reimpaare gereimte Alexandriner, Retzer gibt in der Übersetzung von Wallers „Upon the death...." denselben Vers durch Blankverse wieder.

Frei behandelt ist nur ein Stück: Parnells „The Hermit" = „Der Einsiedler" 91₁₋₂₁, übersetzt von J. J. Ratschky. Der Stoff ist die alte Legende vom Engel und Waldbruder,[1]) die unter anderen auch Klingers „Faust" zugrunde liegt.

Ratschky hat vor allem den Umfang des Gedichtes reduziert und den Inhalt der 250 fünfhebigen Jamben Parnells in 26 Stanzen der strengen Form, also in 184 Verse der gleichen Länge zusammengepreßt. Schon die Form der Stanze zwang dazu, Kleinmalerei wegzulassen. Dagegen empfand er das Bedürfnis, die drei Wirte der Erzählung schärfer zu kontrastieren. Bei Parnell ist der erste Wirt ein reicher Mann, der zweite ein böser, der dritte ein freundlicher, nicht gerade mit Glücksgütern gesegneter Mann, mehr erfahren wir nicht. Ratschky hat aus dem ersten einen Ritter gemacht, der auf einem prächtigen Schlosse wohnt und von Knappen (bei Parnell „livery'd servents") bedient wird; der zweite ist ein Pächter und der dritte — vielleicht unter dem Einflusse der 1785 erschienenen „Jäger" Ifflands — ein Jäger.

Am reichlichsten ist das Material in den Übersetzungen aus dem Lateinischen und hier machen sich die beiden Richtungen, welche die Übersetzungsliteratur des 18. Jahrhunderts beherrschen, geltend: die Boß-Schlegelsche Methode, welche strenge Wiedergabe von Inhalt und Form verlangte, und die ältere an die Namen Bürger (Homer), Wieland (Horaz' „Satiren") und Schiller („Aeneis") sich knüpfende

---

92₇₄ „Die Schäfchen", übersetzt von G. von Baumberg = Les moutons (Les poésies de Mme Dèshoulières, Amsterdam 1694, S. 32).

34₁₀₉ „An Lydia", übersetzt von Nonis = Madrigal à Madame J** (Oeuvres diverses en vers et prose de M. le Chevalier de B** (= Boufflers) Londres 1776, S. 182).

[1]) Vgl. Schönbach, Sitzungsberichte der kaiserlichen Akademie der Wissenschaften in Wien, Band 143, 1901.

Euphorion. 6. Erg.-H.

III. Fremde Literaturen.

Richtung, welche Wiedergabe des fremden Kunstwerkes durch Verwendung der künstlerischen Mittel der deutschen Sprache forderte; es handelte sich dabei besonders um die Verwendung des Reimes.

Weitaus die meisten Stücke gehören der zweiten Richtung an und der schon genannte Ratschky, welcher Hor. Od. I, 13 und II, 8 zuerst (77₁₂₉, 83₆₄) getreu nach Inhalt und Form übersetzt hat,[1]) kehrt zur älteren freieren Richtung zurück und gibt dieselben Oden 89₉₈, 89₄₃ in gereimten Strophen, aber inhaltlich möglichst getreu wieder. Nur noch „Tibulls fünfte Elegie des IV. Bundes" 86₁₂₁ (von Lotte von **) und die Epigramme aus der griechischen Anthologie, ausgenommen 81₁₇₉, das ebenso wie die Epigramme von Martial 84₄₈, 88₂₀, ₁₂₄ in die moderne Form der Epigramme (vgl. über die Form des Epigramms) übertragen wurde, sind im Versmaß des Originals wiedergegeben. Alle anderen Übersetzungen gehören der modernen Form an. Prandstetter hat Stücke aus Ovids Metamorphosen — wohl nach Schillers Vorbild — in freien Stanzen übersetzt, wobei er freilich immer weitschweifiger wurde als das Original; Ratschky wählt für seine Horazübersetzungen (89₄₃, ₉₈) gereimte Strophen; Alxinger für seine Catullübersetzungen gereimte Alexandriner, während Prandstetter wiederum eine Elegie Tibulls, die Alxinger (Sämtliche Werke 7, 208) in Alexandrinern übersetzt hat, unter dem Titel „Lied der Treue" (84₁₂₆) in gereimten Strophen wiedergab.

In fünf Übersetzungen ist die entgegengesetzte Methode befolgt: die Form ist gewahrt, der Inhalt modernisiert. Gedankengang und Versmaß sind beibehalten, aber alle antiken Anspielungen und Beziehungen durch moderne ersetzt (Travestien)[2]): 93₈₅, ₁₀₇, ₁₈₁ (= Horaz Od. I, 11, 26, Ep. 13); 92₉₃ (nach Catulls „Suffenus iste ...") und 77₇₀ „An aufrührerische Bürger. Nach dem Horaz" (= nach Hor. Ep. VII) geben auch die antike Form auf und verwenden gereimte Strophen.

Es herrscht also, wenn wir zusammenfassen, das Prinzip freier Nachbildung der Form unter möglichster Wahrung des Inhaltes fast uneingeschränkt. Die rigorose Auffassung von Voß und Schlegel kommt erst in Gottl. Leons Übersetzungen aus Petrarca wieder zur Geltung. In der Persönlichkeit Ratschkys, der sich auf dem Gebiete der lateinischen, französischen und englischen Literatur als Übersetzer

---

[1]) So hat auch Mastaller („Gedichte nebst Oden aus dem Horaz" Wien 1774) übersetzt.

[2]) Z. B. 93₄₃ „Aufmunterung zum Genuß": Nec Babylonios temptaris numeros = such' nicht in Arabiens Braunem Tranke dein Loos. Dieselbe Ode hat Ch. F. Weiße („Kleine Gedichte" 3, 30) in gleicher Weise travestiert. Auch von Hölty (Gedichte, herausgegeben von Halm, S. 87, 179) haben wir ähnliche Travestien.

betätigt hat, vereinigen sich die beiden Richtungen; er kehrt von der strengeren Auffassung zur freieren zurück.[1])

Über Leons Übersetzungen aus dem Mittelhochdeutschen vgl. Gottl. Leons Charakteristik.

IV. Analyse des Inhaltes.
1. Die alten Gattungen.

Dieselbe Schichtung, die wir bei Betrachtung der literarischen Strömungen im WM beobachten konnten, läßt sich auch im Inhalte nachweisen. Den Grundstock des Almanachs bildet die Lyrik nach dem Vorbilde der Göttinger, daneben werden aber noch die alten im Aussterben begriffenen Gattungen (die Fabel, die Epistel, die Prosaidylle und das Epigramm) gepflegt.

Die Fabel.

Es ist erstaunlich, wie schnell die Fabel, diese einst so hoch geschätzte und zumal in Österreich durch Gellert so populär gewordene[2]) Gattung, im Geschmacke des Publikums gesunken ist. L. M. Rathlef „Der Löwe und der Esel" 83_{86}, J. J. Scheiger „Der Löw und der Bär" 86_{150}, „Die wilde und die zahme Taube" 90_{66} (anonym), „Der Hengst und der Wallach" 94_{101} (anonym), S*th*r „Die Weinbeeren" 96_{125} sind die einzigen Fabeln[3]) des WM, während z. B. im Vossischen Musenalmanach Pfeffel mit seinen Fabeln einer der geschätztesten Mitarbeiter ist. 83_{86}, 86_{150}, 94_{101}, 96_{125} sind in vers libres abgefaßt, 90_{66} in Strophen. In den Fabeln 94_{101} und 96_{125} ist die tendenziöse Beziehung auf die französische Revolution (vgl.

---

[1]) Haschka schreibt (Keil a. a. O., S. 88) im Jahre 1805 an Reinhold: „Bothe und Consorten, von dem Tonangeber Voß an, praesentieren uns die veritable Mediceische Venus zu Staub zerrieben, auf dem Praesentierteller; Wieland gibt uns freilich davon nur einen genauen Gypsabguß: aber wer gibt mehr?"

[2]) Vgl. bei Richter „Geistesströmungen", Berlin 1875, das Kapitel „Gellert in Österreich", S. 123—141. Auch in der von Denis herausgegebenen „Sammlung kürzerer Gedichte aus den neuern Dichtern Deutschlandes", Wien 1766, war Gellert noch stark vertreten. Im WM zeigt nur eine einzige Anspielung, daß der beliebte Fabeldichter noch nicht ganz vergessen war. Die Verse:

Und machen (sc. die neuen Zeitungen) der Rodomontaden so viel
Als wollten sie alle mit Kopf und Bein
In Hans Nords irdenen Krug hinein.

in „Grolzhamers „Knittelreimen auf die Knittelautoren Wiens" 82_{60} beziehen sich auf Gellerts Erzählung „Hans Nord" (Sämmtliche Schriften, Leipzig, Weidmann 1853, 1, 223). Aber noch 1791/2 wurden Pfeffels „Poetische Versuche" und 1793 Lichtwers „Poetische Schriften" in Wien nachgedruckt.

[3]) Das Gedicht „Die Fabel" 86_{60} ist ein schmutziger Witz und hat mit der Gattung Fabel nichts zu tun.

S. 47) nicht zu verkennen. Gabr. von Baumbergs Gedicht „Die Nachtigall und der Habicht" 96₁₃₂ und Nomis „Der Schmetterling, die Rose und die andern Blumen" 96₁₁₉ sind nicht eigentliche Fabeln. Gabr. von Baumberg will ihrer eigenen verbitterten Stimmung Luft machen, wenn sie erzählt, wie ein Habicht eine Nachtigall packt, gelockt von ihrem schmelzenden Liede, und die zweite verrät sich durch den Zusatz „Im Namen eines Liebenden an seine Geliebte" als Gelegenheitsgedicht: Schmetterling legt der Rose, an deren Reize er nach längerem Umherflattern „kleben" bleibt, ganz ernsthaft dar, daß sie von seiner Flatterhaftigkeit nichts zu fürchten habe; gerade weil er viele kenne, werde er ihr um so treuer sein.

Die Idylle.

Ich habe schon darauf hingewiesen (siehe oben S. 65 f.), wie hoch Geßners Idyllen in Wien geachtet wurden und wie lange sich diese Verehrung erhielt. Denis' „Sammlung" enthält eine Abteilung „Eclogen oder Schäfergedichte", unter denen Geßner einen bedeutenden Raum einnimmt. „Geßnerische Hirtenspiele" wurden auf Liebhaberbühnen gerne aufgeführt. Unter Geßners Einfluß stehen auch die wenigen Prosaidyllen des WM:

77₁₃₂ „Alexis", 77₁₃₆ „Geschichte des Ister", 78₁₂₇ „Der Blumenkranz", 90₁₂₃¹) „Clytia und Lencothea", 91₇₃ „Viola".

Sie rühren alle — mit Ausnahme von 77₁₃₂, einer prosaischen Paraphrase von Virgils zweiter Ecloge, in welcher nur der formosus Corydon durch die „artige Korinne" ersetzt ist — von Gottl. Leon²) her und sind mit Ausnahme von 78₁₂₇ alle nach demselben Schema erfunden: es wird erzählt, wie Nymphen oder Mädchen wegen Sprödigkeit gegen das Liebeswerben eines Gottes oder wegen Neides metamorphosiert werden. 78₁₂₇ allein schildert das Liebeswerben eines jungen Hirten und seine Erhörung.

Die Epistel.³)

Zu den Gattungen, die im Aussterben begriffen waren, als der WM begründet wurde, gehört auch die Epistel. Die Epistel unterscheidet sich von den Gelegenheitsgedichten, die Freunde aneinander

---

¹) Über das späte Erscheinen dieser Idyllen vgl. oben. Sie dürften schon früher vorhanden gewesen sein; wenigstens macht dies für 90₁₂₃ der Umstand wahrscheinlich, daß sich in F. J. Ratschkys „Gedichten" 1785 eine Parodie auf den Stoff dieser Idylle findet; man müßte sonst eine gemeinsame Quelle annehmen.
²) 78₁₂₇ ist mit W—g gezeichnet, aber von Gottl. Leon in seine Sammlung („Gedichte", Wien 1788, S. 55) aufgenommen worden.
³) Über die Epistolographie in Österreich siehe Nagl-Zeidler a. a. O. S. 319.

IV. Analyse des Inhaltes.

richten (vgl. S. 25 ff.), dadurch, daß ausdrücklich die Situation des Briefschreibers, also der zeitweiligen räumlichen Trennung vorausgesetzt wird, und von den Gelegenheitsgedichten, welche als Begleitschreiben bei Übersendung von Geschenken mitgegeben werden (vgl. den Abschnitt „Gelegenheitsgedichte"), durch den allgemeinen Inhalt. Die Episteln des WM tragen jedoch einen weitaus privateren Charakter als etwa die von Goeckingk, der wohl als der bekannteste Vertreter der Epistel in dieser Zeit angesehen werden kann. Bei Goeckingk hat jede Epistel ein bestimmtes Thema, die Situation des Briefschreibers, sein Verhältnis zum Adressaten ist nicht immer klar; der Adressat ist sogar häufig fingiert. Die Wiener Episteln dagegen behandelten nur selten allgemeine Themen wie Blumauer („An meinen lieben P*" 82_{77}) und Prandstetter („An Ratschky" 90_{94}), die beide zu frohem Lebensgenusse mahnen. Die übrigen (80_{63}, $82_{95, 99}$, $84_{97, 156}$, 85_{112}, $86_{73, 89}$, $88_{31, 43}$, [89_{109}], 92_{150}, $93_{77, 162}$, $95_{1, 16, 51}$, 96_{46}) geben sich eben nur als Plauderbriefe in Versen. Besonders die Episteln Ratschkys (82_{95}, 84_{97}, 85_{112}, 88_{43}, 92_{150}, 93_{77}, 95_1) sind durchaus privat: sie erkundigen sich nach den Verhältnissen der Empfänger, nach Freunden, nach Neuigkeiten aus Wien und berichten von Aufenthaltsort und Erlebnissen des Briefschreibers. Dabei fällt manches interessante Streiflicht auf das Zusammenleben der Wiener Freunde,[1]) auf ihr einträchtiges Zusammenstehen für die josefinischen Reformen (vgl. oben) und es gelingt ihm manch hübsches Genrebild wie der politisierende Landrat, dem der Braten kalt wird 92_{150}, der Pope, der sich mit seinen Bauern prügelt 84_{97} ff. und anderes. Seine Episteln sind aus sehr verschiedenen Orten datiert (von einem Landaufenthalte, aus Przemysl, aus Preßburg, aus Linz, aus Karlsbad ꝛc.) und immer gibt der Ort die Anknüpfung. Ähnlich plaudert Prandstetter 84_{156} („An K. St.") in einem Briefe aus Dornbach, beschreibt sein Stübchen, die Aussicht und schließt mit der Bitte um baldigen Besuch. Am reichsten an Realien aber sind die Episteln Alzingers.[2]) In der „Prophezeiung bei meines Ratschky Abreise" 88_{31} beschreibt er seinem Freunde, der nach Linz versetzt wurde, den Weg und die Erlebnisse, die er voraussichtlich auf der Reise nach Linz haben wird, wie er in Melk bei

---

[1]) 84_{97} Seyd mir gegrüßt! Wie lebt ihr, meine Freunde,
   Seit ich im Land der wilden Lechen bin?
   Bringt ihr, vereint in friedlicher Gemeinde,
   Den Abend noch mit Vater Bacchus hin?
   Ist euer Kreis noch stäts an süßen Schwänken,
   An Liederchen und Epigrammen reich? . . . . .
vgl. dazu in Gräffers „Kleinen Wiener Memoiren", 1. Band, den interessanten Aufsatz über das Kramersche Kaffeehaus; siehe auch Hoffmann-Wellenhof „A. Blumauer", S. 17/18.

[2]) Vgl. die Charakteristik Alzingers.

IV. Analyse des Inhaltes.

Petrak Prälatenwein trinken, dagegen in Stremberg auf nur halbgedecktem Tische speisen und geschnürt werden wird; wie der Torwärter in Linz ihn zuerst „anschnauzen", dann aber ehrfurchtsvoll begrüßen wird ꝛc. . . . Noch reicher an Vorstellung realer Situationen ist die reizende Epistel „An eine Dame. Bey ihrer Reise zu dem Landtage" 93 $_{77}$; er malt ihr aus, wie die magyarischen Edelleute sich den Schnurrbart streichen und einander schmunzelnd zuflüstern werden: „Bruder schau! Isten-veze! is wunderschöni Frau"; er erinnert sie an den gemeinsam verlebten Sommer, an das fröhliche Treiben bei Errichtung einer Liebhaberbühne auf dem Lande und die kleinen Neckereien beim Spiele, wenn z. B. plötzlich der Souffleur stumm wurde, und dergleichen.

Solche Genrebilder sind das Wertvollste an diesen Episteln; sie entfernen sich aber dadurch von dem Charakter der Kunstgattung, deren Wesen die Didaxe war. Die metrische Form der Episteln sind die vers libres; Strophen werden nur 82 $_{99}$ (Metzer) und 92 $_{150}$ (Ratschky), genre melée 95 $_1$ (Ratschky) angewendet.

Das Epigramm.

Das Epigramm ist der Zahl nach unter allen Dichtungsgattungen des WM am stärksten vertreten. Es nimmt (vgl. die Tabelle im V. Kapitel) in den späteren Jahrgängen in auffallender Weise zu. Doch wird man in dieser Tatsache kaum ein zunehmendes Interesse zu erkennen haben als vielmehr, wie die folgende Analyse zeigen wird, ein Sinken des Almanachs. Viele Rezensionen (vgl. S. 14 ff.) tadeln auch die Überzahl der Epigramme.

Das vorklassische Epigramm des 18. Jahrhunderts hat mit dem, was wir seit Schiller und Goethe unter dem Begriffe Epigramm verstehen, fast gar nichts gemein. Es ist weder eine Gnome oder Sentenz, die eine Kunst- oder Lebenswahrheit, ein paradoxes Tatsachenverhältnis oder dergleichen in knapper, fein pointierter Form zum Ausdrucke zu bringen sucht wie etwa die positiven Xenien, noch eine persönliche Invektive wie die polemischen Xenien, sondern nichts als ein Witzwort; und während das Epigramm der klassischen Zeit in der modernen Literatur im Aphorismus eine neue Form gefunden hat, muß man das, was dem vorklassischen Epigramme heute entspricht, in unseren harmloseren Witzblättern suchen, zu denen auch von den Apophthegmensammlungen des 16. und 17. Jahrhunderts über das Epigramm des 17. und 18. Jahrhunderts eine ununterbrochene Tradition führt, die sich hie und da nachweisen läßt (vgl. die Anmerkungen zu diesem Abschnitte). In die letzten Jahrgänge ragt schon die neue Richtung herein. Das vorklassische Epigramm des 18. Jahrhunderts ist als eine Nach-

IV. Analyse des Inhaltes.

blüte der Epigrammatik des 17. Jahrhunderts zu betrachten und steht mit dieser in engstem Zusammenhange. Aber während Lessing und bis zu einem gewissen Grade auch Kästner die alte Form mit persönlichem Gehalte erfüllten, übernahmen die meisten Mitarbeiter des WM skrupellos die Pointen und mit ihnen auch Anschauungen einer früheren Zeit.

Der Zeitwert dieser Epigramme — die Seele des Epigramms bei Martial und im 17. Jahrhundert ist die Satire — ist daher ein außerordentlich geringer. Wir finden im WM die Ständesatire des 17. Jahrhunderts; wir finden die Satire gegen die Mode, die im 17. Jahrhundert so breiten Raum einnimmt, und wir finden schließlich die Charaktertypen, die aus der antiken Komödie in die Epigrammatik eingegangen sind.

Die große Masse dieser Epigramme, in denen Anschauungen und Interessen einer früheren Zeit gleichsam fossil geworden sind, trägt sehr viel dazu bei, dem WM den Charakter des Altmodischen aufzuprägen.

Reste der Stände-Satire.

Schon Logau hatte, obwohl überzeugter Aristokrat, seinen Spott über diejenigen ausgegossen, die bloß auf die Verdienste ihrer Ahnen pochen; ähnlich Owenus, Wernike und die ganze Reihe der Epigrammatiker bis auf Lessing. Auch im WM fehlt diese Satire nicht: der Gegensatz zwischen den stolzen Namen, die sie führen, und der eigenen Unfähigkeit wird immer vom neuen ausgebeutet: 89_{97}, 90_{115}, 91_{79}, ihr liederlicher Lebenswandel gerügt 88_{118}, 96_{15}. Auch der Landedelmann fehlt nicht 84_{195}, ebensowenig wie der frischgeadelte Parvenu 95_{91}, den Logau so bitter verhöhnt hatte.

Wirklich scharfe zeitgemäße Satire bringen nur die gegen Hofleute und Fürsten gerichteten Epigramme Goekingk's[1] ($84_{155, 166}$), die durch Retzers Vermittlung in den WM kamen und die zwei in dieselbe Pointe auslaufenden Epigramme gegen bestechliche Minister 92_{94}, 96_{80}.

Ein Thema unerschöpflichen Spottes war für die Epigrammatiker von Martial bis Haug („Hundert Epigramme auf Ärzte, die keine Ärzte sind", Zürich 1806) die „zweifelhafte" Kunst der Ärzte. Der WM macht davon keine Ausnahme, wie sehr sich auch die Medizin inzwischen vervollkommnet hatte.

Alle die Spöttereien über die Ärzte nehmen ihre Spitze daher, daß der Arzt vom Leiden seiner Mitmenschen lebt: 78_{114}, 83_{86}, 84_{132}[1]), 92_{50} [2]), $_{130}$, 93_{97} [3]), $_{106}$, 96_{15}, 42 [4]), 78.[2])

---

[1]) Vgl. dazu das kulturhistorisch interessante „Abendgespräch" 84_{132} von demselben.

[2]) Die mit fortlaufenden großen Ziffern bezeichneten Anmerkungen stehen am Schlusse des Abschnittes.

Den gleichen Vorwurf machte man den Juristen und beide Stände werden daher im 17. Jahrhundert häufig zugleich angegriffen (z. B. Logau III, II 20; Owen I, 15). Nicht diese Seite, sondern ihre Bestechlichkeit, die ebenfalls schon seit dem Bestehen einer satirischen Literatur (sehr häufig bei Logau, Owenus und anderen; auch bei Lessing) gegeißelt wurde, wird im WM aufs Korn genommen: 83 $_{49}$, 80 $_{94}$ 5), 92 $_{70}$, 94 $_{76}$.[1]

Zeitwert haben vielleicht die drei Epigramme gegen das Bureaukratentum: 87 $_{78}$, 89 $_{143}$, 94 $_{104}$.

Viel verspottet werden auch die Prediger, entweder weil Leben und Lehre bei ihnen so schlecht zusammenstimmen (91 $_{95}$ 6) oder wegen ihrer langweiligen Predigten: 81 $_{184}$, 95 $_{13}$, $_{47}$, 96 $_{19}$.[2]

An die Satire gegen die Prediger schließt sich die Satire gegen die Gelehrten und Antiquare: 80 $_{123}$, 87 $_{120}$ (ähnlich Wernike I, 11), 84 $_{85}$, 92 $_{146}$, gegen die feigen Soldaten: 83 $_{35}$, $_{56}$ und gegen die Kaufleute 86 $_{137}$, 91 $_{151}$.

Aus dem 17. Jahrhundert überliefert ist die Satire gegen die Mode. Doch fehlte es ihr in Wien natürlich nie an Aktualität, wie die größeren satirischen Gedichte gegen die Mode beweisen. Haschka donnert in einer Ode 85 $_{139-47}$ voll Erbitterung gegen den Zwang der Mode (vgl. seine Charakteristik), Alxinger schildert in einem allegorischen Gedichte („Die Schönheit und Mode" 90 $_{7-30}$), wie Schönheit und Mode in Streit geraten und sich schließlich versöhnen, da sie ohne einander nicht leben können, und ein hübsches „Fragment eines Schreibens aus Paris" (89 $_{86}$) plaudert über die Sonderbarkeiten der neuesten Mode.

Die Satire der Epigramme richtet sich fast in allen Fällen gegen die „Stutzer", die „Modeherrchen", die „süßen Herrchen", die immer geschniegelt und parfümiert (82 $_{71}$) mit zierlichen Degelchen (88 $_{37}$) umhergehen, beschränkt und dumm sind (91 $_{127}$, 95 $_{65}$), es aber trefflich verstehen, Frauen und Mädchen zu verführen (89 $_{124}$, 93 $_{117}$).

Satire gegen Charaktertypen.

Eine besondere Gruppe bilden diejenigen Epigramme, welche einzelne Charakterfehler an Typen verspotten. Sie gehen bis auf Martial zurück und haben mit der Charakterkomödie Tendenz, Personennamen, einzelne Motive und Situationen gemeinsam. Da treten auf:

---

[1] Auch die bekannte Geschichte „Ja, Bauer, das ist ganz etwas anderes!" findet sich im WM 85 $_{105}$.

[2] Über den etwaigen Zeitwert in diesen Epigrammen vgl. S. 35 ff. Daß die Epigrammatik so matten Anteil an dem Kampfe der Josefiner nahm, zeigt, wie veraltet und beengend die Form war.

IV. Analyse des Inhaltes.

die Schmarotzer (90_{111}, 93_{76}, 96_7), der Prasser und Fresser (84_{135}, 94_{109}, 96_{12}), der Lügner (90_{70} 7), 96_{109}), der Verleumder (84_{93}, 90_{111}, 91_{155}), der Bramarbas (91_{121} 8), 92_{107}), der Verschwender (84_{111}, 96_{12}), der Geizhals, der entweder dadurch lächerlich gemacht wird, daß man zeigt, wie er das Ärgste erduldet, um nicht Geld ausgeben zu müssen (84_{163}, 86_{88}, 99_{134}) oder daß man ihm die Torheit seines Geizes durch die Erinnerung an den unabwendbaren Tod vor Augen hält (84_{109}, 85_{44}, 93_{148}).

Mitunter werden zwei Typen in einem Epigramme zusammengestellt: 90_{111}, „Auf einen verläumberischen Schmarotzer" und 93_{40} „Auf den Diener zweyer Herren, eines Geitzigen und eines Verschwenders".

Einen außerordentlich breiten Raum nimmt in den Epigrammen die Satire gegen das Weib ein. Es offenbart sich in diesen Epigrammen ein unglaublicher Zynismus, der seltsam gegen die danebenstehenden Liebesgedichte absticht, in denen eine so ideale Auffassung des Weibes sich kundtut. Zwei Zeitalter stehen sich in der Epigrammatik und Liebeslyrik gegenüber, das Alter der Menantes, Canitz, Besser 2c. und das Alter, welches die Minnelyrik wieder aufleben ließ und Schillers „Würde der Frauen" hervorgebracht hat.

Das Weib ist nach diesen Epigrammen an und für sich ein Übel und durch nichts kann der Mensch empfindlicher gestraft werden als durch ein Weib: 85_{34} 9), 92_{112}, 93_{115}. Die Weiber haben alle möglichen Laster: sie sind geil: 87_{75} 10), 92_{128}, kommen nicht jungfräulich in die Ehe: 89_{124}, 92_{128}, 94_{85}, sie tun um Geld alles: 89_{57}, 92_{128}, sie sind klatschsüchtig: 94_{30}, geschwätzig: 90_{48}, 92_{47}, gedankenlos und albern: 91_{27}, launisch: 88_{148}, 88_{136}, 92_{30}, keiner tieferen Empfindung fähig: 90_{91}. Schon die Mädchen sind leichtsinnig, unbeständig, flatterhaft, betrügerisch, listig, stolz und eitel: 89_{62}.

In der Ehe ist das Weib ein böser Drache: 82_{93}, die Gatten sind nie einig: 87_{73} und vor der Ehe kann nicht genug gewarnt werden: 87_{37}, 89_{77} 11), 91_{84}, 92_{16} 12), $_{58}$. Die Sympathie ist immer auf der Seite des Mannes, auch wenn er durch eine Geldheirat sein Los verdient hat: 90_{117}. Er lauert auf ihren Tod: 77_{79} und ist glücklich, wenn er sie endlich los wird: 89_{85}. Sich um ein Weib gar zu streiten, ist lächerlich; man teilt sie einfach: 90_{77}.

In der Ehe ist das Weib unersättlich 83_{103} und selbstverständlich treulos; die Hahnreyepigramme machen eine große Gruppe aus 25): 83_{88}, 143 13), 84_{74}, 85_{156}, 86_{121}, 88_{105}, 120, 89_{29}, 91_{133} 26), 92_{83}, 131 14), 94_{14}, 95_{61} 13) und andere.

Natürlich sind die Weiber auch maßlos eitel und putzsüchtig: 83_{111}, 91_{27} und andere; besonders das Schminken wird immer von

IV. Analyse des Inhaltes.

neuem[1]) verspottet: 85 $_{90}$, 90 $_{116, 118}$ 16), 91 $_{21}$, 92 $_{132}$, 94 $_{135}$, 95 $_{86}$.[2]) Bitteren Spott fordert die ungleiche Heirat heraus (der alte Mann und die junge Frau): 86 $_{41}$, 88 $_{105}$, 91 $_{182}$ 16), 94 $_{94}$, 96 $_{61}$.

Viele Epigramme verdanken ihr Dasein nur der Freude an Schlüpfrigkeiten. So die Sticheleien über Impotenz: 88 $_{108}$, 94 $_{154}$, über zu frühe Niederkunft und die vielen Dirnenwitze[3]) in Epigramm und Anekdote. Auch diese Witze lassen sich ins 17. Jahrhundert zurückverfolgen; so gehen z. B. 89 $_{51}$, 94 $_{133}$ beide auf ein Epigramm von Owen zurück 17).

Recht sonderbar nehmen sich neben dieser Masse von weiberfeindlichen Epigrammen ein paar andere aus, die, offenbar der galanten Lyrik entstammend, Frauenverehrung und Verliebtheit atmen. Auch bei Logau und Wernike, sowie in der großen „Epigrammatischen Anthologie", welche Fr. Haug und Frdr. Chph. Weißer (Zürich 1809) zusammengestellt haben, stehen Epigramme voll Frauenverehrung in der Masse derer, die nur Verachtung, Spott und Hohn über die „Weiber" ausgießen. Im WM verschwinden diese galanten Epigramme (80 $_{115}$, 83 $_{199}$, 86 $_{180}$, 90 $_{99}$, 91 $_{88}$, 92 $_{128}$, 94 $_{146}$) unter der Menge der weiberfeindlichen.

Gleich roh wie in den satirischen Epigrammen ist die Auffassung der Liebe in den gnomischen Sinngedichten über die Liebe; die Liebe wird mit einem Luftballon verglichen, der zuerst hoch über dem Irdischen dahinschwebt, sich bald aber wieder zur Erde senkt (90 $_{108}$), mit dem Weine, der zuerst Rausch, dann Entladung schafft (88 $_{140}$); letzteres Gleichnis ist noch nicht das unappetitlichste, es wird übertrumpft durch 88 $_{141}$ („Ein Gleichniß"). Die Epigrammatiker sind natürlich entschiedene Antiplatonisten („Sprüchwort eines Antiplatonisten" 84 $_{148}$ und „An einen platonischen Liebhaber" 95 $_{73}$) und denken über die Liebe recht materialistisch (90 $_{93}$) 27). Nur drei lyrisch gefärbte Epigramme vertreten eine höhere Auffassung der Liebe: 81 $_{182}$, 96 $_{84, 79}$.

Wenig Interesse bieten die gnomischen Epigramme, welche mit traditionellem Pessimismus über den Menschen und sein Los reflektieren: 83 $_{47}$ (:78 $_{79}$), 84 $_{143}$, 85 $_{99}$, 86 $_{147}$, 89 $_{76, 104}$, 90 $_{85}$, 94 $_{97}$ und andere.

Den bis jetzt besprochenen Epigrammen, die ganz zeitlos sind, mögen sie satirisch oder gnomisch sein, steht eine überraschend geringe Anzahl solcher Epigramme gegenüber, die sich auf Zeitereignisse beziehen.

---

[1]) Der Epigrammatiker Haug bietet in seinem „Almanach poetischer Spiele auf das Jahr 1815" 100 Epigramme auf Geschminkte.
[2]) Hierher gehört auch Blumauers lehrhafte Erzählung „Die geschminkte Rose" 81 $_{161}$.
[3]) Was man wagte, beweist J. Perinets Epigramm „Die Modekrankheit" 88 $_{87}$.

IV. Analyse des Inhaltes.

Reale Interessen fanden, wie es scheint, sehr schwer Eingang in diese Kunstform. So weist ein einziges Epigramm (89 $_{83}$ „Schlüssel-gewalt") — abgesehen von den vielfach traditionellen Epigrammen gegen Prediger (vgl. oben) — auf die Josefinischen Reformen, an denen doch alle Geister so leidenschaftlichen Anteil nahmen, und nur drei Epigramme lassen sich auf die französische Revolution beziehen: 94 $_{53}$ „Kleiner Unterschied",¹) 96 $_{51}$ „Freyheitssinn", 96 $_{93}$ „Die Pressefreyheit".

Eine große Anzahl von Epigrammen beschäftigt sich mit Gegenständen der Literatur. Freilich überwiegt auch hier das Traditionelle, aber im ganzen ist das Interesse an Erscheinungen der Gegenwart in der Literatur ein wenig lebhafter als auf den Gebieten des öffentlichen Lebens.

Ein schon aus der antiken Literatur überlieferter Stoff ist die Satire gegen die Dichterlinge. Aber während z. B. bei Kästner neben der allgemeinen, an unbestimmte Personen oder Typen adressierten Satire noch eine Unmasse von literarischen Namen (Schönaich, Kretschmann, Rousseau, eine Übersetzung von Nouvelle Heloise, Basedow, Zimmermann, Gellert, Goetingl, La Mettrie, Bürger, Stolberg, Karschin und andere) in buntem Durcheinander genannt werden, herrscht im WM fast ausschließlich die allgemeine, anonyme Satire. Nur Klopstock wird einmal (98 $_{156}$) gegen einen Verbesserer in Schutz genommen und der Geniewahn der Stürmer und Dränger wird 84 $_{140}$ verhöhnt.

Eine Anzahl von Epigrammen sucht Wesen und Zweck des Epigrammes und des Witzes zu umschreiben: 81 $_{105}$, 84 $_{30}$ 18), 85 $_{13}$, 89 $_{83}$ 19), 91 $_{142}$; sie ergeben für die Theorie der Dichtart ebensowenig wie die über Wesen der Poesie im allgemeinen: 85 $_{104}$, 94 $_{116}$, 95 $_{72}$. Ganz traditionell sind die Epigramme, in denen nach berühmten Mustern über schlechte Dichter und Gedichte gespottet wird, ohne daß der Spötter immer dazu berechtigt wäre. Der Angegriffene trägt, wenn er überhaupt genannt wird, entweder einen traditionellen (Mäv, Bav . .) oder einen signifikanten Namen. Da ist der Plagiarius: 79 $_{92}$ und der elende Dichter, der alle Welt mit Vorlesen behelligt: 79 $_{121}$, 82 $_{128}$, 84 $_{144}$, 85 $_{154}$, 88 $_{42}$, $_{146}$, 91 $_{104}$, $_{116}$, 20), 92 $_{46}$, 93 $_{85}$, 94 $_{56}$, $_{100}$, 21), 95 $_{19}$, 22), 96 $_{53}$, 23).

Grundschlecht pflegt es im Epigramm dem Rezensenten zu ergehen. Man denke an die Epigramme des sonst so zahmen Kästner, in denen der Rezensent ein schadenfrohes, obskures Subjekt ist, das aus dem Verborgenen schimpft, nie sachlich urteilt, die Sprache verhunzt und überhaupt in „besoffenem" Zustande schreibt. Dem gegen-

---

¹) Spielt auf Goethes „Bürgergeneral" an (vgl. S. 47).

IV. Analyse des Inhaltes.

über sind die Epigramme, welche im WM gegen die Rezensenten gerichtet werden (80 $_{104}$, 81 $_{43}$, 87 $_{54}$, 96 $_{30}$), fast harmlos zu nennen, wenn der Kritiker auch gelegentlich mit einem Esel (77 $_{91}$) verglichen[1]) oder mit Banditen auf eine Stufe gestellt wird (95 $_{86}$).

In zwei Epigrammen wird das im 18. Jahrhundert so viel ventilierte Thema vom Maecenaten berührt: 81 $_{118}$ und 95 $_{80}$.[2])

In der Gegenwart wurzeln unter den literarischen Epigrammen nur diejenigen, welche sich gegen Auswüchse des nach dem Zensurediktt Josefs II. üppig wuchernden Journalismus[3]) richten: 83 $_{107}$, 93 $_{44}$, 94 $_{112}$, 95 $_{98}$ und diejenigen, welche auf das durch desselben Kaisers Protektion gehobene Theater Bezug nehmen[4]): 86 $_{88}$, 90 $_{81}$, 92 $_{19}$, 93 $_{87}$, 94 $_{64}$, 95 $_{68}$, wenn auch andere wieder wie die Witze über verbuhlte Schauspielerinnen und dergleichen (90 $_{87}$, 92 $_{157}$, 24), 94 $_{82}$) traditionell sind.

So viel läßt sich dem Inhalte der Epigramme des WM abgewinnen. Sehr häufig handelt es sich nur um den Wortwitz, zu dem die Voraussetzungen künstlich geschaffen werden.[5]) Eine Untersuchung der künstlerischen Formen (Dialog, Monolog, Grabschrift 2c.), sowie der Art des Witzes (Wortwitz, Situationswitz usw.) oder der Namen (Namen aus der antiken Epigrammatik, deutsche Namen, Namen, die dem Reim ihre Entstehung verdanken) lohnt bei der Minderwertigkeit des Materials nicht.

Erwähnt muß noch werden, in welch engem Zusammenhange das Epigramm mit den schwankartigen Erzählungen (Schwank, Anekdote) steht. Wie das Epigramm birgt auch der Schwank eine unpersönliche Satire gegen einzelne Stände und gegen allgemeine menschliche Schwächen, wie beim Epigramm ist auch beim Schwank der Kern vielfach nichts als ein Wortwitz und der einzige Unterschied

---

[1]) Ebenso in Hegrads „Der Esel, eine Fabel, aber nicht aus dem Aesop" 83 $_{13}$ und in Prandstetters Schwank „Der Esel" 90 $_{48}$; ähnlich auch 83 $_{115}$.

[2]) Haschka fordert mit Klopstockschem Pathos in einer Ode „Zuruf an Deutschlands Künstler" 82 $_{36}$ die Künstler auf, die Fürsten durch Schweigen zu bestrafen. Alxinger stellt in einem lateinischen Gedichte, das Ratschky 90 $_{88}$ für den WM übersetzt hat, das üppige Wohlleben des Wiener Adels bar, das jedes Interesse für Kunst ersticke; Anspielungen auf den Mangel eines Maecens: 86 $_{142}$ „An den sieben Mond", 94 $_{2/3}$ „An Fridrich" und andere, Klagen über die Brotlosigkeit der Poesie: 79 $_{36}$, 83 $_{143}$, 89 $_{109}$.

[3]) Vgl. darüber S. 33.

[4]) Richter, „Geistesströmungen" 224—231.

[5]) „Auf einen alten Dichter, der eine junge Frau hatte" 96 $_{61}$, „Auf eine geschminkte Bärtige" 90 $_{110}$, „Auf einen langsam fahrenden Postillon" 96 $_{60}$, „Als ein süßes Herzchen seinen Hut auf einen Punschtopf legte" 91 $_{127}$, „Auf ein schlechtes Gemälde des Grafen Cagliostro, dessen Kopf sich in einer widernatürlichen Wendung zu weit rückwärts drehte" 87 $_{6}$, „Auf den Besitzer eines schlecht gebauten Hauses und eines schönen Weibes" 89 $_{36}$ usw.

ist oft der, daß die epische Einleitung des Schwankes beim Epigramm durch den Titel oder (beim dialogischen Epigramm) durch die vorgesetzten Personennamen ausgedrückt erscheint.

Wie Stoff und Tendenz so sind auch die Quellen bei Schwank und Epigramm vielfach dieselben: die Facetien- nnd Apophthegmensammlungen des 16. und 17. Jahrhunderts. Der Stoff z. B., den U. Petrak im WM (89₂₈ „Die Frage") als Anekdote (in vers libres) gestaltet, steht bei Weidner „Apophthegmata" V, 107 als Anekdote, bei Owenus I, 63¹) als Epigramm, bei Goeking! („Gesammelte Gedichte" 3, 269) unter dem Titel „Mann und Frau" wieder als Epigramm und bei Ch. F. Weiße („Scherzhafte Gedichte" 1, 28) als Anekdote (in drei Strophen). — Prandstetter hat im WM (82₁₂₃ „Anekdote") eine Moral zu einer lehrhaften Erzählung gestaltet, die sich bei Logau III, II, 5 als Epigramm gefaßt findet. Die Geschichte, die 83₁₃₃ unter dem Titel „Das Mittagsmahl im Himmel" und 95₇₅ unter dem Titel „Der Pater und der Malefikant" beidemale in anekdotischer Form auftritt, steht bei Owenus²) unter den Epigrammen. Dergleichen Beispiele ließen sich häufen. Wie nahe man Epigramm und Anekdote zusammenstellte, beweist der Umstand, daß in Wernikes „Überschriften" das X. Buch nur Anekdoten enthält.

Über die metrische Form des vorklassischen Epigramms vgl. Kapitel V. Über das Auftauchen des klassischen Epigramms in den letzten Jahrgängen des WM vgl. S. 52.

In den nachfolgenden Anmerkungen stelle ich zusammen, was sich mir bei einer Durchsicht der Epigramme von Owenus, der sehr stark gewirkt hat, von Wernike und Logau, die durch Ramlers Ausgaben bekannt wurden, ferner von Lessing, Kästner und anderen an Parallelen ergeben hat. Es kam mir nicht so sehr darauf an, Entlehnungen nachzuweisen, als vielmehr Ähnlichkeiten festzulegen. Denn findet sich eine bestimmte Pointe bei mehreren Epigrammatikern aus verschiedener Zeit, so ist die im Epigramm enthaltene Satire ohne Wert. Eine Durchsicht der großen epigrammatischen Anthologie von Haug und Weiße dürfte in dieser Richtung noch reiche Ausbeute geben.

---

¹) In Pontiam: In mare cornutos jaciendos Pontius inquit.
    Pontia respondit: Disce natare prius.

²)   De Bardella, latrone Mantuano.
Bardellam monachus solans in morte latronem:
„Euge, tibi in coelo coena paratur," ait
Respondit: „Hodie jejunia servo,
Coenabis nostro, si lubet, ipse loco."
    Epigrammatum Joannis Oveni, Amsterdami
    apud Elzevirum MDC LXXIX.
    I. Nr. 123, S. 17.

78   IV. Analyse des Inhaltes.

1. Bei Owen findet sich eine außerordentlich große Anzahl von Epigrammen mit der gleichen Pointe.
2. Epigrammatum Joan. Oweni .. editio postrema. Wratislawiae, Sumptibus Esaiae Tellgibeli I, 21:

> Ad pauperem quendam medicum
> „... tu morbum illius, ille tuum ... sanat."

3. Logau (Ausgabe des Stuttgarter Literarischen Vereins Nr. 113) I, IV, 49:

> Mars ist ein Gewissensmann,
> Der sich nimmt der Menschheit an;
> Schlägt er Menschen häufig nieder,
> Zeugt er Menschen häufig nieder.

4. Owen IX, 36 (S. 174):

> De malo in peius
> Incidit in Scyllam cupiens vitare Charybdim,
> Qui morbum fugiens incidit in medicum.

5. Owen IX, 16 (S. 173):

> Fungitur officio rarus sine munere iudex:
> Cur nisi quod sanctum munere munus emit.

6. Christian Wernikens Überschriften herausgegeben von Ramler (ohne Datum, Vorbericht von 1780) III, 37 „Auf einen ruchlosen Geistlichen" und IV, 45 „Auf recht lehrende, aber übel lebende Geistliche".
7. Vgl. Logau II, VIII, 51.
8. WM 91$_{121}$ „An einen jungen Officier":

> Was brüstest du dich bey der galanten Welt
> Mit deiner Narbe dich? Bey mir ist der ein Held,
> Der Narben macht, und nicht, der sie erhält.

Etwas komplizierter gewendet, findet sich diese Antwort bei Logau I, IV, 60. Sie ist aber noch viel älter. Bei Weidner Apophthemata (Ausgabe von 1693) V, S. 20 tut ein vornehmer Mann diesen Ausspruch, S. 162 der Narr Claus. An einer dritten Stelle weist Georg Frundsberg einen narbigen Landsknecht ab mit den Worten, er möchte lieber den haben, der ihm diese Wunden geschlagen habe. Das gehe nicht an, antwortet der Landsknecht, denn den habe er schon kalt gemacht. Da lacht Frundsberg und schüttelt ihm die Hand.
9. Ein ähnlicher Witz bei Kästner „Sämmtliche Schriften" 1, 252, wo in einer Anmerkung über die Caelibatfrage auf Chronologen VIII, B. N. III und den „Teutschen Merkur" Jänner 1785 verwiesen wird.
10. Bei Owenus und Logau wählen die Mädchen, wenn sie die Wahl haben, immer die Langen und Starken, auch wenn der andere schöner und reicher ist.
11. Owen V, 5 (S. 127), Chr. Fr. Haug im Göttinger Musenalmanach 94$_{77}$.
12. Bei Owen I, 132 (S. 16) derselbe Rat in etwas anderer Form.
13. Owen IV, 77 (S. 84):

> In Gellíam
> Dissimilles licet inter se tibi sint duo nati,
> Et similis patri natus uterque suo.

14. Vgl. Logau III, V, 98. Hofepfarrer Dokius wünscht zum neuen Jahr:

> Dieß und das, vorauß den Frauen Alexanders Pferd für eigen,
> Das auf sich keinen Herrn als nur den seinen ließe steigen.

IV. Analyse des Inhaltes.

15. Wernike II, 38.
16. Vgl. Anmerkung 20.
17. Owen IV, 92 (S. 86). In Paulam Pseudo-Catholicam; ebenso Owen V, 102 (S. 140).
18. Owen IV, 88 (S. 86):

    Ad leporem fastidiosum
    Est tamquam mulier formosa epigramma iocusque
    Quae communis eo fit quia pulchra fuit
    Communis iam facta semel, formosa videri
    Desinit et moechis taedia mille parit.

19. Vgl. Lessings „Sinngedichte" I, 5.
20. Die gleiche Pointe in WM 91$_{133}$ „An einen alten Bräutigam" und in WM 86$_{41}$ „Der alte Geck"; die gleiche Pointe ferner bei Logau III, V, 61.
21. Wernike V, 5, wo dasselbe von Albins Briefen gesagt wird; ähnlich Lessings „Lobspruch des schönen Geschlechtes" im Anhang zu den Sinngedichten.
22. Von Lessings „Sinngedichte" I, 91.
23. Wernike VII, 45 „Auf den Waghals Barnevelb":

    Du zürnst, wenn ich dich table, Barnevelb,
    Daß du stets ohne Not in die Gefahren rennst:
    Wenn bu, daß du ein Narr bist, mir bekennst,
    So geb' ich's zu, du bist ein Held.

24. Ein ähnliches obscönes Epigramm im Schwäbischen Musenalmanach 1783 von Armbruster (zitiert nach Mendheim). Genau dieselbe Pointierung bei Göckingk („Sämmtliche Gedichte" 1821, 3, 237): „Auf eine verbuhlte Schauspielerin, die schlecht agierte, hinter den Koulissen aber gefällt."
25. Sonnenfels (83$_{10}$) nimmt ausnahmsweise auch einmal gegen den Mann Partei:

    Frage und Antwort.

    Warum entzückt ein Kuß dich von Chlorinde,
    Der Kuß von deinem Weibe nicht?
    Warum? Des Mädchens Kuß ist Sünde,
    Der Kuß von deinem Weibe Pflicht.

Vgl. dazu Owen I, 134. In Marcum

    Uxores, viduas, ancillas, scorta, puellas
    Diligis; uxorem neglegis ipse tuam.
    Inter tam varias Veneris certamina, quare
    Quod licet, hoc solum non tibi, Marce, libet.

Ähnlich Göckingk „Sämmtliche Gedichte" 3, 240.
26. Vgl. Owen VII, 19.

    Uxor bona, non pulchra habenda.
    Sit formosa aliis uxor, tibi sit bona: nescis
    Quam noceat castae forma pudicitiae.

Dieses Epigramm übersetzt Löber „Teutschredender Owenus", Hamburg 1653:

    Ein fromm Weib zu freyen.
    Ich nehm' ein frommes Weib, laß andre schöne haben
    Die Schönheit ist ein Schatz, danach die Buhlen graben,

also mit derselben Wendung, die der Verfasser von 91$_{143}$ verwendet.
27. Vgl. Logau III, V, 32.

2. Die Lyrik des Wiener Musenalmanachs.

Idylle, Fabel, Epistel und Epigramm sind Gattungen, die schon im Verschwinden waren, als der Almanach blühte. Die übrigen Gedichte, die meist in Strophen, vielfach auch in vers libres (vgl. Kapitel V) gekleidet sind, fasse ich nach Ausscheidung der epischen Stücke unter dem Sammelbegriffe „Lyrik" zusammen.

Die Lyrik[1]) des WM steht in der Hauptsache unter dem Einflusse des Göttinger Hains[2]) und leicht lassen sich die Gedichte unseres Almanachs auf die wenigen Motive der Göttinger: Liebe, Wein, Freundschaft, Natur, Gott, Vaterland usw. aufteilen.

Der Löwenanteil fällt natürlich auf das erste Motiv; ich behandle daher auch die Gedichte dieser Gruppe ausführlicher.

Liebe.

Das Liebesempfinden der Zeit, soweit es sich in der Literatur kundtut, hatte eine Wandlung durchgemacht. An Stelle des anakreontischen Kosens und Tändelns war seelische Vertiefung getreten, die sentimentale Überschwenglichkeit der Werther- und Siegwart-Zeit hatte die Frivolität der Anakreontik verdrängt.

Die anakreontische Lyrik verschwand natürlich nicht plötzlich und auch der WM enthält noch eine ganze Anzahl von Liedern der älteren

---

[1]) Von der nachfolgenden Darstellung müssen die in den Almanach aufgenommenen Volkslieder, sowie die Übersetzungen aus Petrarca, aus der der Antike und den Minneliedern (vgl. oben), die sich seltsam genug von dem Durchschnitt der originellen Lyrik abheben, ausgenommen werden.

[2]) Wie fest die Tradition ist, dafür nur ein Beispiel. In Bürgers Gedichten (herausgegeben von Sauer) steht als Nr. 7 ein Gedicht „Das harte Mädchen", das eine freie Übersetzung von Parnells „Love and Innocence" ist; es ist — ein Beweis für die Beliebtheit des Motivs — zum Volkslied geworden. Der Dichter schildert seine fröhliche heitere Jugend und kontrastiert damit sein gegenwärtiges Liebesleid, das ein einziger Blick der Geliebten heilen könnte. Dieses Motiv — Kontrastierung der heiteren und sorgenlosen Kindheit mit der von Liebesschmerz getrübten Gegenwart — ist in nicht weniger als neun Gedichten des WM behandelt worden. 87_{29} („An die Freude"), 89_{53} („Rückerinnerung") ist das Motiv ganz so wie bei Parnell-Bürger ausgebildet; nur die Detailausführung ist verschieden, doch gehen gewisse typische Züge (wie das Spielen mit dem Steckenpferde) durch alle drei Gedichte. In 82_{93} („Lied") fehlt der Kontrast: die er als Knabe schon liebte, ist ihm treu geblieben; in 82_{61} („Mädchenlied") ist das Motiv ins Frivole gewendet. In den übrigen Gedichten ist es nicht mehr unglückliche Liebe, welche die Gegenwart trübe und die Jugend so hell erscheinen läßt, sondern die Erfahrungen und Enttäuschungen, welche niemand erspart bleiben: 80_{122} „Erinnerung", 81_{97} „Meine vier Alter", 84_{79} „Mein System", 96_{26} „Erinnerung und Vorsatz", 96_{54} „Erinnerung an meine Knabenjahre"; verwandt im Gedankengang ist: 80_{29} „Empfindsame Schwermut". Auch in den übrigen Almanachen findet sich das gleiche Motiv außerordentlich häufig.

IV. Analyse des Inhaltes. 81

(anakreontischen) Richtung, obwohl ihre Zeit 1776 eigentlich schon vorüber war. Allen ist der Charakter des Spielerischen eigen. Der Dichter überreicht seinem Mümchen ein Blümchen und möchte wie dieses an ihrem Busen sterben („Das Blümchen" 86_{56}). Er beneidet ihre Nachtigall („An Minna's Nachtigall" 80_{109}). Meist handelt es sich um ein „Mäulchen". Daphnis und Daphne scherzen über das Küssen (77_{130} „Daphnis und Daphne"). Dorilis schläft „verstellt" im weichen Grün und späht, ob man sie nicht endlich entdecke (80_{126} „An M. im Frühlinge"). Klimene schläft unter jungen Veilchen und wird durch ein Mäulchen von Lindor geweckt (78_{82} „Klimene"). Kloe läßt sich von Damoetas am Bache wachküssen und es dauert lange, bis sie erwacht; sie schleicht mit ihm in den Hain (87_{31} „Die Verschwiegenheit"). Im Schatten zwischen Büschen am Quell tauschen die Liebenden Küsse (95_{48} „Der kleine Peit"), in der Grotte am Quell bei wollustreichem Schall der Nachtigall bettelt der Schäfer um ein Küßchen („Schäferlied" 77_{69}). Durch wirtbare Linden lacht die lose Belinde dem Geliebten zu (77_{93} „Mayenlied").

Eine große Rolle spielt in diesen Gedichten Amor: „Amors Lotterie" 79_{76}, „Amors Erwachen" (nach Grécourt) 82_{166}, „Auftrag an Amor" 87_{85} (vgl. 88_{172} „An ein Sommerlüftchen"). In tändelnden Versen wird der Götterknabe[1]) geschildert. Die Mädchen werden vor dem „losen Kinde" gewarnt: „Kupido" 78_{92}, „An Doris" 77_{109} „Lied zum Spinnen" 87_{60}.

Amor ist überall: er trifft den Dichter, da er gerade seine Doris über die Gefährlichkeit des Götterkindes belehrt („An Doris" 77_{109}), er verwandelt sich in einen Schmetterling, um den Dichter desto sicherer treffen zu können („An einen Schmetterling" 77_{124}) oder in einen Vogel („Das Mädchen und der Vogel" 85_{35}). Amor bringt aus den Zauberblicken der Geliebten auf den Liebenden ein („An den Mond" 83_{163}). Amoretten sitzen im Auge der Geliebten[2]) („An Hannchen" 77_{131}).

---

[1])   Zwey Flüglein hat das lose Kind,
        Damit fliegt er gar schnell:
        Ob es schon ist an Äuglein blind,
        Siehts dennoch scharf und hell.

        Rückwärts hängt ihm ein Köcherlein,
        Wohl auch ein Bogen rund,
        Mit dem . . . .   („Kupido" 78_{92})

[2]) Vgl. dazu Alxinger „Der Abbé" 83_{55}:

    Denn in der Mittelfurche (der Frisur des Abbé) stehet —
    Borgt nur Jacobi's Aug, und sehet —
    Des kleinsten Amoretten Thron.

IV. Analyse des Inhaltes.

Häufig werden anakreontische Verse verwendet, von Deminutiven wird verschwenderisch Gebrauch gemacht.

Bei einer Reihe von Gedichten läßt sich ein innerer Zusammenhang mit einer noch älteren literarischen Strömung, nämlich der galanten Lyrik, wie sie Frh. von Waldberg in seinem Buche „Die galante Lyrik" (== „Quellen und Forschungen" Nr. 56) darstellt, nicht verkennen. Gemeinsam ist diesen Gedichten eine verächtliche Auffassung vom Weibe und der Liebe, die besonders in den galanten Erzählungen des Grafen L. Batthyan[1]) (85 $_{45}$ „Erzählung", 85 $_{102}$ „Der Abend") und Gedichten wie „Weiberungerechtigkeit" 87 $_{122}$ zum Ausdruck kommt (vgl. das Epigramm oben).

Mehrere Gedichte haben die scharfe Pointierung, den „nachdrücklichen Schluß", wie er für die galante Lyrik charakteristisch[2]) ist: („Schäferlied" 77 $_{69}$, „Mayenlied" 77 $_{98}$, „Daphnis und Daphne" 77 $_{130}$ und andere) und auch das „Je ne sai quoi" (Waldberg, S. 70) fehlt nicht.[3]) Wie in der galanten Lyrik[4]) schließen mehrere Gedichte mit dem Ausblick auf das Grab und wie dort setzt sich der Dichter selbst die Grabschrift („Nina's Krankheit" 96 $_{17}$). Es gibt ferner im WM Mönchslieder, die nicht wie Lachners „Klage eines Mönchs" 85 $_{71}$ auf „Siegwart", sondern auf eine ältere, in der galanten Lyrik vorhandene[5]) Strömung zurückgehen: 84 $_{56}$ „An einen Mönch", 85 $_{98}$ „An eine Nonne" (nach D'Hermite de Maillane"). Auch die ironischen Loblieder[6]) auf alte Vetteln (77 $_{78}$), Tabakslieder[7]) („Lob des Rauchtabaks" 84 $_{129}$, „Danklied" 88 $_{11}$, „Schmauchlied" 91 $_{110}$), die aus der galanten Lyrik in das Repertoir des Göttinger übergegangen sind, fehlen im WM nicht. Daß ferner der Dichter von der Geliebten, die ihm seine Gedichte zurückgibt, auch seine Küsse zurück-

und Blumauer „Wunderseltsame Klage eines Landmädchens in der Stadt" 82 $_{153-7}$:

> Die Herren in Gesellschaft sind
> (Gar unverschämt im Scherze,
> Betheuern zuversichtlich mir:
> Cupido säß im Auge mir,
> Und ziele nach dem Herze.
> Ich wüßte nicht, daß so ein Ding
> Mir je in's Aug gekrochen .... usw.

[1]) Auch Zustandsgedichte wie besselben Autors Gedicht „Als eine Dame dem Verfasser ein Blatt von dem Blumenstock abpflückte, der in ihrem Fenster blühte" 89 $_{72}$ sind in der galanten Lyrik häufig (vgl. Waldberg a. a. O. S. 99 f.).
[2]) Waldberg a. a. O. S. 106.
[3]) 77 $_{131}$ „An Hannchen": „Ich fühl', ich weiß nicht was". 78 $_{82}$ „Suschen": „Und fühlt, ich weiß nicht was".
[4]) Waldberg, S. 61.
[5]) Waldberg, S. 31 f.
[6]) Besonders häufig bei Andr. Gryphius.
[7]) Waldberg, S. 91.

IV. Analyse des Inhaltes.

verlangt („An Kloen" 79₁₀₆), daß er Amor zum Überbringer seiner Gedichte macht und Küsse als Rezepisse verlangt („Auftrag an Amor" 87₈₅), sind stehende Motive der galanten Lyrik,[1]) ebenso, daß die Genesung der Geliebten[2]) besungen („Ninas Krankheit" 96₁₇ „Bellinchen an seine Gebieterin" 96₈₈), daß Lieblingstiere[3]) der Geliebten von dem Liebenden beneidet („An Minnas Nachtigall" 80₁₀₉, „Bellinchen an seine Gebieterin" 96₈₈) und im Tod beklagt werden („Grabschrift eines Schooßhundes" 91₈₃), ein Motiv, das im WM noch einerseits ins Frivole umgebogen (in dem Gedichte: „An Röschen" 83₄₇ und dem davon abhängigen[4]) „Nettchens Hündchen" 93₁₄₇) erscheint, anderseits, losgelöst vom Liebesmotiv zur sentimentalen Klage auf den Tod geliebter Tiere wurde (82₁₈ „Auf einen Vogel, der nach einem Hagelwetter auf seinen Jungen im Neste mit ausgebreiteten Flügeln todt aufgefunden ward", 85₉₂ „Die todte Nachtigall", 94₁₂₄₋₅ „Zwey Elegien. I. Auf den Tod eines geliebten Rothkehlchens. II. Auf den Tod einer geliebten Nachtigall", 96₆₃ „Auf einen todten Zeisig"; vgl. dazu: 81₉₈ „Sineds Klage" und 81₁₂₂ „Das Lämmchen").

. Die Hauptmasse der Liebeslyrik steht aber, wie gesagt, unter dem Einflusse der Dichtung des Göttinger Hains.

Die Zufallsauslese des WM zeigt außerordentlich charakteristisch, welche Situationen im Liebesleben als besonders poetisch empfunden wurden. Selten ist das Glück der Liebe Gegenstand der Dichtung. Vor der unmittelbaren Darstellung zurückscheuend, verlegt man es in die Zukunft wie in dem matten „Abaelard an Heloisen" 85₁₂₅ und dem von sinnlicher Glut erfüllten Gedichte Blumauers „Der Mann am letzten Tage seiner Wünsche" 82₁₂₃ oder in die Vergangenheit („An eine Rasenbank", 84₃₆) oder in den Traum (87₃₄ „Das verlorene Paradies. Nach dem Französischen" und 94₆₄ „Sonnet", offenbar nach einem italienischen Vorbild). In der Literatur gab es

---

[1]) Waldberg, S. 55.
[2]) Waldberg, S. 69.
[3]) Waldberg, S. 69.
[4]) 83₄₇ Schlußstrophe: Auch kann er (der Pudel) auf dem Kopfe stehn
  Nach ächtem Gaukerbrauch —
  Kann Nachts mit dir zu Bette gehn —
  Das alles kann ich auch.

93₁₄₇
  Selbst mit ihr zu Bette gehen
  Muß der kleine Zettelgauch. —

  Nettchen, laß dir besser rathen,
  Freye mich; ich zeige dann
  Daß von deines Pudels Thaten
  Ich die Letzte besser kann.

IV. Analyse des Inhaltes.

eigentlich nur ein Muster für die Darstellung glücklicher Liebe, nämlich Bürger, und auf diesen gehen auch Alxingers „Morgenbesuch" 85₁₈, ein Gedicht, das man als eine Übersetzung von Bürgers „Beiden Liebenden" ins Wienerische betrachten könnte, und die beiden Gedichte „Mein Weibchen" 99₈₀. „Liebesschwank" 91₉₇ von Wagemann, der sogar Wendungen und Ausdrücke von Bürger entlehnt. Liebesglück spricht noch aus R. von R. in zwei Gedichten. In dem einen „An den Mond" 83₁₀₅ bittet er den Mond an seinem Glücke teilzunehmen, wie er an seinem Unglücke teilgenommen habe, das zweite „An Lauren" 83₆₈ möchte man am liebsten auf Schiller zurückführen, spräche nur die äußere Wahrscheinlichkeit etwas mehr dafür. In Strophen wie:

> Laura! Laura! welch Entzücken
> Deiner Liebe mich zu freuen!
> Dich an meine Brust zu drücken!
> Deiner Liebe voll zu sein
> Liebe, schöner Seelen Feuer
> . . . .
> Erdegüter! nur mit Füßen
> Tret' ich all euch, um die Lust,
> Wenn wir wonnetrunken schließen
> Mund an Mund und Brust an Brust!

meint man etwas vom Geiste der Laura-Oden zu spüren.

Dies sind die einzigen Gedichte in der ganzen großen Sammlung, welche das Glück erhörter Liebe poetisch verherrlichen, wenn ich das in seiner süßlichen Geziertheit fast widerwärtig wirkende Gedicht „Der Knabe nach dem ersten Kusse" 81₆₉ (vgl. Kindergedichte unten) ausnehme. Das Liebesglück kommt also kaum öfter zum Worte als die Sehnsucht nach der zukünftigen Geliebten, wenn auch nur ein einziger Mitarbeiter — abgesehen von 80₄₇ (vgl. S. 31) — nämlich Gottl. Leon (siehe diesen) letzteres Motiv gepflegt hat: 78₇₅, 83, 101, 116, 81₁₄₈, 86₁₃₁. Kommt darin eine Zeitstimmung zum Ausdrucke?

Eine Reihe von Gedichten sprechen sich theoretisch über die Liebe und ihren Glückseligkeitswert aus. Sorgsam wird das pro und contra erwogen („Weisheit und Liebe" 81₄₂, „Über die Liebe" 86₈₄, „Die Liebe" 89₁₂, „Glück und Liebe" 89₇₅, „Selbstgespräch" 89₁₄₄, „Die Liebe" 90₈₄) und fast überall wird für die Liebe entschieden. Sie wird der Weisheit, der Größe, dem Golde und dem Ruhme vorgezogen, sie wird gepriesen als das Seligste („Das Seligste" 92₄₃), der „Blick der Liebe" (81₁₆₃) wird mit dem allbefruchtenden Strahle der Sonne verglichen. Der Liebe wohnt eine besondere Kraft inne; sie feit den Jüngling gegen die Wollust (84₁₁₀ „Lied eines Mädchens an die Liebe", 86₃₈ „An eine Buhlerin", 92₆₇ „An Minna"). Erlebnis scheint diese moralische Wirkung der Liebe bei Ratschky geworden zu

IV. Analyse des Inhaltes.

sein („Das Linzermädchen" 78₁₃₇, „An Klarissen" 81₆₂, „An Sie, die mir so gerne verzeiht" 82₄₇).

Eitel Glück ist aber die Liebe nicht. Ein Dichter vergleicht sie (86₃₀) mit der Nachtigall seines Freundes, die bald lieblich tändelnd und silberhell, bald dumpf und schaurig flötet. Zum mindesten kostet sie die Freiheit (Blumauer „Freyheitslied" 86₄₇, komponiert von Mozart, Pranbstetter „Freyheitslied" 83₁₈₀, Höflein „Die Freyheit" 80₁₃₄). Am besten ist es, man entsagt ihr (87₄₉ „Der Vorsatz"; dasselbe Motiv in anakreontischem Sinne umgebogen: 84₆₁ „Der feste Vorsatz"). Ist man aber einmal von ihr erfaßt, so muß man sich eben damit abfinden, so gut es gehen will („Was hilft's" 92₃₀), denn die Liebe sperrt alle Tore des Glückes bis auf eines, wie Alxinger sich hübsch ausdrückt.

Andere sehen schwärzer: die Liebe ist an und für sich ein Unglück, sie wiegt die Schmerzen nicht auf, die sie, wenn sie nicht erhört wird oder wenn äußere Hindernisse sich ihr entgegenstellen, bereiten kann (80₇₄ „Mailied", 84₁₁₀ Lied eines Mädchens an die Liebe", 83₁₁₂ „Kätchen").[1]

In der Satire (Epigramm, Epistel, Schwank, Scherzgedicht, Didaxe) waren alle Stimmen gegen die Frauen und gegen die Liebe gewesen, in welcher die Macht der Frauen wurzelt; in der Lyrik ist der Grund ein anderer. Die Liebe wird wie im „Siegwart" als eine Art von Krankheit aufgefaßt, von der man jeden Augenblick befallen werden kann (vgl. 94₈₃ „An Lamon"). Das rationalistisch denkende Zeitalter, das so oft das stille Glück, abseits vom Weltgetriebe, gepriesen hat, fürchtet die starke Erregung als etwas Unheimliches; daher sind auch alle Stimmen gegen die leidenschaftliche Liebe wie sie in „Romeo und Julie", „Werthers Leiden"[2] und „Siegwart" dargestellt war: 82₁₅ „Antiplatonismus", 86₄₁ „Romanenlied", 86₉₂ „Vernunft und Liebe", 93₁₃₆ „Die Vernunft an eine romanhaft Liebende", 95₈₃ „Mein Amor", 96₁₁₉ „Der Schmetterling, die Rose und die anderen Blumen".

---

[1] 80₇₄ Ach die Liebe! Jammer quillt
Oft, und oft aus ihren Küssen!
Die ihr ihre Fesseln fühlt!
Tausende hat hingerissen
Hin an der Verzweiflung Rand
Der Gewalt des bösen Spottes,
Stolz, und Gold und Misverstand,
Und der grimme Schlag des Todes.

84₁₁₀ Hier wohnt Falschheit, Lüst' entzünden
Männerbrust, und Eltern binden
Unser Herz.

[2] Mordpistole: Giftphiole wird ein stehendes Reimband 82₂₁, 84₁₆, 93₁₁₅.

IV. Analyse des Inhaltes.

Ich gruppiere die Gedichte, deren Motiv Liebesschmerz ist, nach den verschiedenen Situationen, welche die Voraussetzungen zu den Gedichten bilden.

Die relativ schwächste Situation, welche Liebesschmerz auszulösen vermag, ist die zeitweilige räumliche Trennung. Am einfachsten sind die schlichten, den Charakter der Gelegenheitsdichtung im edelsten Sinne tragenden Gedichte von Gabr. von Baumberg, der „Sappho Wiens". Der Mai („Am ersten Mai 1784" 85₁₃), eine schöne Landschaft („Impromptu. In einer schönen Gegend" 86₄₆) gefällt ihr nicht, da ihr Adolf fern ist; am Monde hofft sie, werden ihre Blicke sich treffen („An den Mond" 85₈₈). Andere sind sorgfältiger inszeniert. Der Dichter wandelt durch die öde Landschaft, alles ist tot und traurig — da erblickt er ihren dahereilenden Wagen und die ganze Natur „fühlet plötzlich Götterentzücken" (Schlosser „An Minna" 79₈₂). Eine typische Situation ist es, daß der oder die Verlassene am Erlenbache trauert („Nach ** zu der meinen" 80₈₄, „An den Bach" 95₁₄).

Einfach gehalten sind Leons „An Demoiselle Johanna J**r" 78₇₇ und Assprungs „Klagen an die Geliebte" 88₁₃₆: der erste findet Trost im Anblick ihres Bildes, der zweite ist leidenschaftlicher und gedenkt mit Sehnsucht der im Arm der Geliebten verbrachten Nächte.

Das Zeitalter des „Siegwart" — über den Einfluß des Siegwart vgl. S. 25 — wählte aber mit Vorliebe hoffnungslose Situationen: einer der Liebenden ist tot, der Hinterbliebene trauert am Grabe und sieht den Geist des Verblichenen. Nicht weniger als neun Gedichte nützen diese Situation aus.

Leons Gedicht „Selma an Selmar" 77₇₉ knüpft an eine Ode Klopstocks („Das Bündniß") an, in der Selma von ihrem Selmar verlangt,¹) daß er ihr erscheine, wenn er vor ihr sterbe. Leon läßt diese Forderung erfüllt werden. Selma weint am Grabe Selmars, der ihr oft, in schneeweißer Lichtgestalt durchs Zimmer wandelnd, erschienen ist, und fleht zu Gott um Vereinigung mit ihm in schöneren Welten.²) In einem anderen, zwei Jahre später entstandenen Gedichte Leons („An Elisa" 85₃₂) herrscht schon der Einfluß des Siegwart vor. Durch das Schauerliche der Situation sucht man zu wirken: Friedhof,

---

¹)   Selmar, dein Wort, du erscheinst, stirbst du vor mir,
      Deiner Selma! O geuß den Balsam
      In die Wunde der Verlaß'nen,
      Selmar, dein heiliges Wort!

²) Auf Klopstock weist auch der Name Selma in dem Epigramme „Die Thränen" (95₄₃) von Deurer († 1786). In drei Distichen drückt der Dichter den Gedanken aus, daß von allen Tränen, welche die Liebe fließen macht, die Tränen um die tote Geliebte die bittersten sind.

IV. Analyse des Inhaltes. 87

tiefes, totes Schweigen, der bleiche Mond strahlt auf Zypressen herab, die Eule schreit; da plötzlich erhellt sich die Ferne, von einem Sterne herab blickt Elisa auf den Weinenden, der um den Tod fleht. Die Geliebte selbst als Gespenst erscheinen zu lassen, hielt der feinfühlende Leon offenbar für unzart. Ein anderer (Fridrich „Die Erscheinung" 84₁₄₅) war darin weniger zurückhaltend: er verwendet vier Strophen von neun auf die Schilderung der Situation: Der hinterlassene Liebende blickt vom Fenster aus und sieht, wie eine weiße Gestalt sich von Jinnys Grabe erhebt. Er erkennt sie und mahnt sie zur Geduld; bald werde er kommen, um mit ihr an Gottes Throne den Lohn treuer Liebe zu empfangen. Von hier aus ist nur noch ein Schritt zu Königs „Ballade" 82₄₀, welche den Allerseelenaberglauben zu sentimentaler Wirkung ausnützt (vgl. S. 114).

Die übrigen Gedichte dieser Gruppe haben nichts Besonderes. 80₁₀₇ („Die Getrennte"!) weint ein Mädchen am Grabe ihres Wilhelm, 80₁₂₀ („An den Mond") klagt ein Jüngling verstört am Grabe Lottchens. In höchst naiver Weise sucht ein Anonymus die traditionelle Apostrophe an den Mond zu motivieren: Elwine („Elwine an den Mond" 83₁₄₆) bittet um Mitternacht den Mond, aus den Wolken herauszutreten, damit sie den Weg zum Grabe ihres Geliebten finden könne. Sogar an einem hellen Maientage denkt der Dichter der Mädchen, die vielleicht vom „ruhelosen Bette" sich erheben und zum Grabe des Geliebten schleichen („Mailied" 80₇₅).

Während diese Gedichte fast nur durch äußerliche Schauerromantik wirken können, lassen andere, in denen unerhörte Liebe oder Untreue Grund des Liebesschmerzes ist, mehr seelische Vertiefung zu.

Über unerhörte Liebe klagen nur Männer (77₁₂₅ „Liebeslied", 78₉₇ „Jägers Liebeslied", 78₁₀₂, ₁₀₅, ₁₁₀, ₁₁₇ „An Laura", 81₁₁₄ „Nachtgedanken", 81₁₂₀ „Sehnsuchtsthräne", 83₁₃₁ „Bey Zurücksendung eines Schattenrisses", 84₁₁₈ „Trennungslied", 95₆₁ „An Mariens Locke"); typisch ist, daß das Gedicht mit dem Ausblick auf das Grab abgeschlossen wird (77₁₂₅, 78₉₇, ₁₁₀, 81₁₂₀), ganz vereinzelt steht es, daß ein unglücklich Liebender sich aufrafft: „... ich will mein Loos ertragen, will es tragen als ein Mann" (84₁₁₈ „Trennungslied").

So sehr ging man aber auch hier in der Situation auf, daß der Grund des Liebesunglückes meist gar nicht Ausdruck findet. Nur in zwei Gedichten sind Ansätze zu einer Motivierung, beidemale aber handelt es sich um rein literarische Motive: 97₁₀₉ („Die goldene Zeit") verzehrt sich ein Liebender in hoffnungsloser Liebe, weil er es nicht wagt, seine Liebe zu gestehen, obwohl sie ihn zu begünstigen

IV. Analyse des Inhaltes.

scheint[1]) — man denkt an die typische Figur des blöden Schäfers, obwohl Schäferkostüm nicht angedeutet ist. In einem anderen Gedichte (89₁₄₁ „Frühlingsregen") wird die Sprödigkeit der Geliebten und das Liebesunglück daraus erklärt, daß das verderbte Leben der Städter sie in seinen Bann gezogen hat;[2]) ähnlich: 80₁₁₅ „Einladung aufs Land".

Häufig ist die Klage über Untreue.

In sechs Liedern klagen Männer (77₇₁ „An den Mond", 77₈₇ „Der Lindenbaum", 80₈₇ „An Laura", 82₁₆₀ „An eine Ungetreue", 83₁₅₇ „An eine Ungetreue", 94₁₁₅ „Lied"[3]); nur 82₁₆₀ (Alxinger) gibt einen Grund: die Ungetreue hat einen Ungeliebten seines Reichtums wegen geheiratet.

Daß eine Verlassene um den treulosen Geliebten klagt, ist Motiv für sieben Gedichte: 83₈₉ „Timarete", 85₉₇ „Die Verlassene", 86₁₄₆ „Als Luise die Briefe ihres ungetreuen Liebhabers verbrannte", 87₉₀ „An die Nacht", 90₂₄ „Melinde" (nach einer Idylle von Geßner), 96₂₃ „Nina", 96₁₆ „Die Verlassene" (nach de la Place). Auch unter diesen Gedichten sticht Alxingers „Die Verlassene" 85₉₇ durch die Realität der Situation hervor. Während Alxingers Schülerin C. von Greiner (87₉₀) die Liebende in traditioneller Situation in mondhellter Nacht beim Rauschen des Wasserfalles um den Treulosen klagen und ihm doch verzeihen läßt, führt uns der Meister in den Ballsaal: ein Mädchen, das dem Gewühl einer Gesellschaft entronnen ist, läßt ihren Schmerz über die Treulosigkeit ihres Damon (der Schäfername ist das einzige Unrealistische in dem Gedichte) in bittern Reflexionen über den Wankelmut der Männer und Verwünschungen über das ganze Geschlecht ausströmen.

Doch steht dieses Gedicht vereinzelt. Man verzieh lieber, als daß man haßte. Alxinger selbst schließt[4]) sein Gedicht „An eine Ungetreue" 82₁₆₀ mit der Versicherung: noch von seinem Grabe werde ihr ein Windhauch Verzeihung zuwehen. Dopler („An eine Ungetreue" 83₁₅₇) kann nicht aufhören, die Treulose zu lieben, und schließt:

O kennte sie nur der Versöhnung Freuden,
.... (sie) flöge selbst zurück an meine Brust.

---

[1]) Dasselbe Motiv bei C. F. Weiße in „Der blöde Liebhaber" (Kleine Gedichte, 1, 99).
[2])
    Er sei mein Freund nicht, welcher die göttliche
    Natur nicht liebt! Engelgefühle sind
    Ihm nicht bekannt! Er kann mit Inbrunst
    Freunde nicht, Kinder nicht, Weib nicht lieben
singt Fr. Stolberg.
[3]) Beginnt wie Goethes „Mein Mädchen ward mir ungetreu".
[4]) In der ersten Fassung wenigstens im WM 82₁₆₀; in seiner Gedichtausgabe von 1784 hat er den sentimentalen Schluß beseitigt.

Melinde (90₂₄) verzeiht gerne und leicht dem ungetreuen Elpin, da er reuig zurückkehrt, auch die Verlassene in C. von Greiners Gedichte 87₉₀ verzeiht dem Treulosen selbstlos. Geradezu an Kotzebue gemahnt „Nina" 95₂₃: die Verlassene will sich mit ihrem Kinde in den Strom stürzen, nachdem sie vorher noch den Fluch gegen den Verführer zurückgenommen hat — da kehrt im letzten Augenblicke der Ungetreue zurück. Ja, man verzieh sich sogar im vorhinein, bevor noch die Untreue begangen war. In dem Gedichte „An Elisen" 90₁₂₀ verflucht ein begünstigter Liebhaber, der durchaus keinen Grund zum Verdachte hat, seine Geliebte für den Fall, daß sie untreu würde, nimmt aber den Fluch sofort zurück:

> Was tat ich! nein, o Gott der Liebe,
> Erhöre meine Bitte nicht!
> Wenn sie den Schwur der Treue bricht,
> So werde mir die Schöpfung trübe,
> Allein Elisa büße nicht.

Der Rationalismus faßte eben die Untreue auch als eine Art Schicksal auf, für das man den untreuen Teil nicht verantwortlich machen könne. So erklärt sich die große Verzeihensseligkeit der Zeit, aber auch das tiefe Mißtrauen gegen jedes Treueversprechen: der Charakter des oder der Geliebten bietet keinerlei Gewähr, ob die Liebe dauern wird (88₁₀₆ „An ein Bäumchen"). Man scheut sich daher auch, der Wahrheit ins Auge zu sehen, man will reine Klarheit (83₁₅₅ „Die Wahl", 94₁₃₉ „Wünsche der Liebe"; vgl. die lehrhaften Gedichte: 81₁₀₀ „Illusion und Grübeley" und 92₉₆ „An den Wahn"). Das war auch in der Anakreontik so gewesen, nur daß man jetzt pathetisch erfaßte, was die Anakreontik frivol genommen hatte.

Die Tränenseligkeit der Zeit erschöpfte sich aber nicht in Klagen um die verlorene Geliebte; noch tränenwerter war es, ihr zu entsagen. Hierher gehören die Gedichte aus Alxingers letzter Periode.[1]) Das Äußerste leistet aber W. „An Elisen" 95₁₁₂: ein unglücklich Liebender tröstet die unglückliche Geliebte, die wieder einen anderen unglücklich liebt. Er fleht die Liebe an, sie möge versuchen, Elisens Herz ihm zuzuwenden; doch wenn vor diesem Wechsel ihr Herz zurückschaudere, so möge sie das Herz des Jünglings rühren, für den sie brennt. Dies konnte nicht mehr überboten werden.[2])

Kürzer kann ich mich bei der Darstellung der übrigen Motive der Liebeslyrik: Liebeswerben, Preis der Geliebten, Freude über Erhörung fassen. Sie sind weit weniger zahlreich als die Lieder der un-

---

[1]) Siehe Alxingers Charakteristik.
[2]) Ganz anders pflegte die Anakreontik solche Verhältnisse zu behandeln (vgl. z. B. Gleim, Sämtliche Werke, herausgegeben von Körte 1811 1, S. 216).

IV. Analyse des Inhaltes.

glücklichen Liebe, sind aber ebenfalls erfüllt von Sentimentalität und Überschwenglichkeit. Dem Motiv der Liebeserklärung, das so oft komisch behandelt worden war (vgl. das Scherzgedicht), weicht man aus; man stellt den Moment des Liebesgeständnisses rückschauend in episch-lyrischer Form dar wie in dem für das poetische Empfinden der Zeit so außerordentlich charakteristischen Gedichte „Das Geständniß" 80₄₀,¹) in „Amalia von Dornheim zu Walldorfs Portrait" 81₁₁₅, im „Lied der Treue" 93₆₄; oder man sucht Einkleidungen wie „Abendständchen" 96₄₀ oder nimmt poetische Kostümierung zuhilfe wie in den Minneliedern (siehe Gottl. Leon), und Jägerliedern (78₈₁, ₉₇) Leons, in den Bauernliedern (siehe S. 40), in Saams Reiterliedern (80₅₇, ₁₁₅; siehe S. 31 f.) und in dem teutonisierenden Gedichte „An eine Deutsche" 84₄₄. Reine Liebeswerbungen sind nur vier Gedichte: „An Josepha H." 84₂₈, „An Nadine. Nach Herrn Bürgers Schwanenlied" 85₁₂₀, „An Nantchen" 90₁₁₃²) und das sehr merkwürdige, ohne Kenntnis der zugrunde liegenden privaten Verhältnisse nicht ganz verständliche Gedicht „An Korinnen" 90₈₁.

Einige Gedichte geben der eigentümlich zwiespältigen Stimmung des Verliebtseins Ausdruck: „Was ist's?" 94₄₉, „Was hilft's" 92₂₀, „An Lottchen" 85₁₀₅, zwei aus dem Französischen übersetzte Gedichte („Das liebende Mädchen" 89₅₂,³) „Nach dem Französischen" 90₈₈) und die beiden hübschen zusammengehörigen Stücke „Das fruchtlose Beispiel" und „Antwort" 91₁₃₆, ₁₃₉.

Zu den ältesten Motiven der Liebeslyrik gehört der Preis der Geliebten, ein Motiv, das aber schon bei Horaz wie auch im WM selbst parodiert erscheint („Sonnet 77₇₈; vgl. S. 82). Ein individuelles Bild der Gepriesenen zu geben, gelingt fast nie, so mannigfaltige Mittel auch angewendet werden. Ein Dichter preist sein Gärtchen und läßt die Schilderung gipfeln in dem Hinweis auf die nahende „Göttin" („Lob meines Gärtchens" 80₄₅). Es wird — ein vielbearbeitetes Motiv der Göttinger — der (personifizierte) Geburtstag der Geliebten und dabei auch — direkt oder indirekt — die Geliebte in überschwenglichen, aber farblosen Ausdrücken verherrlicht („Am Geburtstag meiner Geliebten" 78₇₉, „Minnas Geburtstag 95₄₁). Ein anderer Dichter kündigt an, er wolle „singen ihrer Schönheit

---

¹) Der Dichter läßt ein Mädchen erzählen, wie sie ihren Geliebten fand. Sie hörte (offenbar in einem Parke) eine Flöte, ging dem Tone nach und fand ihn, auf einer Bank hingestreckt, wehmütig über den Bach (typisch vgl. unten) der Sonne nachstarrend; neben ihm lag ein aufgeschlagenes Buch. Sie sahen sich nun öfter, bis er einmal mit Tränen im Auge auf sie zutrat und sagte: „Ich liebe Dich!"
²) Der Name nach Goeckingk berühmten „Liedern zweier Liebenden"; ebenso in 88₉₃.
³) Siehe S. 60, Anmerkung 3.

IV. Analyse des Inhaltes.

Zier", hält aber sein Versprechen nicht, sondern versichert nur, daß die Natur ihm wieder gefalle, seit er sie liebe („An Rosalien" 80₁₀₅). Es gibt auch kein Bild, wenn ein anderer („Ihr Bild" 86₆₂) sagt:

> Ich seh in Lilien ihre Hand
> An Nelken ihre Lippen prangen ... usw., usw.

oder wenn der jungsterbende K. J. Hartel in dem graziösen „Blumenstrauß" 79₁₁₈ Haar, Auge, Mond, Stirn und Wangen der Geliebten mit Blumen vergleicht oder Prandstetter (81₄₄ „Liebchens Bildnis") Bürgers berühmtes „Die Holde, die ich meine" plump nachahmt oder noch ein anderer (93₁₁₅ „Das Porträt") Glied für Glied preist und mit allem Möglichen vergleicht.

Ein Fortschritt ist es, die Geliebte in Bewegung, etwa tanzend, zu zeigen („An Suschen" 88₈₂).

Etwas mehr Farbe geben die Lieder, welche die Geliebte in einem bestimmten Kostüme zeigen. Die Minnelieder freilich haben keine andere Bereicherung¹) gebracht als die Vergleiche mit Gold, Lilien, Elfenbein, mit Engeln, mit der Jungfrau Maria, die Betonung der adeligen Abkunft, ihrer „makelbaren Tugendbreine" ꝛc. Die Bauernlieder, die ja in polemisch-satirischer Absicht die einfache „Landliebe" der verstiegenen Sentimentalität der Städter gegenüberstellen, heben die praktischen Vorzüge an der oder dem Geliebten hervor: die Gesundheit, Stärke, Arbeitsamkeit, Sparsamkeit ꝛc. (89₈₅ „Lied eines Bauernmädchens", 93₉₇ „Hanns und Grethe", 94₄₅ „Landlieb").

Am leichtesten aber gelingt es, die Geliebte im koketten Schäferkostüm darzustellen:

> Wie steht ihr nicht so nett, so gut
> Ihr fliegendes Gewand!
> Wie schalkhaft nicht der Schäferhut
> Mit veilchenblauem Band.   77₁₃₁ „An Hannchen".

> Nett ins Rosenband geschlungen,
> Hebet aus dem reinsten Flor,
> Von Natur und Lust bezwungen,
> Sanft dein Busen sich empor.

> In die schwarzumlockte Stirne
> Dreht sich schief dein schalker Hut;
> Dämmert sanft dein Auge, Dirne!
> Nein, kein Fächer neckt so gut
> . . . .   89₇₉ „An Lieschen".

---

¹)   Ihr Wänglein, hell wie Rosenschein,
     Huldlächelt, ach, so milde,
     Ihr Händlein, glänzt so blank und rein
     Als Lilien im Gefilde.

„Minnesang an die Edelveste und Tugendsame Jungfrau Kunigunde Friedmar" 78₁₁₅.

IV. Analyse des Inhaltes.

Bei der Schilderung des Körpers werden aber sofort auch in diesen wie in den anderen Gedichten konventionelle Mittel angewendet:

>Ihr Wänglein blühet jugendlich
>Schön wie des Mayen Pracht:
>Zwey holde Grübchen formen sich,
>So bald sie freundlich lacht.
>
>Nichts gleichet ihrem Augenpaar,
>Das Huld und Liebe blitzt,
>In dem der Amoretten Schaar
>In voller Rüstung sitzt.   77$_{131}$ „An Hannchen".

Oder:
>Ein Arm wie Schnee, ein seiden Haar,
>Ein schwarzes Auge voll Gefahr,
>Der süßen Liebe ganzes Glück
>Im frohen feuervollen Blick;
>
>Ein loses Grübchen in dem Kinn,
>Und auf der Stirne heiterer Sinn,
>Ein Busen schwanenweiß und rund,
>Und süß zum Kuß der Rosenmund.   „An Elisen" 90$_{117}$.

Anhang. Die Liebeslyrik hat im allgemeinen zur stillschweigenden Voraussetzung das Verhältnis zwischen Jüngling und Jungfrau. Es hat in der Literatur immer Leute gegeben, welche meinten, dies sei entweder spielerisch oder unmoralisch. An solchen fehlt es auch im WM nicht. Joh. Edler von Kalchberg preist in seinem Gedichte „Der glückliche Ehemann" 87$_{106}$ das Glück der Ehe mit direkter Polemik gegen die „Flatterer". Während es eine Reihe von Gedichten gibt, die vor der Ehe warnen (84$_{37, 57}$, 85$_{148}$, 88$_{25, 141}$, 90$_{57}$, 92$_{10, 113}$ und andere) und sie als den Tod der Liebe hinstellen, sind auch Gedichte entstanden, welche die Ehe poetisch verherrlichen: 88$_{133}$ „Am Vorabende meines Hochzeitstages" und 89$_{122}$ „Als sie an einem Kinderstrümpfchen strickte", beide von J. Perinet und drei Lieder, von einem Verfasser, der mit P. zeichnet: 93$_{49}$ „Wiegenlied an Klementinchen", 93$_{102}$ „An eine Braut", 93$_{133}$ „Lied eines Neuvermählten". Der Ehebruch fehlt natürlich auch nicht: 84$_{140}$ „An eine junge, nicht geliebte Gattin", 88$_{93}$ „An —", 90$_{81}$ „An Korinnen".
Als Kuriosum führe ich K. Schneibers „Wiegenlied von einer Braut zu singen" 89$_{101}$ an. Die Braut, die ein fremdes Kind wiegt, bittet, Gott möge sie mit unverwelktem Kranze zum Traualtar führen. Das Lied ist volkstümlich gehalten, das Motiv findet sich in der Anakreontik (Gleim, 1, 106 „Seufzer einer Braut").
Hier bespreche ich ferner die Lieder, welche Kindern in den Mund gelegt werden. Kinder naiv darzustellen, gelingt dem Zeitalter des Rationalismus nicht; Chr. F. Weißes „Kinderlieder" sind das typische Beispiel dafür.
Im Mädchen sieht man nur das künftige Weib¹) („An Röschen" 81$_{117}$, „Wiegenlied" 93$_{44}$). Wie Weiße ein Kind die eitle Wollust verschwören läßt, so

---

¹) Vgl. Gleim a. a. O. 1, 118:

>An eine Tochter.
>
>Du kleine Brunette
>Du reizest mich schon
>Und trägest, ich wette,
>Den Preis der Schönheit davon.

überlegt im WM (83₁₁₂ „Kätchen") ein Mädchen, ob es schon lieben soll, faßt aber den Entschluß, erst zu „wachsen bis zur Reife" und dann erst „ihrer Reize Blumenreich" zu öffnen. Noch bedenklicher ist Schislings „Mädchenlied" 82₆₁. Wie in der Anakreontik[1]) läßt man Mädchen enfant terrible spielen („Das Töchterchen" 90₉₃). Andrerseits legt man Kindern wiederum durch und durch unnaive Tugendreden in den Mund (95₆₅ „Das Gelübde" und bis zur Karrikatur in den „Kleinodien", einem Einakter von B. D. Arnstein 96₆₂₋₇₃¹).

Von den großen Motiven Klopstocks und der Göttinger haben zwei auffallend wenig Boden im WM gefunden: die Motive Gott und Freundschaft.

Gott.

Der Preis Gottes ist auf die Kunstform der Ode nach dem Muster Klopstocks (vgl. diese) und auf die Gedichte beschränkt, welche nach Art der Bremer Beiträger Gott in seinen Werken preisen (siehe unten); dazu kommen nur noch zwei fromme Gedichte von einem N — — („Dem frommen Alten zu N — —" 83₄₉ und „An mein Grab" 84₆₀).

Freundschaft.

Der Freundschaftsenthusiasmus, wie ihn Klopstock und die Schweizer empfanden, hat in einem einzigen Gedichte des vierten Jahrganges Ausdruck gefunden (80₃₈ „An seinen Freund"): am Vorabende des Geburtstages dessen, den er liebt, geht der Dichter hinaus und wagt es, Wonnetränen im Auge zum ersten Male den Abwesenden Freund zu nennen. Diese Zeit aber war vorüber. Die Gelegenheitsgedichte und Episteln, in denen die Dichter des WM sich ihre Liebe und Verehrung aussprechen, sind herzlich, aber von einem männlichen Geiste erfüllt und frei von Überschwenglichkeit. Die wenigen Freundschaftsgedichte des WM tragen den Charakter des Gelegenheitsgedichtes: 78₁₀₈ „Denkmal der Freundschaft", 80₅₂ „An C. von P."; zwei sind im volkstümlichen Tone gehalten: 80₈₅ „Der treue Bruder" und 94₁₀₅ „Lied der Freundschaft". Alxinger hat in einem mythologischen Gedichte die „Schöpfung der Freundschaft" 94₅₂ erzählt.

Natur.

Wie sich in der Liebeslyrik des WM beobachten ließ, daß die Dichter selten eigenes Empfinden in selbst gefundener Form zur Darstellung zu bringen streben und vermögen, sondern bestimmte überkommene Motive und Situationen immer vom neuen als Ausdrucksformen benutzen, so ist es auch bei den Gedichten, welche Landschaftsschilderungen geben. Zwar kommt fast in allen Episteln (siehe

---

¹) Z. B. Weiße, 1, 149 „Das Beispiel".

diese) die Sehnsucht des Großstädters nach dem Landleben zum Ausdrucke, zwar werden die Dichter des WM nicht müde, das stille ländliche Glück zu preisen (vgl. S. 40), aber von einem innigeren Verhältnis zur Natur, von einer genauen Beobachtung ist nichts zu spüren. Nur drei Gedichte machen den Versuch, die Stimmung einer wirklich gesehenen Landschaft wiederzugeben: Prandstetter „An einem Frühlingsmorgen" 80_{113}, Freiherr Binder von Kriegelstein „Betrachtung bei Sonnenuntergang" 83_{158}, Paldamus „Auf dem Rauchenstein bey Baaden" 95_{87}.

Prandstetters Gedicht ist kunstlos aus $6 + 10$ Zeilen zusammengesetzt: blaue Maienluft über den Bergen, ein Buchenhain, von der jungen Sonne gestreift, ein Bächlein, fette Wiesen, ein dichter Laubgang und über allem: leise Frühlingspracht! Das Bild ist nicht ganz deutlich gesehen, aber der staunende Ausruf, welcher die beiden ungleichen Strophen abschließt, zaubert uns den Maimorgen vor die Seele. Bei Binder 83_{158} ist die Landschaft klar als Bild gezeichnet: purpurner Abendsonnenschein fällt auf die Donau, Ufer und Berge spiegeln sich in ihrem Wasser. Die Vögel verstummen, die Sonne versinkt hinter dem Walde: so versinkt der Menschen Glück. Paldamus zeigt — das einzige Beispiel einer Einwirkung Mathissons im WM — die Trümmer einer Burg, von Abendsonnenschein beleuchtet; Bilder der großen, aber furchtbaren Vorzeit steigen vor seinem geistigen Auge empor und stimmungsvoll schließt das Gedicht ab:

> Aus dem Brunnen tief gegraben,
> Wo, den Durstigen zu laben,
> Einst die Quelle sprang,
> Tönen Stimmen dumpf und heiser,
> Nun herauf durch Laub und Reiser,
> Und der Berge Schatten sank
> Lange schon auf meinen Gang.

Diese Gedichte stehen vereinzelt. Gewöhnlich ist die Landschaftschilderung einem anderen Motive untergeordnet.[1]) Man preist Gott in der Natur: 78_{73} „An Gott im Frühlinge", 78_{124} „An die Lerchen", 81_{197} „Am ersten Maymorgen", 83_{45} „Der Zirknizer-See"[2])

---

[1]) Gedichte wie „Empfindungen im neu angelegten Garten Sr. Exzellenz, Grafen Kobenzl" 84_{99}, „Das Lustgärtchen der Frau Baronesse von Egger" 85_{12}, „Empfindungen in Laschs Garten" 89_{60} (vgl. C. von Pichler „Denkwürdigkeiten aus meinem Leben", 1, 120) kommen als reine Gelegenheitsgedichte natürlich nicht in Betracht.

[2]) Die Ode ist Born und Gruber gewidmet und in einer Anmerkung werden „Briefe aus Krain, physischen und hydrographischen Inhalts" zitiert; es sind dies „Herrn Tobias Grubers, Weltpriesters und k. Bau- und Navigationsdirektors im Temesvarer Banate, Briefe hydrographischen und physikalischen Inhaltes aus Krain. an Ignaz Edlen von Born, k. k. wirklichen Hofrath" Wien bey Joh. Paul Krauß 1781; vgl. „Realzeitung" 1781, 68—70.

IV. Analyse des Inhaltes. 95

(mit dem Motto: „Ipsi viderunt opera Domini et admirabilia eius in profundo", Psalm 106, Vers 24) oder man knüpft an Erscheinungen und Gegenstände der Natur in ganz äußerlicher Weise Empfindungen und Betrachtungen an: 80$_{74}$ „Mailied", 80$_{87}$ „An Laura", 81$_{124}$ „Vergißmeinnicht", 81$_{167}$ „An ein Bäumchen", 83$_{146}$ „Elwine an den Mond", 83$_{165}$ „An den Mond", 85$_{88}$ „An den Mond, als Eduard verreist war",[1]) 85$_{13}$ „Am ersten May 1784", 85$_{157}$ „An eine Linde", 87$_{7}$ „An meine Freundin Rosalia von Schmerling", 88$_{106}$ „An ein selbstgepflanztes Bäumchen", 89$_{29}$ „Sophiens Empfindungen bei Sonnenaufgang", 89$_{141}$ „Der Frühlingsregen", 95$_{90}$ „Empfindungen in einer sternhellen Frühlingsnacht".

Typische Beispiele für diese Art der Naturbetrachtung sind die Musteraufsätze der C. von Greiner (verehelichten C. Pichler): „Die Morgennebel" 95$_{23}$ und „Die Pappelweide" 95$_{80}$. Wie die Morgennebel nur widerwillig vor der Sonne weichen und am Abend wiederkommen, so lauern auch die Jugendfehler, die vor dem siegenden Strahle der Vernunft verschwunden zu sein scheinen, nur auf das Alter, um wiederzukehren, und wie die langsam wachsende Linde dauernder und nützlicher ist als die schnell aufschießende Pappelweide, so ist es auch mit den Freundschaften des Menschen.

In einem einzigen Gedichte (78$_{119}$ „In einer Regenmondnacht") sind die seelische Stimmung und die landschaftliche Stimmung eins. In der anderen oben aufgezählten werden nur vereinzelte Beobachtungen herausgegriffen und zum Ausgangspunkte von Betrachtungen gemacht.

Auch viele Liebesgedichte haben landschaftlichen Hintergrund, und zwar stellen sich für bestimmte Stimmungen auch bestimmte landschaftliche Bilder ein. Im Mai, wenn alles blüht, im Haine am Bache, am Wasserfall, am Silberquell, wenn im Busche die Nachtigall schlägt, treffen sich die Liebenden.[2]) So ist es bei Geßner (82$_{119}$ „Die Treue" und 90$_{24}$ „Melinde", beide nach Geßner; „Der Blumenkranz" 78$_{187}$), so ist es in einer großen Zahl von Gedichten: „An den Mond" 77$_{71}$, „Der Lindenbaum" 77$_{87}$, „Das Geständnis" 80$_{40}$, „Schwur und Glaube" 91$_{116}$, „Lied der Treue" 93$_{64}$, „Der kleine Veit an den Frühling" 95$_{48}$ und andere. Das Bild kann im einzelnen noch auf das Mannigfaltigste ausgeführt sein. In 96$_{65}$ ist es am reichsten: Nannine sitzt am Veilchenquell und windet

---

[1]) Die ewigen Apostrophen an den Mond mußten natürlich zur Parodie herausfordern: 81$_{170}$ „An den Mond" (J. E. König), 86$_{140}$ „An den lieben Mond" (Grolzhamer), 87$_{64}$ „An den Mond" (Blumauer). Muster ist wohl Bürgers 1778 erschienenes „Auch ein Lied an den lieben Mond".

[2]) Dort erscheint den Menschen auch der Genius („Das Gelübde" 95$_{85}$) oder die Muse („Die Muse und der Dichter" 92$_{27}$).

IV. Analyse des Inhaltes.

Kränze. Um sie sind schneeweiße Alexisblüten, Rosenhecken, Tulpen- und Narzissenbeete. Lämmerherden, Bienchen und Heimchen beleben die Landschaft, tausend Silberquellen erschallen.

Für Liebesschmerz dient natürlich eine andere Landschaft — man möchte sagen: Dekoration — als Hintergrund. Wie sehr man gewöhnt war, die Landschaft als Kulisse zu behandeln, zeigt Schlossers „An Minna" 79₈₂. Er trauert um die abwesende Geliebte und die Natur trauert mit ihm: der Bach schleicht träge durch düstere Sträucher und das duftende Blümchen neigt traurig das Haupt. Da erblickt er plötzlich den heraneilenden Wagen seiner Minna und sofort „fühlet die ganze Natur Götterentzücken".

Wenn die oder der Liebende am Grabe der Dahingeschiedenen wacht oder wenn den Dichter dumpfe Schwermut erfaßt, leuchtet der bleiche Mond auf den Kirchhof oder auf das öde Sommerfeld, die Schreckenseule (77₈₇, 80₁₂₀, 85₃₂) schreit: 77₁₁₅ „Nachtgesang", 77₇₇ „Um Mitternacht", 80₁₂₀ „An den Mond", 84₁₄₅ „Die Erscheinung", 85₃₂ „An Elisa", 96₅₈ „Elegie beim Leichenbegängnisse meiner unvergeßlichen Freundin Therese von Dürfeld".

Nur in dem merkwürdigen ossianischen „Lied der Klage" 83₁₂₄ und in der Ballade „Adelheid von der Wart" 93₁₀₉ sind für düstere Stimmungen auch originelle Landschaftsbilder (83₁₂₄ dämmernde Heide, 93₁₀₉ Schneesturm) gefunden.

Eine besondere Gruppe bilden die von Hölty angeregten Frühlingslieder Leons: 77₉₃ „Mayenlied", 77₁₀₅ „Frühlingsempfindungen", 77₁₂₇ „An einen Freund", 78₈₆ „Mayenlied", 95₇₂ „Maylied". Dazu kommen noch von anderen Autoren: 80₁₃₆ „An M. im Frühlinge", 85₁₁₀ „Frühlingslied", 95₄₈ „Der kleine Veit an den Frühling".[1]

Das Landschaftsbild ist in allen diesen Liedern mit wenigen Abweichungen das gleiche: ein Bach irrt liebeflüsternd durch das Gebüsch: 77₁₀₅, ₁₂₇, 78₈₆, 95₄₈. Die Landschaft wird belebt durch fromme Lämmchen, Tauber und Täubchen, die sich schnäbeln 77₁₀₅, 78₈₆, Meisen, Finken, Zeisige, Lerchen, Bienen 77₁₀₅, tanzende Hirten und Hirtinnen 77₉₃, 78₈₆, 85₁₁₀; 77₁₂₇ sogar von Faunen und Nymphen. Selten fehlt die Schäferin oder das „Weibchen" zur Vervollständigung der Frühlingsfreude" (96₇₂).[2]

Wie typisch[3] diese Landschaft war, beweist Prandstetters Spottgedicht „Die Natur" 79₈₄. Er verlacht diejenigen, welche die Natur

---
[1] Vielleicht auch von Leon; siehe seine Charakteristik unten.
[2] Auch 95₅₅ „Mein Tannenwäldchen" schildert die typische Landschaft der Frühlingslieder (Gießbach, Nachtigallenlieder, zirpende Grillen) und schließt mit der Sehnsucht nach einer Iris.
[3] Vgl. dazu den Abschnitt über den Reim.

IV. Analyse des Inhaltes.

lieber in Gemäldegalerien als draußen im Freien bewundern, und fragt:

> Oder leuchtet eure Sonne?
> Oder . . . . . .
> Seht ihr eure Täubchen scherzen?
> Eure Sträuche, lispeln die?
> . . . .
> Lobt sie nur, die trockene Quelle,
> Die das bunte Blatt euch zeigt,
> Die gemalte Philomele,
> Die da singend steht — und schweigt
> Lobt den Bach nur, seht, er fließet . . . . .

Die Landschaft der Liebes- und Frühlingsgedichte ist also eine rein konventionelle, nicht eine beobachtete. Von Tageszeiten kommen in diesen Liedern nur Nacht, Morgen und Sonnenuntergang, von Jahreszeiten nur der Frühling vor.[1]

Wo individuellere Beschreibung gegeben wird, löst sie sich in bloße Enumeration auf und es entsteht kein Bild, so deutlich auch das einzelne Detail gesehen sein mag: so in 81_{136} „Am ersten Maymorgen" (blühende Beete, muntere Tulpen, Aurikeln in reichem Kleide, Violen, Rosen . . .) und 89_{141} („Nach einem Frühlingsregen"), wo in dieser Weise, aber mit überraschender Lebendigkeit die Landschaft unmittelbar nach einem Gewitterregen geschildert wird.[2]

Erschwert wurde eine wirkliche Erfassung der Landschaft auch dadurch, daß man mythologische Reminiszenzen und die verschiedenen Figuren und Tropen nicht los wurde und stets glaubte, personifizieren zu müssen: Der laue West führt die Blumengöttin in neubekränztem Wagen durch die Flur (80_{126}). Auf Rosenwolken schwebt der Frühling hernieder, löst der gestockten Bäche Lippen, läßt bunter Blüten Regen auf des Eichbaums entblößte Arme wallen (80_{73}). Die Nymphe gießt vom hohen Fels die Quelle aus ihrer Urne (77_{87}). Der Tag küßt, von Vögelchören begrüßt, mit rosigen Lippen die feuchten Rücken trächtiger Berge und trinkt des Abends Tränen (78_{79}). Es naht die Königin des Tages in goldenem Wagen, von Salamandern ehrfurchtsvoll getragen (89_{23}). Die Nacht kommt leiseren Ganges und deckt mit ihrem Rabengefieder das entschlafene Gefilde (77_{115}); sie fliegt daher auf taubenetzten Flügeln (87_{90}). Der Bach durcheilt mit silbernem Fuße die Triften (78_{90}), lauere Zephyre umbuhlen das Blumengedränge (78_{90}), laue Weste umspielen der Geliebten nymphenhaft Gewand (90_{24}) usw.

---

[1] Der Herbst wird in Herbstleseliedern (77_{73}, 86_{62}) gefeiert, der Winter ist einmal Gegenstand eines ironischen Loblicdes 83_{115}).

[2] So schildert auch Blumauer, vgl. Hofmann-Wellenhof a. a. O. 115 ff. Man vergleiche dazu Nagl-Zeidler a. a. O. S. 321 ff.

Wein.

Zum ältesten Bestande der Renaissancelyrik gehört der Preis des Weines und im weinfrohen Österreich hat sich dieses Motiv aufs kräftigste entwickeln können. Alle Koryphäen des WM sind daran beteiligt. Denis, der Barde, eröffnet mit „Wein und Barden" 83₇ feierlich-gravitätisch den Reigen, er freut sich, daß vaterländisches Lied und vaterländischer Tokayer (vgl. dazu: Freyherr von Traubenberg „Lob des Tokayers" 96₁₀₉) das Ausland geschlagen haben; Alxinger, nach Denis wohl der Angesehenste unter den Mitarbeitern des WM, erzählt den Ursprung des Champagners (96₁₀₆ = Bliomberis VII₉₋₁₁), dann folgen Ratschky (83₁₃₃, 86₆₇), Pranbstetter und andere.

Allerlei überlieferte Motive werden zum Preise des Weines verwertet: ein Dichter benutzt den Gedanken des Volksliedes, „der liebste bule, den ich hān"¹) 95₁₀₀ „Meine Liebste", Bacchus wird wie in Bürgers „Herr Bacchus" über alle anderen Götter erhöht,²) („Rundgesang an Bacchus" 91₄₁, „Trinklied" 84₁₄₈), der Betrunkene bildet sich ein, Bacchus zu sein („Bacchus der Zweyte" 90₁₁₁) und apostrophiert feierlich seinen Rausch („Der Betrunkene an seinen Rausch" 92₁₂₈).

Es ist ferner ein altes, bis in die griechische Anthologie zurückzuverfolgendes Motiv, daß man den Trinker sich mit seinem Gegner auseinandersetzen läßt: mit dem Arzt³) (83₁₁₄ „An einen Ärzten"), mit der Mutter, die zu maßvollem Trinken mahnt (88₁₃₂ „Wein und Wasser") oder mit dem Wassertrinker⁴) selbst (84₃₁ „Der Trinker und seine Gönner"); nachdem in dem letzten Gedichte (84₃₁) der Trinker den Enthaltsamen gehörig verhöhnt hat, zählt er seine Gönner auf, die verschiedenen Weine, wobei er eine ganz achtenswerte Kenntnis speziell österreichischer Weine beweist. Auch von dem so viel variierten Liede von den Mönchen, die keine Weiber, und den Türken, die keinen Wein haben, steht im WM eine Variation (83₁₃₃ „Trinklied").

Gerne wird die Form des Trinkspruches verwendet: „Weinlese" 77₇₈ (der Titel nennt nur die Veranlassung, nicht den Inhalt des Liedes), „Kapitellied" 86₇₆, „Trinklied" 84₈₁ und die gleich zu besprechenden „Dithyramben". Der Inhalt ist immer der gleiche: man läßt den Trinker leben, lacht den aus, der nicht trinkt und erinnert an die Kürze des Lebens.

Zwei Lieder weichen vom Gewöhnlichen dadurch ab, daß sie uns die Weinlese vorführen. Das „Herbstlied" 86₆₂ gibt uns ein hübsches

---

¹) Fischarts Lied war von Voß in seinem Almanach 79₃₀ abgedruckt worden.
²) Vgl. Chr. F. Weiße „Kleine Gedichte", 1, 117: „Es sterbe Venus, Bacchus lebe!" Bürgers Lied ist sehr viel nachgeahmt, parodiert (auch von Blumauer) und travestiert worden.
³) Ein volkstümliches Motiv; vgl. Friedländer a. a. O. 2, 346.
⁴) Vgl. Gleim, 1, 248: „An einen Wassertrinker".

IV. Analyse des Inhaltes.

und anschauliches Bild des regen Lebens bei der Lese: heller Sonnenschein, Sommerfäden fliegen durch die Luft, die Winzer jauchzen, die Rosse, welche die Wagen mit den Tonnen bringen, stampfen, das schwere Gerüst der Kelter knarrt, die Schrauben pfeifen, der Traubensaft schießt in dickem Strahle aus dem weiten Halse. — Der Verfasser des „Winzerliedes" 82_{50} nimmt sogar die Rolle eines Aufsehers an: er fragt seine Burschen, woher sie ihre Bänder und Blumensträuße haben, mahnt sie, nicht nach den Mädchen zu sehen, wenn sie die Schnürbrust lüften, fordert zum Fleiße auf (Wink mit der Peitsche) und vertröstet alle auf das Fest am Abend.

Allen diesen Trinkliedern merkt man es an, daß sie von Männern gesungen wurden, die wirklich Wein tranken und nicht wie die Göttinger den Wein bei Kaffee und Milch verherrlichten. Volkstümliche Motive, volkstümliche Wendungen werden aufgenommen, Derbheiten kommen vor. Antike Mythologie wird selten, am meisten in den Dithyramben, verwendet und, was nicht unwichtig ist, das „Mädchen", das in den Trinkliedern der Anakreontik nie fehlen durfte, ist ausgeschaltet, ja es herrscht ganz zweifellos eine misogyne Strömung, eine Art Beweis für die Echtheit dieser Trinklieder.

Eine Anzahl von Trinkliedern tragen im WM wie in den anderen Almanachen den Titel „Dithyrambe": 83_{104}, 84_{69}, 85_{90} (von Brandstetter), 85_{67} (von Ratschky), 93_{177} (von L. Herz). „Dithyrambe" — von einer Nachahmung der Kunstform des Dithyrambus wie bei Willamow ist nichts zu spüren — bedeutet nichts anderes als begeistertes Trinklied.[1]) Aus Brandstetters Dithyramben könnte man die Charakteristik ableiten, daß starker Schwung und möglichst kolossalische Gleichnisse aus dem Naturleben zum Wesen des Dithyrambus gehören, aber Ratschky schreibt eine „Dithyrambe auf die Einweihung einer neuerbauten Weinschenke" (85_{67}), wo von Kapaunen die Rede ist, ein „zerlumpter Amphion der Tonkunst" herbeigerufen und der Wirt „mit dem stadtbekannten Domherrnbauch" zum Priester geweiht wird, ohne daß die Absicht einer Parodie auf die Gattung des Dithyrambus bemerkbar würde; L. Herz' „Dithyrambe" (93_{177}) gar ist nichts als ein Glückwunsch, am Vorabende eines Geburtstages beim Punsch ausgebracht.

---

[1]) Ratschky hat in seinem Spottgedicht auf die Trinklieder der Anakreontik („Der verpachtete Parnaß" 77_{40}; vgl. S. 21) die letzte Strophe bei der Aufnahme in seine Gedichtsammlung („Gedichte", Wien 1785) in einer Weise geändert, die auf die Verwendung des Ausdruckes „Dithyrambe" hinweist:
      Hier prahlt ein Reimschmied ruhmentzückt
    In pöbelhaften Jamben,
      Daß ihm der Wein den Kopf verrückt,
    Und nennt es Dithyramben.
Diese Anspielung fehlt in der ersten Fassung (77_{30}).

Lyrisch-didaktische Gedichte.

Den Trinkliedern in der Tendenz verwandt sind die Gedichte, welche zum frohen Lebensgenuß auffordern. Gar vielstimmig ertönt die Mahnung, dies kurze Leben nicht über dem Streben nach eitlen Dingen — unter sie werden auch Gold, Ruhm, Wissenschaft und bei Alxinger (84 19 „An den Unbestand") auch die Treue gezählt — verrinnen zu lassen: „An einen Freund" 77 127, „An M. im Frühlinge" 80 126, „An einen Rangsüchtigen" 87 116, „Vielwissereh" 92 81, „Frohsinn" 92 81, „Carpe diem!" 92 126. Gerne richtet man wie in der galanten Lyrik[1]) nach dem Muster des Horaz, dessen Ode „Tu ne quaesieris, Leuconoe" (Od. I, 19) 93 85 als „Aufforderung zum Genuß" übersetzt ist, die Mahnung an die Geliebte: „Stuzerlied" 82 109, „Eile des Lebens. An Lilla" 83 158, „Die Rose. An Nanntchen" 88 95, „An Chloe" 88 116. Auch die Form des Trinkliedes wird verwendet: „Rundgesang" 83 52, „Tischlied" 85 59, „Lied" 87 43, „Rundgesang" 96 60.

Inmitten dieser Genußfreudigkeit macht sich aber der Rationalismus geltend. Die Lebensfreude darf nicht allzu stürmisch sein, sondern muß hübsch vernünftig bleiben; nicht dem Sturme, sondern dem Zephyr soll sie gleichen („An Therese U." 90 102).

Etwas komisch nimmt es sich freilich aus, wenn diese Philisterweisheit „Zum Champagner gesungen" (85 71 von Alxinger; ähnlich „Trinklied" 87 76) wird: viel besser stimmen Form und Inhalt zusammen, wenn Sonnenfels dieselbe Lehre durch Kontrastierung von Aristipp und Diogenes (mit Berufung auf Hor. Ep. I, 17) vorträgt und als Titel ein 16 Worte langes Zitat aus Seneka wählt (85 49). Auch die Berechtigung dieses bescheidenen Lebensgenusses vergißt man nicht durch starke Gründe zu stützen: nur der Fröhliche ist wahrhaft gut und tugendhaft: „Die Fröhlichkeit" 87 100 und „Die Laute" 93 53 vgl. S. 111.

Wahrhaft glücklich ist nur der Zufriedene („Der Zufriedene" 83 89; Gegenstück dazu: „Der Unzufriedene" 84 143). Fast in allen diesen Gedichten wird der Gedanke ausgesprochen, daß nicht Reichtum und auch nicht hohes Streben beglücken, sondern Genügsamkeit, stilles Bescheiden (84 53 „Die beiden Menschengrößen", 84 70 „Mein System", 86 148 „Mein Wunsch", 96 60 „Rundgesang"). Dazu kommt die Rousseausche Sehnsucht nach ländlicher Einfachheit. Nicht im hastigen Treiben der Städte, sondern nur draußen auf dem Lande in selbstgewollter Armut wohnt das Glück:[2]) 77 110 „An Damon", 78 136 „An das Glück", 83 64 „Meine Wünsche".

---

[1]) Waldberg a. a. O. S. 51.
[2]) Vgl. 80 53 „Verführung".

IV. Analyse des Inhaltes.

Bescheidenes ländliches Glück wird immer von neuem wieder hergestellt: 82₃₁ „Die kleine Haushaltung. Nach J. J. Rousseau", 84₁₆₈ „Lied eines alten Leyermannes", 86₉₇ „Lied eines Taglöhners in der Feyerstunde". Vgl. S. 40.

Eine Anzahl lehrhafter Gedichte in lyrischer Form behandeln allgemeine Themen. In „Illusion und Grübeley" 81₁₀₄₋₁₁₂ und „An den Wahn" 92₉₆ wird erörtert, was für den Menschen besser sei, klare Erkenntnis oder Illusion. Man entscheidet sich für den „Wahn", man will lieber beglückende Täuschung als bittere Wahrheit. Es wird moralisiert: „Der Mensch" 88₇, „Der Blumenstrauß" 94₁₄₆, „Das Gelübde" 95₆₅, „An zwey Amaten" 96₂₀, „An Amalien" 96₈₃, „In Sherlots Todesbetrachtungen" 95₉₇, „Andächtige Betrachtungen am Annentage" 84₁₃₀, 88₇₀ und andere.

Schließlich erwähne ich die Gedichte, welche einzelne Begriffe in Form der Apostrophe erörtern: „An meine Seele" 89₁₁₆, „An den Wahn" 92₉₆, „An die Hoffnung" 94₁₁₇, „An die Hoffnung" 96₁₉, „An die Freude" 96₁₂₁, „An die Jugend" 95₉₂.

Hierher gehören noch die Gedichte über das Wesen der Liebe (siehe oben), die über die Liebe, Freundschaft, Vergänglichkeit alles Irdischen ꝛc. reflektierenden Gedichte der Gabr. von Baumberg (siehe deren Charakteristik).

Scherzgedicht.

Unter dem Namen „Scherzgedicht" fasse ich eine Anzahl von Gedichten zusammen, die wie das Epigramm und die Anekdote in erster Linie darauf berechnet sind, Lachen zu erregen, und in zweiter Linie erst satirisch wirken sollen; die Satire dieser Scherzgedichte ist gewöhnlich ganz allgemein und zeitlos wie die der Epigramme.

Solche Scherzgedichte sind die satirischen Couplets, die sich schon bei Opitz finden. Jede Strophe oder Halbstrophe dieser Couplets wird durch einen Refrain abgeschlossen, wodurch natürlich ein Faden zur Aufreihung der mannigfaltigsten satirischen Bemerkungen gegeben ist; der Refrain ist gewöhnlich auch der Titel (77₇₄ „Wer hätte das gedacht?", 79₁₁₉ „Das geht nicht an", 79₁₄₃ „Alles aus Freundschaft"). Zur Zeit des WM hat niemand unter den Dichtern mit Namen diese Gattung mehr gepflegt als Chr. F. Weiße[1]) und auf ihn geht auch eines von den fünf Couplets zurück,[2]) welche der WM enthält, während ein anderes („Grenzen der Pflicht" 93₇₄) Hagedorn als Vorbild nennt.[3])

---

[1]) Zum Beispiel im ersten Teile seiner „Kleinen Gedichte" auf Seite 5, 23, 55, 56, 67, 70, 83, 115 ꝛc.
[2]) Zu Leon „Die Verschwiegenheit. Nach „Herrn Weiße" 87₃₁ vgl. C. F. Weißes „Verschweigung" („Kleine Gedichte" 1, 30).
[3]) [Vgl. Forschungen zur neueren Literaturgeschichte. Festgabe für R. Heinzel. Weimar 1898, S. 343. A. S.]

IV. Analyse des Inhaltes.

Eine andere recht zahlreiche Gruppe bilden die Parodien, welche nicht hauptsächlich polemisch satirischen Zwecken dienen, sondern nur amüsieren wollen.

So die Parodie literarischer Vorbilder: Alxinger travestiert 83$_{163}$ Horaz II. 4 („Ein Stubenmädchen liebst du?"), Ratschky parodiert 82$_{179}$ Hamlets Monolog[1]) („Freyn oder Nichtfreyn"), Blumauers „Lied an der Toilette der Geliebten zu singen" 89$_{37}$ ist eine Parodie auf das viel nachgeahmte[2]) und viel parodierte[3]) „Que ne suis-je la fougère..."

Ferner gehören hierher die Parodien lyrischer Situationen: die komischen Totenklagen („Über den Tod eines Stutzers" 80$_{71}$, „Nänie am Grabe eines Schmarotzers" 92$_{88}$, „Elegie eines tiefbetrübten Witwers an der Bahre seines Weibes" 82$_{79}$), die komischen Liebeserklärungen („Brautwerbung eines Juristen" 87$_{52}$, „Liebeserklärung eines Poeten" 88$_{101}$, „Liebeserklärung eines Besenbinders" 90$_{92}$, „Liebeserklärung eines Schuhmachers" 91$_{23}$, „Heirathsantrag einer alten Jungfrau" 93$_{67}$). Parodien waren wohl ursprünglich auch die komischen Loblieder (Encomia), die aber bei Blumauer schon als selbständige (satirische) Gattung erscheinen. Sie waren außerordentlich beliebt, wie die beifälligen Rezensionen fast aller kritischen Journale beweisen. Seit 1783 erscheinen sie in ununterbrochener Folge im WM und werden gleichsam als besondere Leckerbissen meist ans Ende gestellt (84$_{24}$ „Lob des Ochsen", 85$_{161}$ „Lob des Esels", 86$_{30}$ „An die Langeweile", 86$_{153}$ „Lob des Schweines", 87$_{22}$ „An den Magen", 87$_{127}$ „Lob des Hahnes", 88$_{109}$ „Lob der Gans", 88$_{150}$ „Lob des Flohs", 89$_{138}$ „Loblied auf den Schneider", 91$_{110}$ „Schmauchlied").

Auch andere haben diese Gattung gepflegt: 83$_{108}$ „An den Fächer" (Alxinger), 84$_{49}$ „Lob des Kapuzinerlebens" (anonym), 84$_{129}$ „Lob des Rauchtabaks" (Grolzhamer), 96$_{186}$ „Lob des Geldes"[4]) (J. Rupprecht). Als Scherzgedichte, die sich unter keine bestimmte Gruppe bringen lassen, sind noch zu verzeichnen: 84$_{37}$ „Der Freyer aus Religionsgründen", 88$_{25}$ „Amor als französischer Sprachlehrer" (beide von Blumauer), Prandstetters „Revolution" 82$_{75}$,[5]) „Der

---

[1]) Noch Raimund erregte in Perinets „Hamlet Karrikatur in drei Aufzügen mit Gesang" Wien 1807 (Goedeke § 259$_{113-135}$) die Heiterkeit des Publikums durch den Monolog „Heiraten oder nicht heiraten" (Goedeke 5, S. 299).

[2]) Zuerst von J. G. Jacobi im „Teutschen Merkur" 1773, I, 23 (= „Sämtliche Werke", Carlsruhe 1780, 3, 299).

[3]) Zum Beispiel Voß und Hölty in der „Petrarchischen Bettlerode", Kürschners Teutsche Nationalliteratur 50, III, 351; Höltys Gedichte, herausgegeben von Halm, 203 ff.

[4]) Vgl. 81$_{192}$ „Bitte an das Geld" und 93$_{137}$ „Der Capitalist".

[5])   „Der Elefant durchfliegt die Lüfte,
          Und König Wallfisch herrscht im Hayn.....",
also das Motiv der verkehrten Welt.

Fasching" 84₈₆, "An Hänschen. Bey Erhaltung des ersten Beinkleides" 92₁₀, die satirischen Neujahrsgratulationen (77₁₁₂ und 86₁₃₀) und Nichtigkeiten wie 89₇₁ "Gründe eines sechsjährigen Mädchens gegen die Erlernung der französischen Sprache", 80₃₄ "Astronomische Observationen eines Pfarrers zum Behufe gewisser Ehemänner", 92₄₆ "Die Vergänglichkeit" (einer — Weste) und ähnliche.

Gelegenheitsgedichte.

Unverhältnismäßig groß ist die Zahl der Gelegenheitsgedichte, die auf festliche Tage, an Personen und als Begleitschreiben zu Geschenken gemacht werden. Ihre Aufnahme in den WM verdanken sie wohl nur dem beständigen Mangel an Beiträgen, der ein jedes sprachlich und metrisch korrekte Gedicht willkommen erscheinen ließ, und der Rücksichtnahme auf die Person des Autors, der sein Geistesprodukt gedruckt sehen wollte, oder des Adressaten. Diese künstlerisch völlig wertlosen Gedichte sind es, die im Verein mit den veralteten Epigrammen dem WM — besonders in den letzten Jahrgängen, da beide Gattungen in diesen Jahren an Zahl zunehmen (vgl. S. 44 f.) — den Stempel der Armseligkeit aufdrücken. Da aber ihre Zahl so groß ist, müssen sie kurz charakterisiert werden.

Eine Anzahl dieser Gedichte dienen dem gesellschaftlichen Verkehr und sind nichts anderes als metrische Briefe; die Poesie wird als Hauskunst aufgefaßt.[1]

Man bedauert in solchen Gelegenheitsgedichten die Abreise eines Freundes (79₁₄₉, 86₈₉, 88₁₄₇, 94₁₃₀, 96₈₆), man kondoliert zu einem traurigen (82₁₅₂), man gratuliert zu einem fröhlichen Ereignis (94₉₈, ₁₅₅), zur Genesung (82₁₆₃, 90₁₂₂), man wünscht guten Kurerfolg ("Bittschrift an die Nymphe des Schwefelbrunnens bey Baaden" 87₈₆) oder freut sich über den guten Kurerfolg eines Freundes (90₁₀₁).

Eine eigene Gruppe machen die Gedichte aus, welche als Begleitschreiben zu Geschenken dienen und es ist nicht immer leicht, eine Beziehung zwischen dem Gegenstande und der Person des Empfängers herzustellen. Typisch ist für die Technik dieser Gedichte Blumauers Gedicht „An Fräulein M*** von B*. Im Namen eines Freundes, der ihr für einen Kapaun mit Austern ein Exemplar des Meißnerischen Alzibiades verehrt hatte" (85₁₆).

---

[1] Von den Gedichten 85₁₆, ₁₂₂, 93₄₁, 94₁₁₃, 96₁₁₃ wird gesagt, daß sie für andere gemacht wurden. Boutsrimés werden gerne aufgenommen 92₁₈₄, 93₁₅₉, 96₁₀₅, und manche Gedichte mit einem gewissen Stolze als Impromptus bezeichnet: 81₁₂₆, 86₁₃₀, 95₁₁₀.

IV. Analyse des Inhaltes.

Die Dinge, die übersandt werden, sind oft sehr komplizierter Art. Ich setze folgende Titel her: 85_{85} „Bey Zurücksendung eines weißen Schnupftuches", 86_{49} „Bey Übersendung eines Vergißmeinnichts, worauf ein Schmetterling saß", 95_{46} „Auf einen verblühten Rosenstock, den ich, mit künstlichen Rosen geziert, dem Geber zurücksandte" und andere.

Häufig werden Bilder übersandt 91_{34}, $_{125}$, $_{135}$, 93_{153}, Gedichte 82_{162}, 86_{95}, ein Apfel 84_{125}, eine Locke 96_{15}, ein Spottvogel 95_{16}, ein Preßburger Mohnkuchen 95_{43}. Toilettegegenstände: ein Zupfkästchen zum Goldzupfen 90_{85}, ein gesticktes Uhrkissen 93_{50}, ein Hut 87_{93}, 93_{108}, weiße¹) Handschuhe 86_{139} (von Leon), 86_{109} (von Blumauer; komponiert von Holzer), 92_{110} (G. von Baumberg „Bey Erhaltung eines …"), ein Schleier 96_{18}, $_{118}$.

Ein wenig höher stehen die folgenden Gelegenheitsgedichte, da in ihnen doch hie und da innere Empfindung zum Ausdrucke kommt. Es sind die alten Gattungen des Gelegenheitsgedichtes: Hochzeitsgedichte, Leichengedichte, Geburtstagsgedichte ꝛc.

Höchst altmodisch muten die beiden Hochzeitsgedichte des WM (87_{40} von Alxinger und 95_{103} von C. von Greiner). Beide rufen noch Götter zur Versammlung; Alxingers Gedicht hat auch die traditionelle cynische Pointe.

Außerdem gibt es ein Gedicht auf eine silberne Hochzeit 88_{15}, ferner Geburts- und Namenstagsgedichte:²) 79_{122}, 88_{38}, 90_{104}, 93_{177}, 94_{74}, 96_{124}. Trauergedichte auf Todesfälle: 79_{100}, 92_{78}, $_{84}$,³) 96_{53}, $_{84}$.

Unter die Gelegenheitsgedichte sind auch die Stammbuch- und Widmungsverse zu zählen: 79_{121}, $_{124}$, 88_{24}, 91_{94}, 92_{56}, 96_{129}.⁴)

Zu den unangenehmsten Gelegenheitsgedichten gehören die Schmeichelgedichte auf hochgestellte Persönlichkeiten: „Die Einweihung des Springbrunnens" 80_{77}, „An den Grafen Prosper von Sinzendorf" 90_{58}, „Auf eine entblätterte Rose am Grabe der durchlauchtigsten Erzherzogin Elisabeth" 91_{30}, „An des Herrn Joh. Rub. Grafen von Chothek Excellenz" $92_{158-164}$, „An die Kaiserinn-Königinn nach der Krönung zur Königinn von Böhmen" 93_{73}, „Zwey Oden an ihre Majestät die Königinn beyder Sizilien" 96_{92-99}. Eine besondere Stellung nehmen die Gelegenheitsgedichte des alten Denis ein.⁵)

---

¹) C. von Pichler „Aus meinem Leben" 1, 103 erzählt, daß weiße Handschuhe, weiße Muffs und weiße Schleier von Freimaurern geschenkt zu werden pflegten; Leon und Blumauer waren Freimaurer.
²) Die zwei Gedichte: 78_{79} „Am Geburtstag meiner Geliebten" und 95_{41} „Minnas Geburtstag" sind nur der Einkleidung nach Gelegenheitsgedichte.
³) Eine echte laudatio funebris.
⁴) 93_{67}, $_{117}$ sind Epigramme, die sich der Einkleidung des Stammbuchverses bedienen.
⁵) Siehe unten.

IV. Analyse des Inhaltes.

Anhang: Kompositionen.

Seit 1780 bringt der WM so wie die anderen Almanache auch Kompositionen; ich verzeichne sie:[1])

80 $_{55}$ Prandstetter „Verführung", 6 sechszeilige Strophen, komponiert von Joh. Oswald.
80 $_{107}$ Prandstetter „Die Getrennte", 4 achtzeilige Strophen, komponiert von Joh. Oswald.
80 $_{113}$ Fr. Saam „Einladung an ein Stadtmädchen", 10 vierzeilige Strophen, komponiert von Joh. Oswald.
80 $_{115}$ Prandstetter „Melancholie", 3 vierzeilige Strophen, komponiert von Joh. Oswald.
81 $_{97}$ Hegrad „Meine vier Alter", 4 sechszeilige Strophen, komponiert von Schenk.
81 $_{113}$ Leon „Gesang aus Ritter Franz von Walldorf, einem ungedruckten Schauspiele", 10 vierzeilige Strophen, komponiert von Jos. A. Steffan.
81 $_{124}$ G. Dirnböck „Vergißmeinnicht", 5 vierzeilige Strophen, komponiert von Schenk.
81 $_{190}$ Blumauer „Die Sehnsuchtsthräne", 3 vierzeilige Strophen, komponiert von Schenk.
82 $_{109}$ Blumauer „Stutzerlied", 10 vierzeilige Strophen, komponiert von Schenk.
82 $_{170}$ Dirnböck „Auf einen Vogel, der nach einem Hagelwetter auf seinen Jungen im Neste mit ausgebreiteten Flügeln todt gefunden ward", 7 vierzeilige Strophen, komponiert von Schenk.
83 $_{64}$ Blumauer „Meine Wünsche", 6 sechszeilige Strophen, komponiert von Joh. Schenk.
83 $_{112}$ U. Petrak „Kätchen", 6 sechszeilige Strophen, komponiert von Stabler.
83 $_{180}$ Prandstetter „Freyheitslied", 4 vierzeilige Strophen, komponiert von Schenk.
84 $_{36}$ Parny-Ratschky „Auf eine Rasenbank", 3 sechszeilige Strophen, komponiert von J. A. von B–j.
84 $_{51}$ Blumauer[2]) „Trinklied", 3 sechszeilige Strophen, komponiert von J. A. von B.–j.
85 $_{55}$ Blumauer „Das Mädchen und der Vogel", 5 achtzeilige Strophen, komponiert von Holzer.
85 $_{53}$ Pfeffel „Lied auf die Geschichte der Blindheit des Fräuleins Paradis", 15 fünfzeilige Strophen, komponiert von Fräulein von Paradies.
85 $_{109}$ Blumauer „An ***. Bey Überreichung eines Paars weißer Handschuhe", 2 vierzeilige Strophen, komponiert von Holzer.
85 $_{137}$ von der Verfasserin des Fräuleins von Sternheim „An eine Linde", 8 vierzeilige Strophen, komponiert von Anfossi.
86 $_{47}$[3]) Blumauer „Lied der Freyheit", 4 sechszeilige Strophen, komponiert von Mozart.
86 $_{93}$[3]) Leon „Vernunft und Liebe", 5 vierzeilige Strophen, komponiert von Holzer.
90 $_{60}$ L. Batthyani „Leiden, Trost und Dank", 3 sechszeilige Strophen, komponiert von Anfossi.
93 $_{74}$ L. F. von Batthyani „Grenzen der Pflicht", 6 sechszeilige Strophen, komponiert vom Verfasser.

---

[1]) Im Exemplar der k. k. Hofbibliothek fehlen die Kompositionen zu Jahrgang 1786 und zu 93 $_{74}$, im Exemplar der Wiener Stadtbibliothek die zu 84 $_{51}$. Ob das Exemplar der Wiener Stadtbibliothek die Kompositionen vollzählig enthält, läßt sich nicht kontrollieren, da im Text keine Notiz auf die beigebundene Komposition hinweist.
[2]) Nur im Exemplar der k. k. Hofbibliothek.
[3]) Fehlen im Exemplar der k. k. Hofbibliothek.

IV. Analyse des Inhaltes.

93₁₁₅ ¹) Leon „Das Portrait", 5 vierzeilige Strophen, komponiert von Holzer.
94₅₄ Ant. Edler von Vogel „Landlied", 7 vierzeilige Strophen, komponiert von Holzer.
94₁₁₀ L. M. Schleifer „Der Vogelfang", 7 fünfzeilige Strophen, komponiert von Holzer.
96₄₂ W. „Lob und Ehrengedicht auf die edlen Kartoffeln", 10 siebenzeilige Strophen, komponiert von F. J. F.

Die Komponisten sind nach Friedländer alle Österreicher, die wenig Lieder komponierten, aber ihre Melodien von der Bühne herab ins Volk streuten. Aus Friedländer exzerpiere ich ferner, wie oft Lieder von Autoren des WM (in Liedersammlungen) komponiert wurden: Blumauer 35mal, Ratschky 5mal, Brandstetter 6mal, Leon 3mal, L. L. Haschka 1mal („Gott erhalte Franz den Kaiser" von Haydn), Gabriele von Baumberg²) 2mal (1787 von Mozart, 1800 von Himmel), Alxinger 2mal, Hofstäter 1mal, J. M. Affprung 1mal.

Die Ode.

Die Ode muß für sich behandelt werden, denn von den ihr inhaltlich verwandten lyrischen Gedichten in gereimten Strophen scheiden sie stark ausgesprochene Stilqualitäten. Gemeinsam ist allen Oden das starke Pathos der Rede, das bei Gelegenheitsgedichten wie „Auf das Beylager des Freyherrn Ant. Ulr. v. Ulm" (78₉₄) notwendig noch übersteigert werden muß, um die stolze Form zu tragen. Stark einsetzend (etwa mit einem Ausruf oder einer pathetischen Frage) strömt die Rede in möglichst hochgespannten Ausdrücken dahin. Epitheta ornantia (schwarzer Kummer, die zärtliche Gattin, in liebenden Armen, die tiefgegürteten Musen), Anaphora, kunstvolle Steigerung, Klopstockscher Komparativ, ungewöhnliche Wortzusammensetzungen (Goldgestirn, staubgefesselt, Entkörperungstag und andere), weitgehende Metonymie und Personifikation (die Fackeln schütteln das Flammenhaar, die silberne Kehle der Harfe, des Abends Träne = Tau) werden reichlich verwendet. Die Anschaulichkeit leidet, wie begreiflich, unter der allzuweit gehenden Stilisierung.

Vorbild in der Ode war natürlich der Messiasdichter und der Preis Gottes war und blieb eines der vornehmsten ihrer Themen. In düstrer Mitternachtsstunde prüft Schlosser, fast der einzige Vertreter der Ode in den ersten Bänden, seine Seele, ob sie bereitet sei, vor Gott zu treten („Um Mitternacht" 77₇₇). Nur im Gedanken an Gott findet er Beruhigung (77₈₉ „Tröstungsgedicht", „Die ächte Freude" 77₁₀₇), im Frühling verehrt er Gottes Walten („Gott im Frühling" 78₇₈). Von gleicher Frömmigkeit erfüllt sind Leons Ode „Drang zu Gott" 78₁₀₈. Nunbergers Ode „Das letzte Gericht"

---

¹) Fehlen im Exemplar der k. k. Hofbibliothek.
²) Noch F. Schubert hat in seiner Jugend fünf Gedichte von G. von Baumberg komponiert; vgl. Friedländer a. a. O. 2, 459.

IV. Analyse des Inhaltes.

81 $_{93}$,¹) in der an das Erdbeben von Lissabon erinnert wird, und Fießingers Straf-Ode „Warum denn ein Christusbild?" 82 $_{112}$.²) Andere Oden wieder strömen über von der tränenseligen Sentimentalität³) der Zeit: Leon „Nachtgesang" 77 $_{115}$, Schlosser „An Frau v. St." 80 $_{110}$, Höfflein „An seinen Freund" 80 $_{83}$ und „Stunde der Schwermuth" 80 $_{67}$.

Von Klopstock inspiriert sind die Liebesgedichte in Odenform. Allen gemeinsam ist die ungesunde Sentimentalität, die besonders in Schlossers Odencyklus „An Laura" (78 $_{102}$, 105, 110, 117) zum Ausdruck kommt. Auch die Liebes-Oden aus späterer Zeit (95 $_{61}$ Schleifer „An Mariens Locke", 95 $_{112}$ W. „An Elisen") sind voll Empfindsamkeit.

1785 tritt Haschka auf und in seinen Oden lebt ein ganz anderer Geist als in denen Schlossers. Sein leidenschaftliches Naturell durchbricht in manchen Oden wie „Ode" 85 $_{7-13}$, „Selbstgespräch" 85 $_{139-47}$, alle Schranken künstlerischen Maßes und selbst seine von starkem sittlichen Pathos erfüllten lehrhaften Oden („Die Trübsal" 82 $_{30}$, „Für die Mutter" 85 $_{79}$, „Unsre Bestimmung" 86 $_{16}$, „Die Übereinstimmung 86 $_{34}$, „Der Vorzug" 86 $_{41}$, „Über den Ruhm" 86 $_{85}$) stechen aus den anderen durch ihre Leidenschaftlichkeit hervor.

In Form und Verwendung der Ode ist im WM — von Denis, der sich nicht entwickelt, abgesehen — eine deutliche Entwicklung zu erkennen, deren zwei Phasen durch eine Pause (1787—1789) geschieden ist.

Die Ode verteilt sich auf die einzelnen Jahrgänge in folgender Weise:

1777: 4, 1778: 8, 1779: 2, 1780: 3, 1781: 3, 1782: 5, 1783: 1, 1784: 1, 1785: 2, 1786: 5, 1787: 0, 1788: 0, 1789: 0, 1790: 8, 1791: 1, 1792: 3, 1793: 0, 1794: 3, 1795: 3, 1796: 3.

Darunter sind Gelegenheitsgedichte: 77 $_{89}$, 78 $_{84}$, 82 $_{112}$, 85 $_7$, 90 $_{39, 131, 132}$, 91 $_{96}$, 92 $_{8, 84, 158-64}$, 94 $_{133}$, 95 $_{10}$, 96 $_{86, 92-96}$, also etwa die Hälfte. Während die Oden der ersten Periode von Schwärmerei und Leidenschaft erfüllt sind, zeigen die Oden aus der zweiten Periode — Schöpfenbrunn, Deurer, Gerning und Schleifer sind ihre Vertreter — den Charakter formaler Vollendung und innerer Ruhe, wie er den Oden Ramlers eigen ist, die 1783 in Wien nachgedruckt

---

¹) Vgl. dazu Schielings in gereimten Strophen abgefaßtes Gedicht „Die Ratschlüsse Gottes" 80 $_{94}$.
²) Hierher gehört auch 81 $_{63}$ „Der XVIII. Psalm. Nach dem hebräischen Grundtexte" in Odenstrophen von Denis, während die darauffolgende Übersetzung „Eben derselbe Psalm. Nach der Vulgata" 81 $_{66}$ in gereimten Strophen abgefaßt ist.
³) Auch das Klagelied in dem erzählenden Gedichte „Das Grabmal auf Caracthuna" 82 $_{117}$ ff. ist in Odenstrophen abgefaßt.

worden waren. Oben auf Josef II. (95₁₀), auf Helden der Coalitionskriege (94₁₃₃), auf die Königinn beyder Sicilien (96₉₂, ₈₆), „An Frau v. Kalb" (96₈₆), „Auf den Tod des Freyherrn v. Sperges (92₈₄), „An des Hern Joh. R. Grafen von Chothek Excellenz" (92₁₅₈₋₆₄) erinnern in den Motiven an Ramler. Sie sind auch strenger in der Form und höher gegriffen im Tone, Anspielungen auf antike Mythologie und Geschichte, ausgesponnene Gleichnisse ꝛc. werden häufiger verwendet. Die Gedichte an Freunde („An Fridrich" 94₂₇, „Über die Liebe. An Haschka" 86₈₄) sind erfüllt von jener hochmütigen Selbstüberschätzung, wie sie für Formkünstler charakteristisch ist.

Zur Ode gehören noch die wenigen Gedichte in freien Versen, welche der WM aufweist; vgl. S. 27, 37 f.; ferner Kapitel V, B. c. 9.

An die Ode schließe sich die Besprechung der wenigen Bardengedichte des WM an. Die Bardendichtung im WM (78₉₄, 81₂₇, ₉₈, ₁₉₁, 82₇, ₁₁₆, ₁₄₁, 83₇, 84₇, ₈₂, 91₁₄₅, 94₆₀, ₁₃₃) fällt in eine Zeit,¹) da eigentlich nur mehr Denis die Gattung pflegte. Und um Denis gruppiert sich auch die Bardenlyrik im WM. Erst 1781 erscheint der „Oberbarde an der Donau", in den Jahren 1785 bis 1789 fehlt er, wohl unzufrieden mit der unerfreulichen Entwicklung des Almanachs, um 1790—1792 nach dessen Hebung durch Leon wieder zu erscheinen. Mit seinen Gelegenheitsgedichten begleitet er Josef II. auf seinen Reisen 81₁₄₈, 84₇, besingt Laudon und den Herzog von Coburg, die Sieger im Türkenkriege, in lateinisch-deutschen Epinikien (90₁₃₂, ₁₃₀), beklagt Laudons Tod 91₁₄₅ und scheidet mit einem lateinisch-deutschen Epinikion auf Catharina II. 92₇ aus dem Almanache. Sonst gibt er noch eine schon früher publizierte Ode „Wein und Barden" 83₇, das zum Tierschutz mahnende Gedicht „Sineds Klage" ²) 81₉₈ und zwei Gedichte, in denen er sich mit seinen Schülern auseinander setzt: „Der Bardenweg" 81₂₇, eine Abwehr, gegen die Nachahmer gerichtet, und 82₇ „Der Neugeweihte und Sined".

Denis wird mit großer Hochachtung behandelt, seine Gedichte werden — ausgenommen 1790, wo er im Anhang den Reigen der Siegergedichte eröffnet, und 1792 — immer an die Spitze gestellt. Huldigungsgedichte seiner Schüler werden aufgenommen: Otto Graf von Haugwitz „An Sined" 84₈₂ und Jos. Blodig von Sternfeld „An Sined am Abschiedstage seiner Harfe" 82₁₁₆. Von letzterem rührt auch das Ossianische Gedicht „Das Grabmal in

---

¹) Vgl. das Verzeichnis der Bardengedichte in Ehrmann „Die deutsche Bardenlyrik" S. 105.

²) „Was hat dir, traurig fragt der Barde, das kleine Thier getan?" Das kleine Tier ist laut Anmerkung eine Eidechse, die ein Knabe getötet hat.

IV. Analyse des Inhaltes.

Caracthuna" (82₁₄₁) her, welches den Einfluß Denis' schon durch die Wahl des Hexameters verrät.

Außerdem müssen genannt werden: L. L. Haschka, der eine Zeitlang die Bardenmaske trug und in der Ode „Zur Hör' und Lehre den Jünglingen, meiner Vaterstadt" 81₁₉₁₋₂₀₇ feierlich den Bardennamen Cronnan, das ist kläglicher Ton annahm; der anonyme Verfasser des Gedichtes „Auf das Beylager Antons Freyherrn von Ulm mit Marien Theresien Gräfinn von Wolfegg" 78₉₄, der sein Lied eines der kühnsten Bardenlieder nennt, das über Erdgebirg' und Sterne hin zu Walhall emporsteigen soll, und Freiherr von Schöpfenbrunn, der in der Ode „An meinen Freund" 94₁₃₃ von Barden und Braga spricht. Als Bardengedicht nenne ich noch Hofstäters „Germanien" 81₉₋₂₇ (vgl. S. 37), wenn Ehrmann es auch vom Standpunkte seiner Definition aus ablehnen mußte.

3. Die erzählenden Gedichte des Wiener Musenalmanachs.

Auch in der erzählenden Dichtung des WM hebt sich Altes und Neues scharf voneinander ab. Neben den alten Schwänken, die sich vielfach mit dem Epigramm berühren (vgl. S. 76 f.), und lehrhaften Erzählungen in vers libres steht die Ballade in lyrischen Strophen. Zwischen der ernsten Ballade und den lustigen Schwänken steht in der Mitte die meist ernst gehaltene lehrhafte Erzählung (gewöhnlich in vers libres).

Die Schwankdichtung.

Die schwankartige Erzählung (Anekbote, Schwank) war in Wien außerordentlich beliebt und überschwemmte alle Zeitungen.[1] Im WM drängt sich die Hauptmasse in die Jahrgänge 1784—1789 zusammen und verstärkt den Eindruck der Armseligkeit, den diese Periode des WM erweckt (vgl. S. 44 ff.). Die Verteilung ist folgende:

77: 4, 78: 2, 83: 4, 84: 7, 85: 6, 86: 3, 87: 7, 88: 2, 89: 7, 90: 1, 92: 2, 93: 1, 94: 2, 95: 1, 96: 2.

Anfangs scheint man die Anekdoten also absichtlich vermieden zu haben; seit 1790 (vgl. S. 50) treten die lehrhaften Erzählungen dafür ein.

Wie das Epigramm wurzelt auch der Schwank in den Facetien- und Schwanksammlungen des 16. und 17. Jahrhunderts,[2] die ihrerseits wieder auf eine lange Vergangenheit zurückblicken, und wie das

---

[1] Zenker, „Geschichte der Wiener Journalistik," Wien 1895, S. 53 u. a.
[2] Genannt werden an Quellen: Desbillon 77₇₉, ₉₁, ₁₀₁, ₁₁₃, Lafontaine 78₂₂, Mallet 89₆₇, Poggio 96₄₉.

Epigramm enthält auch der Schwank eine durchaus zeitlose Satire gegen einzelne Stände und gewisse Charakterschwächen.

Besonders begierig werden in der Zeit des Kulturkampfes unter Josef II. solche Anekdoten hervorgesucht, in denen die mittelalterige Satire gegen den Klerus fortlebt; auch neue dieser Art werden erfunden (vgl. S. 35). Andere Anekdoten wenden sich gegen den Adel (84$_{125}$, 96$_{104}$), gegen bestechliche Richter (85$_{106}$), gegen Protektionswirtschaft (94$_{104}$), gegen Streberei (84$_{75}$), und es fehlt auch nicht ein lustiger Schwank mit der Spitze gegen die Rezensenten[1] („Der Esel" 90$_{48}$). Gerne werden Schildbürgerstückchen erzählt: 81$_{77}$ „Kriminalrath im Städtchen X. Y. Z.", 84$_{96}$ „Magistratshöflichkeit", 85$_{77}$ „Magistratssession nach einer Feuersbrunst", 85$_{151}$ „Der Gemeindestier der Stadt Schöpsenburg".

Vielfach ist aber keinerlei Satire beabsichtigt, sondern die Schwänke werden nur aus Freude an der Pointe erzählt. Man berichtet besonders kluge oder besonders dumme Antworten: 77$_{107}$ „Die witzige Antwort", 83$_{95}$ „Die passende Antwort", 86$_{151}$ „Wunderbare Bekehrung", 87$_{73}$ „Der Verstoß", 89$_{67}$ „Die zwei Pilger", 90$_{37}$ „Kanzelehser", 94$_{85}$ „Bauernwitz", 96$_{104}$ „Der kluge Junker" 2c.

Die Pointen dieser Anekdoten sind mitunter ziemlich saftig (88$_{99}$, 92$_{106}$). Manche tragen einen ganz grobianischen Charakter, wie „Der skandalisierte Narr" 89$_{108}$ und „Stimme der Natur" 87$_{88}$,[2] welch letztere Anekdote wirklich nichts anderes ist als eine „Schweinerei", wie sich Alzinger in einem Briefe an Reinhold (Keil, „Wiener Freunde" 46) ausdrückt.

Die Versform für diese Schwänke sind die vers irréguliers. Nur Grolzhamer, ein begabter, leider jung verstorbener Dichter, sucht neue Formen. Er wendet in einem Schwanke („Magistratshöflichkeit" 84$_{96}$) archaisierende Knittelverse an, die zum Stoffe trefflich passen; 84$_{151}$ („Der Gemeindestier der Stadt Schöpsenburg") hat er eine vierzeilige Strophe gewählt, motiviert durch die Einkleidung, daß die Geschichte den Mädchen in der Spinnstube erzählt wird.

Eine Weiterentwicklung dieser Schwankgattung hätte zur komischen Erzählung im Stile Wielands führen müssen. Davon ist im WM nichts zu spüren;[3] die im Wielandischen Stile gehaltene Er-

---

[1] Dieselbe Anekdote, die Brandstetter nach seiner Angabe aus einer englischen Anekdotensammlung übersetzt hat, findet sich, ins Bayrische umkostümiert und mit einer Pointe gegen die Zentrumsmänner ausgestattet, im „Simplicissimus" 1903, Heft 48, ein Beweis, wie zäh Stoffe der alten Schwankliteratur weiterleben.

[2] Findet sich bei Weidner, Apophthegmata V, 109.

[3] Im Boßischen Musenalmanach stehen die poetischen Erzählungen von Nicolay in der Mitte zwischen Schwank und Wielandischer Verserzählung.

zählung „Alexander und Aristoteles" (93 $_{7-39}$) nach einem altfranzösischen fabliau (vgl. S. 50, 61) steht ganz vereinzelt.

Neben diesen Schwänken finden sich im WM noch einige komische Erzählungen in Strophen, die nicht in den Zusammenhang der Ballade passen. Drei davon (84 $_{112}$ „Pater Merz", 86 $_{52}$ „Der keusche Einsiedler Pachon" und 86 $_{109}$ „Die schöne Müllerin") dienen der Satire gegen die „Pfaffen". 83 $_{174}$ „Die Schlittenfahrt", eine Parodie von Bürgers „Lenore", erinnert im Thema an Goetings gleichnamiges Gedicht; 89 $_{148}$ „Der glücklich gelöste Knoten" und 93 $_{141}$ „Der Junker und der Schloßkaplan" sind in recht frivolem Ton gehalten und stehen den Schwänken Langbeins nahe.

Die lehrhafte Erzählung.

Wenig Beifall scheint in Wien die lehrhafte Erzählung gefunden zu haben; nur zwölf Gedichte dieser Art finden sich im WM, während im Göttinger und besonders im Vossischen Musenalmanach solche fast in keinem Jahrgange fehlen; sie treten auffallend spät auf (vgl. S. 50). Vier dieser Erzählungen tragen orientalisches Kostüm (82 $_{125}$ „Anekdote", 93 $_{103}$ „Die Rache", 94 $_{7}$ „Cosroim und Timur", 96 $_{130}$ „Der Prophet in Hindostan"), eine russisches (94 $_{57}$ „Die Urteile"); 81 $_{181}$ „Die geschminkte Rose", 85 $_{74}$ „Das Projekt", 94 $_{89}$ „Der Erbe und der Wanderer", 93 $_{53}$ „Die Laute" sind zeitlos. Alle sind kurz, die Moral ist stets sehr augenfällig. Nur 93 $_{53}$ „Die Laute" bietet besonderes Interesse, da sie frei erfunden ist und ein Motiv des Hains lehrhaft behandelt: Die Bewohner eines Dorfes versammeln sich täglich unter der Linde, um sich beim Tone einer Laute der unschuldigen Freude des Tanzes hinzugeben. Der Pfarrer[1]) setzt beim Gutsherrn das Verbot des Tanzes durch und nun verwildern die Dorfbewohner und geben sich einem wüsten Leben hin, bis der Gutsherr wieder das Tanzen erlaubt und alles ins alte Geleise kommt.

Lehrhafte Erzählungen im höheren Sinne (philosophische Erzählungen) sind Parnell-Ratschkys „Einsiedler" 91 $_{7}$ (vgl. S. 65 ff.) und Prandstetters „Pythagoras" 91 $_{87}$, welche dasselbe Thema behandelt wie Schillers „Bild von Sais".[2])

---

[1]) In Höltys „Der alte Landmann an seinen Sohn" — um nur eine Belegstelle zu bringen — muß der Pfarrer, „der aufs Tanzen schallt", als Gespenst umgehen.

[2]) Der Stoff war bekannt; vom Schleier der Isis ist schon 82 $_{53}$ die Rede.

IV. Analyse des Inhaltes.

Die Ballade.[1]

Auch die neue Form der erzählenden Dichtung, die Ballade, wurde gepflegt. Komische und ernste Balladen finden sich. Die komische Ballade, die auf Gleim zurückgeht, hatte bei den Göttingern verschiedene Formen angenommen, die sich auch im WM finden. Da sind Parodien antiker Sagen: „Ixion" 84₇₇,[2]) „Phöbus und Daphne" 87₄₅,[3]) „Bella Donna" 92₅₈, ferner eine Gruppe von ganz ernst gehaltenen Erzählungen, welche erst durch die parodistisch gehäuften Gespenstererscheinungen, die zum Schlusse aufgezählt werden, ins Komische hinübergezogen werden: 83₉₂ „Der Spieler", 88₆₅ „Graf Eulenstein"; wieder eine andere Gruppe bilden zwei Erzählungen von Koller (89₁₉ „Mahomet der Zweyte" und 89₆₄ „Die Belagerung von Weinsberg"). Die Erzählungen sind durchaus ernst, ihre Wirkung wird aber durch die frivolen Schlußpointen zerstört.[4]

Nur sieben ernste Balladen finden sich im WM: 78₅₃₋₇₀ „Anmüthige und züchtige Historia von dem schönen Ritter Engelhardt, eines edlen Ritters Sohn aus Lysabon und der schönen Gertraud, einer Königstochter aus Neapolis. Zum Nutz und Kurzweil wohlehrbarer Frauen und Jungfrauen in Reime gesetzt und ans Licht gestellt durch Amadeum Leon. Dem Wohledlen, Ehrenvesten und Großgünstigen Herrn Herrn Thaddaeo Schlosser, meinem Lieben Gönner und Freunde zugeeignet" (26 × 4 + 28 × 4), 79₁₁₃ Ratschky „Kaiser Arnulphs Hasenjagd" (17 × 5), 81₅₁ J. C. K**g „Philippine Welserin, eine Ballade aus dem 16. Jahrhundert" (29 × 6), 81₁₄₉ Stürmer „Rosemunde" (25 × 8), 82₃₉ Blumauer „Graf Lauzun" (24 × 5), 82₁₃₀ Gaßler „Lied eines Tirolers" (35 × 4), 93₁₀₉ Schleifer „Adelheid von der Wart" (19 × 5).

Die Ballade ist also hauptsächlich in den Jahrgängen 1781/2 (vgl. S. 39) vertreten, nimmt aber in diesen eine herrschende Stellung ein, da 270—370 Verse bei dem geringen Umfange eines solchen Bändchens sehr viel bedeuten.

---

[1]) 96₁₁₅ wird das Wort „Ballade" in der Bedeutung von „Bänkelsängerlied" gebraucht. 83₁₄₈ nennt Sonnenfels, einem älteren Sprachgebrauche folgend, zwei Strophen, in denen vor den Weibern gewarnt wird, „Ballade". 82₄₀ und 84₁₇ steht der Gattungsname der neuen Form als Titel.

[2]) Die Schlußpointe „Die Damen müßten Juno's seyn" findet sich merkwürdigerweise bei Geßner („Gesammelte Schriften", Reutlingen 1787, 1, 364: Juno verfolgt Zeus „mit altmodischer Eifersucht, den sanfteren Sitten der heutigen Damen unbewußt").

[3]) Viel derber als Höltys gleichnamige Ballade (Kürschners Deutsche National-Literatur 50, II², 3).

[4]) Die Ballade 89₆₄ wird wegen der zotenhaften Schlußpointe — sie findet sich bei Wernike (Ramlers Ausgabe II, 15) — in der Rezension der Allgemeinen Deutschen Bibliothek 92, I, 122 scharf getadelt (vgl. S. 15).

IV. Analyse des Inhaltes.   113

Die eigentümlichste unter den aufgezählten Stücken ist Leons große „Ritterromanze" (vgl. S. 22).

Der lange Titel, die Inhaltsangaben zu den beiden Gesängen, die altväterische Widmung erinnern an Bürgers „Europa" und schmecken nach Parodie, die Erzählung aber ist durchaus ernst gehalten. Der erste Teil der Erzählung, wie der schöne Ritter Engelhardt durch seine Tapferkeit im Turnier und durch seine Schönheit die Liebe der Königstochter gewinnt, ist aus dem Volksbuche von der schönen Magellone genommen, die Fortsetzung aber stammt aus — dem „Siegwart"! Wie der Hofrat Fischer sperrt der strenge König sein Töchterlein in ein Kloster, wo sie sich zu Tode grämt. Ritter Engelhardt pilgert zum heiligen Grabe. Als er bei seiner Rückkehr von Gertrauds Tode hört, stürzt er sich, bis zum Tode getreu, von einem Felsen ins Meer hinab; man sieht, wie sehr der Rezensent der „Realzeitung" Recht hatte, wenn er mahnt, daß es nicht genüge, die Sprache aus der Vergangenheit zu nehmen (vgl. S. 18).

Von den übrigen Balladen entspricht Blumauers „Graf Lauzun" etwa dem Bürgerschen Balladentypus: Erzählung von etwas Unerhörtem, Großem (im Guten oder Bösen), wobei das Kostüm zurücktritt. Bei den anderen Balladen ist das Kostüm etwas Wesentliches.[1]) Taten aus einer besseren größeren Vergangenheit werden der entarteten Gegenwart vor Augen geführt („Kaiser Arnulphs Hasenjagd", „Lied eines Tirolers", „Philippine Welserin"). Man glaubte nicht weit genug in die Vergangenheit zurückgehen zu können und Gaßler macht seine Ballade, die von einer tapferen Tat des Grafen Albrecht von Tirol zur Zeit Friedrichs I. erzählt, durch den Titel „Lied eines Tyrolers aus den Zeiten des Konziliums zu Konstanz im Lager seiner dem Herzog Friederich mit der leeren Tasche allein treu verbliebenen Landesleute" zu einem historischen Liede im historischen Liede. Auch in „Philippine Welserinn, eine Ballade aus dem 16. Jahrhundert" 81 $_{51}$ [2]) herrscht diese Freude über die Herrlichkeit

---

[1]) Gaßler macht in einer Anmerkung (82 $_{130}$) aufmerksam, daß die in Schwabacher Schrift gedruckten Stellen seiner Ballade alten Liedern entnommen seien.

[2]) Die Abhängigkeit von Bürger springt in die Augen:

„Philippine Welserin" 81 $_{51}$ beginnt:

Wer sagt mir, ob zu dieser Frist
  Da ich dieß Liedlein schreibe,
Ein Mägdlein noch zu finden ist
  Für mich zu einem Weibe? —
Zu Augsburg? — Gäb es dort noch Eins,
  So nähm ich irgend anders keins.

entschwundener Zeit, während „Rosemunde nach dem Englischen" 81 ₁₄₉ wieder dem Bürgerschen Typus nahekommt.

Die beste unter den historischen Balladen, die, losgelöst aus dem Zusammenhange der übrigen, erst 93 ₁₀₃ erscheint, ist L. M. Schleifers „Adelheid von der Wart". Nur die erste und letzte Strophe ist episch, das andere ist Dialog: Es ist Nacht, der Wind pfeift grimmig kalt über das Schneegefilde, da kommt eine Bettlerin zur Klause eines Einsiedlers. In kunstvoller Steigerung erfahren wir aus den Fragen des Klausners und der Antwort der Frau, daß sie Adelheid von der Wart ist, die Gemahlin des Mannes, der den Kaiser Albrecht erschlagen hat, und die jetzt mit ihrem Kinde geächtet ist. Vater und Bruder haben sie abweisen müssen. Der Klausner lädt sie in seine Hütte, aber sie läßt sich nicht zurückhalten.

> Starb durch des Henkers Rad mein Mann,
> So treffe nun auch Fluch und Bann
> Mich und mein armes Kind.

Am Morgen liegen sie tot und starr im tiefen Schnee.

Verwandt der historischen Ballade ist die ernste Erzählung im Balladenton. 80 ₉₁ steht die rührsame Geschichte „Wilhelm und Röschen, eine Romanze", die erzählt, wie ein Brautpaar unmittelbar nach der Trauung auf einem Spaziergange im Walde vom Blitze getroffen wird.[1] J. C. König nützt in seiner „Ballade" 82 ₄₀ die Allerseelen-Stimmung aus: ein Mädchen, das am Allerseelentage am Grabe ihres Geliebten betet, sieht seinen Geist und stirbt nach drei Tagen unter Spukerscheinungen.

Die übrigen ernsten balladenartigen Erzählungen (82 ₁₀₃ „Ritter Franz", 83 ₁₀ „Falschheit", 83 ₇₂ „Der Jahrtag", 84 ₁₇ „Ballade") fallen alle auf den Namen Prandstetter. Sie sind frei erfunden und haben ausgesprochen moralische Tendenz. 83 ₁₀ und 84 ₁₇ spielen in unbestimmter Zeit, in den anderen ist die Ritterzeit vorausgesetzt, wie man aus einigen Andeutungen ersehen kann. Von Zeitkolorit und Anschaulichkeit ist keine Rede, die meisten Personen haben nicht

---

Bürger „Weiber von Weinsberg" beginnt:
„Wer sagt mir an, wo Weinsberg liegt?
Soll sein ein wackeres Städchen,
Soll haben fromm und klug, gewiegt
Viel Weiberchen und Mädchen.
Kommt mir einmal das Freien ein,
So werd' ich eins aus Weinsberg frein."

[1] Die Quelle scheint Gotters „Röschen und Lukas. Eine Romanze" (Sämtliche Gedichte" S. 311) zu sein; Gotter erzählt, wie ein Brautpaar nach der Hochzeit noch aufs Feld geht und beim Lehmgraben verschüttet wird.

einmal Namen. In der Form sind diese vier Erzählungen äußerst schwerfällig und unbehilflich. Die Stoffe verleugnen nicht das Zeitalter der Sentimentalität: Ein Ritter wird von seiner Geliebten betrogen und sinkt vor Schmerz plötzlich tot zu Boden (82$_{103}$). Ein adelsstolzer Oheim sperrt ein Edelfräulein in einen Turm, weil sie einen Hirtenknaben liebt; es gelingt ihr aber zu entkommen (83$_{73}$). 84$_{17}$ („Ballade") ist gegen den Adel gerichtet, gegen den auch in den Episteln gelegentlich scharfe Worte fallen: es wird erzählt, wie ein Junker ein Mädchen vergewaltigen will, aber durch den plötzlichen Tod des Mädchens bestraft wird; von einer direkten Bestrafung des Wüstlings wird nicht die geringste Andeutung gemacht. Am interessantesten ist 83$_{10}$ „Falschheit", eine Erzählung, in der wir offenbar eine Umbildung des Stoffes der „Räuber" vor uns haben. Ein Jüngling, der mit seinem greisen Vater und seiner Braut ein glückliches Leben führt, wird von einem Fremden, den er gütig aus dem Elend aufgenommen hat, mit schnödestem Undank belohnt. Als der Jüngling nämlich verreisen muß, verleumdet der Bube den Abwesenden als Spieler, Schwärmer und Duellanten. Der Alte, durch gefälschte Briefe getäuscht, stirbt, das Mädchen jammert, ergibt sich aber bald dem Werben des Verräters. Da kehrt der Jüngling zurück. Was geschieht, erfahren wir nicht, aber die Schöpfung erscheint ihm nun wie ein Grab. Doch sterbend verzeiht er dem Schuldigen. Die Muse sammelte die Worte des Sterbenden und gibt dem Dichter den Auftrag, die Begebenheit zur Warnung zu erzählen.

V. Vers und Reim im Wiener Musenalmanach.

Alle Beurteiler des WM haben beim Durchblättern desselben einen äußerst ungünstigen Eindruck erhalten, der nur zum kleineren Teile durch die inhaltlichen, mehr durch die formellen Qualitäten der Gedichte hervorgerufen wurde. Es ist daher notwendig, den Almanach auch von dieser Seite zu charakterisieren.

Auf Vollständigkeit kann es mir bei diesem Teile der Arbeit natürlich nicht ankommen; ich nütze das Material nur soweit aus, als es zur Charakteristik der Wirkung des Almanachs auf den Leser notwendig ist. Nur an einem Beispiele, in der Untersuchung aller Reime der Lautgruppe ick, ück (vgl. unten) habe ich, wie an einem Querschnitte, das sprachkünstlerische Niveau des Almanachs abzuschätzen gesucht. Da eine ähnliche Untersuchung an einem anderen Almanach noch nicht gemacht wurde, so ist es mir unmöglich, Vergleiche des WM mit den anderen Almanachen zu ziehen.

A. Versbehandlung.

Einförmig wirkt der Almanach, als Ganzes betrachtet, vor allem durch die eintönige Art der Versbehandlung. Mit Ausnahme von 30 strophischen Gedichten[1]) und den wenigen oben verzeichneten Gedichten in Knittelversen haben alle Gedichte regelmäßigen Wechsel von Hebung und Senkung.

Nie fehlt ferner bei verschiedenen Versen ein und desselben Gedichtes — auch bei den vers libres nicht — der Auftakt oder, wie man es auch ausdrücken könnte, nie kommen in einem Gedichte Verse von jambischem und trochäischem Rhythmus vor; es überwiegen weitaus die Verse mit Auftakt.

Bei dem regelmäßigen Wechsel von Hebung und Senkung prägt sich natürlich der Rhythmus so fest dem Ohre ein, daß fast jede Silbe in der Senkung und in der Hebung stehen kann. Es ist daher auch nicht zu verwundern, daß Fälle von sogenannter versetzter Betonung außerordentlich häufig sind. Es wäre nutzlos, sie statistisch aufzunehmen; fast jedes Gedicht bietet Beispiele dafür und ich begnüge mich, aus dem ersten gereimten Gedichte eines jeden Almanachs Stichproben zu geben:

77 $_{60}$ Dér gesunkne Blütenschnee.
78 $_{34}$ Doch seinen Nám und Edelstand.
  Hielt ér wohl fremd und unbekannt.
79 $_{73}$ Wenn ér dann nimmer bleiben will.
  Soll íhn der Guckuck holen.
80 $_{32}$ Dér gerühmte Kelch der Freuden.
81 $_{33}$ Wo ich die Erde reich geschmückt.
  („ich" ist dem Sinne nach ganz unbetont.)
82 $_{34}$ Und Hämmlein, Lämmlein, traus und zart
  Schón auf die Weide geht.
83 $_{33}$ O Freund! kannst dú nicht wie von Thon
  Ein Wakelmännchen niken ....
  . . . . und so weiter.

Durch versetzte Betonung konnte sogar das tonlose Flexions-e reimfähig werden (vgl. unten).

Ebenso häufig wie die versetzte Betonung sind Fälle von Enjambement. Auch bei den Koryphäen des WM finden sich außerordentlich grobe Fälle: z. B. bei Blumauer 82 $_{157}$:

  Du lieber Gott, so mache, daß
  Ich häßlich werde oder laß
  Die Herren all erblinden . . . . .

---

[1]) 77 $_{73}$, 83 $_{104}$, 84 $_{69}$, $_{81}$, 85 $_{59}$, 87 $_{43}$, 90 $_{137}$, 92 $_{126}$, 96 $_{60}$ sind Trinklieder; 81 $_{33}$, $_{44}$, 83 $_{10}$, 86 $_{92}$, 87 $_{105}$, 88 $_{143}$, 89 $_{116}$, 91 $_{80}$, $_{87}$, 95 $_{38}$, $_{55}$ zeigen in Stil- und Strophenform den Einfluß Bürgers.

oder bei Prandstetter 84₂₂:

> Todt lag es; jede Hofnung zu
> Den Freuden, die die Tugend laben,
> Der alten Mutter Trost und Ruh . . . . .

oder bei Ratschky 92₁₅₂:

> Hier, wo mäandrisch zwischen
> Gefilden, Aun und Büschen . . . . .

und bei vielen anderen.

B. Strophen- und Versformen.

Recht gering ist ferner der Formenschatz des WM, den ich durch folgende Tabelle übersichtlich mache:

Jahrgang	Zahl der Gedichte	Epigramme	Strophische Gedichte	Nichtstrophische Gedichte	Prosa	Sonett	Epode
1777	41	6	23	7	2	1	2
1778	42	6	28	7	—	—	1
1779¹)	43	4	34	5	—	—	—
1780	47	5	32	8	—	—	2
1781	58	10	31	17	—	—	—
1782	54	12	30	12	—	—	—
1783	85	29	41	13	2	—	—
1784	70	23	36	10	—	—	1
1785	65	15	35	13	—	—	2
1786	66	24	26	12	1	—	3
1787	57	19	30	8	—	—	—
1788	53	14	25	14	—	—	—
1789	66	21	27	18	—	—	—
1790	69	28	32	7	1	1	—
1791	68	35	24	8	1	—	—
1792	87	38	33	10	—	5	1
1793	57	20	22	14	—	1	—
1794	72	31	21	19	—	1	—
1795	72	30	24	14	4	—	—
1796	78	25	24	26	2	1	—

---

¹) Die Zahlen für 1779 konnte ich nicht kontrollieren, da mir der Jahrgang 1779 beim Abschlusse der Arbeit nicht zur Verfügung stand.

a) Die strophischen Gedichte.

Die Gedichte in Strophen verteilen sich nach der Zeilenzahl:

Jahrgang	4zeilige Strophen	5zeilige Strophen	6zeilige Strophen	7zeilige Strophen	8zeilige Strophen	10zeilige Strophen	12zeilige Strophen	9zeilige Strophen
1777	19	1	2	—	1	—	—	—
1778	26	—	2	—	1	—	—	—
1779[1])	30	1	3	—	—	—	—	—
1780	23	1	3	—	4	—	—	1
1781	19	3	7	—	2	—	—	—
1782	20	3	5	—	2	—	—	—
1783	24	—	7	1	7	1	—	1
1784	24	—	9	—	3	—	—	—
1785	24	1[2])	4	—	4	3	—	—
1786	17	—	6	—	3	—	—	—
1787	20	—	4	—	6	—	—	—
1788	17	—	5	—	3	—	—	—
1789	16	—	8	1	2	—	—	—
1790	12	1	14	1	4	—	—	—
1791	19	—	4	—	1	—	—	—
1792	19	—	4	3	5	1	1	—
1793	15	2	2	—	2	1	—	—
1794	12	3	4	—	2	—	—	—
1795	14	1	3	1	3	1	1	—
1796	12	2	6	1	2	—	1	—

Fast die Hälfte aller Gedichte des WM ist also in Strophen abgefaßt, ein Fünftel in fortlaufenden Versen, ein Drittel sind Epigramme. Scheidet man die Epigramme aus, da man doch ein vielstrophiges Gedicht nicht mit einem zweizeiligen Epigramme vergleichen kann, so ergibt sich, daß mehr als zwei Drittel aller längeren Gedichte in gereimten Strophen[3]) abgefaßt sind, nicht ganz ein Drittel in fortlaufenden Versen.

Ziemlich gleichmäßig verteilen sich die einzelnen Formen auf die verschiedenen Jahrgänge, von zufälligen Schwankungen[4]) abgesehen. Doch ist nicht zu verkennen, daß in der zweiten Hälfte des Almanachs der Prozentsatz der strophischen Gedichte sinkt. Lyrische Themen werden in den letzten Jahrgängen (besonders von Alxinger und Gabr. von Baumberg) nicht in strophischen Gedichten, sondern in den bequemen

---

[1]) Die Zahlen für 1779 konnte ich nicht kontrollieren, da mir der Jahrgang 1779 beim Abschlusse der Arbeit nicht zur Verfügung stand.
[2]) 85₁₁₀ besteht aus zwei fünfzeiligen und einer zehnzeiligen Strophen.
[3]) Über den geringen Anteil der Ode siehe unten.
[4]) 1787, 1788, 1789 bewirken z. B. die vielen gegen die „Pfaffen" gerichteten Anekdoten (vers libres) ein plötzliches Anschwellen der Ziffer der nichtstrophischen Gedichte.

vers libres behandelt; also auch in der Form ist dieselbe Entwicklung zu beobachten wie im Inhalt.

Unter den Strophen ist die vierzeilige Strophe doppelt so oft angewendet als alle anderen Strophenformen zusammengenommen. Unter den vierzeiligen Strophen überwiegen wieder diejenigen, welche sich aus vierhebigen Versen zusammensetzen; Strophen aus drei-, fünf- oder sechshebigen Versen, sowie Strophen, die aus Versen verschiedener Hebungszahl bestehen, sind seltener.

Den weitaus größten Teil des Almanachs bilden mithin Gedichte der einfachsten Form.

Ich sehe von einer Aufzählung der verschiedenen Strophenformen ab, weil dadurch für die Charakteristik des Almanachs nichts gewonnen würde. Es lassen sich bei der Beschaffenheit des Materials nur wenig allgemeine Beobachtungen machen, wie z. B. daß bei Wechsel von klingend und stumpf ausgehenden Versen fast immer der klingend ausgehende die Strophe beginnt; daß bei Versen von verschiedener Hebungszahl fast immer der längere beginnt ꝛc.

Über das Verhältnis von Strophenform und Inhalt läßt sich ebenfalls nur wenig feststellen; jede Beobachtung, die man gemacht zu haben glaubt, wird sofort durch das nächste Beispiel erschüttert und entkräftet.

In vierzeiligen Strophen wird alles mögliche behandelt: die Motive des Göttinger Hains, Didaktisches, Scherzhaftes, Satirisches, Gelegenheitsgedichte, Episches, alles strömt in diese Form wie in ein gemeinsames Becken zusammen.

Für einzelne Strophenformen lassen sich inhaltliche Traditionen nachweisen: so für die chevy-chase-Strophe, welche sich findet: in den Kriegsliedern eines hessischen Grenadiers 93 $_{45, 149}$, „Lied eines Jünglings aus der Grafschaft Fallenstein beym Auszug gegen die Neufranken" 94 $_{86}$, im „Liebeslied eines österreichischen Invaliden" 91 $_{119}$, in dem Gelegenheitsgedichte „An einen jungen Kadetten, als er zur Rheinarmee abging" 96 $_{80}$; ferner in volkstümlichen Gedichten wie 91 $_{156}$ „Des ehrlichen Herrnalser-Philipps Glückwunsch zur Kaiserkrönung Leopolds II.", 88 $_{89}$ „Suschen", 93 $_{97}$ „Hanns und Grethe"; aber auch in Liebesliedern wie 88 $_{183}$, 90 $_{85}$ und anderen.

Die Strophe, die Blumauer gewöhnlich für seine Encomia verwendet,[1]) wird auch von seinen Nachahmern beibehalten: 91 $_{56}$, 92 $_{88}$, 93 $_{172}$ ꝛc.

Sehr verschiedenartig ist ebenso die Verwendung der sechszeiligen Strophe; es kommen neben Liebesliedern reflektierende Gedichte vor: 81 $_{33, 47, 78}$, 84 $_{59}$, 95 $_{83}$, 96 $_{19, 59, 77, 121, 148}$, ferner Gelegenheits-

---

[1]) 5 ˘, 3 +, 5 ˘ 3 + 84 $_{24}$, 85 $_{161}$, 86 $_{153}$, 87 $_{22, 127}$, 88 $_{109, 150}$.

gedichte höheren Stils: 88_{15}, $90_{137, 150}$, $91_{28, 128}$, 94_{50}, 164 ꝛc., Trinklieder: 85_{59}, 87_{43}, 90_{111}, 94_{68-72}, satirische Couplets: 79_{119}, 93_{74}, besonders aber Erzählungen ernsten und heiteren Inhalts: 77_{80}, 80_{40}, 81_{51}, 83_{10}, 84_{17}, $86_{52, 78}$, 90_{24}, 92_{58}.

Auch die fünfzeilige Strophe ist beliebt für Balladen: $82_{52, 103}$, 85_{53}, 93_{109}, 96_{26}.

Ähnlich ist die Verwendung der achtzeiligen Strophe: Liebeslieder, Trinklieder, Gelegenheitsgedichte, Spottgedichte, besonders aber Erzählungen (81_{149-61}, $83_{72, 93, 174}$, 84_{112}, 85_{109}, 88_{65}, 91_{7-21}, 95_{33}, 96_{1-6}). Nur sechsmal kommt unter diesen achtzeiligen Strophen die Stanze vor, und zwar viermal in der freieren Form, wie sie Wieland verwendete (Alxinger „Der Ursprung des Champagners" 96_{1-6} und Prandstetters Übersetzungen aus den Metamorphosen 86_{7-15}, 87_{15-21}, $89_{135-137}$) und zweimal in der strengen Form (Ratschky „Der Einsiedler. Nach Parnell" 91_{7-21} und Leon „An den Grafen Prosper von Sinzendorf" 90_{53-7}). Viermal ($83_{115, 174}$, 84_{112}, 87_{34}) wird die Lenore-Strophe in komischen Gedichten, also parodistisch angewendet.

Nur neun Sonette zählt der WM. Ratschkys „Sonnet" 77_{78} ist ein ironisches Lobgedicht auf eine alte Vettel (häufig im 17. Jahrhundert), 92_{140-5} und 93_{71} sind Übersetzungen von Sonetten Petrarcas, 90_{88} (Gabr. von Baumberg „Nach dem Französischen") und 94_{64} (Friedelberg „Sonnet") sind ebenfalls Übersetzungen. 96_{124} ist ein Gelegenheitsgedicht von Leon. Die Sonette zeigen Gewandtheit, allerdings haben sich nur wenige an diese Form gewagt; die Reimstellungen sind:

 a) abba / abab / cdc / dcd 77_{78}, 92_{143}, 93_{71}, 96_{124}.
    abba / abab / ccd / cdc 90_{88}, 94_{64}.
    abba / abba / cdd / cee 92_{140}.
    abba / baab / cdc / ddc 92_{142}.
 b) abab / abab / ccd / cdd 92_{141}.
    abab / abab / cdd / cdc 92_{144}.

Einmal kommt die Form des Madrigals vor: 80_{104} „An einen Kritiker" von Prandstetter; Nomis' Übersetzung eines Madrigals von Boufflers (94_{108} „An Lydia") läßt sich ebenfalls als Madrigal freierer Form auffassen.

Ausführlicher bespreche ich die Ode.

α) Vierzeilige Oden-Strophen.

Es finden sich nur zwei gereimte Oden (beide alcäische Strophen): Ratschky „Das Linzermädchen" 78_{137} und Prandstetter „An den Flötenspieler Gehring" 82_{168}. Alle anderen Oden sind reimlos. Folgende Strophenformen kommen vor:

V. Vers und Reim im Wiener Musenalmanach.

1. die alcäische Strophe: 77₇₇, 78₇₃, 79₉₄, ₁₀₅, 79₁₀₇, 81₆₉, 82₁₁₂, 83₇, 84₈, 85₇, 86₁₆, 90₁₃₁, ₁₃₃, 92₈, 94₁₃₃, 96₁₀, 95₁₁₂;
2. die sapphische Strophe in der Form, die ihr Klopstock gab: 77₁₀₇, 81₉₆, 82₈₀; die Oden 78₁₁₇ und 96₈₄ lassen den Daktylus in den ersten drei Versen im zweiten Fuße feststehen (Minor „Neuhochdeutsche Metrik", 2. Auflage, S. 456), 86₃₄ hat den Daktylus stehend im dritten Fuße;
3. die asklepiadeische Strophe (Minor a. a. O. 462): 77₁₁₅, 78₉₀, 79₈₂, 80₁₁₀, 86₄₉, 95₆₁; selbständige Variation: 78₁₀₂;
4. asklepiadeische Strophe (Minor 461): 81₉₂, 92₈₄, 96₉₂, ₉₆;
5. Deurer stellt seiner Ode „An Fridrich 1786" 94₉₇ folgendes Schema vor:

$$\smile - \smile - \smile, \smile \smile - \overline{\smile\smile}$$
$$\smile - \smile - \smile, \smile \smile - \overline{\smile\smile}$$
$$- \smile \smile - \smile \smile -$$
$$\smile - \smile \smile - \overline{\smile\smile}$$

6. Prandstetters Strophe 92₉₇ scheint frei erfunden zu sein.

β) Zweizeilige Oden-Strophen.

Die archilochische Strophe (Hexameter + daktylisch-katalektischer Trimeter), welche Minor S. 463 als im Deutschen fast allein vorkommend bezeichnet, kommt im WM nur zweimal vor: 77₈₉, 80₃₈.

Die zweite archilochische Strophe (Hexameter + daktylisch-katalektischer Tetrameter) wird 78₁₀₃, 80₆₇, 82₁₄₇ angewendet.

γ) Epodenmaße.

1. kleiner asklepiad. + pherekateischer Vers 94₅₃, 11mal.
2. glycon. + kleiner asklep. Vers 86₈₄, 8mal.
3. kleiner asklep. + glycon. Vers 86₈₅, 13mal.
4. Hexameter + akatalekt. jamb. Dimeter 92₁₅₅₋₁₆₄ (erste pythiamb. Strophe), 41 mal).
5. $- \smile\smile - \smile\smile - \smile - \smile -$ 84₁, 8mal.
   $- \smile\smile - \smile\smile -,$
6. $\smile - \smile - \smile - \smile - \smile$ 85₇₉, 40mal.
   $\smile - \smile - \smile -$

Der Ode verwandt sind die reimlosen Strophen des Barden Denis (81₉₈) und seiner Schüler (81₁₉₁, 82₈₆, ₁₁₆, ₁₄₁, 84₈₂).

b) Das Epigramm.

In der Form des Epigramms lassen sich mehrere Typen unterscheiden:

V. Vers und Reim im Wiener Musenalmanach.

α) 2, 4 oder 6 Verse[1]) von gleicher Hebungszahl und steigendem Rhythmus werden durch den Reim gebunden; die Zahl der Hebungen ist selten 3, meist 4 oder 5, häufig 6 (Alexandriner).

Diese Form ist 123mal vertreten, darunter kommt 56mal der Alexandriner vor.

β) 54 Epigramme sind in der Form der lyrischen Strophe abgefaßt (meist 3- und 4hebige Verse, gekreuzte Reimstellung); beliebt ist diese Form für das dialogische Epigramm (88 $_{37}$, 89 $_{41}$, 92 $_{70}$, $_{106}$, 96 $_{15}$, $_{79}$).

γ) Am häufigsten ist aber die Verbindung von zwei bis neun gereimten Versen von ungleicher Hebungszahl, so angeordnet, daß der letzte oder die beiden letzten, welche die Pointe bringen, durch größere oder geringere Hebungszahl sich von den vorhergehenden unterscheiden. Etwa 160 Epigramme gehören dieser Form an.

δ) Erst in den letzten Jahrgängen, wenn man von Mastaliers Übersetzungen aus der griechischen Anthologie (83 $_{21}$, $_{42}$, $_{60}$, $_{81}$, $_{136}$, $_{150}$, $_{165}$, 86 $_{25}$, $_{45}$, $_{107}$, $_{140}$) und Retzers Übersetzungen der Epigramme des Bischofs Hieronymus Balbi (89 $_{78}$, $_{121}$) absieht, tauchen Epigramme in Distichen auf.

Wie diese sich auch inhaltlich von der Hauptmasse der Epigramme abheben, habe ich oben ausgeführt.

Fribrich bildet zwei Epigramme aus je zwei Hexametern 96 $_{17}$ und 96 $_{58}$, zwei andere schon in der Form des elegischen Distichons (96 $_{20}$, $_{38}$). In Distichen abgefaßt sind ferner: 90 $_{108}$, 95 $_{28}$, $_{38}$, $_{59}$, $_{80}$, $_{83}$, 96 $_{42}$.

ε) Der Rest der Epigramme ist in vers irréguliers abgefaßt; zwischen den Typen ε) und γ) läßt sich nicht immer scharf abgrenzen.

c) Fortlaufende (nichtstrophische) Verse.

1. Als vers libres oder vers irréguliers bezeichnet man jambische Verse von verschiedener Hebungszahl, die durch den Reim gebunden sind (Minor, 323).

Vers irréguliers kommen im WM 138mal vor, sind also neben der vierzeiligen Strophe das dominierende Element.

Ich zähle die besonderen Eigentümlichkeiten dieses Versmaßes in kurzem auf:

α) Allzugroße Differenzen in der Hebungszahl werden vermieden. Nur in zwei Stücken (78 $_{99}$ und 82 $_{15}$) kommen Verse von zwei bis sechs Hebungen vor. Bei der Hauptmasse wechseln vier- bis sechshebige Verse.

---

[1]) Längere Epigramme wie 86 $_{61}$ „Grabschrift" und 89 $_{11}$ „Grabschrift" stehen vereinzelt.

β) Die vers libres sind alle jambisch, das heißt sie beginnen ausnahmslos mit einer Senkung und lassen Hebung und Senkung regelmäßig wechseln. Die einzigen Ausnahmen zu dieser Regel sind Huffars Huldigungsgedicht für Wieland („Die Grazien" 80_{73}) und Alxingers satirisches Gedicht („Das Mädchenherz" 83_{140}), die — nach Wielands Beispiel — auch zweisilbige Senkungen zulassen.

γ) Die Reimstellung ist völlig zwanglos; Reimhäufung, wie sie z. B. Goekingk so gerne in seinen Episteln verwendet, kommt vor, verursacht aber sichtliche Schwierigkeiten; die gleichen Reime sind oft recht weit voneinander entfernt. Solche Reimhäufungen, in denen Minor eine Annäherung an den strophischen Rhythmus erblickt, finde ich: 77_{113}, 81_{143}, 82_{77-85}, $_{135}$, 85_{135}, 88_{116}, 90_{134}, 91_{152}, 92_{170}, $93_{8-39, 53}$, $94_{18, 47, 149}$, 95_{87}, $96_{91, 142}$.

δ) Der Abschluß eines Gedichtes oder eines Absatzes wird — ebenfalls nach dem Muster Wielands — versucht:

αα) durch mehrere gleich lange Verse: $84_{77, 155}$, 89_{144}, $91_{34, 70}$ und andere;

ββ) öfter durch ein Reimpaar bei vorher gekreuzten Reimen: 84_{47}, 90_{38}, 92_{94}, $93_{7 \text{ ff.}, 103, 159}$, 95_{103}, $96_{38, 103, 123}$; durch zwei Reimpaare: $94_{101, 154}$, 95_{103} und vielleicht noch an anderen Stellen, durch einen Dreireim: 78_{131}, 81_{142}.

ε) Daß zwei Absätze eines Gedichtes durch Hinübergreifen des Reimes aus dem ersten in den zweiten Absatz (Reimebrechen) verbunden werden, ist selten zu beobachten: 77_{93}, 78_{99}, 94_{57}, 96_{46}.

Die Verwendung der vers libres ist eine sehr mannigfaltige:

Vor allem natürlich werden sie, worauf schon ihre Provenienz (Lafontaine, Lamotte) hinweist, in Fabeln: 83_{86}, $91_{70, 71}$, 94_{101}, $96_{123, 135}$. Schwänken und Anekdoten verwendet: $77_{91, 118}$, 78_{99}, 83_{40}, $95_{139, 152}$, $84_{75, 136, 155, 164}$, $85_{45, 50, 74, 94, 106}$, 86_{87}, $87_{58, 73, 114}$, 88_{56-60}, $89_{67, 71, 108}$, $90_{7-32, 48}$, 91_{65}, $92_{40, 165}$, $93_{7-39, 58-63, 103}$, $94_{7-13, 52, 57, 89-94, 104}$, 95_{75}, $96_{49-58, 104, 130}$.

Sogar eine komische Ballade „Jlion" 84_{77} ist in vers libres abgefaßt.

Episteln sind fast ausschließlich in vers libres abgefaßt: 78_{125}, 80_{68}, $81_{172-180}$, 82_{77-85}, $84_{97, 156}$, $85_{112-120}$, $86_{73, 89}$, $88_{31-36, 48-49, 116-119}$, $89_{86, 109}$, $93_{77, 118-131}$, $94_{149, 155}$, $95_{16-22, 51-4}$, 96_{46-8}.

Beliebt sind sie ferner zu Gelegenheitsgedichten: 84_{92}, $85_{16, 85, 139}$, 87_{40}, $88_{24, 147}$, $92_{94, 132}$, $93_{92, 153, 158}$, $94_{74, 77, 98, 141}$, $95_{27, 43, 46, 60, 99, 102, 103-9}$, $96_{15, 78, 103}$, dann für scherzhafte, satirische und parodistische Gedichte: 77_{95}, 78_{131}, $80_{51, 100}$, $82_{15, 30, 179}$, 83_{140}, 85_{100}, $86_{71, 95-106}$, $88_{50, 88, 101, 137}$, 94_{154}, 95_{74}, $96_{13, 25, 110-117}$.

Doch auch lyrische Themen werden, besonders in der letzten Periode des Almanachs in die bequemen vers libres gefaßt: 77_{79}, 180, 80_{73}, 121, 81_{42}, 142, 82_{128}, 152, 84_{48}, 86_{29}, 148, 87_{84}, 89_{75}, 90, 105, 144, 90_{22}, 93_{184}, 94_{146}, 96_{38} und andere.

Außer den vers libres kommen von nichtstrophischen Versmaßen noch folgende im WM vor:

2. der Alexandriner,
3. der fünffüßige Jambus,
4. fünfhebige auftaktlose Verse,
5. vierhebige Verse,
6. zwei- und dreihebige Verse,
7. der Knittelvers,
8. Hexameter und Disticha,
9. freie Rhythmen,
10. genre melée.

2. Der Alexandriner.

Der Alexandriner (Minor 270) gehört zu den Versmaßen, die uns am meisten altmodisch berühren. Betrachten wir die Verteilung der 21 Stücke in Alexandrinern, die im WM vorkommen[1]) (79 $_{91}$, 86_{121}, $88_{61, 81}$, $91_{22, 114}$, $92_{41, 113-119}$, $93_{41, 156, 169, 183}$, $94_{18, 21}$, 95_{111}, $96_{17, 41, 99, 105, 107}$), so sehen wir mit Erstaunen, daß der Alexandriner seit 1791, also unter der Redaktion Leons (vgl. oben) Boden gewinnt. Wie in den Motiven, so greift man auch in den Formen auf die gute alte Zeit zurück.

Der Alexandriner war der Vers des Lehrgedichtes und Ratschky übersetzt daher Popes „Versuch über die Kritik" 94_{21} nicht im Versmaß des Originals, sondern in Alexandrinern. Lehrhaft sind ferner: 93_{156} „Die Vernunft an eine romanhaft Liebende", Prandstetter „An einen Freyer" $92_{113-119}$. Alxinger benutzt den Vers für die galanten Gedichte seiner letzten Zeit ($91_{22, 114}$, 96_{17}) und übersetzt Catull ($88_{61, 81}$) in Alexandrinern. Auch eine Elegie Tibulls wird in Alexandrinern übersetzt (86_{121}). 93_{183} ist eine kurze (dem Epigramm angenäherte) Anekdote; 93_{169}, $96_{105, 107}$ sind Boutsrimés, die übrigen Gelegenheitsgedichte.

3. Fünffüßige Jamben.

Verhältnismäßig selten findet sich der fünffüßige Jambus fortlaufend angewendet: siebenmal gereimt, neunmal reimlos.

Der reimlose Blankvers findet sich — wohl unter dem Einflusse der Dramatiker, die Sauer („Der fünffüßige Jambus", S. 681) als „Vorschule Lessings" bezeichnet und der Shakespeare-Übersetzung Eschen-

---

[1]) Von dem Gedichte 77_{120}, dessen Strophen aus je vier Alexandrinern gebildet sind, und von den 56 Epigrammen in Alexandrinern abgesehen.

burgs (1775—1777; vgl. Sauer, S. 695) — zuerst in einem „Versuch einer Übersetzung des Polyeukt von Peter Corneille" 78$_{131}$ und später in Alxingers Übersetzung der ersten Szene des fünften Aktes von Abbissons „Cato" (82$_{72}$). Sonst wird der Blankvers noch in lehrhaften Gedichten, Gelegenheitsgedichten und Episteln angewendet 82$_{7-14}$, 83$_{61}$, 84$_7$, 86$_{72}$, 90$_{59}$, 91$_{145}$, 94$_{113}$ und in der Übersetzung von Aristänets erstem Hetärenbriefe (96$_7$).

78$_{131}$, 82$_{7-14}$, 90$_{59}$, 91$_{145}$ kennen nur stumpfen Ausgang, die übrigen stumpfen und klingenden.

In gleicher Weise wird der gereimte fünffüßige Jambus verwendet: für ein Gelegenheitsgedicht 90$_{184}$, für Episteln 79$_{88}$, 84$_{97}$, 85$_{112}$, für ein satirisches (erzählendes) Gedicht 77$_{101}$, ein Programmgedicht 92$_{170-9}$, eine Übersetzungsprobe aus der Pucelle 89$_{17}$.

77$_{101}$ allein läßt nur stumpfen Ausgang zu; alle anderen stumpfen und klingenden.

4. Auftaktlose (trochäische) fünfhebige Verse.

Vier Gedichte lyrischen Charakters sind in auftaktlosen fünfhebigen Versen abgefaßt: Alxinger „Auf Laudons Tod" 91$_{81}$ und „Wunsch" 91$_{85}$, Winkler von Mohrenfels „Das Leben" 84$_{104}$ und Gabr. von Baumberg „Aus dem Buche der Erfahrung" 88$_{114}$. Die letzten beiden Gedichte lassen stumpfen und klingenden Ausgang (männlichen und weiblichen Reim) regelmäßig wechseln.

5. Vierhebige Verse.

α) Ohne Auftakt: 78$_{82}$, 85$_{185}$, 92$_{67}$ (lyrische Gedichte); 82$_{125}$, 87$_{13, 88}$ (Anekdoten);

β) mit Auftakt:

αα) mit stumpfem Ausgang (= männlichem Reime; nur 81$_{103}$ ist reimlos): 78$_{109}$, 81$_{103\cdot 181}$, 83$_{95}$ (erzählend); 80$_{64}$, 83$_{114}$, 84$_{143}$ (lyrisch); 81$_{87}$ (Gelegenheitsgedicht);

ββ) mit stumpfem und klingendem Ausgange (wechselndem Reimgeschlecht): 85$_{60}$, 86$_{150}$, 87$_{90}$, 88$_{99}$, 89$_{28, 82}$; 90$_{38-47}$ (erzählend); 81$_{140}$ (satirisch), 82$_{95-8}$ (Epistel), 96$_{129}$ (Stammbuchverse); 92$_{81}$, 95$_{90}$ (lyrisch).

6. Zwei- und dreihebige (anakreontische) Verse.

α) Dreihebige Verse mit Auftakt:

αα) reimlos: 81$_{122, 128}$, 82$_{160}$, 95$_{57}$;

ββ) gereimt: 96$_{81}$;

β) zweihebige Verse mit Auftakt: 81₃₀, 127—136, 162, 83₈₇, 94₂₉—₄₆; 81₁₀₆—₁₁₂ hat keinen Auftakt.

Alle zweihebigen Verse sind gereimt.

Diese Verse werden zu anakreontischen Tändeleien: 81₃₀, 81₁₆₂, 82₁₆₆, 83₈₂, zu Gelegenheitsgedichten heiteren Charakters: 95₅₇, 96₈₁ und seltsamerweise auch zu lehrhaften und programmatischen Gedichten: 81₁₀—₆ „Illusion und Grübeley", 81₁₂₇—₃₆ „Autorpolitik", 82₁₂₈ „Die Zeiten", 94₂₉—₄₀ „Dichter und Dichterlinge" verwendet, obwohl dieser Vers in größeren Stücken außerordentlich eintönig wirkt; auch Ratschky hat, um andere Beispiele zu nennen, die Vorrede zu seinen Gedichten (Gedichte, Wien 1785) in zweisilbigen gereimten Jamben geschrieben, während sein modernerer Freund Gottl. Leon (Gedichte, Wien 1788) schon die Form der Stanze wählt.

Die Formen 3) bis 6) sind sämtlich in Goetings Episteln zu finden; es sind also die Verse für Erzählung und zwanglosen Gedankenaustausch.

7. Der Knittelvers.

Nur fünfmal[1]) wird im WM der Knittelvers verwendet und wollte man den Versuch machen, die vorhandenen Versarten auf literarische Strömungen aufzuteilen — Alexandriner: Gottsched; vers libres: französisierende Richtung, Wieland; Blankverse: englische Literatur; anakreontische Verse: Gleim, Jacobi und andere; Ode, freie Rhythmen: Klopstock und Stolberg; Strophe: Göttinger Hain — so müßte man den Knittelvers zum Sturm und Drang stellen. Zwar wurde ja schon vor dem Sturm und Drang der Knittelvers zu launigen Parodien und bissigen Satiren verwendet (vgl. Koberstein, „Grundriß" 3, 280), aber das in Knittelversen abgefaßte parodistische Alexanderdrama im WM 1779 (vgl. S. 23) weist doch gar zu deutlich auf die übermütigen Farcen der Geniezeit. Auch an Bertuchs „Proben aus Hans Sachsens Werken", Weimar 1778, muß erinnert werden. 81₇₇, 84₉₆, 85₇₇ sind Schwänke, 80₆₀ (Grolzhamer, „Knittelreime auf die Knittelautoren Wiens im Jahre 1781") ist ein satirisches Gedicht.

8. Hexameter und Disticha.

Hexameter kommen zweimal vor: 96₁₂₃ (Gerning „In's Stammbuch von Marie van Herzeels") und 96₃₀—₃₇ (K. v. Greiner „Erinnerungen"). Im 96₃₀—₃₇ wechseln Hexameter mit vers libres. Disticha werden ebenfalls — abgesehen vom Epigramm — nur zweimal ver-

---

[1]) In dem parodistischen Alexanderdrama 1779₃, ff., 81₇₇, 82₆₀, 84₉₆, 85₇₇.

V. Vers und Reim im Wiener Musenalmanach. 127

wendet: 78₁₁₀ Schlosser „An Laura" (das dritte Gedicht im Laura-Cyclus), 90₈₉ ein Anonymus „An C. v. G**" (wahrscheinlich) Haschka an Caroline von Greiner).

Dazu kommen noch Metzers Übersetzungen von lateinischen Liebesgedichten des Bischofs Hieronymus Balbi: 89₄₅, ₅₅, ₇₄, ₈₈.

9. Freie Rhythmen.

81₁₆₈ „Sacco-Medea, gemalt vom Herrn Hickel dem jüngern" (von Prandstetter), 81₁₈₆ „An meinem lieben Haschka. Bey Übersendung eines Kopfes der jüngsten Tochter Niobens" (von G. Fießinger), 88₄₈ „Der Zirknitzer-See" (anonym) und 81₈₋₂₇ „Germanien" (Hofstäter) sind in freien Rhythmen abgefaßt.

10. Genre melée.

Über die Prosaidyllen, über die Aufsätze C. von Greiners (96₂₈, ₈₀), über Leons Götterfabeln (95₁₁₄₋₂₀), über die Familienszenen B. D. Arnsteins (96₆₃₋₇₅) siehe Kapitel II. — Einige Stücke sind im genre melée abgefaßt: eine lehrhafte Erzählung 86₆₈ und eine Anekdote mit schlüpfriger Pointe 83₁₆₀, beide von Sonnenfels, eine recht frivole mythologische Erzählung von G. Leon („Geschichte der Schönpflästerchen und der Mode Fumée de Londres" 96₁₈₁₋₄₃) und eine harmlose Epistel von Ratschky) 95₁₋₉.

C. Reimuntersuchung.

Noch empfindlicher als die Einförmigkeit in Strophenbau und Versbehandlung ist das beständige Wiederkehren abgebrauchter Reimbänder in den Gedichten des WM und da der Reim einen weit stärkeren Zwang für den Dichter bedeutet als Strophen- und Versform, so dürfte eine Untersuchung der Reime in Hinsicht auf die Kunstfertigkeit der Dichter ergebnisreicher sein als eine erschöpfende Formstatistik.

1. Reimzwang.

Es war ein schöner Glaube der Romantiker, daß der Gleichklang der Worte (Reim, Assonanz) geheimnisvolle Beziehungen der ihnen zugrunde liegenden Begriffe aufdecke. Jedoch schon ein flüchtiger Blick in ein Reimwörterbuch widerlegt diesen Wahn: die disparatesten Begriffe werden durch reimende Worte ausgedrückt und die passenden Reimwörter müssen oft mühsam gesucht werden. So ist es kein Wunder, daß ein Reimpaar, welches eine poetische Vorstellung einer bestimmten Zeit prägnant zum Ausdruck bringt, wie ein kostbarer

Fund von Hand zu Hand weitergegeben wird und sich forterbt wie eine bestimmte Linienführung in der bildenden Kunst; auch wenn sich inzwischen die poetische Anschauung gewandelt hat, lebt die alte Vorstellung in der einmal gefundenen Form fort. Die Form, in unserem Falle der Reim, wirkt also konservierend und es ist nicht unmöglich, daß in einer größeren Sammlung, die einen längeren Zeitraum umspannt und Dichter von sehr verschiedener Kunstbegabung zu Mitarbeitern hat, sich gleichsam verschiedene Schichten poetischer Anschauung, in die Reime gebannt, abheben lassen.

In der Tat sind im WM solche Schichtungen nachzuweisen, Reime wie: Hirten (bewirten): Myrthen 77_{69}, $_{93}$, $85_{45, 58}$ (dagegen 96_{21} Hirten: durchirrten); Laube: Traube 83_{104}; Laube: Taube 92_{94}; Wasserfall (flüssiger Krystall 62_{95}): Silberstrahl 95_{19}: Mondenstrahl 85_{63}: Thal 87_{91}: Zauberschall 92_{142}; Nachtigall: Schall (-hall) 82_{163}, $85_{92, 135}$, 92_{142}, 95_{89} und andere; Thal: Strahl (Rosenstrahl, Abendstrahl, Mondenstrahl) $78_{86, 87, 98}$, 88_{89}, 95_{103} geben einer poetischen Anschauung Ausdruck, wie sie schon zu der Zeit der Gründung des Almanachs als veraltet empfunden und parodiert wurde;[1]) so spottet 78_{128} Jos. Raditschnig in dem Gedichte „An die Dichter":

> In lauteres Gefühl zerflossen,
> Bey einem nahen Wasserfall
> Auf weichen Rasen hingegossen,
> Dem Zauberschall der Nachtigall
> So Herz als Ohren aufzuschließen
> Das stünd euch Musensöhnen an . . . .

Auf die Frühzeit tändelnder Anakreontik verweisen Reime wie: Veilchen: Mäulchen 77_{72}, 78_{82} (später: Weilchen 82_{109}, 89_{42}); Kranz: Tanz 10mal (typisch 89_{26}: Reihentanz: Veilchenkranz): Kranz: Glanz 13mal (Composita: Lorbeerkranz, Ehrenkranz, Eichenkranz, Purpurglanz, Farbenglanz, Mondenglanz, Erdenglanz, Tausendlichterglanz, Abendglanz; besondere Reime: tanzen, pflanzen 86_{77}, 93_{84}. Constanze: Tanze: Kranze; Jugendglanze 96_{124}, Franz: Lorbeerkranz 94_{16}); Lenzen: Tänzen 92_{48}, 96_{124} und andere; Lenze: Kränze 7mal (für die eine der Verbindung zugrunde liegende Vorstellung ist typisch 80_{75} oder 91_{26}; die entgegengesetzte, für die ich im WM kein Beispiel finde, parodiert Schleifer 95_{83}: „Siegwart . . . Der im frischen Jugendlenze | Düstre Todtenblumenkränze | In Cypressenhainen flieht"); Rosen: losen 81_{186}, 87_{64}, 95_{40}; Lose: Rose 79_{124}, 83_{181} (einmal: Kosen: Wonnelosen 90_{84}). In bem Reime Hütten: Sitten (90_{95}, 95_{71}, 96_{122}) spiegelt sich die Rousseausche Weltanschauung. Die Reime Thränen: Sehnen

---

[1]) Vgl. dazu den Abschnitt „Natur".

V. Vers und Reim im Wiener Musenalmanach. 129

(mehr als 10mal; typisch 91_{152}) oder Thränen: Scenen (Trauerscenen, Sterbescenen, Abendscenen, Wonnescenen 2c.) 88_{29}, $89_{107, 144}$, 91_{180}, 92_{72}, 93_{167}, 94_{125}, 95_{103}, 96_{48} und andere weisen auf die Sentimentalität der Siegwartzeit, ja die Reimverbindung: Grab: herab (hinab), die ungefähr 50mal vorkommt, enthält eine ganz bestimmte sentimentale Situation, die von Großhamer 86_{42} in den Versen:

> Wenn der Mond so traurig flimmert
> Auf der Vielgeliebten Grab
> Und eine Amoroso wimmert
> Todesarien herab . . . . .

parodiert wird. Ebenso gehören Reime wie Seele: Kehle (Nachtigallenkehle); Philomele (typisch 94_{127}) der Anakreontik, Reime wie Seele(n): quäle(n) z. B. 96_{34} der Lyrik der Empfindsamkeit an.

Die Bemühungen Leons, den Minnesang zu beleben, finden Ausdruck in Reimen wie Dank: sonder Wank 92_{17}, lobesan: kann 81_{90}, 89_{149}, bestahn: Rittersmann 81_{88}, Ehrenmann: lan 81_{88}, ergahn 82_{86}, May: deiner Neu' 95_{78} (muß in einer Anmerkung als = Erneuerung, Neuheit erklärt werden), geit: Maienzeit 81_{185}, Frauen: schauen 81_{165}, Gold: hold $81_{189, 190}$, $83_{14, 78, 150}$, $87_{95, 97}$ . . . 10mal), Ehrenhold: Minnesold 92_{85}, Gold: Sold 90_{80} und andere.

Erich Schmidt zählt in seinen „Deutschen Reimstudien" (Sitzungsberichte der kgl. preußischen Akademie der Wissenschaften 1900, I, S. 430—472) eine große Anzahl von Bindungen auf, die sich infolge Reimmangels und Reimfaulheit lange Zeiträume hindurch forterben und dem Gedanken empfindliche Fesseln auferlegen. Auch aus dem WM lassen sich viele dieser Bindungen belegen: Gekräusel: Gesäusel 78_{87}, Nelken: welken 86_{43}, Felsen: Elsen 81_{171}, Buchen: suchen 89_{59}, 93_{64} (in jedem Buche: suche 86_{26}), Herzen: Kerzen 92_{60}, Zweifel: Teufel 93_{106}, Tempel: Stempel 94_{97}, wachsen: Sachsen 85_{29}, wandern: andern 86_{74}, Wahrheit: Klarheit 81_{73}, 85_{41}, 86_{102}, 94_{40}, Wunsch: Punsch 92_{31}, Schlaf: Schaf 85_{41}, 84_{137} und andere.

Ich führe im folgenden Bindungen auf, die fast immer zu vager und anschauungsloser Ausdrucksweise zwingen oder den Inhalt irgendwie merklich beeinflussen.

Natur steht 72mal im Reim [also durchschnittlich mindestens 3mal in jedem Jahrgang], und zwar 14mal: Flur, 15mal: Spur, 30mal: nur und sonst besonders zu Fremdworten auf —ur (Kreatur, Kontur, Epikur, Censur, Bravour und andere). Flur steht außer Natur noch 8mal, Spur 12mal und Schwur 5mal im Reim. Von den möglichen Reimen der Lautgruppe —ur blieben nur Schur, Uhr, Ur unbenutzt. Am deutlichsten zeigen die Reimhäufungen hier den Zwang, den die Reimnotwendigkeit ausübt: Spur: nur:

Euphorion. 6. Erg.-H. 9

V. Vers und Reim im Wiener Musenalmanach.

Natur: Sophismenschnur 94₁₃₀, Mittelspur: Flur: Natur 93₁₃₆, Natur: Azur: Flur: nur 93₂₃, Natur: Karrikatur: nur: Natur: nur: Spur 91₁₃₄.
Liebe: Triebe 42mal, also in jedem Jahrgang durchschnittlich 2mal.
lieb—: trüb— (auch Verbalformen mitgezählt) steht 31mal im Reim; diese Zwangsverbindung beeinflußt den Sinn zugunsten einer pessimistischen Auffassung der Liebe;[1]
liebt: gibt 15mal;
lieben: geschrieben 8mal, Liebe: Diebe 83₁₅₆, 95₁₇, ₂₄, Liebe: verschiebe 90₆₂, 94₄₄. Unbenutzt bleiben von Reimen dieser Lautgruppe: Hieb(e), Sieb, Rübe, ich grübe, ich hübe.
Lust: Brust 44mal, Lust: bewußt 89₃₄, Lust: Verlust 92₁₄₄, Brust: bewußt 83₁₁₂, ₁₂₇, 85₇₅, 87₄, 90₉₄, 91₁₀₅, 92₁₀₄, Brust: Verlust 92₁₁₅, ₁₄₄. Unbenutzt bleiben: August, just, du mußt.
Weib: Zeitvertreib 18mal. Dieses Reimpaar gibt einer Auffassung vom Weibe Ausdruck, die mit der Stimmung der Lyrik im grellen Widerspruche steht.[2]
Weib: Leib 22mal, ferner: Weib: treib' 94₁₅₁, Weibchen: Leibchen 82₁₁₀, Täubchen 87₁₀₆, beweiben: bleiben 92₅₈, Weibe: schreibe 81₃₁: bleibe 93₁₃₀: Sonnenscheibe 94₅₄, von guten Weibern: vertreiben 90₁₁₀ (Minnelied).
Mut 46mal im Reim, 18mal: Blut, 15mal: gut, 7mal: Glut, 2mal: Brut, 2mal: Flut, 1mal: geruht, 1mal: Wut.
gut steht noch 15mal im Reim zu verschiedenen Worten der Lautgruppe —ut. Unbenutzt bleiben: flute, Rute, Stute, spute, beschuht, lud.
Sonne: Wonne 22mal, 94₈₁, sonnen: Wonnen: verronnen. In Trinkliedern (85₆₈, 91, 95₁₀₁) oder wo vom Trinken die Rede ist (85₂₆, 95₁₀₄), oder wo Diogenes erwähnt werden kann (92₃₀), bietet sich: Tonne. Unbenutzt bleiben: Kolonne, Nonne, Bronnen, gewonnen, zerronnen, nachgesonnen ....., umsponnen.
Herz: Schmerz 71mal.
Herz: Scherz 35mal, scherzen: herzen 6mal. Andere Reime: Herz: März 91₇₇, Ehkonzerts 92₅₄: rückwärts 79₁₁₇: himmelwärts 84₁₁₁: hinterwärts 83₁₇₅: Schmerz: P. Merz 84₁₁₂.
Stille: Hülle 15mal.
Bild(e): Milde 6mal,: Gefilde 3mal,: erfüllt 11mal,: —hüllt 9mal,: fühlt 8mal.
Blüte: Güte 8mal.
Busen: Musen 79₉₂, 86₁₉, 87₄₄, 90₄₆, 92₆₁, 94₁₆₁, 96₁₁₂.
Busen: Medusen 92₅₉.
Gunst: Kunst 81₄₇, ₅₅, 82₆₉, ₁₇₀, 83₄₈, 84₄₅, 90₄₂, 91₁₁₂, 92₄₂, 93₁₄₀, 94₄₄.
Kunst: Dunst 81₄₉, 82₂₀, 83₁₁₉, 92₁₂₀, 96₈₃.
Dünstchen: Künstchen 81₁₇.
Brunst: Gunst 86₁₁₃, Feuersbrunst: Gunst 89₁₁₅, 92₆₂.
Zecher: Becher 84₁₄₀, 87₇₆, ₇₇, 89₆₃, 93₉, ₁₃₀, 94₃₉.
Becher: Zecher: Lecher 93₉.
Himmel: Weltgetümmel 78₁₀₅, 79₁₁₄, 91₂₁: Gewimmel 84₁₀₅, 89₄₉, 95₆₀, 96₉₀: Schimmel 94₃₄. (Nur „Gebimmel" und komische Spaltreime sind als Reime auf „Himmel" möglich.)
Jugend reimt ausschließlich auf Tugend: mehr als 17mal (80₂₉, 90₉₇, 93₁₆₁, 95₃₁, ₁₀₇, 96₁₀₃ und andere).
Runzeln: Schmunzeln 82₁₁₀, 91₃₇.
Stunde: Munde 39mal unter 83 Reimen der Lautgruppe —unde(n).

In vielen Fällen fordert durch einen merkwürdigen Zug der Sprache der Reim zu Antithesen heraus (z. B. Leiden: Freuden).

---
[1] Vgl. den Abschnitt über die „Liebeslyrik".
[2] Vgl. den Abschnitt über das Epigramm.

Der Dichter kann diesem Zwang nur entgehen, indem er die Reimworte in verschiedene Sätze steckt, ist aber immerhin genötigt, die beiden antithetischen Vorstellungen kurz hintereinander zu nennen. Solche antithetische Reimwörter sind:

Bürde: Bürde 84₆₇, 92₁₃₅, 93₃₅, 94₁₆₅,: Begierde 91₄₃,: Zierde 90₁₁₀.
Bürde: Begierde 92₂₅, 93₃₅,: Zierde 91₆₃. Möglich noch: ich bürde, Hürde.
ruhn: tun 85₂₃, 26, 35, 43, 86₂₉, 88₁₂₃, 89₈₀, 91₄₃ und andere.
Leiden: Freuden 84mal, obwohl 33, freilich oft schwer verwendbare Reime in dieser Lautgruppe zur Verfügung stehen.
Leiden: neiden 10mal,: scheiden 4mal,: bescheiden 3mal,: entscheiden 1mal,: Geschmeide 2mal.
Morgen: Sorgen 18mal (5mal: sorgen), einigemale: borgen; „verborgen" unbenutzt.
Kummer: Schlummer 12mal (77₈₅, 84₆₇, 87₉₂, 88₄₀, 89₂₀, 90₁₄₆, 91₁₃₀, 92₁₄₇, 93₁₆₆, 95₄₃, 63, 96₄₁).

Auf die Stilisierung der Landschaft wirken folgende Reimbänder ein:

Wälder: Felder 77₁₀₆, 127, 85₃₂ (Todesfelder), 95₇₄.
Schnee: Klee: 77₈₉, 95₉₆ erzwingt einen bestimmten Vergleich.
Strauch-Hauch 2mal (vielleicht öfter), 95₃, Dornenstrauch: Hauch, 95₄₆ Rosenstrauch: Frühlingshauch; sonst tritt dafür das fatale „auch" (z. B. 85₂₁) ein. Möglich wären: Bauch, Gauch, Lauch, Rauch, Schlauch, Verbrauch.

Wohl am auffälligsten ist der Reim:

Hügel: Flügel 83₅₀, 84₁₄, 68, 110, 111, 160, 85₄₆, 135, 136, 87₈, 89₁₃₄, 90₉₃ („Geflügel"), 93₆₃, 95₈₃.

Der Reim, obwohl gewiß sehr lästig, fehlt also fast in keinem Jahrgange. Man sucht auszuweichen: Hügel: Spiegel 2mal (85₈₄, 88) gibt ein besonderes Landschaftsbild. Ich zähle die übrigen Reime der Lautgruppe auf:

Ziegel: Spiegel 86₁₄₉, Siegel: Spiegel 92₉₇, Zügel 91₈₂, Zügel: Hügel 94₁₀₂, Zügel: Flügel 96₅₉, Riegeln: Leichenhügeln 86₄₄, verriegeln: Flügeln 83₇₆, Klügeln: Hügeln 91₉, 96₇₉.
Gruft 2mal (82₄₀, 95₁₀₆).
Gruft: ruft (poetische Vorstellung!) 5mal (82₁₈₁, 84₁₄₉, 90₉₇, 94₃₁, 96₅₅).
Duft: Luft 8mal (80₁₁₄, 85₁₁₀, 131, 88₉₃, 89₇₂, 142, 93₂₁, 96₁₀₀).
Düfte: Lüfte 13mal.

Der Reim bewirkt also zunächst das Fortbauern veralteter oder veraltender poetischer Vorstellungen, und zwingt zu Weitschweifigkeit und Unbestimmtheit im Ausdrucke. Aber auch nach anderen Richtungen läßt sich der Einfluß der Reime verfolgen. Worte, die durch den Reim geschützt sind, werden häufiger verwendet und erhalten sich länger. Ich weiß nicht, wie häufig das Wort „Wicht", „Bösewicht" in der Prosa der Zeit von 1776/1797 ist — von der Umgangssprache gar nicht zu reden; wenn es im WM 25mal im Reim und nie außerhalb des Reimes gebraucht wird, so muß man dies wohl der bequemen Reimgelegenheit auf Gesicht, Licht, nicht, bricht 2c. . . . zuschreiben. Ebenso wird die Reimverbindung blöde: spröde (vgl. E. Schmidt a. a. O. S. 452) viel dazu beigetragen haben, den Bedeutungswandel von „blöde"[1]) aufzuhalten.

Den Fesseln des Reimes versucht man dadurch zu entgehen, daß man unverfängliche Wörter in den Reim stellt. Man läßt die Verkleinerungssilbe —lein, auch —chen reimen. Adjektiva mit der Bildungssilbe —lich reimen aufeinander und auf mich, ich; hin kommt massenhaft in den Reim, auf steht 15mal, du 12mal im Reim, zu reimt 28mal auf Ruh (nur in zwei volkstümlichen Gedichten wird der Reim Schuh gefunden), mir, dir, ihr, hier erscheinen als Reimwörter durchschnittlich 10mal in jedem Jahrgange. In solchen Bindungen liegt aber schon wieder eine Gefahr. Dem Begriffszwange entgeht man zwar, aber er kann unmöglich ohne Einfluß auf die Syntax bleiben, wenn z. B. nur 41mal, die Negation nicht 161mal, herab, hinab 85mal, zurück z. B. im Jahrgang 1795, den ich beliebig herausgreife, 7mal im Reime steht. Auch ganz unscheinbare Reime wie Erde(n): werde(n) 29mal, viel (: Spiel, : Ziel) 17mal, vergebens, das den Genetiv erfordert, verdienen Beachtung.

Ebenso wirkt der Reim auf die Wortbildung. Wenn man gewisse Worte nur auf eine kleine Anzahl von anderen Worten reimen kann, so besteht die einzige Möglichkeit, einer Beschränkung des Sinnes zu entgehen, darin, Komposita zu bilden, z. B.: Morgenschlummer, Todesschlummer, Liebesschwur, Lügenschwur, Prüfungsstunden, Todesstunden, Feyerstunden, Abendstunden; Liebeslust, Götterlust, Soldatenlust, Himmelslust 2c.; Rosenflur, Garbenflur; Rosenarm, Schwanenarm, Liebesarm, Heldenarm und andere.

Der Reim wirkt also auch in dieser Richtung auf die poetische Sprache; freilich kommt ihm hier der Stil der Ode entgegen, die solche Komposita liebt.

Es können unmöglich alle diese Beziehungen ins einzelne verfolgt werden. Nur an einem Beispiele soll gezeigt werden, wie stark der Reim auf die poetische Anschauung und Technik wirken kann.

---

[1]) Eine Gebrauchsweise wie die Schleifers in „Mein Amor" 94₈₃ dürfte auch schon 1793 auffällig gewesen sein:

    Siegwarts Amor, der . . . .
    Niemals kühner, niemals freyer
    Hochentflammt vom Götterfeuer,
    Seines Blödsinns Fesseln bricht:
    Nein, dieß ist mein Amor nicht.

V. Vers und Reim im Wiener Musenalmanach.

Es ist mir aufgefallen, wie oft im WM (und z. B. bei Ch. F. Weiße, bei dem man fast alle oben angeführten Reimbänder beobachten kann) der Reim Blick: zurück, Blick: Glück, Glück: zurück sich findet. Ich führe alle Reime der Lautgruppe —ick, ück auf und ordne sie um das Wort „Blick". Es kommen vor:

1. Blick: zurück 35mal (4mal „Augenblick") ⎫
   Blicke: zurücke 11mal   ⎬ 47mal.
   erblicke: zurücke 1mal (89 $_{52}$) ⎭

Da ich nur den Einfluß des Reimes auf den Sinn betrachte, so brauche ich mich um Verschiedenheiten wie Blick, Blicke, erblicke nicht zu kümmern, führe sie aber an:

2. Blick: Glück   22mal (Augenblick 1mal) ⎫
   Blickes: Glückes   1 „ (82 $_{160}$)   ⎬ 28mal.
   Blicke: Glücke   5 „ (Augenblick 1mal) ⎭
3. Blick: Stück   3 „
4. Blick: Politik   1 „
                  Genick   1 „
5. Blicke: Geschicke 2 „
                  berücke   1 „
                  Händebrücke 1 „
                  brücke   1 „
                  Krücke   4 „
                  Tücke   2 „
                  Mücke   1 „
6. Blicken: Entzücken 22 „ (1mal Augenblicken)
                  beglücken 4 „
                  Rücken   2 „
                  Tücken   2 „
                  drücken   3 „
                  erquicken 2 „
                  schicken   1 „
7. blicken: Entzücken 3 „
                  Rücken   2 „
                  drücken   1 „
                  beglücken 1 „
8. blickt: erquickt 1 „
                  drückt   2 „
                  gedrückt 1 „
                  geschmückt 1 „
9. erblickt: nickt   1 „
                  geglückt 1 „
                  entzücket 1 „
                  bestricket 1 „
10. niederblickt: gebückt 1 „
                  zückt   1 „

Es steht also der Begriff „Blick" 148mal (die fünf Fälle, in welchen Blick in Verbindung mit zwei anderen Reimen vorkommt — siehe unten — zähle ich nicht mit, weil der Reimzwang dort ein größerer ist), und zwar **Blick: zurück** 47mal, **Blick** mit dem Begriffe **Glück** gebunden $28 + 4 + 1 + 1 = 84$mal (siehe unter 2., 6., 7., 9.), der Begriff „**Blick**" mit dem Begriffe „**Entzücken**" gebunden 26mal. Die Reime auf **Augenblick** müssen ausgeschieden werden, weil in dieser Zusammensetzung **Blick** seine sinnliche Bedeutung fast ganz verloren hat. Nach deren Ausscheidung steht **Blick** 180mal im Reim, **Blick: zurück** 42mal, **Blick: Glück** 28mal, **Blicken: Entzücken** 22mal.

Der Übersicht wegen zähle ich auch die übrigen Reime der Lautgruppe ick, ück summarisch auf:

beglücken: entzücken 7mal, :bückt 1mal (90_{34}), :entrücken 1mal (94_{39}), auf verschiedene Formen des Verbums drücken 13mal (81_{63}, $82_{19, 25}$, 160, 83_{65}, 88_{104}, 125, 89_{31}, 91_{64}, $94_{13, 167}$, 95_{79} 96_{16}); 7mal ist das Verbum in erotischer Bedeutung gebraucht), unverrückt kommt 1mal vor (83_{156}), verrückt 2mal (92_{119}, 96_{118}), geschmückt 2mal (90_{34}, 92_{132}), pflücken (in verschiedenen Formen) 5mal (82_{45}, 87_{113}, 93_{175}, 95_{44}, 96_{133}), zerknickt 1mal (94_{124}), jückt 98_{101} (komisches Gedicht), 91_{160} (volkstümliches Gedicht).

Außerdem stehen in verschiedenen Zusammenstellungen noch folgende Wörter dieser Lautgruppe im Reime:

Rücken 89_{61}, 92_{63}, 93_{156}, 96_{61}; erquicken 91_{9}, 92_{137}, 96_2, zerstücken 91_{72} (Erzählung), Krücke 91_{66}, Perücke 79_{131}, Tücke 84_{14}, $91_{25, 129}$, Musik 96_{116}, Politik 81_{124}.

Damit ist der Reimvorrat erschöpft. Die Lautgruppe ick, ück steht also rund 250mal im Reime.

Ich zähle noch rasch die Fälle auf, wo mehr als zwei Reime dieser Gruppe gebunden sind; sie lassen alle den Reimzwang deutlich erkennen:

    drückt: entzückt: erblickt 90_{66},
    Blick: Glück: zurück 90_{49},
    Blicken: Geschicken: erquicken 91_{16},
    Blick: Genick: Bubenstück 91_{16},
    Mißgeschick: Zauberblick: zurück 92_{123}.

Ich betrachte nun die Reime auf **Blick**, und zwar zuvörderst die mit größeren Zahlen belegten Reimbänder:

    Blick: zurück 42mal, Blick: Glück 28mal,
    Blick —: entzück — 22mal.

Nur 29 Worte reimen zu **Blick** im WM. Möglich wären nach dem Reimwörterbuch 44: dick, erschrick, Flick, Genick, Geschick, Knick, pick! Strick, Überblick, bestrick, Dicke, erquicke, erstick, flick, knick, nicke, picke, erquicke, Ricke, schicke, spicke, stricke, verdicke, Wicke, zwicke, Glück, Stück, zurück, beglücke, berücke, Brücke, drücke, entzücke, Krücke, Lücke, Mücke, Perücke, pflücke, rücke, schmücke, Tücke, zerstücke, zücke.

V. Vers und Reim im Wiener Musenalmanach.

Von den im WM nicht benutzten 15 Reimwörtern sind jedoch kaum drei in einem ernsten, nicht beschreibenden Gedichte brauchbar. Das Vorkommen einer Anzahl starrer Reimbindungen wie Blick: zurück und andere ist also durch das verfügbare Wortmaterial bedingt.

Blick: zurück 42mal.

Daß zurück (natürlich immer in Verbindung mit einem Verbum) so oft im Reime steht, läßt sich gar wohl erklären. Die Motivuntersuchung hat gezeigt, wie die Lyrik des Schmerzes überwiegt; und sehnendes Zurückträumen in vergangene Zeiten oder Trennungsschmerz gehört ja zu den ständigen Motiven der sentimentalen Lyrik. „Blick" ist anderseits eine Bezeichnung für einen sinnlichen Vorgang, dem seelische Bedeutung beigemessen wird; häufig ist Blick = Auge.

Welcher der beiden Begriffe wird nun den anderen bei der Zwangsverbindung durch den Reim beeinflussen? Da ein durch eine adverbale Bestimmung determiniertes Verbum (z. B. ich lasse ... zurück, ich wende ... zurück) doch für den Sinn bestimmender ist als eine adverbale Bestimmung (mit trübem Blicke, den nassen Blick), da ferner „Blick" in seiner Bedeutung wandelbar ist, so läßt sich wohl von vornherein annehmen, daß Blick unter der Zwangsbindung auf zurück leiden wird.

Es ist nun zu untersuchen, ob sich diese Vermutung bewahrheitet. Ich gebe Beispiele, und um nicht die Strophen abschreiben zu müssen, setze ich nur Verbum und adverbale Bestimmung her; wo die beiden Reimworte in verschiedenen Zusammenhängen stehen, deute ich es durch den Strichpunkt an. Um die Reihenfolge der Reime brauche ich mich nicht zu kümmern, denn es ist ein bekannter Kunstgriff, den schwereren Reim voranzustellen:

```
80 41      sah mit bangem Blicke; kehrte zurücke,
82 43      mit eines Engels Blick; schauderte zurück,
82 44      mit starrem Blick — blickt zurück,
83 12      mit düsterem Blick — kehrte zurück,
83 16      mit weinendem Blick — er zittert zurück,
83 131     mit trübem Blick; sie sahn zurück,
85 43      sehn mit betrübtem Blick — lassen euch zurück,
87 115     mit grimmen Blick; kehrte zurück,
87 122     mit dräu'ndem Blicke — wies zurücke,
91 130     die trüben Blicke — zurücke wenden,
92 140     ein mitleidsvoller Blick — Mut kehrt zurück,
94 131/2   sie treibt mit stolzem Blicke — den scheuen Blick des Suchenden zurück,
95 64      mit nassem Blick — träum' ich mich zurück.
```

In allen den aufgezählten Fällen hat Blick ein Attribut bekommen müssen. Durch die bloße Tatsache, daß Blick ein außerordentliches bequemes Reimwort auf zurück ist, wird der seelische Gehalt und die seelische Stimmung, welche das mit zurück zusammen=

gesetzte Verbum ausdrückt, auf den Blick übertragen. Darin liegt ein wichtiger Einfluß auf die poetische Technik.

Die Übertragung des Seelischen auf den Begriff Blick geschieht natürlich nicht immer durch ein adjektivisches Attribut, sondern auch durch Komposita wie Zauberblick, Liebesblick ꝛc. oder durch andere Wendungen. Stets aber hat der Blick eine große Bedeutung: das Innere malt sich im Blick 83_{98}, 84_{46}, 94_{180}, der süße Blick der Geliebten hält Tote selbst zurück 82_{48}, man flieht vor den Blicken der Geliebten 85_{62}, man bittet um einen Tröstungsblick 83_{146}, der auf weite Entfernungen Scheidende wird gebeten, bisweilen einen Freundschaftsblick auf die Zurückgebliebenen zurückzuwerfen 87_{12} (also ganz unanschaulich), der Liebende sieht im Veilchen den Blick der Geliebten 85_{62}, er hängt am Blicke der Geliebten und schaudert zurück, wenn ihr Blick ihn trifft 89_{59}, ein unschöner Jüngling wünscht sich „Thyrsis Lächeln, Damons Blick" 81_{161}, der holde Blick des Geliebten ist süßer als die Weisheit 81_{42}, ja man kann sogar sagen: es strahlt des Geburtstags erster Blick 79_{153} (der Geburtstag ist, wie in der Haindichtung typisch, personifiziert; Blick hat also hier nicht die objektive Bedeutung Strahl).

Dieselbe Erscheinung ist bei den Reimbänden Blicken: Entzücken, Blick: Glück zu beobachten, ich hebe die bezeichnenden Fälle heraus:

Blicken: Entzücken.

Immer bekommt Blick eine Funktion zugewiesen, die der Begriff in Prosa gewiß nicht übernehmen könnte. In Prosa dürfte ein verlassenes Mädchen einen treulosen Liebhaber kaum so apostrophieren:

> Leises, bängliches Entzücken
> Schauerte durch all mein Blut,
> Ach, und deinen Schmeichelblicken
> Loser Schwärmer, war ich gut $81_{115/6}$.

Es ist unnatürlich, wenn ein Dichter im Gedanken an die Brautnacht von sich selbst sagt:

> Mit trunkenen Blicken
> Mit heißem Entzücken
> Gedenk' ich schon heute der seligen Nacht
> 92_{107} (ähnlich 82_{99}).

Oder: Will ein Dichter sich entzücken,
> Bacchus lach' aus seinen Blicken 84_{150}.

Wie sehr auch Entzücken bei diesem Reimband leidet, vgl. unten Blick: Glück.

> 87_{103} .... wär' ich reich ...
> Und hätte frohes Muthes nicht,
> So senkt' ich trüb' den Blick,
> Ich dünkte mich ein armer Wicht
> Und spräche zu dem Glück ....

Es folgen zwei Strophen, in denen das Glück angeredet wird. Glück ist also das Primäre.

> 87,12 Hinngebannt wie eine Marmorsäule
> Steh' ich kalt, mit unverwandtem Blick
> In dem Weltgebäude da und teile
> Nicht, wie sonst, der Menschen Schmerz und Glück.

In beiden Strophen verleitet der Reim zur Selbstbespieglung. Ich zähle weiter auf:

> 91,37 Ein Dankgebet gen Himmel ist sein Blick,
> Der Kinder Wohl war stets sein höchstes Glück
> 94,75 Die Freundschaft flieht nassen Blickes
> Zum Lenker des Geschickes (94,75).

Diogenes fand nicht, was er suchte, weil er mit kaltem Herzen suchte, nicht „um sich mit wonnevollen Blicken an dem Gefundenen zu erquicken" (94,149). Wiederum finden sich Attribute wie: mit sanftem Blick 83,78, mit losem Blick 83,138, mit erloschnen Blicken 94,154, vor dem Blick der Geliebten flieht der Gram und ungewohntes Glück stellt sich ein 90,69, ihr Blick lächelt Glück 81,44, erquickt den Liebenden 79,10, mit jeglichem Blick der Geliebten wird das Glück größer 92,108, ein Rosenblatt erquickt sich an dem Blicke einer Dame 89,72.

So groß ist die Bedeutung des Blickes, daß Deurer in einem Neujahrsgedichte 86,139 wünschen kann:

> Euch Mädchen wünsch ich tausend Glück,
> Ihr seid es werth, und einen Blick
> Vor dem sich Geck und Bube scheut.

Fasse ich zusammen, so scheint mir aus obigen Zusammenstellungen hervorzugehen, daß die exponierte Stellung, welche das Wort Blick infolge der Beschaffenheit des Reimmaterials der Lautgruppe ick, ück einnehmen muß, den dem Worte zugrunde liegenden Begriff heraustreibt: die Darstellung seelischen Lebens konzentriert sich auf den Blick. Es wäre übertrieben zu behaupten, der Reim allein habe den Blick zu dieser Bedeutung erhoben; nein, der Reimzwang wird nie schöpferisch wirken. Auch ist ja bekannt, daß der „seelenvolle Blick" in der Prosaidylle, im Roman und der Ode eine große Rolle spielt. Aber wiederum wirkt der Reim konservierend, verstärkend, vergröbernd; er trägt dazu bei, daß populäre Vorstellungen (das Auge — „ein Spiegel der Seele") verknöchern, er unterdrückt Nuancen, verhindert die Einführung neuer Beobachtungen und kann, indem er auf die Prosa zurückwirkt, außerordentlich hemmend für die poetische Technik sein. Dies an einem prägnanten Beispiele zu zeigen, war Zweck des vorstehenden Exkurses.

Ich führe nun einige andere Reime auf Blicke vor, um nachzuweisen, wie schwer es den Dichtern des WM wurde, das gewohnte Geleise zu verlassen und neue Reime, besonders Bezeichnungen für reale Dinge einzuführen.

Krücke: Blicke 4mal, und zwar zweimal in Invalidengedichten (90$_{32}$, 92$_{12}$ vgl. S. 40 f.), 87$_9$ in einem Vergleiche (wie der Bettler an seiner Krücke) und 93$_{69}$ in einem satirischen Gedichte („Heurathsantrag einer alten Jungfer").

Tücke: Blicke 4mal; einmal als Dialektwort („voll guter Tücken" 96$_{90}$) und ein andermal 96$_{84}$ nur durch einen syntaktischen Fehler ermöglicht.

Rücken (83$_{164}$, 85$_{63}$, 91$_{123}$, 96$_{60}$) wird nur mit großen Schwierigkeiten in den Reim gebracht, Stück 84$_{54}$, 96$_{50}$, 114 nur durch Komposita ermöglicht: Felsenstück (in einem Gleichnis), Gegenstück (in einer Erzählung), Meisterstück (in einer Epistel). Genick kommt 83$_{57}$ in einer Satire von Alxinger und 91$_{16}$ in einer Erzählung von Ratschky vor, Politik 96$_{25}$ in einer Satire, nickt: blickt 94$_{71}$ in einer erzählenden Partie, tiefgebückt: blickt 86$_7$ in einer Übersetzung aus Ovids Metamorphosen (pronus) usw.

Schon diese wenigen Beispiele zeigen, wie groß der Einfluß des Stoffes auf den Reim ist; jede Annäherung an das reale Leben führt dem Reime neue Wörter zu, während in denjenigen Gedichten, welche konventionelle (dabei vielleicht ganz ehrlich empfundene) Gefühle in konventioneller Weise zum Ausdruck bringen, sich sofort die Reimbänder, in denen solche Empfindungen einmal bezeichnenden Abdruck gefunden haben, einstellen. Äußerst instruktiv ist in dieser Hinsicht ein Vergleich der sentimentalen Gedichte Alxingers mit denen, welchen reale Situationen zugrunde liegen (vgl. Alxingers Charakteristik).

Origineller im Reim sind also vor allem die satirischen und komischen Gedichte: Sentenz: Lenz 87$_{52}$, zu Tode: Pagode 93$_{80}$, Armen: Liebeskarmen 86$_{114}$, Tanz: Firlefanz 86$_{80}$, Willen: Pillen 93$_{91}$. Ein besonderes Mittel ist, Fremdwörter in den Reim zu schieben: 79$_{36}$, 83$_{116}$, 84$_{57}$, 86$_{67}$, 113, 86$_{53}$ und andere.

Es wirkt überhaupt jede Entfernung vom Gewöhnlichen auffrischend auf den Reim. In den Soldatenliedern reimt auf Haar einmal Janitschar 90$_{79}$ statt wahr, war, Vaterland: Lieutenant 90$_{79}$, in einem Gedichte auf Josef II. Adlerblicken: Fabriken 86$_{103}$ und in einem Geburtstaggedichte für einen jüdischen Bankier Kranz: Toleranz 91$_{38}$. Die Handwerkslieder bringen die Namen von Werkzeugen in den Reim wie Ahle: Schalle 91$_{23}$ in „Liebeserklärung eines Schusters". Die Minnelieder ermöglichen eine Reihe neuer Reime (vgl. oben) usw.

V. Vers und Reim im Wiener Musenalmanach. 139

2. Reimkunst.

Schon die bisherigen Ausführungen haben wohl erkennen lassen, daß die Reimkunst im WM auf keiner hohen Stufe steht. „Ey, hol' der Fuchs die Reimerey!" seufzt Hegrad in seiner „Notgebrungenen Klage eines Dichters" (81$_{140}$) und ein anderer läßt einen Dichter stöhnen:

Ach, der verwünschte Reim!

und rät ihm dann:

Der Reim? was kümmert dich der Reim?
Bey'm Haar, bey'm Haar mußt du herbey ihn ziehen! 96$_{113}$.

Der Reim wird also als eine große, mühsam zu überwindende Schwierigkeit empfunden. Impromptus werden mit Stolz aufgezeigt 81$_{126}$, 86$_{46}$, 86$_{150}$, 95$_{110}$, Boutsrimés gerne aufgenommen: 92$_{168}$, 93$_{169}$, 96$_{105, 107}$.

Schwer zu reimende Strophen, Reimhäufungen in den vers libres finden sich nicht häufig und Reimkunststücke wie 80$_{86}$, 81$_{30}$, 83$_{155}$, 96$_{109}$ [1]) fallen ziemlich primitiv aus.

Es finden sich natürlich rührende Reime aller Arten. Verhältnismäßig wenig auffallend ist es, wenn gleiche Worte in verschiedener Zusammensetzung (z. B. Blick: Augenblick): 79$_{155}$, 81$_{167}$, 83$_{99}$, 96$_{13}$ oder gleichklingende Worte von verschiedener Bedeutung reimen: Weine: meine! 86$_{41}$, Frieden: zufrieden 96$_{77}$ und andere. Doch kommen auch solche (grobe) Fälle in großer Zahl vor, wo gleiche Worte in gleicher Bedeutung reimen: 81$_{109}$, 82$_{77, 81}$,[2]) 110$_{,}$, 83$_{157}$, 91$_{126}$, 94$_{195}$. Besonders schlimm ist es, wenn leicht zu reimende Worte oder Flickworte rührend reimen: schön 82$_{42}$, war 82$_{55}$, nicht 81$_{167}$, auf 85$_{65, 88}$, ist 91$_{140}$, unter 90$_{83}$. In 82$_{135}$ ist der rührende Reim (schon: schon) durch den Parallelismus der Sätze gerechtfertigt; zweimal (79$_{148}$, 86$_{42}$) ist der rührende Reim inhaltlich motiviert, also künstlerisch verwertet.

---

[1]) 96$_{109}$ „Lob des Totayers" besteht aus drei Strophen, die alle die gleichen Reime haben: ab ab / cd cd / ab ab; aber a ist immer Totayer, Feuer, Leyer; b die so leicht zu reimende Silbe — ein und die ersten vier Zeilen und die letzten jeder Strophe sind gleich.

[2]) Blumauer: „An meinen lieben P*" 82$_{77-93}$ reimt 82$_{81}$:

Tausend Dinge kann der Körper missen,
Die der Luxus doch Bedürfnis heiß't;
Aber ist — so manches wissen,
Was, zum Beyspiel, dieß und jenes heißt,
Was für Länder ...

heißt rührend, sucht aber (er ist auch Herausgeber) durch die Orthographie darüber wegzutäuschen.

Spaltreime finde ich drei: zahmer: kam er 85₈₆, Pylades: fühl' ich es 88₄₄, träf' ich: Käfig 90₆₇.

Ein einziger reicher Reim kommt vor: Tausende: brausende 79₁₂₁.

Den Reim als Witz hat man ebenfalls selten ausgenützt. 82₄₉ wird die famose „Grabschrift eines Pfarrers":

  Hier liegt Herr Adam Melcher,
  Ein Pfarrer ist gewesen welcher

als „Muster eines leichten Reimes" abgedruckt.

84₁₂₁ macht Blumauer in der „Liebeserklärung eines Kraftgenies" den Witz:

  Gleich Kanonenkugeln rollen Thränen
  Aus den beiden Augenmörsern mir;
  Erd' und Himmel bebt bei meinem Stöhnen,
  Und ich brülle schluchzend — wie ein Stier.

Im vorigen Kapitel habe ich einzelne erstarrte Reimbänder nachgewiesen. Sehr oft finden sich nun zwei solcher Bindungen in einer Strophe vereint, so daß von einem „Dichten" nicht mehr die Rede sein kann; ich notiere solche Strophen, ohne Vollständigkeit anzustreben: 79₁₄₅, 88₁₂₅, ₁₄₁, ₁₄₆, ₁₅₀, ₁₅₇, ₁₆₆, ₁₆₇, 85₆₂, 87₄₄, ₅₇, 88₇, 89₇₉, 90₉₄, 91₃₅, ₅₂, ₁₈₅, 96₅₅.

Sonnenfels, Retzer, Schießling, Hegrad, Nomis, Gabr. von Baumberg arbeiten am meisten mit solchen Reimbändern; Grolzhamer, B. von Wagemann, Nachahmer Bürgers, die zweifellos rhythmisches Gefühl besitzen, verfügen über einen auffallend geringen Reimvorrat. Blumauer dagegen und sein Schüler J. B. Koller und Alxinger in seinen realen Gedichten reimen originell, Meißner, der das Bedürfnis hat, viel reale Tatsachen in seinen Gedichten zu nennen, reimt geradezu gewalttätig.

Um Beispiele zu geben, wie schwer die Mitarbeiter des WM den Reimzwang überwinden, führe ich von den noch nicht ausgebeuteten Reimen auf Blick hier diejenigen an, welche deutlichen Reimzwang erkennen lassen: ich kann dadurch zugleich eine Ergänzung zu dem Abschnitte „Reimzwang" geben.

Der Reim ist Ursache von Unklarheiten:

  89₁₁₅ Gieb, loses Mädchen, meinem Blicke
    Nur einen Hoffnungsstrahl zurücke,
    Du zündetest das Herz mir an,
    Das, ach! itzt niemand löschen kann!

  90₉₄ Die Welt ist schön! Für jeden unsrer Blicke
    Giebt die Natur uns neuen Reitz zur Lust,
    Und zur Bewunderung uns neuen Stoff zurücke,
    Und neuen Trost in die gekränkte Brust.

84₆₆ „An mein Grab":

> Mir ist's Wonne, hin auf dich zu blicken;
> Denn, wenn meine morsche Hülle fällt,
> Dann eröfnest du einst mit Entzücken
> Mir den Eingang in die bessere Welt.

Ähnlich ist Entzücken falsch bezogen in 89₁₁₃: Treulose Mädchen sind wahrhaftig nie so schön, als wenn sie mit tränenvollen Blicken wieder auf den Geliebten sehn

> Und ihm nun wieder mit Entzücken
> Ihr buhlerisches Herzchen weihn.

Entzücken ist ein so hochgespannter Ausdruck, daß er fast überall Anstoß erregen muß:

> 94₄₉ ..... es fällt
> Auf sie aus seinen Blicken
> Ein Thränlein voll Entzücken.
> 95₉₁ Gabr. von Baumberg spricht von einer besseren Welt,
> Wo Engel selber mit Entzücken
> Auf edle Seelen niederblicken
> 96₁₄₂ Ihr Lächeln, ihr Entzücken
> Auf Wangen, Mund und Blicken
> Schien so die Lieblichkeit
> Des Traumbilds auszudrücken.
> (NB. Die Träumerin schläft.)

83₁₆₇ ist eine Strophe durch den Reim sehr kompliziert geworden:

> Da aus ihren Zauberblicken
> Amor stärker in mich bringt,
> Und aus meinem Aug Entzücken
> Wie im Spiegel wiederbringt.

Ratschky übersetzt 90₄₆ in der Übersetzung von Alxingers „Visum nocturnum" die Stelle: „Wielandus .. paribus non invidet armis. Quin potius currum ... tibi modo tradere gestit" folgendermaßen: doch Wieland ... beut bir die Hand ..., erfreut,

> Auch dich nun zu erblicken,
> Und überläßt dir mit Entzücken
> Den Hippogryphen ....

er wird also durch den Reim zur Übertreibung genötigt.

In 91₈₀ (Pythagoras);

> Belauschte früh mit heiligem Entzücken
> Als Jüngling schon die zeugende Natur;
> Ihr folgt' er treu, mit unverwandten Blicken
> Sie war sein Ziel, sie seine Freude nur.

verursacht der Reim eine Verschiebung des Bildes.

Eigene bildliche Wendungen werden dem Reime zuliebe geschaffen:

83₁₅₉ „Betrachtung bei Sonnenuntergang

   Wo bist du, Weide für den Blik?
   Du Bild, gesehen kaum?
   Entronnen, wie des Menschen Glük!
   Fort, wie ein Morgentraum!

84₁₄ Das Mädchen war der Mutter Glük
   Der Freunde Hofnung, Augenweide
   Für jedes biedern Mannes Blik, ...

3. Unreine Reime.

Um Reinheit der Reime bemühen sich die Dichter des WM recht wenig und der Herausgeber Blumauer gab selbst das schlechte Beispiel. Die Reimbänder, die ich bisher angeführt habe, zeigen zur Genüge, in welchen Massen sich qualitativ unreine Reime (Leiden: Freuden, Blik: Glück ꝛc.) finden; Tabellen aufzustellen unterlasse ich als nutzlos und ich begnüge mich, die quantitativ unreinen Reime, die empfindlicher sind als die qualitativ unreinen Bindungen, mit bezeichnenden Beispielen zu belegen, ohne absolute Vollständigkeit anzustreben:

a: Strahle: alle 81₁₄₇, Erdenball: Ideal 81₁₄₄, Paaren: schnarren 82₃₁, Silberbart: harrt 81₁₇₁; Saat: hat 81₄₄, Staaten: gatten 92₁₃₆, Thaten: Lorberschatten 92₉₇, ꝛc öfter.

o: wollet: holet 82₁₅, voll: hohl 82₁₁₀, Wohl: soll 83₁₁₃; Stoff (geschrieben: Stof): Hof 82₉₇;

u: Schutt: Blut 95₃₁: Wut 89₁₉, Mute: Kutte 92₁₀₄;

i: verwirrt: ausgeziert 91₅₅: frisiert 91₂; Brief: Autorkniff 81₁₃₂, ergriff: lief 82₂₃, Schiffe: Tiefe 89₁₁₆, erkiest: ist 91₃₃, Schritt: sieht 77₉₃; Achill: fiel 90₁₄₅, Ritter: Güter 82₁₀₃/₄;

Interessanter sind die unreinen Reime des e-Lautes, weil sie einerseits die weitaus häufigsten sind, anderseits vielleicht Einfluß des Dialektes erkennen lassen. Reime wie Junggesell: ganzer Seel' 81₁₆₆, Hölle: Stelle 77₉₈, 82₂₆ und andere sind im Wiener Dialekt, der ja in allen Schichten der Gesellschaft gesprochen wurde, völlig rein.

Quelle: Seele 91₁₁₉ und oft; Feld: beseelt 94₁₅; herrlich: schwerlich 82₁₂₇, Christenlehr': Herr 82₃₀, Schönen: können 81₈₂, vergönnen: Söhnen 82₈₆, fröhnte: könnte 82₁₇₃, Blumenbett: dreht 90₂₇, Betten: vertreten 93₁₄₄, nett: gedreht 91₅₁: steht 93₉₅.

e: ä:

Reime wie: Kerker: stärker 94₁₁₉, Werke: Stärke 81₇₆, Bänke: Geschenke 93₆₁, währen: bekehren 77₉₉, besser: Gewässer 93₁₁₈, ₁₃₆, Schwestern: verlästern 94₁; sind ganz rein; fühlbar schon der (siehe oben) so häufige Reim: Tränen: Scenen, schmähn: gestehn 87₁₂₅, verschmähn: wehn 91₁₂₂, erwähnen: sehnen 83₁₇₁;

e: ö:

schön: sehn,: 77₁₀₃,: wehn 96₆₁,: gestehn 82₁₂₀, 88₁₀₁,: gehn 82₆₁, 83₁₀₂, 94₁₀₄, 95₃₆, ₈₇,: Silen 90₁₁₂, Sehnen: Stöhnen 94₄₉, Scene: Töne 96₂₆,: Schöne 89₉₄, Spötter: Better 77₉₃, nahetreten: Schamerröten 94₁₃₅, Verfechter: Töchter 95₃, Seele: Höhle 90₆₃.

ä: ö:

Schöne: gähne 86₂₀,: Zähne 86₂₃, schön: verschmähn 87₉₃, entwöhnen: Tränen 96₂₆, König: untertänig 84₆₂; hören: Bären 83₁₁₇, Chören: Sphären 83₁₀₅, gehört: gewährt 88₁₉, Knasterbärte: störte 83₁₀₉, Mädchen: Flötchen 78₉₆, Blättern: Liebesgöttern 93₂₄: Wetter 82₆₈, ergötzet: schwätzet 93₃₃.

Quantitativ und qualitativ unreine Reime kommen beim e- und i-Laut vor:

e: sperren: Zähren 83₇₃,: Gemälde: fehlte 83₁₄₁; entwöhnt: kennt 83₁₂; Fäbchen: Klettchen (geschrieben: Kletchen) 81₁₂₇; Bette: Morgenröte 86₁₁₃, 89₉₄, kettet: tötet 82₂₁, Maitresse: Größe 92₁₆₅, besser: größer 92₇₀.

i: grünt: minnt 81₁₈₅, krümmet: geziemet 83₁₇₅, gebürte: Hirte 82₁₂₀, Gemüt: schnitt 87₁₅, Mitte: Himmelsgüte 88₁₆, schritte: Güte 88₁₉, Güte: Kolorite 94₂₃;

Konsonantisch unreine Reime sind selten, kommen aber doch vor:

Wasserbad: satt 81₁₇₃, kleiden: Zeiten 81₁₂₆, leib: Eitelkeit 82₁₆₀ (häufig), Komplimenten: schänden 81₄₀, morden: Orten 82₇₆, Laube: Tante 82₁₃₂, Geschwader: Vater 82₁₀₅, Beelzebub: Jägertrupp 83₉₃, Philippin: ihm 81₅₂, Stock: flog 81₁₉₃, Tag: Sack 83₁₃₄, Insekt: trägt 88₃₇, Schweiß: Topf voll Brey's 82₃₈, daß: das (Enjambement) 82₁₇₅, des Mandats: Platz 86₁₁₀, Muts: Nutz 79₁₃₁, Theokrits: Sitz 77₁₁₀.

Schließendes s in lateinischen Wörtern reimt fast immer auf —ß:

Genius: Geisterkuß 94₃₁: Genuß 94₁₅₂,: Morgengruß 96₆₇, Stephanus: Kuß 94₃₃ und andere.

Außerösterreichischen Ursprungs sind die Reime g: ch und der einzige w: b (Rathlef 83₈₆: Löwen: geben); g: ch kommt zweimal vor bei Winkler von Mohrenfels (Bilderbuch: genug 87₂₉, Aug': Todeshauch 84₁₀₄) und einmal bei J. Ch. König (klug: Bibelbuch 81₅₂), einmal bei Koller (Buch: trug 88₁₂₉) und einmal bei Fridrich (feucht: neigt 84₁₄₆). Winkler (siehe unten) und J. Ch. König sind Franken, Fridrich und Koller sind Sachsen. Zweimal gebraucht diese Reimfreiheit Blumauer (durch: Burg 81₃₇, Wasserkrug: Leichentuch 81₁₈₂) und einmal ein Anonymus in einem Spaltreim (Käfig: träf' ich 90₆₇).

Besonders und mit möglichster Vollständigkeit behandle ich die Fälle, in denen das Anstößige des Reims nicht in der verschiedenen Quantität und Qualität, sondern in der verschiedenen Betonung der reimenden Silben beruht; dies trifft besonders die Endungen mit stummen e.

V. Vers und Reim im Wiener Musenalmanach.

Tonloses Endungs-e reimt auf ein einsilbiges, im Vers betontes Wort:

Grazién: auserſehn 79₁₃₄, Gattinén: ſehn 86₁₃₉, durchlauchtigén: ſtehn 87₆₇, Prinz Eugén: Reliquién 89₄₇, geſchehn: Heiligén 88₆₀, gehn: Utopién 77₁₇₇, Kritilér: hat er 77₉₁, reizendér: mehr 77₉₄, nimmermehr: Schuldigér 77₁₁₃: geſchmeidigér 84₁₆₈, ſehe er: ähnlichér 82₁₇₄, bisher: Märtyrér 84₈₄, das Heer: nächtlichér 82₆₅, Dialektikér: von innen her 84₂₇, Kalterér: ſo gut als er 84₃₃, ſehr: unentbehrlichér 85₃₆, nachhér: Märtyrér 89₇₇, Erobérér: Weiberheer 89₆₆, mehr: geiſtigér 90₁₁₂, Juppitér: vorher 91₃₃, theuerſtér: Herr 91₂₈, Reiſendér: umher 95₅₆.

Mitunter tritt noch qualitative Ungenauigkeit dazu:

Melpomenén: Lorbeerhöhn 77₈₁, vereinigén: wunderſchön 78₁₇₇, ſchön: Amalién 81₁₁₆/₇: Lilién 81₁₆₄: Lalagén 82₁₂₁, ₁₇₂: Furien 84₃₇: Kämmerchén 85₃₃, Höhn: zerflatterten 92₆₃, Platonikér: Gehör 82₂₉, Predigér: ſeltne Mähr 84₁₁₇, ungefähr: lieblichér 89₇₃.

Unbetonte Silben mit ſtummen e werden nach dem Versſchema hoch betont und tragen den Reim; die Reimmöglichkeit wird dadurch eine unbegrenzte:

römiſchén: galliſchén 77₉₉, höhniſchén: eiſernén 88₁₇₀, den (Relativum; alſo ſtärkſtes Enjambement): gefälligſtén 84₈₆/₇. Rabenfittichén: hafteten 84₁₉, Gegendén: Luſitanién 85₁₇: Innerſtén: Lockungen 86₁₄: Reizungen 86₁₀₀, müßigén: anderén 86₁₀₃/₄, weiblichén: ſterblichén 88₂₅ (beidemale hartes Enjambement), Schächtelchén: Sterblichén 82₈₄, mittlerén: unterſtén 96₁₂₅; reizendés: Xenokratés 86₃₉ (Enjambement); flatterteſt: ſicherteſt 84₁₁₀.

Schließlich reimt unbetontes auslautendes e auf einſilbige betonte Wörter und wieder auf unbetontes auslautendes e:

See: entvölkerté 81₃₉,: ſchimmerté 88₁₀₈, pinſelté: eine Roſe je 81₁₈₁ (Blumauer), ihr Königé: hienieden je 82₁₇₃, in meinem Leben jé: ich opferté 82₁₁₅, in die Höh': zitterté 88₈₁, Schnee: billigé 83₁₆₄, Eh': unempfindliché 84₁₄₁, zitterté: ächzeté 83₁₃₁, jungfräuliche: lieferté 84₁₃₄.

In zwei Fällen dienen dieſe Reime zu komiſchen Zwecken:

84₅: hochverehrter Herr
Und großer Ehſtandsprediger

und 88₆₂ Ein jedes noch ſo männliché
Hauptwort kann durch ein einzig „e"
Zum Femininum werden.

Auch die Deminutiv-Endung —chen reimt (vgl. S. 82 oben):

ſehn: Engelchén 77₁₃₁/₂: Hügelchén 83₆₄: Stutzerchén 84₉₀: Dingelchén 84₇₈: Vögelchén 90₁₁₄, ſtehn: Seufzerchén 84₄₄, Züngelchén: häßlichén 82₁₃₇, Teufelchén: heiligén 85₅₆: heiligſtén: Exequién 88₅₇, Vögelchén: flatterten 80₁₀₉, Lilién 87₁₇: ſchön 94₁₁₀: ſtehn 94₁₁₁, Flügelchén: Köcherchén 77₁₀₉,: Federchén 85₉₂.

Zum Schlusse stelle ich noch die Eigennamen zusammen, die im Reime vorkommen:

Antike Namen: Cythere: wäre: Megäre 93_{25}, Chlore: Aurore: Flore 93_{19}, Alkmenen: Schönen 92_{53}; Namen der galanten Lyrik: Lalage: Schnee 82_{120}, Galathée: Aloe 91_{31}, Silvia: sah 92_{133}, Timarete: Flöte 83_{70}, Lisinde: Linde 77_{87}, Belinde: Linde 77_{94}, 96_{76}.[1])

Moderne Namen: Katharine: Sühne 92_{151}, Helene: Zähne: 91_{33}, Lieschen: Füßchen 91_{23}, Mathilde: Bilde 91_{49}, Hedchen: Mädchen 93_{110}, Pamele: Seele 96_{98}, Gabriele: Seele 92_{95}, Bürger: Menschenwürger 94_{47} (das Appellativ nach der französischen Revolution), Bürger: Königswürger 94_{96}, Asmus: Pleonasmus 94_{31}, Geßner: Meßner 94_{38}, Goethe: Liebesflöte 94_{36}, Young: Begeisterung 94_{33}, Gleim: Reim 94_{35}.

Goethe: Flöte, Bürger: Menschenwürger, Gleim: Reim sind auch bei Er. Schmidt belegt.

Austriacismen.

Ich verzeichne noch, was ich an Austriacismen, ungewöhnlichen Wendungen und Sprachfehlern im WM finde; es ist dessen nur wenig.

77_{80} ein wildes, kupfrichtes Gesicht (wild = häßlich).
$77_{97/8}$ .... Holla! he!
Wo steckt sie, Frau Tisiphone?
Gieb sie dem Herrn da das Geleite!
77_{120} Beginn nichts, ohne dich erst wohl bedenkt zu haben.
79_{70} icht in einem altertümelnden Gedicht.
Das Wort wird in einer Anmerkung als = etwa erklärt.
79_{123} Geschank (:Trank) = Geschenk.
79_{130} Heerlinge schlucken.
79_{138} Daß ich ...
Den Pulsesschlag betaste (:Paragraphe).
(Bei Adelung nicht verzeichnet.)
80_{35} Ihm schafft (= kauft) sie kaum ein Oberhemd. (Bei Adelung als gebräuchlich angeführt).
80_{43} Ein Stimmchen, flötend, hell und ring.
96_{136} Ein Ding ... An seiner Wucht nicht ring.
80_{107} „Die Getrennte" als Titel.
81_{89} Das ist ein seltener Sonntagsnursch.
(Fehlt bei Adelung.)
82_{25} An's Ort, wo ihre Brust einst war.

---

[1]) .... Belinden,

Sieh, durch wirthbarliche Linden
Winkt die Lose mir und lacht

Gottl. Leon „Mayenlied" 77_{94}; vgl. dazu:

Ein Phrynchen fingest du? Mit einer Linde
Vergleichest du die wirthbare Belinde?
S*th*r „An einem Freunde, der eine Phryne besang" 96_{76}.

82 ₆₃	Nehme Gläser vors Gesicht!
82 ₆₅	... so sehe nun den Mann ...
83 ₃₉	Geherey (= Liederlichkeit). (Fehlt bei Adelung.)
83 ₁₁₄	An einen Ärzten.
83 ₁₂₄	Bis Mitternachts spät.
84 ₁₆₉	Nun geb' ich's zwar geschmeidiger, die Kräfte lassen nach.
86 ₉₅	Augenbraunen: Launen.
86 ₁₃₀	Der Löw und der Bär.
87 ₆₄	Gleich des Heilands Leidenbilde.
87 ₉₆	Mein größtes Habe.
88 ₄₁ 90 ₁₁₇	} überley = überflüssig.
88 ₅₀	der ihm gegnet (= begegnet).
89 ₈₃	Aber nun ist alles gar. (Adelung I, 406.)
89 ₁₄₃	O was hilfst du mich nun, schöne neubelebte Frühlingsflur.
90 ₁₁₇	Ich schlief in unsern Tannenhain Am Fall des Felsenquelles ein.
91 ₁₁₃	So steckt, anstatt zu keifen Flugs in den Mund die Pfeifen Und spuckt dabei brav aus!
92 ₁₂₄	Bis sie sich heisch gekeift. (Nach Adelung der „gemeinen Sprechweise" angehörig.)
93 ₈	Wollt ihr des Liebens euch verzeihn. (Nach Adelung veraltete Gebrauchsweise.)
93 ₄₅	immerhin = stets, nach Adelung veraltet (im „Schlachtgesang eines hessischen Grenadiers").
93 ₁₀₀	Du weißt, was man an Heu und Mist An Stroh und Korn verkehrt. (Nach Adelung der gemeinen Sprache angehörig; in Leons „Hanns und Grethe".)
93 ₁₇₆	in's Pohlen = nach Polen.
94 ₅₉	Berthu' ihn (= den Schatz) nicht!
96 ₁₁₀	Auf, Mädchen, machet euch hervor.
96 ₁₂₅	Wir können nicht einmal zur rechten Form uns stalten.

VI. Die Autoren des Wiener Musenalmanachs.

1. Überblick.

Die Almanache haben den Zweck, eine Übersicht über die lyrische Produktion eines Jahres zu geben; sie bieten dadurch einen Querschnitt der Gesamtheit der Produktion. Die Herausgeber nehmen keinerlei Rücksicht auf die Darstellung der Einzelpersönlichkeit, was sie äußerlich schon dadurch bekunden, daß sie die Gedichte eines und desselben Autors über den ganzen Almanach verteilen. Sie nehmen jedes Gedicht, sei es anonym oder pseudonym, wofern es nur gut ist. Man handelt daher gegen die Intention des Herausgebers, wenn man die einzelnen Autoren betrachtet. Die vorhergehenden Kapitel haben den Almanach als Ganzes betrachtet, jetzt gilt es, das Gut der einzelnen Autoren, soweit es möglich ist, zu sondern.

VI. Die Autoren des Wiener Musenalmanachs.

Alle die Vorgänger des WM hatten bestimmte berühmte Mitarbeiter, deren Namen allein schon ausreichend waren, dem Unternehmen ein gewisses Ansehen zu verschaffen. Anders ist dies beim WM. Ausländische Mitarbeiter sind durch das — freilich nicht immer eingehaltene*) — Prinzip, einen Wiener (beziehungsweise österreichischen) Almanach zu schaffen, ausgeschlossen und Österreich selbst hatte — zumal in den ersten Jahren, da Denis**) und Mastalier sich fernhielten — wenig zu bieten. Die Zeit der Denis, Mastalier und Regelsberger war aber 1777 schon vorüber, von den neu auftauchenden Namen glaubte die Kritik nur Alxinger, Blumauer, Haschka, Leon, Ratschky und etwa noch Gabr. von Baumberg, Jos. von Retzer, Koller, Math. Schleifer behalten zu müssen. Die anderen bilden eine große, schwer zu gliedernde Masse; mehr als irgend ein anderer Almanach bietet der WM einen Durchschnitt der lyrischen Produktion.

Die 20 Jahrgänge des WM zählen 127 Mitarbeiter,***) die sich mit Namen genannt haben; dazu kommen nach den Chiffrenauflösungen in Goedeke 6, 366 noch fünf Namen (Anna Egrovary geborene von Tiell, K. Gottl. Hoffmann, Justus Christoph Gottlieb König, Christoph Sonnleithner, Ignaz Sonnleithner), so daß die Gesamtzahl der Namen 132 beträgt. Zu den genannten Namen kommen aber noch 66 Chiffren (die aufgelösten nicht eingerechnet), so daß sich die Zahl der Mitarbeiter auf 198 erhöht; in den Jahrgängen 1778, 1779, 1781, 1782, 1783, 1785, 1788, 1789, 1790, 1792, 1793, 1794, 1796 finden sich Gedichte unter dem gemeinsamen Titel „Ungenannte"****) (zusammen 26 Stücke). — Die Mitarbeiter verteilen sich auf die einzelnen Jahrgänge wie folgt:

1777: 10, 1778: 14 (7 neue), 1779: 16 (11 neue), 1780: 17 (12) beziehungsweise 15[4]) neue), 1781: 24 (15 neue), 1782: 25 (7 neue), 1783: 27 (15 neue), 1784: 28 (12 neue), 1785: 28 (13 neue) 1786: 20 (7 neue), 1787: 19 (7 neue), 1788: 17 (7 neue), 1789: 26 (13 neue), 1790: 24 (8 beziehungsweise 7 neue), 1791: 21 (9 neue), 1792: 25 (9 neue), 1793: 23 (9 neue), 1794: 23 (10 neue), 1795: 22 (11 neue), 1796: 27 (11 neue).

---

*) In dem Verzeichnisse bei Goedeke (4, 366 = § 231, 8) finden sich einige Versehen: Es sind nicht verzeichnet: 1. Joachim Füger 92$_{50}$; 2. Katharina Jacquet 86$_{130}$; 3. Josef Josch 81$_{167}$, 82$_{71}$, $_{176}$ (wohl identisch mit Jos. von Josch 85$_{90}$, der ebenfalls bei Goedeke nicht steht); 4. Franz Josch 82$_{169}$. — Just. Chr. G. König, Chr. und Jgn. Sonnleithner kommen nicht auch, sondern nur unter Chiffren vor. Goedekes Hofmann heißt im WM Hoffmann 86$_{82}$; ein Hofmann kommt nicht vor. Ob L. S. Herz 88$_{106}$, $_{129}$, $_{132}$ und Leopold Herz (91$_3$, 92$_{34}$, 67$_{126}$, 93$_{49}$, 90$_{136}$, $_{177}$), ferner Moritz, k. k. Feuerwerker (93$_{82}$, $_{47}$; 117; 183; 94$_{117}$) und Wenzel Moritz (93$_{94}$) identisch sind, weiß ich nicht. — Ein Prumer, den Goedeke verzeichnet, kommt nicht vor.
**) Die mit Ziffern numerierten Anmerkungen siehe am Schlusse dieses Abschnittes.
***) Außerdem noch: 1778$_{114}$ „Aus Glogau eingesandt".
****) Chiffren eingerechnet.

VI. Die Autoren des Wiener Musenalmanachs.

Die Tabelle verzeichnet also ein beständiges Kommen und Gehen. Eine Charakteristik der meisten Mitarbeiter wird durch die Geringfügigkeit der Beiträge unmöglich gemacht.

Keinerlei Charakteristik lassen diejenigen Autoren zu, die nur Epigramme und Anekdoten gegeben haben.

Nur ein Epigramm haben zum WM beigesteuert 13 Autoren:

Aaron (87), Auffenberg ³) (93), Bundesmann (91), Joach. Füger ⁴) (92), Hunger (oder Hungar) (94), Jacquet ⁵) (86), Liebwerth (89), Misler (91), Wenzel Moritz (93), Ribini ⁶) (86), Sulzer von Winterthur ⁷) (86), Leop. Umlauf ⁸) (80), Urbam (87).

Nur (mehrere) Epigramme und Anekdoten haben geliefert 19 Autoren:

Bur (83: 4 Stück), Coith (90: 2), Darberg (95: 4), Eberl ⁹) (87: 3), Follershall (95: 4), S. L. Herz (88: ein elendes Gedicht und zwei Epigramme) = Leop. Herz (91: 1, 92: 8, 93: 4), Holzmeister (84: 2), Jos. Josch (81: 1, 82: 2; 81 auch ein lyrisches Gedicht), Franz (Xaver) Josch (95: 4, 96: 5), Joh. Valentin Josch *) (89: 3, 90: 5, 91: 8, 92: 3), T. R. A. H. Legne ** (89: 1, 93: 2), Jbig Leibesdorf ¹⁰) (92: 3, 94: 4, 96: 3), Liebhold (95: zwei Ep. und ein epigrammatisches Gedicht auf Josef II.), Mastalier (83: 7, 86:4; aus der griechischen Anthologie), Oswald (80: 3), Papa von Papowsky (94: 8), Sannens ¹¹) (94: 3), Wiedmann ¹²) (91: 5, 93: 3).

Nur Gelegenheitsgedichte haben dreizehn Autoren gegeben:

Adlersburg (92: 1), Baronin Buschmann (95: 1), Fießinger (81: 1, 82: 1), Frischherz (90: 1), Gerning (96: 4), Haugwitz (84: 1), Wilhelmine Maisch ¹³) (96 3), Aug. Gottl. Meißner (87: 3, 88: 1), J. J. Müller von Krügelstein (95: 1), Pfeffel (85: 1), Preindinger (90: 1), Reiter (86: 1) Rupprecht ¹⁴) (96: 2; ein Gelegenheitsgedicht und ein Epigramm).

Ich gruppiere die mit mehreren lyrischen Gedichten vertretenen Autoren nach den literarischen Strömungen, denen sie angehören***) und verzeichne dabei auch die Zahl der Beiträge, ihre Verteilung auf Jahrgänge, nehme aber diejenigen aus, deren Individualität sich irgendwie greifen läßt; zu letzteren rechne ich außer Blumauer und Denis, für welche ich auf die Monographien Hoffmann-Wellenhofs verweise, folgende, unten näher charakterisierte Autoren: Gabriele von Baumberg, A. Grolzhamer, K. J. Hartel, L. L. Haschka, B. J. Koller, Leon, U. Petrak ¹⁵), M. J. Prandstetter, Jos. von Retzer ¹⁶), J. F. Ratschky und Jos. von Sonnenfels. Von den Dichtern, welche nur mit einem oder sehr wenigen lyrischen Gedichten vertreten sind, gehören der galant-anakreontischen

---

*) Vgl. die „Nachschrift" zum Jahrgange 1796.
**) [Vielleicht Anagramm für Engelhart? Anmerkung der Redaktion.]
***) Ich kann sie natürlich nur ihrer Hauptrichtung nach charakterisieren und nicht auf jedes einzelne Gedicht Rücksicht nehmen.

VI. Die Autoren des Wiener Musenalmanachs.

Richtung an: L. F. von Batthyan*) (85: 2, 85: 1, 90: 1, 93: 1, 95: 1), Schießling [17]) (80: 2, 81: 1, 82: 2; 80$_{94}$ überraschenderweise ein frommes Gedicht), Dirnböck (81: 1, 82: 1) Hegrad [18]) (79: 1, 81: 2, 82: 2, 83: 4, 84: 2), L. S. Herz (88: 1; und zwei Epigramme), Hussar (80: 3), Franz Josch (82: 1), Jünger (88: 1, 89: 1), James Kemper (82: 1), C. Mahr (77: 2, 78: 1, 79: 1), C. L. W. Meyer [19]) (83: 3), Perler (84: 1; 87$_{99}$ eine pöbelhafte Anekdote). — Jos. Aloys Wagner [20]) (94$_{86}$ „Lied eines Jünglings an die Neufranken") geht wie der hessische Grenadier (93$_{107, 149}$) in den Bahnen Gleims. E. L. Rathlef [21]) (83: 2) und J. J. Scheiger [22]) (85: 2, 86: 3) sind — von den Anonymen 90$_{66}$, 94$_{101}$, 96$_{135}$ abgesehen — die einzigen, welche die Fabel pflegen, Hompek (79$_{119}$ „Fragment eines Schreibens an einen Officier", 79$_{119}$ ein Couplet), Moritz [50]) (93: 4, 94: 1), Schink [23]) (81: 2) sind lehrhaft, Rabitschnig [24]) (78: 1), Richter [25]) (79: 1) und Goekingk [26]) (81: 1, 82: 1, 84: 5) sind Satiriker. A. Stein [27]) (80: 3) und Regelsberger [28]) (81: 4) pflegen die beschreibende Dichtung im Sinne Hallers. Odendichter nach dem Muster Klopstocks sind: Schlosser (77: 3, 78: 8, 79: 1, 80: 1), Höflein (79: 2, 80: 3), Schießling [17]) (80$_{94}$). Religiöse Gedichte haben geschrieben: Nunberger [29]) (81: 1), F. A. Nuth (93: 1). Barden sind außer Denis (81: 5, 82: 1, 83: 1, 84: 1, 90: 3, 91: 1, 91: 1), Jos. Blodig von Sternfeld [30]) (82: 2), Otto Graf von Haugwitz [30]) (84: 1), Hofstäter [31]) (81: 3, 82: 1).

Die Lyrik in der vertieften Auffassung des Göttinger Hains haben gepflegt: Assprung (83: 1), Dopler [32]) (82: 2, 83: 3, 84: 2), Friedberg [33]) (94: 7, 95: 7), Gaheis [34]) (96: 1), K. von Greiner [35]) (82: 1, 87: 1, 95: 7, 96: 4), von Gruber [36]) (84: 1), Hummel (92: 1), Jos. Josch (81: 1; 82 zwei, 85 ein Epigramm), Jos. Eust. König [37]) (81: 2, 92: 5), Liebe von Kreuzner [38]) (90: 5, 91: 2), Perinet [39]) (88: 3, 89: 2, 90: 1, 92: 2, 96: 2), Reichelzer [40]) (92: 1), Schneider [41]) (89: 4), von Spreihl (89: 1), Wessel: (94: 1), Winkler von Mohrenfels (84: 4, 85: 1, 87: 4).

Besonders hervorzuheben sind die Dichter, die landschaftliche Motive bearbeiten: Freyherr Binder von Kriegelstein [42]) (83: 3), K. von Lackner [43]) (85: 2), Edler von Vogel (94: 2). Trinklieder haben gedichtet: Hoffmann [44]) (86: 1), Gaßler (84$_{81}$), Hiesberger (87: 2), von Traubenberg [45]) (96: 1). Balladen haben außer Blumauer, Leon, Prandstetter verfaßt: Fr. Gaßler [46]) (82$_{130}$), Jos. Stürmer [47]) (81$_{149}$), J. Chn. G. K(öni)g [48]) (81$_{51}$). Der teutonisierenden Richtung des

---

*) Erscheint 1785 als L. G. von Batthyan, 1789, 1790 als L. F. von Batthyani (im Inhaltsverzeichnisse beidemale: L. F. von Batthyan), 1793 L. F. von Batthyan; bei Goedeke IV, 366 nur Ludw. Fürst von Batthyani.

Hains (vgl. Barden) gehören an: A. A. Nomis ⁴⁹) (83: 2, 84: 2, 93: 6, 94: 6), M. Span ⁵⁰) (88: 2, 89: 3, 91: 1, 92: 8). Nachahmer Bürgers sind: Freyherr von Schlangenberg (83: 1), Schram ⁵¹) (89: 1), B. von Wagemann (91: 3, 92: 1), Winkler von Mohrenfels ⁵²) (84: 4, 85: 1, 87: 4).

Vereinzelt stehen die sentimentalen Dichter des vierten Jahrganges: Engel (80: 1), Fr. von Forster (80: 3), Saam ⁵³) (80: 4); sentimental ist auch das einzige Gedicht der Frau von la Roche (85 ₁₅₇).

Die poetische Erzählung haben gepflegt: Nomis (vgl. S. 50, 111), Prandstetter, Thom. Schibion (96: 1).

Eine ganz besondere Richtung, das Streben nach formeller Vollendung, dem gegenüber der Inhalt in den Hintergrund tritt, vertreten: Joh. N. von Kalchberg ⁵⁴) (85: 1, 87: 1, 88: 1), K. von Greiner (1782,*) 87, 95, 96); Deurer ⁵⁵) (86: 2, 94: 1, 95: 5), Friedrich ⁵⁶) (84: 2, 85: 1, 91: 7, 94: 6, 95: 5, 96: 6), Gerning ⁵⁸) (96: 4), Schleifer ⁵⁷) (93: 1, 94: 1, 95: 4), von Schöpfenbrunn (94: 3) haben schon Berührungen mit dem Klassizismus, Baldamus (95: 1, 96: 1) ist der einzige Nachahmer Matthissons im WM.

Chiffren.

Von den 66 Chiffren**) sind bei Goedeke 4, 366 folgende aufgelöst: G., B.,***) GBb = Gabriele von Baumberg. Anna E—h, gebohrne T—l = Anna Egrovarh, geb. Tiell). J. C. K**g = Justus Chr. Gottlieb König. —nst— = Prandstetter. N.,****)—sch—, —h = Ratschky. Sch— —ng, F. S— —g = Franz Schisling. Christoph Sthr = Christoph Sonnleithner. Ignaz S—thr, S*th*r = Ignaz Sonnleithner. Jos. K. W. = Jos. K. Winkler Freyherr von Mohrenfels. Die Gedichte „von einem Soldaten" sind nach Redlich „Chiffrenlexikon" und Goedeke von K. Gottlob Hoffmann.

Gottl. Leon hat in seine „Gedichte" Wien 1788 die Idylle „Der Blumenkranz" aufgenommen, die 78 ₁₂₇ unter der Chiffre W—g steht; man muß daher wohl auch das Gedicht „An das Glück" 78 ₁₁₉, das unter derselben Chiffre steht, Leon zuschreiben, obgleich man von vornherein nicht auf diesen Gedanken käme.

Aus inneren Gründen, ohne jede äußere Gewähr möchte ich ferner in U. P. (84 ₇₄, 110) Ulrich Petrak, in G. von L. (89 ₇₉ „An

---

*) Über dieses ihr erstes Gedicht (82 ₁₀₃), das sie im Alter von zwölf Jahren verfaßte, vgl. ihre „Denkwürdigkeiten", I, 66.
**) Ich zähle die Chiffren und bemerke es bei den einzelnen Fällen, wenn Zweifel vorhanden sind, ob eine Chiffre wirklich nur eine Person deckt.
***) B. in 1792 ausgenommen.
****) Auch 84 ₁₃₀ R. „Der Küster und der Esel"?

Lieschen"; vgl. Gottl. Leon 77₁₃₁ „An Hannchen") und in —b— (95₄₈ „Der kleine Veit an den Frühling") Gottl. Leon, in R. X. (80₅₇; vgl. S. 31) Fr. Saam vermuten; G. S***z (93₁₄₇) dürfte Fr. K. Sannens (vgl. die Anmerkung Nr. 11) sein.

Weitere Chiffren habe ich nicht auflösen können und zweifle wegen der Bedeutungslosigkeit der durch sie gedeckten Beiträge auch an der Möglichkeit einer Auflösung. Ich verzeichne sie vollständig:
Nur ein Epigramm haben geliefert:

C. B. B. (83), B**r (92), E*** (85), A. E. (85), von einem Frauenzimmer (85), G. (89), H. (84), H—b—b (89), J. M. (79), L. (89), U. (85).

Mehrere Epigramme haben geliefert:

B. (92: 11), Cee (84: 3, 90: 7), F. von G. (77: 4), M**r (78: 3), P**z (95: 4), J. F. R. (89: 3), von R. (90: 3), K. L. St. (92: 2).

Ein einziges größeres Gedicht, meist Gelegenheitsgedichte, haben beigesteuert:

C. von M. (80), J. U. D. (87), F. S. (79), Freyherr von ** (85), H. X. von H**r (95), H. (84). Therese von H*** (93), J. H——b (92), J. (79), Karl K*** (87), Lotte von ** (86), M. (90), R. (84), R. (96), R—— (83), O. W. (78), Freiherr von R. (80), Tr. (84), U. (89).

Ein größeres Gedicht und mehrere Epigramme haben gegeben:

A. (77: 3), Jos. Ant. von B—j (83: 1, 84: 1), F**z (96: 3), J. (88: 3, K—r (90: 3).

Besonderes Interesse erwecken nur folgende Chiffren:

1. —im— (83: 2, 84: 1, 93: 1, 94: 1) 84₁₆₃ ist ein Epigramm, 83₂₉ eine Epistel in Strophen, 83₁₄₆ ein sentimentales Gedicht („Elwine an den Mond"); 93₇ („Alexander und Aristoteles) und 94₁₁₇ („Die Urteile") sind poetische Erzählungen (vgl. S. 50).

2. R. von R. gibt zwei Liebesgedichte (83₆₈ „An Lauren" und 83₁₆₅ „An den Mond").

3. Edler von T*ss*r (93: 3) bringt 93₉₇ ein Epigramm, 93₁₇₂ ein Encomion und 93₁₄₁ eine frivole, aber formell sehr gewandte Erzählung.

4. W. (94: 3, 95: 2, 96: 3). Wenn alle diese Stücke wirklich von einem Verfasser stammen, so muß man über seine Vielseitigkeit staunen: 94₃₀, ₇₃, ₁₀₄, 95₇₃ sind sehr mittelmäßige Epigramme, 96₁₁₀ ist ein Scherzgedicht („Auf einen unglücklichen Dichter, der schlechte Verse auf hübsche Mädchen machte"), 96₄₈ ein Encomion auf die Kartoffeln, 95₁₁₂ („An Elisen") ein überschwenglich sentimentales Liebesgedicht (vgl. S. 89).

5. Kaum von einem Verfasser rühren die unter der Chiffre P. stehenden, sehr verschiedenartigen Gedichte her: P. (78: 3, 88: 2, 89: 2, 90: 1, 92: 2, 93: 3, 96: 4). 78₈₄ „Auf den Tod eines

jungen Katers", 78₁₀₆ „Sehr nützliches Projekt" (Satire gegen den Sturm und Drang), 78₁₂₄ „An die Lerchen" (beschreibend); 83₁₀₈, 130, 90₁₀₂, 92₈₁ sind Gedichte anakreontischen Charakters, die zum Lebensgenuß auffordern, 92₁₀ („An Hänschen bey Erhaltung des ersten Beinkleides") ein Scherzgedicht, 96₁₂, 30, 53, 76 Epigramme, 89₉₆ eine Anekdote, 89₁₄₉ eine frivole komische Erzählung; 93₄₈ ist ein Wiegen-, 93₁₀₃ ein Hochzeitslied, 93₁₃₂ ein „Lied eines Neuvermählten".

Es erübrigt noch, einige Zusammenstellungen über die Autoren des WM zu machen.

Von den einzelnen Kronländern hat — soweit die Daten sicher sind — Österreich ob und unter der Enns die meisten Mitarbeiter gestellt: von Alxinger, B. Auffenberg, Gabr. von Baumberg, Binder von Kriegelstein, Blumauer, Denis, Friedelberg, Füger, Gaheis, Grolzhamer (?), C. von Greiner, Hartel (?), Hegrad, Hofstetter, Leon, Perinet, Prandstetter, Ratschky, Regelsberger, Saam, Schleifer, Span, Sonnenfels. Dann kommt Steiermark: Kath. Jaquet, von Kalchberg, Jos. Eust. König, Nunberger, Schram, Scheiger. Böhmen: J. Moritz, Petrak, Schneider. Schlesien: Rupprecht, Stein. Mähren: Sannens. Kärnten: Raditschnig. Tirol: Gaßler. Slavonien: Schisling.

Nichtösterreicher sind: Friedrich, geboren zu Sagan (Anmerkung 56); Goekingk, geboren zu Grüningen bei Halberstadt (An. 26); Just. Christ. Gottl. König, geboren zu Nürnberg (An. 48); J. B. Koller, geboren zu Biendorf; Wilhelmine Maisch, geboren zu Pforzheim (An. 13); G. Meißner, geboren zu Bautzen (87₇₉, 93. 121, 88₈₈); Fr. L. W. Meyer, geboren zu Harburg (An. 19), G. K. Pfeffel (85₅₃), geboren zu Kolmar; E. M. Rathlef, geboren zu Nienburg (An. 21), Sophie la Roche (85₁₅₇), geboren zu Kaufbeuren; Joh. Friedr. Schink, geboren zu Magdeburg (An. 28), Jos. Karl Winkler von Mohrenfels, geboren zu Nürnberg (An. 52).

Es gewährt ferner ein gewisses Interesse zu sehen, wie die Mitarbeiter des WM in anderen Almanachen vertreten sind.

Im Leipziger MA finden sich nur die älteren, auch außerhalb Wiens bekannten Dichter Österreichs: Denis, Mastalier, Meißner, Regelsberger und Retzer.

Im Göttinger MA: Deurer,*) Fridrich, Gottl. Leon, Ratschky.

Im Vossischen MA**): Alxinger, Grolzhamer, Hartel, Haschka, Hegrad, Hoffmann (= von einem Soldaten), Leon, Prandstetter, Retzer, Scheiger, Sonnenfels.

In der „Blumenlese der Musen", die 1790—1791 in Wien von Lackner und Tschink herausgegeben wurde, finden sich: Auffen-

---

*) Redlich „Versuch eines Chiffrenlexikons". Hamburg 1875, S. 7,
**) Meist durch Nachdruck.

VI. Die Autoren des Wiener Musenalmanachs.

berg, Binder von Kriegelstein, Goeking, Werner von Gruber, Fr. Hegrad, L. Herz, Lackner, Liebe, Löbl, Perinet, Regelsberger, Schisling, Schleifer, Wagemann, Winkler von Mohrenfels.

In das „Wiener Schriftsteller- und Künstlerlexikon, herausgegeben von einer Gesellschaft", Wien 1793, wurden von den Mitarbeitern des WM folgende aufgenommen: Alxinger, Auffenberg, Gabr. von Baumberg, Blumauer, Denis, Gaheis, Karoline von Greiner, Haschka, Jos. Joh. Jünger, K. von Lackner, Perinet, Prandstetter, Regelsberger, Retzer, Jos. Richter, Scheiger, Schisling, Schleifer, Schram, Sonnenfels.

Vergleicht man die Geburtsdaten, so zeigt sich, daß die meisten Autoren etwa im Alter Blumauers (geboren 1755) stehen: Alxinger 1755, Friedrich 1756, Haschka 1749, Hegrad 1757, Binder von Krügelstein 1759, Jos. Christ. Gottl. König 1756, Jos. Eust. König 1758, Meißner 1753, Meyer 1759, Petrak 1753, Prandstetter um 1750, Rabitschnig 1758, Ratschky 1757, von Retzer 1754, Richter 1749, Saam 1755, Schisling 1756, Stein 1759. Zur jüngeren Generation gehören: Gabriele von Baumberg 1775, Dopler 1763, J. Füger 1772, Gaheis 1763, C. von Greiner (C. Pichler) 1769, Koller 1767, Kalchberg 1763, Moritz 1768, Perinet 1765, Rupprecht 1776, Span 1760, Sannens 1761, Schneider 1766, Winkler von Mohrenfels 1761.

Denis reicht bis 1729 zurück, Hofstetter 1741, Wilh. Maisch 1746, Mastalier 1731, Nunberger 1743, Nathlef 1742, Regelsberger 1734.

Da mir nur wenige Geburtsdaten zur Verfügung stehen und nicht immer die der wichtigsten Autoren, so kommt dieser Übersicht nur eine relative Bedeutung bei.

Nur eine ganz geringe Anzahl von Mitarbeitern des WM lassen sich als Individualitäten greifen.

Eine größere Anzahl von Beiträgen haben geliefert: K. J. Hartel (1779 : 9, 1781 : 1), Anton Grolzhamer (82 : 2, 83 : 2, 84 : 4, 85 : 3, 86 : 7), Ulr. Petrak (83 : 1, 85 : 2, 86 : 3, 87 : 2, 88 : 3, 89 : 2), Jos. Martin Prandstetter (79 : 2, 80 : 9, 81 : 4, 82 : 6, 83 : 6, 84 : 6, 85 : 2, 86 : 3, 87 : 3, 88 : 4, 89 : 1, 90 : 4, 91 : 3, 92 : 2, 93 : 2, 93 : 7, 94 : 3), Jos. von Retzer (80 : 2, 81 : 3, 82 : 3, 83 : 2, 84 : 3, 85 : 1, 86 : 6, 89 : 6, 90 : 3, 92 : 1, 94 : 1, 96 : 1) und Jos. von Sonnenfels (83 : 8, 85 : 3, 86 : 5).

Die wenigst begabten unter diesen Männern waren wohl Petrak und Sonnenfels. Sonnenfels' Beiträge haben gewiß viel dazu beigetragen, dem Almanach Ansehen zu verschaffen, aber sie beweisen, daß er so klein als Dichter war wie groß als Gelehrter. Er gibt Epigramme ($83_{10, 56, 88, 107}$, $85_{18, 49, 104}$, $86_{34, 129}$), einen „Rundgesang" (83₅₂), ein Schwesterngebicht (86₁₅₂), lehrhafte Gedichte („Mein Wunsch" 86₁₄₈), eine Allegorie („Irens Apologie" 83₁₈₂), eine Parabel („Krates und Kallikles" 86₆₈), ein Gedicht, das vor den Weibern warnt („Ballade" 83₁₆₀), eine etwas schlüpfrige Erzählung im genre melée („Das treuherzige Lieschen" 83₁₆₀). Sein lehrhaftes Wesen bricht durch, wenn er zu einem aus Prior übersetzten Epigramme (85₁₈) in einer Anmerkung den Text gibt oder über eine Stelle aus dem „Hudibras" ein Epigramm (85₁₀₄) macht oder als Titel über ein 8zeiliges lehrhaftes Gedicht ein 16 Worte langes Zitat aus Seneca setzt. Daß er stolz auf diese Gedichte war, dafür ist Beweis, daß er sie als „Kleine Gedichte" in den IX. Band seiner „Gesammelte Schriften" Wien 1786 aufgenommen hat.

U. Petrak, der Prior von St. Melk, fällt durch seine Klosterscherze auf: 85₈₄ „Auf die Sage von der Aufhebung des Cölibats", 87₁₁₄ „Der Klosterprior", 88₅₆ „Ein Mirakel", 89₆₃ „Die Probe eines Klosterkandidaten"; als freisinnigen Mann bewährt er sich durch das Gedicht „Execution eines Moralisten" 88₁₃₇. Sonst gibt er harmlose Epigramme 86₈₀, ₁₃₀, 87₃₉, 89₃₈, ein recht unnaives Mädchenlied („Kätchen" 83₁₁₂) und ein deutschtümelndes Trinklied („Kapitellied" 86₇₆). An Blumauers Polemik gegen Nicolai nahm er durch die „Reisebeschreibung durch Böheim" 88₆₈ teil.

Jos. von Retzer wird im „Künstlerlexikon" als ein „gewaltiger Literator" gerühmt und in der Tat hat er sich durch seine Belesenheit in den modernen Literaturen mancherlei Verdienste um Hebung der Wiener Literatur erworben. So gab er die vortreffliche „Choice of the best poetical pieces of the most eminent English poets", Vienna 1783—1786 (vgl. S. 38 f.) heraus, aus der er für den Jahrgang 1786 fünf Epigramme (86₄₁, ₆₇, ₁₂₄, ₁₃₇, ₁₄₇) übersetzte. Auch sonst hat seine Herausgebertätigkeit Spuren im WM hinterlassen: 89₄₅, ₅₅, ₇₄, ₇₈, ₈₈, ₁₂₁ erscheinen plötzlich Übersetzungen aus den Gedichten des Bischofs Hieronymus Balbi von Gurk (1485—1530), dessen Werke Jos. von Retzer herausgab und in einem schmeichlerischen Widmungsgedichte (92₁₅₈₋₁₆₄) dem Grafen Rud. von Chotheck widmete. Außer Übersetzungen (80₉₄, 80₁₁₇, 81₄₂, 83₁₂₅) und Gelegenheitsgedichten (82₉₉, 83₆₁, ₁₂₃, 90₅₉, 94₁₁₃, 96₉₁) hat er nur Epigramme (81₁₂₆, 82₄₀, ₁₆₅, 86₄₁, ₆₇, ₁₂₄, ₁₃₇, ₁₄₇) und drei tändelnde Lieder im Stile der älteren Anakreontik (81₁₁₃, 84₁₄₀, 85₁₂₃) geschrieben. Am Kampf für die josefinischen Bestrebungen nahm er durch das Gedicht „Der Beichtvater und der junge Geistliche als Beichtkind" 86₉₅ Anteil.

K. J. Hartel und Grolzhamer sind verbunden durch das gleiche Schicksal: beide sind in hoffnungsvollstem Alter vor der Vollendung gestorben.

K. J. Hartel tritt 1779 zum ersten Male auf, fehlt 1780, 1781 wird er als tot beklagt. Er muß sehr jung gestorben sein: denn jugendlich ist die Schwärmerei und Begeisterungsfähigkeit, die seine Gedichte erfüllen, jugendlich der Enthusiasmus, mit dem er als ritterlicher Minnesänger auftritt, und jugendlich sind auch die Mängel der Form. Er kann kein Ende finden. Auf ein Gedicht von zehn Strophen antwortet er mit 31 Strophen; seine langatmigen, aber einfach und übersichtlich gebauten Sätze sprengen die Einheit der Strophe. Inhaltlich wollen diese zehn Gedichte ja nicht viel bedeuten: vier Gelegenheitsgedichte: 79 $_{75}$, 100, 122, 135. fünf Liebesgedichte: 79 $_{86}$, 119, 128, 143, 158, die alle in Motiven und Wendungen die Abhängigkeit von der Dichtung der Göttinger und besonders Bürgers bekunden. Einzelne wie „Liebestod" 79 $_{86}$ und „Der Knabe nach dem ersten Kusse" 81 $_{69}$ wirken durch die Übertreibung höchst unwahr, aber in allen zeigt sich eine Wärme des Gefühls, die im Vergleich zu den tändelnden Gedichten Gottl. Leons, dem er am nächsten steht, höchst wohltuend berührt; dazu kommt, daß Hartel Humor besaß, echten Humor, der sich über einen tiefen Schmerz zu erheben vermag (79 $_{140}$). Sein früher Tod ist zu bedauern; das von Voß in seinen Musenalmanach aufgenommene Gedicht zeigt, was von ihm hätte gelingen können, wenn ihm Zeit gegönnt gewesen wäre. Es faßt sehr hübsch die Stimmung von Wien, nachdem der Faschingstrubel verklungen ist (VM 80 $_{102}$ „Fastenlied").

Das Schicksal Hartels teilte auch Ant. Grolzhamer,*) doch war ihm immerhin eine längere Zeit der Entwicklung gegönnt. Er hat mit Anekdoten und Epigrammen begonnen (82 $_{140}$, 83 $_{40}$, 128, 84 $_{95}$, 155, 85 $_{94}$, 151, 86 $_{70}$, 151), die er vorzugsweise in den Dienst der Satire gegen die Pfaffen stellt, und es ist interessant zu beobachten, wie er nach einer neuen Form für diese Gattung sucht. In 84 $_{95}$ „Magistratshöflichkeit" wendet er Goethesche Knittelverse an und 85 $_{151}$ erfindet er eine ganze Situation, um eine Anekdote in strophischer Form behandeln zu können: er sitzt — so fingiert er — in der Spinnstube unter den Mädchen und verspricht ihnen, wenn sie fleißig seien, eine Geschichte zu erzählen. Grolzhamer nimmt also ein künstlerisches Interesse an der alten Gattung der Anekdote. — Sonst hat er allerlei versucht: satirische Gedichte („Knittelreime auf die Wiener Knittelautoren" 82 $_{60}$, „Trauerlied beym Abzuge einer Versammlung von Seelsorgern" 85 $_{40}$, „Romanenlied" 86 $_{64}$), Encomia („Lob des Rauchtabaks" 84 $_{129}$, „An den lieben Mond" 86 $_{140}$), ein Gedicht „Poetenglück" 86 $_{64}$, das in seiner Innigkeit eine ganz andere Auffassung vom Dichterberufe bekundet als etwa Raditschnigs „An

---

*) Er wird 87 $_{56}$ in einem Epigramm als tot betrauert.

die Dichter" 78₁₂₁, P.s "Sehr nützliches Projekt" 78₁₀₈ und dergleichen. Sein Bestes hat er aber in den volkstümlichen Rollenliedern (84₁₆₈ „Lied eines alten Leyermanns" und 86₂₇ „Lied eines alten Taglöhners in der Feyerstunde") gegeben, die nach Kaltenbäcks Zeugnis*) auch wirklich Volkslieder geworden sind.

Ganz anders als diese beiden Jungverstorbenen ist Jos. Martin Prandstetter geartet, der dem WM 1779—1794 als Mitarbeiter angehört und im ganzen (auch unter der Chiffre —nbst—) 71 Gedichte von verschiedenstem Umfange beigetragen hat.

Ihm fehlt das Weiche, das Hartel und Grolzhamer so liebenswürdig macht, wie denn auch seine Sprache spröde und brüchig bleibt.

Er hat — wenn wir von den Epigrammen absehen — mit einem tändelnden Gedichte (79₁₀₈) begonnen, und auch 1794 (94₁₈₉) findet sich auffallenderweise noch ein solches. Dann packt ihn die Zeitkrankheit der Empfindsamkeit: er weint am Grabe Lottchens (80₁₁₀), im Blühen des Frühlings (80₇₄ „Mailied") denkt er daran, daß vielleicht manches Mädchen jetzt zum Grabe ihres Geliebten schleicht.**) Besonders interessant sind die Gedichte, in denen der Dichter bemüht ist, seine eigene melancholische Stimmung ohne Zuhilfenahme einer traditionellen Situation auszudrücken; 80₁₂₅ („Melancholie") klagt er darüber, daß unüberwindliche Melancholie ihn quäle und schildert sich selbst: leichenblaß, verzerrten Antlitzes; in 80₆₃ („Die Verführung") motiviert er seine unglückliche Stimmung: die Stadt hat sein Blut vergiftet und er beklagt, daß er seines Vaters Hütte verlassen hat.

Von der Sentimentalität genas er ziemlich rasch; nur in den Balladen (siehe diese) zeigen sich auch später noch Spuren davon. Der Jahrgang 1781 enthält noch ein etwas schwermütig angehauchtes Gedicht „Wunsch eines Jünglings" 81₁₆₀, aber 1782 bringt schon ein fröhliches Scherzlied („Revolution" 82₇₅) und ein Trinklied, deren er vier verfaßt hat: 82₄₉, 83₁₀₄, 84₆₉, 85₉₀. Er scheint also noch ein recht fröhlicher Gesell***) geworden zu sein. Scherzlieder hat

---

*) Austria- oder Universalkalender für das Jahr 1846, S. 1—4.
**) Vgl. S. 28 ff.
***) Den Flötenspieler Ludw. Gehring preist er (82₁₇₃):

O dreymal Heil dir, der du die Allgewalt
Die die Natur so ganz ohne Vorbehalt
Dir gab, nicht mißbrauchst, unsre Seelen
Düster mit Klagegetön zu quälen.

Nur darin Ruhm suchst (hört es, ihr Könige!)
Die bittern Stunden, welche hienieden je
In unser Lebensbächlein fließen
Trostreich und liebevoll zu versüßen!

er auch sonst noch oft gemacht: 83$_{115}$ „An den Winter", 84$_{85}$ „Der Fasching", 88$_{11}$ „Danklied" (sc. an die Pfeife) und andere. Gerne erzählt er auch im Sinne der Josefiner lustige Geschichte mit Pointen gegen die Pfaffen: 86$_{109}$ „Die schöne Müllerin", 87$_{73}$ „Der Verstoß", 87$_{58}$ „St. Martin"; 90$_{46}$ „Der Esel" ist gegen die Kritiker gerichtet.

Als lyrischer Dichter ist er arm; abgesehen von den sentimentalen Gedichten des Jahrganges 1780 hat er nur ganz wenige Liebesgedichte geschrieben, die entweder fremden Einfluß verraten wie „Liebchens Bildnis" 81$_{44}$ oder auffallend ungeschickt sind wie etwa „Lied der Treue" 93$_{84}$ und andere.

Prandstetter scheint seine lyrische Unfähigkeit auch erkannt zu haben, denn er verlegt sich einerseits aufs Übersetzen (82$_{81}$, 84$_{43}$, 84$_{126}$), anderseits pflegt er — ähnlich wie Nomis — die erzählende Dichtung (vgl. S. 112 f.). Seit 1786 übersetzt er — wohl von Alxinger angeregt — abgerundete Stücke aus Ovids Metamorphosen in der Form der freien Stanze: 86$_7$ „Die vier Weltalter", 87$_{15}$ „Pygmalion", 89$_{135}$ „Salmacis".

Gelungen sind Prandstetter nur wenige Stücke: 80$_{113}$ „An einem Frühlingsmorgen" (vgl. S. 94), 81$_{168}$ „Sacco-Medea, gemalt vom Herrn Hickel" (siehe S. 27 f.) und die Ode „Die Muse und der Dichter" 92$_{87}$. Hier hob die Begeisterung ihn über das Maß des Gewöhnlichen hinaus, niemand wußte im WM noch solche Töne anzuschlagen.

Martin Prandstetter hat ein böses Schicksal jäh aus der Reihe der Mitstrebenden gerissen. Geboren um 1760 in Wien, Jugendfreund des Grafen Saurau, trat er in den Wiener Magistrat und machte rasche Karriere. Als Magistratsrat wurde er 1794 in die sogenannte Jakobinerverschwörung verwickelt und zu Pranger und 30jähriger Festungshaft verurteilt — unschuldig wie wohl alle, welche damals dem gewissenlosen Ehrgeize einiger österreichischer Aristokraten *) zum Opfer fielen. Die Anklage lautete bei Prandstetter (siehe Wurzbach) auf Teilnahme am Landesverrat; als Gründe wurden angegeben: **) er habe geheime Verbindungszeichen in Vorschlag gebracht und aufrührerische Schriften verbreitet. Prandstetter war völlig sorglos, weil ihm sein Freund Graf Saurau, der einer der Haupt„entdecker" war, ausdrücklich versichert hatte, er brauche nichts zu fürchten. Bei der Verurteilung führte dann Saurau den Vorsitz, Prandstetters Richter war sein ärgster Feind, ein Magistratsrat

---

*) Siehe Wurzbach 23, 192.
**) Siehe Protokoll bei Gräffer „Francisceische Curiosa" 2, 17 ff.; über den ganzen Prozeß ebenda, S. 9—37.

Martinolli, den Prandstetter des Unterschleifs an städtischen Geldern überführt hatte.

Prandstetter war Mitglied des Freimaurerordens gewesen und hatte eifrig am Kampfe gegen die klerikale Partei teilgenommen; in einigen Gedichten finden sich Ausfälle gegen die Sittenlosigkeit des Adels (z. B. 90 $_{95}$). Das alles hatten aber Alxinger, Blumauer, Ratschky und andere, die in hohen Ehren verblieben, auch getan. Sonst erscheint er in seinen Gedichten als ein harmloser heiterer Mann, der mitunter Anwandlungen von Sentimentalität unterworfen ist, kurz alles andere als ein Jakobiner.

Anmerkungen.*)

1. Über Denis und Blumauer vgl. Kapitel II.
2. Mastalier hat für den Jahrgang 1783 sechs und für den Jahrgang 1786 vier Epigramme aus der griechischen Anthologie übersetzt.
3. Benedikt von Auffenberg (Goedeke 6, 551) hat Wien 1789 „Poetische Versuche" herausgegeben; leistete Beiträge zu Ladners „Blumenlese der Musen". 1792 gab er mit L. M. Schleifer (vgl. Anmerkung 57) und Franz Engelbert Gruber ein Gedichtbuch „Denkmal unserer Freundschaft" (Wien 1792) heraus.
4. Joachim Füger (Goedeke 6, 569), 1772 in Wien geboren, geschätzter Jurist, Verfasser von Gelegenheitsgedichten. Eine Anakreonübersetzung ist von ihm bekannt.
5. Katharina Jaquet, Hofschauspielerin, geboren 1760 in Graz, gestorben daselbst 1786, Tochter des Hofschauspielers Karl Jaquet. Ihr Tod wurde allgemein betrauert (vgl. Alxinger, Sämtliche Werke 8, 80 „Auf den Tod der Jaquet").
6. Es ist vielleicht Joh. Ribini 1760—1820 (vgl. Goedeke 7, 63) gemeint. J. Ribini wurde geboren in Preßburg, studierte in Göttingen unter Lichtenberg und Kästner, wurde k. k. Hofsekretär und war wegen seiner gesellschaftlichen Talente berühmt. Er ist Mitarbeiter am „Wiener Conversationblatt", am „Teutschen Merkur", der „Allgemeinen Literaturzeitung" und am „Preßburger Musenalmanach".
7. Der Verfasser der „Allgemeinen Theorie der schönen Künste nach alphabetischer Ordnung" war schon 1779 gestorben.
8. Wurzbach 59, 25 zählt fünf Umlauf auf, von denen jedoch keiner den Vornamen Leopold führt.
9. Ein Musiker Anton Eberl 1766—1807 wird bei Wurzbach 3, 408 erwähnt.
10. Wurzbach 14, 324 nennt einen Itzig von Leidesdorf als Klaviervirtuosen und Komponisten leichter, aber vielgespielter Arbeiten, der 1839 in Florenz starb, aber bis 1827 in Wien lebte, wo er eine Musikalienhandlung besaß. Geburtsjahr unbekannt.
11. Fr. K. Sannens (Goedeke 5, 339; 7, 16), eigentlich Sanenz von Sensenstein, geboren 1761 zu Neuhaus in Mähren, Hofschauspieler bis 1814. Als Schauspieler war er nicht bedeutend, sein Fach waren Judenrollen. Er schrieb, „wie es damals guter Ton war" (Wurzbach 28, 196) Gelegenheitsgedichte, Epigramme, satirische Fabeln, lieferte Beiträge zum „Aufmerksamen"

---

*) Die folgenden Angaben beruhen in der Hauptsache auf dem fast erschöpfenden § 298 in Goedekes „Grundriß". Die dort angeführten Quellen (Wurzbach, Meusel, Jördens und andere) zitiere ich nur dann, wenn sie mir wichtig erscheinen; die entlegeneren habe ich nicht einsehen können.

VI. Die Autoren des Wiener Musenalmanachs.

und anderen Zeitschriften; hat Anteil an der Literatur der Befreiungskriege. Im Verein mit Ben. Maria Koller (so bei Goedeke 7, 16; nach Wurzbach 12, 348 mit dem Legationsrate Ben. Jos. Koller, der ein hervorragender Mitarbeiter des WM war [vgl. unten] und eine Reihe von Dramen schrieb) verfaßte er „Kinderschauspiele".

12. K. von Wiedmann. Wurzbach führt eine ganze Reihe von Männern dieses sehr häufigen Namens an, aber keiner paßt hierher.

13. Wilhelmine Maisch, bei Goedeke 7, 154 unter ihrem Frauennamen Wilhelmine Müller, Tochter eines aus Bistriz gebürtigen Pfarrers,*) der zu Amerhof in Thüringen ansässig war, geboren zu Pforzheim, lebte 1796 in Wien, heiratete den Buchhändler Wilhelm Müller aus Karlsruhe, siedelte dorthin über und starb dort 1807. Sie gab als Wilhelmine Müller heraus: Gedichte, Karlsruhe 1800, Gedichte an Erzherzog Karl 1800, Taschenbuch für edle Weiber und Mädchen 1801—1807.

14. Joh. Bapt. Rupprecht (Goedeke 6, 557) 1776 zu Wölfelsdorf in der Grafschaft Glatz**) geboren, im Josefinischen Konvikt zu Breslau erzogen. Er war Kaufmann und Fabrikant, erlitt 1809 große Verluste und beschäftigte sich seitdem nur mit Hortologie und Literatur. Als k. k. Büchercensor hat er durch seine Pedanterie und Engherzigkeit noch den Zorn Grillparzers erregt. Er starb 1846.

15. Ulrich Petrak, geboren 1753 zu Königseck in Böhmen, gestorben 1814 zu Rabelsbach in Niederösterreich. Er wurde 1771 Benediktiner, 1786—1789 Prior in St. Melk. Er gab „Geistliche Lieder", Wien (ohne Jahr) und „Lieder der Liebe, mit Orgelbegleitung", Wien (ohne Jahr) und „Vierstimmige Trauergesänge", Wien 1813 heraus. Vgl. Goedeke 6, 736.

16. Jos. von Retzer (Goedeke 6, 351) 1754 in Krems geboren, 1824 in Wien gestorben. Er spielt, weniger durch seine eigene Tätigkeit, als durch seine Verbindung mit fast allen bedeutenden Männern der deutschen (zumeist der vorklassischen) Literatur, eine gewisse Rolle im österreichischen Geistesleben. Wichtig ist für die österreichische Literatur seine „Choice of the best poetical pieces of the most eminent English Poets" 1783—1786 (vgl. S. 150 f.). Als Übersetzer, Journalist und Herausgeber entfaltete er eine umfangreiche Tätigkeit.

17. Franz Schißling, geboren 1756 zu Koponitze in Slavonien, Kanzellist bei der k. k. Obersten Justizstelle, dann Adjunkt der galizischen Hoflkanzlei in Wien. Er hat sich im Alter der religiös-katholischen Dichtung zugewendet, was man höchstens aus einem seiner Gedichte im MW (80₂₁ „Rathschlüsse Gottes") hatte voraussagen können (Goedeke 7, 180).

18. Fr. Hegrad (Goedeke 6, 538), 1757 zu Lanzendorf in Niederösterreich geboren, Rechnungskanzlist, entfaltete eine umfangreiche journalistische Tätigkeit.

19. Meyer ist nach Goedeke 4, 417 f. Fr. L. Wi. Meyer 1759—1860, ein Freund Bürgers. Geboren zu Harburg; hatte persönliche Beziehungen zu Wien.

20. Eine Gelegenheitscantate von Jos. Aloys Wagner wird bei Goedeke 6, 555 (unter Niederösterreich) angeführt.

21. Ernst Lor. Mich. Rathlef 1742—1791 (Goedeke 4, 65), geboren zu Nienburg im Hannoverischen, gehört ganz der Richtung der Bremer Beiträger an und schreibt noch 1772 ein komisches Heldengedicht „Der Schuh".

22. Über Jos. Ign. Scheiger vgl. Goedeke 6, 632. Lebensumstände unbekannt; lebte in Graz, Mitarbeiter der „Früchte Grazerischer Musen", gab 1792 „Fabeln und Erzählungen" und 1831 „Gedichte" heraus.

23. Joh. Friedr. Schink 1755—1835 (Goedeke 7, 352), der bekannte Verfasser von „Johann Faust", wurde in Magdeburg geboren und lebte bis 1789 meist in Österreich.

*) Bei Goedeke unter Siebenbürgen eingereiht.
**) Bei Goedeke unter Niederösterreich eingereiht.

VI. Die Autoren des Wiener Musenalmanachs.

24. Jos. Rabitschnig von Lerchenfeld, geboren in Klagenfurt 1753, gestorben 1812 in Hermannstadt als Direktor der dortigen Normalschule (Goedeke 5, 318; 6, 679).
25. Jos. Richter, der bekannte Wiener Journalist (Goedeke 4, 366; 5, 318), der 1780 die Redaktion des Wiener Musenalmanachs übernehmen sollte.
26. Goeckingk beschwert sich in der Vorrede des zweiten Bandes seiner „Gedichte" 1781 darüber, daß wider seinen Willen seine an Privatpersonen gerichteten Episteln gedruckt wurden. Auch die Epistel 81 $_{172-140}$, die sich in Goeckingks „Gedichten" 1781, 2. Band, Nr. XIV findet, ist laut Anmerkung der Herausgeber ohne Goeckingks Einwilligung aufgenommen worden. Die Epigramme 84 $_{15, 109, 133, 155, 166}$ finden sich in Goeckingks „Gesammelten Gedichten" 1821, 3, 277/8 und 4, 248.
27. A. Stein, geboren 1759 im Dorfe Blaben in Oberschlesien,*) gestorben 1844 in Wien. Seit 1788 Professor der klassischen Sprachen am akademischen Gymnasium, Lehrer Grillparzers und Bauernfelds; seit 1802 an der Universität in Wien. Er gab erst 1843 seine Gedichte (in deutscher, lateinischer und griechischer Sprache) heraus; lieferte Beiträge zu allen Wiener Musenalmanachen.
28. Kristoph Regelsberger, 1734 zu Stazendorf in Niederösterreich geboren, 1751 Jesuit, Lehrer in Marburg, Graz und Wien; gestorben 1797 in Wien. (Siehe Wurzbach 25, 149.)
29. Franz de Paula Nunberger, geboren in Graz 1743, gestorben in Wien 1816; Exjesuit, Lehrer der Redekunst am St. Annenkolleg in Wien (Wurzbach 20, 434). Schrieb viele Gedichte, die in Almanachen und Zeitschriften zerstreut sind.
30. Theresianisten.
31. Felix Hofstetter, 1741—1822, Exjesuit, Lehrer der schönen Wissenschaften am Theresianum, später Universitätsbibliothekar und Direktor des neu errichteten Theresianums. Getreu der nationalen Richtung seiner Gedichte gab er 1811 „Altdeutsche Gedichte aus der Zeit der Tafelrunde" heraus.
32. Jos. Dopler (Goedeke 6, 549), 1763—1808 Rechnungsoffizial der österreichischen Hofbuchhaltung, Mitarbeiter an der „Theaterzeitung".
33. J. Friedelberg **) (Goedeke 6, 364, 567). Geburtsjahr unbekannt, gestorben 1800. War Unterlieutenant bei dem ehemaligen Korps der Wiener Freiwilligen und hat Beiträge zu den verschiedenen Musenalmanachen geliefert. Bekannt ist er durch ein episches Gemälde „Kallidion", Wien 1800.
34. Franz Anton de Paula Gaheis 1763—1811 (Goedeke 4, 367; 6, 545/8) entfaltete als Schulmann eine außerordentlich umfangreiche und fruchtbare Tätigkeit. Er ist der Herausgeber des „Neuen Wiener Musenalmanachs auf 1800".
35. C. von Greiner, verehelichte C. Pichler. Über ihr erstes Gedicht (82 $_{163}$), das mit „Karoline von Greiner, ein zwölfjähriges Fräulein" unterschrieben ist, vgl. ihre „Denkwürdigkeiten aus meinem Leben", Wien 1844, 1, 66.
36. Goedeke 7, 71 führt einen Werner von Gruber an, der einen „Aufruf eines österreichischen Feldhauptmanns an seine Compagnie" 1809 veröffentlichte.
37. Jos. Ernst König (Goedeke 6, 633), geboren 1758 in Graz, gestorben daselbst 1795. Gab Beiträge zu Kalchbergs „Früchten Grazerischer Musen".
38. Liebe von Kreuzner war Professor der Ästhetik in Wien.
39. J. Perinet, der bekannte Schauspieler und Dramatiker 1765—1806 (Goedeke 5, 332).
40. Ein Bergrat Franz Reichelzer (1770—?), der literarisch tätig war, wird bei Wurzbach 25, 18 erwähnt.
41. Karl Agnell Schneider (Goedeke 6, 737) 1766—1835, geboren zu Königgrätz in Böhmen, studierte in Prag, Halle und Göttingen, wurde Meißners

---

*) Bei Goedeke 6, 548 unter Niederösterreich eingereiht.
**) Bei Goedeke kein Vorname.

VI. Die Autoren des Wiener Musenalmanachs.

Nachfolger an der Universität Prag und starb nach ziemlich bewegtem Leben 1835. Gedichtsammlungen hat er 1800, 1817 und 1819 herausgegeben. Seit 1820 dichtete er auch in cechischer Sprache als Karel Sudemir Snaibr.

42. Goedeke 5, 352 führt einen Joh. Freiherrn Binder von Krügelstein (1758—1790) an, der „Kleine Gedichte" München 1783 herausgab.

43. K. von Ladner gab (Goedeke 4, 368) die „Blumenlese der Musen" Wien 1790 und 1791 im Verein mit Cajetan Tschink heraus.

44. Hoffmann (ohne Vornamen) ist nicht festzustellen.

45. Wurzbach 46, 293 kennt nur einen Traubenburg. Traubenberg (Verfasser von „Lob des Tokayers" 96₁₀₉) ist vielleicht ein Pseudonym.

46. Fr. Gaßler (Goedeke 6, 659) hat sich später als Historiker betätigt („Schilderungen aus den Urschriften unserer Väter" und anderes). Er gab auch Beiträge zum Tiroler Musenalmanach 1802.

47. Starb schon 1780, wie aus der Rezension des Jahrganges 1781 in der „Realzeitung" zu ersehen ist. Haschka schreibt am 31. Oktober 1807 an Reinhold in dem Briefe, in welchem er ihm als alter Mann das Du anbietet: „Du bist nun der britte, denn ich in meinem Leben duze! Die beyden Anderen, mein Stürmer, mein Alxinger — ach! sind schon lange ..." (Reif a. a. O. S. 97 f.)

48. Just. Chr. G. König 1756—1789 (Goedeke 4, 112), geboren zu Nürnberg und daselbst auch gestorben. Er gab eine „Poetische Blumenlese" für das Jahr 1782 und 1783 zu Nürnberg heraus und ließ daselbst 1789 „Gedichte" erscheinen.

49. Über A. K. Romis ist nichts Näheres bekannt.

50. M. Span 1760 geboren in Wien, gestorben daselbst 1840. Vgl. Wurzbach 36, 57.

51. Leop. Math. Franz Schram 1754—1834 (Goedeke 6, 632), geboren in Graz, Freund Kalchbergs. Er gab 1790 „Gedichte" Grätz bey And. Leykam heraus, war Mitarbeiter von Kalchbergs „Früchten Grazerischer Musen", am „Aufmerksamen" und anderen Zeitschriften.

52. Jos. Joh. Paul Karl Jacob Winkler von Mohrenfels, geboren 1761 in Nürnberg, gestorben 1798 in Altdorf. Er lebte längere Zeit in Wien und gab in Wien 1789 „Gedichte" heraus und hat auch Beiträge zur „Blumenlese" 1790/1 geliefert; 1788 gab er einen „Fränkischen Musenalmanach" heraus. Er war ein „seiner Zeit nicht unbekannter Dichter" (Wurzbach 56, 288; Goedeke 6, 542).

53. Fr. Saam (Goedeke 5, 361; Meusel 12, 4), geboren zu Bruck an der Leitha, gestorben am 24. September 1755. Alle anderen Daten unbekannt. Er hat ein Originaltrauerspiel „Darthula" Frankfurt und Leipzig 1781 erscheinen lassen, das er zuerst im 4. Jahrgange des Wiener Musenalmanachs veröffentlichte.

54. Über J. v. Kalchberg (1763—1827) vgl. Goedeke 6, 638.

55. 94₂₃ wird mitgeteilt, daß Herr Konsistorialsekretär Friedrich (siehe folgende Anmerkung) die Gedichte des „für die Musen zu früh" verstorbenen Dichters Georg Ferdin. Deurer herausgeben werde. 95₁₂ steht eine ähnliche Anmerkung, die dann in der Nachschrift zu 1796 widerrufen wird. Deurer muß kurz nach 1786 gestorben sein.

56. Karl Julius Friedrich, geboren 1756 zu Sagan, lebte in Berlin, dann als Sekretär beim Konsistorium helvetischer Konfession in Wien (Goedeke 5, 522; 6, 540).[1]) Er war vielfach schriftstellerisch tätig.

57. Leop. Math. Schleifer, 1771—1842; siehe Goedeke 6, 552—554.

58. Gerning = Johann Isaak Freiherr von Gerning (1767—1837) bei Goedeke 5, 468?

---

[1]) An dieser Stelle K. J. Fridrich geschrieben, aber auf Goedeke 5, 522 verwiesen.

69. Moritz, k. k. Feuerwerker, ist zweifellos Johann Freyherr v. Moritz,[1]) 1768 in Leitmeritz[2]) geboren, 1815 in Olmütz gestorben. Er trat nach Wurzbach 19, 92 schon mit 16 Jahren in ein Artillerieregiment ein, machte die französischen Kriege als Feuerwerker mit und zeichnete sich bei Aspern und Wagram aus. 1811 hat er „Vermischte Gedichte" herausgegeben. Vgl. Goedeke 7, 16.

2. Einzelcharakteristiken.

Die nachfolgenden Einzelcharakteristiken der bedeutenderen unter den Mitarbeitern, die auch durch selbständige Gedichtsammlungen hervorgetreten sind, erheben keinen Anspruch darauf, erschöpfend zu sein. Sie wollen nur die Bilder der künstlerischen und — untrennbar damit verbundenen — menschlichen Persönlichkeit dieser Vorläufer Größerer in der österreichischen Literatur umreißen. So unbedeutend diese Dichter vom Standpunkte der allgemeinen deutschen Literaturgeschichte erscheinen mögen, so leicht sich ihre literarische Stellung von dieser hohen Warte aus mit ein paar Worten kennzeichnen läßt: bei näherer Betrachtung „entwickeln" sich die Bilder und es stehen komplizierte Individualitäten vor uns, deren Eigenart nicht so leicht zu fassen ist. Besonders von einer streng philologischen Untersuchung von Sprache und Stil mußte im Rahmen dieser Abhandlung abgesehen werden.

Joh. Bapt. Edler von Alxinger als Lyriker.

J. B. von Alxinger schreibt am 12. März 1788 an Boie: „Man druckt eben an meinen Gedichten, die ich mit eisernem Fleiße verbessert habe. Ich denke, daß meine zwey Bände (jeder Band ist über ein Alphabet stark) mir einen Platz unter den aller correctesten deutschen Dichtern verschaffen müssen. Diese Sorge für Correction entstand aus dem Gefühle, wie tief meine Geistesfähigkeiten unter denen Bürgers und Göthens stehen. Hätte ich ihr außerordentliches Genie, ich würde weniger feilen. So aber sehe ich die Feile für einen Ersatz desselben an, freilich ist es nur ein schwacher Ersatz, doch immer besser als gar keiner . . .".[3]) In gleichem Sinne spricht er sich in der poetischen Vorrede zur Gedichtausgabe von 1788 aus. Ich setze die Stelle („Das Buch an den Leser" 1788₁₂ f., fehlt SW = Sämtliche Werke) her, weil sie für den Dichter außerordentlich charakteristisch ist. Das Buch, das ist die Ausgabe von 1784, erzählt, wie es vom Dichter empfangen wurde, da es siegesstolz heimkehrte:

---

[1]) Erst nach seinem Tode in den Freiherrnstand erhoben.
[2]) Bei Goedeke unter Mähren eingereiht.
[3]) Briefe des Dichters J. B. von Alxinger, herausgegeben von Dr. G. Wilhelm in den Wiener Sitzungsberichten CXL, S. 45.

VI. Die Autoren des Wiener Musenalmanachs.

> Da sieh hinein, hier schlug er Uzen mir,
> Und Ramlern auf, so mußt du werden, so,
> Tadern du Lob mit Rechte fodern willst.
> Nicht daß ich dir so großer Männer Geist
> Einflößen könnte, denn wer könnte das?
> Doch die Correction kann, werd' ich dir
> Von ihnen borgen, denn Correction
> Ist wohl die billigste der Fodrungen,
> Die je ein Leser an den Autor that
> . . . .
>   wer nicht feilt,
> Und doch auf Enkelbeyfall hoffen darf,
> Der muß nicht weniger, als Shakespeare, seyn.
> Und ha! wie stehts, was diesen Punct betrifft,
> Wie stehts mir dir? Sehr schlecht, das glaube mir.
> Du gleichest einem Mädchen, dessen Stirn
> Mit Sommersteden übersäet ist,
> Und manche Redensart entschlüpfte dir,
> Worüber unsre Heldensprach' erzürnt,
> Den Finger hebt und dräut? wie mancher Vers,
> Den überlaut die Harmonie verdammt?
> Wie manches Bild, wobey die Grazien
> So sauer sehen, als es Grazien
> Nur immer können? Und der Reim, der Reim!
> Wie sehr verräth er deine Vaterstadt!

Solche Selbstbekenntnisse ließen sich noch häufen. Er arbeitet unermüdlich an der Verbesserung seiner Gedichte, „arbeitet im eigentlichen Verstande genommen,[1]) „bis zur äußersten Erschöpfung".[2]) Keine Auflage seiner Epen und seiner lyrischen Gedichte ist ohne massenhafte Änderungen, ja im zweiten Bande seiner „Sämmtlichen Gedichte" 1788 druckt er sogar als Anhang „Bessere Lesearten" für „Freunde und Kenner der Correction" ab. Diese Verbesserungen, denen er einen so großen Teil seiner Arbeitskraft — er war ein unermüdlicher Arbeiter — zuwandte, sind vorzugsweise sprachlicher Natur und müssen in einem großen Zusammenhange erst eingeschätzt werden. Hier soll nicht von dieser Seite seiner Tätigkeit die Rede sein, auch nicht von seinen Epen, auf denen er seinen Ruhm begründet wähnte, noch von seinen verdienstvollen Übersetzungen, sondern von seinen lyrischen Gedichten, die ja wie keine andere Gattung erkennen lassen, ob ihrem Verfasser der Dichterlorbeer gebührt, und die ein weit zuverlässigeres Urteil über des Dichters Persönlichkeit ermöglichen als alle die zufällig bekannten äußeren Lebensdaten. So gering man auch Alxingers schöpferische Begabung einschätzen mag, der Drang zum Dichten war in ihm groß genug, ein arbeitsreiches

---
[1]) Keil, „Wiener Freunde" 1883, S. 42 (an Reinhold am 3. Januar 1789).
[2]) Keil, S. 43.

VI. Die Autoren des Wiener Musenalmachs.

Leben zu füllen, und seine Tätigkeit verdiente Beachtung, auch wenn er nicht als österreichischer Dichter eine exzeptionelle Stellung einnähme.

Alxinger hat dreimal[1]) sein lyrisches Gut gesammelt. Auf die „Sämmtlichen poetischen Schriften" (Leipzig 1784) folgte schnell die verbesserte und vermehrte Ausgabe von 1788 („Sämmtliche Gedichte", Klagenfurth und Laibach 1788). Dann verstummt er. Die „Neuesten Gedichte" 1794 bringen fast nur Gelegenheitsgedichte. In die „Sämmtlichen Werke", Band 7 und 8, wurde nur eine Auslese aus allen drei Ausgaben aufgenommen.

Das Verhältnis der Ausgaben untereinander und zu den Sämmtlichen Werken (SW) ist in Kürze folgendes:

Die Ausgabe von 1784 enthält, abgesehen von der gereimten Vorrede („An mein Buch", S. 1—14) und der Übersetzung von Gressets Trauerspiel „Eduard der Dritte", S. 178—281, vier Gruppen von Gedichten: I. Oden und Lieder, S. 17—94, 39 Gedichte, worunter einige Übersetzungen aus Catull, Horaz und Anakreon; II. Sinngedichte, S. 97—102, 14 an der Zahl; III. Lehrgedichte und Briefe,[2]) S. 105—172; IV. zwölf Freymaurergedichte, S. 281—311.

Die zweibändige Ausgabe von 1788 bringt dieselben Abteilungen, und zwar jede einzelne vermehrt; auf ihren großen Umfang ist sie aber hauptsächlich durch die Aufnahme größerer Übersetzungen gebracht worden. Der erste Band enthält an Übersetzungen „Nisus und Euryalus" aus Virgil (S. 116—192), den „Agamemnon" des Seneca (S. 305—388), ferner die Übersetzungen aus Ovids „Amores", welche in der Ausgabe von 1784 als Lückenbüßer für die beanstandeten politischen Gedichte gedient hatten; sie sind nur um ein Stück vermehrt, aber in einer ausführlichen „Schutz- und Zueignungsschrift" (S. 195—205) verteidigt und mit dem Gesamttitel „Liebeslieder nach dem Ovid" (S. 195—218) versehen. Eine Übersetzung der „Hecuba" des Euripides, (S. 279—371), sowie eine Anzahl von Übersetzungen aus Musäus, Coluthus, Ovid, Apollonius Rhodius füllen unter dem Titel „Übersetzungen und Nachahmungen aus Klassikern" mit ihren Widmungen den größten Teil (S. 125—275) des zweiten Bandes. S. 375—410

---

[1]) Alxingers Gedichte, herausgegeben von Fr. J. Riedel, Halle, bey Gebauer 1780 war mir nicht zugänglich.
[2]) Während des Druckes mußten aus dieser Ausgabe die vier Gedichte: Die Duldung, Der gute Brahmin, Der Caelibat, Die Priester Gottes entfernt werden, weil sie die Censur nicht passiert hätten; sie wurden nur in den für das Ausland bestimmten Exemplaren als Anhang gedruckt (vgl. Goedeke 4, 232). Die Lücken stopfte Alxinger durch sieben andere Gedichte (drei Übersetzungen aus Ovid, zwei aus Pope unter Beifügung des englischen Textes und zwei selbständige Stücke). Es gibt aber auch Exemplare, welche die anstößigen Gedichte an den ihnen bestimmten Stellen, also nicht als Anhang haben, wie das mit *J 138 signierte Exemplar der k. k. Hofbibliothek, in welchem nur „der gute Brahmin" fehlt.

VI. Die Autoren des Wiener Musenalmanachs.

folgt die Übersetzung der „Küsse" des Johannes Secundus, S. 413—440 hat er seine lateinischen Gedichte angeschlossen. Originalarbeiten sind also nur 1. die beiden Vorreden (1788 I$_{7-20}$ „An mein Buch", S. $_{21-26}$ „Das Buch an den Leser"); 2. Oden und Lieder 1788 I$_{27-150}$; 3. Sinngedichte 1788 I$_{153-158}$; 4. Freymaurergedichte 1788 I$_{221-301}$; 5. „Briefe, Straf- und Lehrgedichte" 1788 II$_{9-121}$.

„Oden und Lieder" 1788 I$_{1-106}$ entspricht ungefähr 1784$_{1-88}$ (in den „Sämmtlichen Werken" VIII$_{1-61}$). Weggelassen wurden aus der Ausgabe von 1784 die Kampfgedichte „Klage eines frommen Geistlichen über den Verfall der Religon" 1784$_{89}$ (= Wiener Musenalmanach 85$_{198}$) und „Glückwunsch an den hochwürdigen Herrn Patritius Fast zur erlangten Chormeisterwürde" 1784$_{93}$ und infolgedessen auch die apologetische Ode „Die Erjesuiten" 1784$_{56}$; ferner drei Gelegenheitsgedichte („An Johann von Häring" 1784$_{68}$, SW VIII$_{85}$; „An Doris. Bei Überschickung eines Apfels" 1784$_{70}$ (WM 84$_{123}$, SW VIII$_{87}$), „Kalliopens Gesang. Von dem Fürsten Kaunitz-Rietberg 1784$_{171}$, SW VIII$_{89}$) und zwei Übersetzungen („Liebeserklärung eines Mädchens. Nach dem Französischen 1784$_{84}$, SW VIII$_{84}$; „Anakreons 24. Ode" 1784$_{76}$, SW VII$_{200}$).

Von den 14 Epigrammen der Ausgabe 1784 werden 11 ausgeschieden; sie sind alle in die SW aufgenommen worden: 84$_{97}$ = SW VIII$_{113}$, 84$_{98}$ = VIII$_{114}$, 84$_{98}$ = VIII 114, 84$_{99}$ = VIII 115, 84$_{99}$ = VIII 115, 84$_{99}$ = VIII 116, 84$_{100}$ = VIII 116, 84$_{101}$ = VIII 117, 84$_{101}$ = VIII 118, 84$_{101}$ = VIII 118, 84$_{102}$ = VIII 119.

Aus der Rubrik „Lehrgedichte und Briefe" wurden aus 1784 nicht in 1788 aufgenommen die Kampfgedichte: Die Duldung 84$_{109}$, Der Coelibat 84$_{115}$, Die Priester Gottes 84$_{163}$ beziehungsweise der Anhang; ferner die polemische Epistel Ratschkys „Ratschky an mich" 84$_{125}$ (= WM 85$_{112}$ ff.) und Alxingers „Antwort" 84$_{130}$.

Hinzugekommen sind in der Ausgabe von 1788:
1. eine Vorrede: „Das Buch an den Leser" 88 I 21 (fehlt SW), in der er über die Veränderungen Rechenschaft gibt und um zwei „Zueignungsschriften": 88 I 5 „An Swieten" (= SW VII 5) und 88 II 5 „An Spielmann" (im achten Band des SW durch die aus den „Neuen Gedichten" 1794 entnommene Widmung an den Grafen von Rottenhan ersetzt).

2. Zu den „Liedern und Oden" kamen 18 Gedichte (88 I$_{107-150}$), darunter drei Gelegenheitsgedichte („An Sophie Wieland" 88$_{107}$, „Auf den Tod der Jaquet" 88$_{142}$, „An den König Friedrich Wilhelm 88$_{134}$), fünf Übersetzungen (88 I$_{128}$ = Tibull IV 13, 88 I$_{140}$ = Horaz I 5, 88 I$_{149}$ = Properz I 102, 88 I$_{120}$ nach dem Englischen, 88 I$_{146}$ nach dem Französischen.

3. Zu den Sinngedichten sind acht Stücke hinzugekommen.

4. Zu den zwölf Freymaurergebichten acht neue.

5. Die Rubrik „Lehrgedichte und Briefe", jetzt „Briefe, Straf- und Lehrgedichte" enthält alle[1]) Gedichte derjenigen Exemplare der „Sämmtlichen poetischen Schriften", in denen die antiklerikalen Kampfgedichte durch andere ersetzt worden waren (vgl. oben) und außerdem nur noch zwölf (neu entstandene) Episteln. Die Vorsetzung der „Briefe" im Titel ist also berechtigt, der Titel „Straf- und Lehrgedichte" hätte viel besser für die Ausgabe von 1784 gepaßt.

Der Zuwachs von 1788 im Vergleich zu 1784 ist also weitaus nicht so groß, wie man aus dem Umfang der Ausgaben und aus der Titelgebung schließen könnte (1784 „J. B. Alxingers sämmtliche poetische Schriften" = SS, 311 S.; 1788 „J. B. Alxingers sämmtliche Gedichte" = SG, I 388 S., II 440 S.).

Die „Neuesten Gedichte" 1794 brachten eine Übersetzung der Hecuba des Euripides und 65 Gedichte, worunter zwölf Epigramme und 42 Gelegenheitsgedichte; diese Ausgabe ist also die wertloseste.

Es erübrigt noch, ein paar Worte über die Auswahl zu sagen, die Seume für die SW getroffen hat.

Seume hat die Ausgabe von 1788 zugrunde gelegt und die Gedichte, die er wählte, in der Textgestaltung von 1788 unter Berücksichtigung des Anhanges „Bessere Lesarten" und unter Wahrung der Reihenfolge aufgenommen; nur orthographische Änderungen hat er sich erlaubt.[2])

Die Abteilung „Oden und Lieder" nahm er ganz auf mit Ausnahme des Gedichtes „Der Abbé" WM 83$_{43}$, 84$_{31}$, 88 I$_{41}$, das er offenbar des polemischen Inhaltes wegen, und „Linens Veilchen" 88$_{88}$ (= Lillens Veilchen 84$_{74}$), das er aus einem mir unbekannten Grunde wegließ, und der Übersetzungen aus antiken Lyrikern [88 I 90 (= 84$_{75}$), 88 I 69 (= 84$_{50}$), 88 I 122 (= 84$_{72}$), 88 I 111, 88 I 132, 88 I 140, 88 I 149], die er mit Hinzufügung der nur 84$_{76}$ gedruckten Übersetzung der 24. Ode von Anakreon im siebenten Bande der SW, welcher nur Übersetzungen enthält, unter dem Titel „Kleinere Gedichte" (VII 199—210) vereinigte. Auch die nichtpolemischen Gedichte, welche Alxinger aus 1784 nicht in die zweite Ausgabe von 1788 aufgenommen hatte (vgl. S. 165), hat er nicht zugrunde gehen lassen, sondern SW VIII 84—91 zwischen die Stücke aus den „Sämmtlichen Gedichten" 1788 und aus den „Neuen Gedichten" 1794 eingeschaltet.

Ebenso hat er alle Epigramme, die Alxinger in die „Sämmtlichen Gedichte" nicht aufgenommen hatte, aus 1784 hervorgeholt

---

[1]) Die Übersetzungen aus Ovids „Amores" natürlich nicht, da diese unter „Liebeslieder aus dem Ovid" eingereiht wurden.

[2]) In der folgenden Untersuchung zitiere ich die SW nicht, sondern bemerke es nur, wenn ein Gedicht in den SW fehlt.

und mit denen aus den „Sämmtlichen Gedichten" und den „Neuesten Gedichten" (= NG) vereinigt.

Die Reimvorreden „An mein Buch" 84₁, 88₇ und „Das Buch an den Leser" 88₂₁ ließ er weg; die Dramenübersetzungen verwies er in den sechsten Band der SW.

Nicht aufgenommen hat Seume — ich weiß nicht, ob mit oder gegen Alxingers Willen¹) — die Abteilungen „Freymaurergedichte" 88 I 221—301, die „Liebeslieder aus dem Ovid" 88 I 195—216, die „Briefe, Straf- und Lehrgedichte" 88 II 5—121, obwohl sie für Alxinger viel charakteristischer sind als seine „Oden und Lieder". Dabei ist er so schematisch verfahren, daß er auch die nicht-satirischen Briefe und Gelegenheitsgedichte dieser Abteilung strich, obwohl sie viel wertvoller sind als die späteren aus den NG in die SW aufgenommenen Gelegenheitsgedichte.

Was Seume aus der Ausgabe 1788 wegließ, umfaßt zirka 200 Seiten, was er aus ihr in die SW aufnahm, 150 Seiten. Die SW sind also in keiner Weise geeignet, ein richtiges Bild seiner Persönlichkeit zu geben.

Aus den NG nahm Alxinger fast alle Gelegenheitsgedichte mit Ausnahme von folgenden: „Auf ein Gemälde von Rafael ..." NG 83; „Verse zu einem patriotischen Beytrag" NG 92; „Über die Feuersbrunst in Bruck an der Muhr" WM 93₂₂, NG 94; „In das Stammbuch des Fräuleins Gabriele von Baumberg" WM 92₃₄, NG 131; „Auf den Mord Ludwigs XVI." NG 151; „Auf den Mord Antoniens Königinn von Frankreich" WM 94₁₄₁, NG 158.

Aufgenommen hat er ferner alle Epigramme, weggelassen dagegen zwei allegorische Gedichte („Die Schönheit und die Mode nach dem Italienischen des Pignotti" WM 90₇, NG 5; „Die Schöpfung der Freundschaft" WM 94₅₉, NG 149), ferner eine Fabel („Die Gans als Polyhistorinn" NG 64), schließlich Liebesgedichte der unten charakterisierten sentimentalen Art („An Minnen" WM 92₆₇, NG 48, „Wunsch" WM 91₉₅, NG 87, „Wahre Liebe" WM 91₁₁₄, NG 146) und die beiden Proben einer nie erschienenen Phaedrus-Übersetzung WM 91₇₀/₁, NG 132/3.

---

¹) Seume erzählt im „Ehrengedächtnis Joh. von Alxingers" SW X, S. 4, daß es Alxingers letzter Wunsch gewesen sei, „dieselbe Sorgfalt wie beim Doolin auch einer kleinen Sammlung von Gedichten zuteil werden zu lassen, die er sich bereits aufgezeichnet hatte und die er sämtlich in einem Bande herauszugeben gedachte. Im Manuskript hinterließ er nichts als eine treffliche Nachahmung der achten Satire Juvenals, welche Herr Gottl. Leon im 'Apollonion' auf das Jahr 1810 und 1811 bekannt gemacht hat." Zu dieser Angabe stimmt folgender Brief aus Alxingers letzten Lebenstagen (Vorrede zum Doolin SW III, S. 8): „Doolin, Bliomberis und eine kleine Auswahl aus meinen Gedichten will ich erhalten und alles verwerfen". — Welcher Art die Auswahl sein sollte, hat er nicht gesagt.

VI. Die Autoren des Wiener Musenalmanachs.

Den WM scheint Seume nicht eingesehen zu haben, da er aus den nicht in die Ausgabe 1788 aufgenommenen Gedichten des WM nichts in die SW aufgenommen, ebensowenig eines von den nach den NG im WM erschienenen Gedichten (96₁₇ „Ninas Krankheit", 96₃₈ „Bellinchen an seine Gebietherinn bey ihrer Genesung", 96₇₈ „An Deutschland. Bey Gelegenheit der letzten Österreichischen Siege"), obwohl mehrere den Intentionen der SW entsprochen hätten. Auch die 1796₁₋₆ gegebene Textprobe zur neuen Doolin-Ausgabe („Der Ursprung des Champagners". Eine Episode aus dem verbesserten Doolin von Maynz = Doolin VII. Ges., 9—19 inklusive) erscheint in den SW nicht beachtet.

Alxingers Änderungen von 1784 auf 1788 sind vorwiegend rein sprachlicher Natur und haben ihren Ursprung meist in dem Bestreben nach Ausmerzung eines unreinen Reimes oder einer anstößigen Redensart, der zuliebe dann der ganze Satz und oft die ganze Strophe umgearbeitet werden mußte. Diese Änderungen können nur im Zusammenhang mit den Varianten seiner Epen behandelt werden. Natürlich hat er sich aber auch bemüht, bei der Umarbeitung manche private Anspielung zu verallgemeinern,[1]) und manche gewagte Stelle zu mildern.[2])

Auf zwei Punkte möchte ich aufmerksam machen, die besonders deutlich zeigen, nach welcher Richtung er vermutlich auch die geplante Auswahl seiner Gedichte umgearbeitet hätte.

Alxinger verstärkt 1788 das antisisierende Element.

In dem Programmgedichte „An mein Saitenspiel" heißt es 84₃₀:

    Ich aber will, wenn schon im Silberschein
    Des holden Mondes die Gefilde bleiben,
    Mit bir, o meine Leyer, durch den Hain ....

und 88 I₃₇:

    Ich aber zieh, wenn Lunens milder Schein
    Die Erde beckt und Philomele klaget,
    Mit bir, mein Saitenspiel, zum Eichenhain ....

Die zweite Strophe desselben Gedichtes hieß 84₃₀:

    Und nun mag der durch seinen Stammbaum groß
    Sich dünken, der gleich einer Sonne strahlen
    Im Gallakleid, der mit dem schönsten Roß,
    Der mit den schönsten Wonnemädchen prahlen.

---

[1]) So hat er z. B. die apologetische Epistel „An Mastalier" 84₁₄₂ in ein allgemein gehaltenes Lehrgedicht „Die Vorzüge der Liebe" 88 I₃₇ verwandelt.

[2]) So das Schlußbild im Antiplatonismus (WM 82₁₅ ff. = 84₁₃₆ ff. gegen 88 I₅₀ ff.); das sehr gewagte „Die Schöne, wie sie zu Bette geht" 84₁₄₉ ist 88₄₁ stark gekürzt (vgl. Keil a. a. O. S. 41). Die pessimistischen Schlußstellen in den Gedichten „Das Glück" 84₂₂ f., 88 I₂₉ f. und „An Glück" 84₁₄₅ 88 II₄₀ ließ er 1788 weg.

88 I$_{27}$ ist diese Strophe nach Horazischem Muster umgestaltet und prunkt mit Anaphora und Chiasmus:

> Ein andrer prang' im stolzen Marmorsaal,
> Für ihn erseufze Tokays theure Kelter,
> Ihm sende Frankreich Mädchen ohne Zahl,
> Rennpferde Yorkshire und Castilla Zelter.

WM 86$_{38}$ „An eine Buhlerin" heißt es:

> ... für ein Herz, ein Herz, das liebt, was hätte
> Sie (eine Phryne) reizendes?

88 I$_{113}$ lautet dieselbe Stelle:

> Ich, den Urania zu ihrem reinern
> Entzücken labt (: Xenokrat).

84$_{28}$ „An Freyherrn von Gebler" lautet eine Stelle:

> 84$_{29}$ Der Dichter weiß sie (id est: die Titel und Würden Geblers) nicht.
> 88$_{37}$ Die Muse spricht nicht .. in eker Kanzelleyen Style.

84$_{142}$ „An Mastalier" (= 88 II$_{37}$ „Vorzüge der Liebe") lautet 84$_{142}$:

> ... ein Lied,
> Das von dem Herzen kömmt und nach dem Herzen zieht,

88 II 37:

> ein von Kupid
> Dem Polyhistor mir ins Ohr gesagtes Lied.

Die Gedichte — die Beispiele ließen sich häufen — werden durch solche Änderungen kunstvoller, aber auch konventioneller; freilich stehen diesen Änderungen wieder andere gegenüber, welche beweisen, daß die Gabe realistischer Beobachtung bei ihm wuchs (vgl. S. 180 f.).

Die zweite Gruppe von sachlichen Änderungen betrifft die satirische Tendenz seiner Gedichte.

Die Angriffe, die Alxinger von allen Seiten erfuhr, scheinen ihn entmutigt zu haben. Er läßt 1788 die als Anhang gedruckten Kampfgedichte weg und bemüht sich, auch in seinen anderen Gedichten alle Ausfälle auf die „Pfaffen" zu tilgen.

So hat er in dem Gedichte „An Sophie Wieland" (WM 86$_{35}$, 88$_{107}$) die erste Strophe, in welcher er Sophie Wieland dankt, daß sie ihn „halbe Tage lang" vergessen ließ, „daß es Pfaffen und Tyrannen gibt", zu einer konventionellen Schmeichelei umgearbeitet. In dem Gedichte „An Theresiens Grabe" (84$_{105}$ f., 88 II$_9$ f.) hat er den Ausfall gegen P. Fast (80$_{107}$, vierte Zeile: „Der Aberglaube, fastisch fromm") getilgt; ebenso den heftigen Ausfall gegen P. Pauer in „Gottes Güte" 84$_{141}$ ff. (88 II$_{35}$ ff.). In demselben Gedichte (88$_{83}$ „Gottes Güte") heißt es auch in der ersten Zeile nicht mehr „Pfaffen", sondern „Mönche". Soweit ging seine Vorsicht, daß er alle Anspielungen auf religiöse Vorstellungen strich. Er vergleicht seine Doris („An Doris, als sie zum Claviere sang" 84₈₂, 88 I₉₈) nicht mehr mit der heiligen Cäcilie, er spricht in dem Gedichte „Der Abbé" 84₈₁, 88 I₄₁ nicht mehr von dem „Requiem für den Adon", sondern von Tibulls Exequien, ja sogar das Wort „sündtheuer" in der Epistel „An Blumauer" 84₈₅, 88 I₁₀₈ ersetzt er durch „sehr theuer" (siebente Strophe, fünfte Zeile). Zwar sind noch die „Freimaurergedichte" und das Gedicht „Der Abbé" 88 I₄₁ da, zwar steht auch in der Sammlung von 1788 manches scharfe Wort gegen die „Pfaffen",¹) aber in ihrer Haupttendenz erscheint sie abgeschwächt und das Programmgedicht „An mein Saitenspiel" 88 I₉₇ erklärt ausdrücklich:

> Doch wird durch dich Tyrannen nicht gefrönt,
> Kein böser Glaubenszweifel aufgekitzelt,
> Und wenn gleich Scherz von deinen Saiten tönt,
> Kein guter Mann, auch wenn er irrt, bewitzelt,

während 84₈₀ dasselbe Gedicht sich nur gegen den Vorwurf der Laszivität verwahrt hatte (vgl. „An Mastalier" 84₁₄₂):

> Doch wird durch dich Tyrannen nicht gefrönt,
> In keinem Busen Geilheit aufgekitzelt.
> Und wenn gleich Scherz aus deinen Saiten tönt,
> Doch auch die kleinste Tugend nie bewitzelt.

Auch die Vignette des Buches ist der geänderten Tendenz gemäß geändert. 1784 war auf dem Titelblatte eine Leier zu sehen gewesen, die am Altare der Wahrheit lehnt, 1788 zeigt eine bekränzte Leier, welche durch die Wolken der Sonne zuschwebt.

Das Schaffen eines Dichters, zumal das lyrische hängt auf das engste mit seiner Welt- und Lebensauffassung zusammen. Alxinger hatte das Bedürfnis, sich mit seinen Ansichten auch theoretisch auseinanderzusetzen, wie seine „Lehrgedichte und Briefe" in der Ausgabe 1784 (= „Briefe, Straf- und Lehrgedichte" 1788) beweisen. Daß er von der Dichtung vor allem eine ethische Wirkung erwartete, hat er bei jeder Gelegenheit betont.²)

---

¹) 88 I 230 „Kein böser Priester, kein gekrönter Würger", während 84₍₎ nur vom „gekrönten Würger" die Rede gewesen war. 88 I 145 heißt es: „Ein Fasan wie Mönche fett!" 88 I 28 „Über die Zukunft an Stoll" ist ein Ausfall gegen die Theologen neu hinzugekommen (Vers 8 ff.). In dem neu entstandenen Gedichte „An meine Leyer" 88₁₂₉ gedenkt er der Zeit,
„Als wir Ruhm und Nachruhm suchten,
Wahrheit lehrten, Pfaffen fluchten .."

²) Charakteristisch ist die Stelle, in der er sein Gedicht „Die Schöne, wie sie zu Bette geht" (84₁₄₉, 88 II₄₄) verteidigt: „Die Gesundheit oder das Leben Eines Menschen gerettet zu haben, ja die bloße Möglichkeit das zu können, verdient wohl, däucht mich, einen ästhetischen Fehler zu machen" (Keil „Wiener Freunde", S. 41).

Alxinger war ein echter Sohn der Aufklärungszeit: allem Unerklärbaren abhold, von der Zweckmäßigkeit dieser besten aller Welten fest überzeugt. Am Deismus, an der Unsterblichkeit der Seele,[1]) an der Vergeltung des Guten und Bösen hielt er fest, und zwar hat er als echter Rationalist das Dasein Gottes aus der Nützlichkeit seiner Existenz gefolgert. Gäbe es keine Gottheit und kein Jenseits, so wären die Skrupellosen im Vorteil; das könne aber in einer zweckmäßigen Welt nicht sein, daher müsse es einen Gott geben („Über die Zukunft an Stoll" 84₈₂, 88 II₈₆). Mit Leidenschaft trat er aber für religiöse Toleranz ein und eine solche Gesinnung hatte im damaligen Österreich eine Mission,[2]) der sich Alxinger auch nicht entzogen hat. Die Gedichte der ersten Sammlung 1784 (auch die des WM) sind von leidenschaftlichem Hasse gegen die „Pfaffen" und ihre unersättliche Herrschgier erfüllt. Vier derselben: „Die Duldung", „Der Caelibat", „Die Priester Gottes" und „Der gute Brahmin" konnten sogar im Josefinischen Wien nicht gedruckt werden und finden sich nur in den für das Ausland bestimmten Exemplaren; sie sind Fr. Nicolai gewidmet, dem Alxinger sich wesensverwandt fühlte. Wohl nie ist mit solcher Heftigkeit Duldung gepredigt worden und in diesen Stücken weht, um mit Reinhold, der im Juliheft des „Teutschen Merkur" 1785 Alxingers SS rezensierte, zu sprechen, wirklich etwas vom Geiste eines Juvenal und Persius.[3]) Mit scharfem Blicke späht er die

---

[1]) Er hat den berühmten Monolog aus Addissons „Cato" V 1 als „Lehrgedicht" übersetzt (84₁₁₅, 88 II 17; WM 82₇₃).

[2]) In dem Gedichte „Bey dem Grabe Theresiens" 84₁₀₃ (= „Bey Theresiens Grabe" 88 II 9) schildert Alxinger die geistige Situation Österreichs vor den Reformen:

  84₁₀₆ Da du bestiegst den väterlichen Thron
  Lag noch egyptischdick die Finsternis
  Auf Östreich; der Verbesserungen Haß,
  In einen alten, fadenscheinigen
  Oft gar zerrißnen Mantel eingehüllt;
  Die Freßsucht, dickes Wanstes, unbesorgt
  Um alles andre, was nicht Magen ist;
  Die Dummheit, mit der Selbstgenügsamkeit,
  Dem lieben Töchterchen, an ihrer Hand;
  Der Aberglaube, fastischfromm, behängt
  Mit Amuletten; die Untätigkeit,
  Verschränkter Arm' auf den Großvaterstuhl
  Geleimt; die Etiquette, steifes Haupts,
  Trotz der viellockigen Perücke Last,
  Und Schritt vor Schritt in Spaniens Mantelkleid
  Einherstolzierend, herrschten unumschränkt
  In deiner Haupt- und Residenzstadt Wien.

[3])   Sie stehen da vor meiner Phantasey
  In riesengleicher, scheuslicher Gestalt,

schwächsten Punkte der gegnerischen Position aus: Mißbrauch der Beichte zu politischen Zwecken, die Lehre vom Caelibat mit ihren Konsequenzen — „Siegwart"-Erinnerungen spielen hier mitherein — die Bildungsfeindlichkeit des Klerus, der unlösliche Widerspruch zwischen der Macht der Kirche, dem Prunk ihrer Bischöfe und ihrer Lehre der Demut, Wunderglaube, Amulettenkrämerei und anderes, das sind die Punkte, gegen die er seine Angriffe richtet. Mit Nachdruck macht er die Fürsten auf die politische Gefährlichkeit der Kirche aufmerksam und es fällt manch scharfes Wort gegen die „zur Unzeit frommen Ferdinande". Historisches Denken liegt hierbei dem Rationalisten völlig ferne: die Glaubenskriege („Duldung" 84₁₁₂), die Kreuzzüge und die Kriege um die Investitur erscheinen ihm lediglich als das Werk herrschsüchtiger Priester.

Die Beweisführung in diesen Gedichten beruht auf großer Belesenheit und reichem Wissen, das hie und da durch Anmerkungen belegt wird, ist aber durchaus prosaisch. Alle Mittel der Rhetorik werden verwendet. Zwar verdichtet sich mitunter der Ausdruck zu schlagender Bildlichkeit und Charakteristik, aber im ganzen gilt doch auch von diesen Gedichten, was er von seinem Freimaurergedichte „Über die Duldsamkeit in der Freymaurerey" (88 I 287—301) selbst eingeräumt hat: sie sind nichts als „versificierte Reden", allerdings Reden von großer Gewalt. Künstlerisch höher als diese Gedichte steht „Der Abbé" (WM 83₅₇, 84₃₁, 88 I 41, fehlt SW), in welchem Gedichte mit grimmigem Hohne ein eleganter geschniegelter „Priester Gottes" geschildert wird. In der ironischen „Klage eines frommen Geistlichen über den Verfall der Religion" (WM 85₁₂₂, 82₈₉; fehlt 88 und SW) durchbricht und zerstört die Erbitterung des Verfassers überall die Fiktion.

    Die tausendfachen, namenlosen Wehn,
    Gebracht auf Menschen durch die Priesterschaft.
    Doch wären hunderttausend Zungen, und
    Von Eisen eine Stimme mir verliehn,
    Nicht in Jahrhunderten säng' ich sie aus.
    Auch (müßt ich singen, wie ein Pfaffe Krieg
    Vom Aufgang bis zum Untergang geboth,
    Mit Menschenblute färben jeden Fluß,
    Mit Leichen übersäen jedes Feld,
    Mit Frevlerfüßen Unterthaneneid
    Und Kindespflichten niedertretten hieß;
    Es singen, wie in seiner Faust das Kreuz.
    An dem gestorben ist der Friedensfürst,
    Zu dem Signal des Mords, und zum Panier
    Des Aberglaubens und der Goldgier ward:)
    So bräche mein zu weiches Herz, mein Spiel
    Erschlaffete, von Thränen überschwemmt.
                       „Die Priester Gottes" 84₁₄₄ f.

VI. Die Autoren des Wiener Musenalmanachs.

In diesem Kampfe fühlte sich Alxinger mit allem, was in Wien von Bedeutung war, einig, wie am besten Ratschkys Epistel „An Herrn von Alxinger" WM 85₁₁₂ (von Alxinger unter die „Lehrgedichte und Briefe" 84₁₂₅ aufgenommen) zeigt: Born (Monachologie), Sonnenfels, Haschka, Blumauer (Aeneide), die Predigerzensoren (Hoffmann „Wöchentliche Wahrheiten..."), Pezzel („Faustin") werden als Kampfgenossen genannt.¹) Man kämpft mit offenem Visier: Alxinger nennt seine Gegner: P. P. P. P. Fast (= P. Patricius Fast) 84₁₁, ₉₀, ₁₀₇, P. Pochlin 84₉₀, P. Al. Merz 84₉₄, P. Bauer 84₁₄₁. Der Barnabit Grafel, der Kapuziner Ludwig, die Jesuiten Mazzioli und Amschel in Laibach werden in einer Anmerkung zu 84₉₀ als Fanatiker charakterisiert. Doch kann man ihm nicht Ungerechtigkeit vorwerfen. Wiederholt spricht er dem echten Priester, der Duldsamkeit übe, seine Hochachtung aus. In dem Freimaurergedichte „Bey der Aufnahme eines Geistlichen" 88 I 261 kontrastiert er Priester und Pfaffen in ähnlicher Weise, wie es später An. Grün getan hat und in der Ode „Die Exjesuiten" 84₅₆ (fehlt 88 und SW) tritt er mutig für die geschmähten Exjesuiten ein und weist darauf hin,²) wie viel sie in Österreich für die Wissenschaft getan haben.³) Alxingers Haß gegen die „Pfaffen" war aber so groß, daß er oft an Stellen hervorbricht, wo man es am wenigsten erwarten sollte. So in dem schon (S. 169) besprochenen Gedichte „An Sophie Wieland" (WM 86₈₅, 88 I 107 SW VIII 64) oder wenn das Gedicht „Liebesschwermuth" mit folgender Anrede an seine Freunde schließt:

> Sagt mir, ihr wollt gleich wonnetrunknen Erben,
> Den Sterbetag mit einem Fest begehn.
> Und bulden, daß ein Pfaff, ein Bösewicht,
> Muthwillen noch mit meiner Asche treibe:
> Doch daß mein Wunsch stets unerfüllet bleibe,
> Dieß Einzige, dieß, Freunde, sagt mir nicht.

Zum „Pfaffen"haß tritt der Tyrannenhaß. Der „böse Priester" und der „gekrönte Würger" werden in einem Freimaurergedichte (84₂₈₁, 88 I 230) zusammengestellt. Tyrannenwuth und Pfaffenstolz hat der Gerechte zu ertragen (84₁₃₄, · 88 II 28). Doch ist dieser Tyrannenhaß merklich abstrakter — woher hätte er auch in der Ära Maria Theresias und Josefs II. kommen sollen — und verrät seine

---

¹) Vgl. S. 33 ff.
²) Er zählt eine lange Reihe von Namen verdienter Jesuiten auf: Biwald, Denis, Eckhel, Herbert, Hofstäter, Hell, Maffei, Mastalier, Michaeler, Poda, Schörfer, Walcher, Wurz; ferner Hormeyer, Nunberger, Regelsberger, Wattrong. — Denis, Hofstäter, Mastalier, Nunberger und Regelsberger sind Mitarbeiter am WM.
³) Wie für die verfolgten Exjesuiten tritt er auch für die verfolgten Juden ein: „Lied eines alten Juden" 84₄₃, 88₉₀, SW VIII 59. Das Gedicht lehnt sich an Bürgers „Der Bauer. An seinen durchlauchtigsten Tyrannen" an.

literarische Herkunft durch Gedichte wie die gegen den „Eroberer" gerichtete „Grabschrift" (WM 86₈₁, 88 I 154, SW 121), und die Gedichte „Mein Entschluß" (88 I 186, fehlt SW) und „An den König Friedrich Wilhelm" (88 I 134, SW VIII 78), in denen der Dichter mit Odenpathos Friedrich II., weil er die deutsche Muse mißachtet hat, die Ehre des Gesanges versagt und sie dem würdigeren Neffen zuwendet. Doch verdient bemerkt zu werden, daß er schon in dem Gedichte „Freyheit" (88 I 125, SW VIII 76) Albion als das einzige Land hinstellt, „wo das Gesetz regiert" und welches ... „des beschränkten Königs Thron nicht drücket, sondern zieret".[1] — Keinesfalls aber hat ihn sein Tyrannenhaß gehindert, dem Kaiser Leopold sowie anderen Großen zu schmeicheln.

Wie die meisten Josefiner von Namen gehörte auch Alxinger dem Freimaurerorden an, und zwar der von Born gegründeten und geleiteten Loge „Union". Er hat den Bund in überschwenglichen Gelegenheitsgedichten gefeiert; von ihm, so hoffte er in der ersten Begeisterung, werde eine Regeneration der Welt ausgehen. Vor seinem scharfäugigen Pessimismus hielten aber Illusionen nie lange stand. Die „Freymaurergedichte" in der Ausgabe 1784 atmen reine Begeisterung, in der Sammlung 1788 aber sind sie zwar noch vorhanden, aber eingerahmt von zwei Gedichten, welche zur Nüchternheit mahnen: in dem ersten „Geständnis und Warnung" kämpft er gegen die Charlatanerie, die sich an das geheimnisvolle Zeremoniell des Ordens knüpfte, und fordert zu einer Prüfung der „Maurersagen" auf, die er 1784 noch gläubig hingenommen hatte,[2] in dem zweiten geißelt er die „Unduldsamkeit in der Freymaurerey", die doch ein Hort der Toleranz zu sein bestimmt war. Mit grimmigem Hohn wird die Szene ausgemalt, wie die Vertreter der verschiedenen Sekten, mit ihren verschiedenen Abzeichen versehen, vor den Thron eines aufgeklärten Fürsten, der Freimaurer werden möchte, hintreten, wie jeder für sich die Unfehlbarkeit in Anspruch nimmt und wie sie schließlich ähnlich wie in Fischarts „Kuttenstreit" übereinander herfallen.

So erging es ihm aber mit allem, was Glaube und Dichtung geheiligt haben. Was er anfaßte, verlor den Schmelz. Von tiefgewurzeltem Mißtrauen gegen die Menschennatur erfüllt, vermochte er weder an Treue und Tugend noch an uneigennütziges Handeln überhaupt zu glauben. Ausdrücklich erklärt er in dem Lehrgedichte „Über die Zukunft" (84₁₃₂ ff., 88 II₂₆ ff., fehlt SW), daß er nur den für zuverlässig halte, für den es einen lohnenden und strafenden

---

[1] In den SW fehlt diese (letzte) Strophe des Gedichtes.
[2] „Die Schicksale der Freymaurerey" (84₃₀₃₋₁₁, 88 I₂₇₆₋₉₄) druckt Alxinger das Gedicht zwar noch ab, aber in einer Anmerkung (83 I₂₂₇) lehnt er jede Verantwortung für das Vorgetragene ab.

VI. Die Autoren des Wiener Musenalmanachs. 175

Gott gebe. Er hatte daher auch trotz seines Eudaimonismus kein
Vertrauen auf den Sieg des Guten: er verzweifelte schon 1784 am
Siege der Aufklärung („Die Duldung" 84₁₀₉), er glaubte auch nicht
an den Erfolg seiner eigenen Lehren.¹)
  Am krassesten und verletzendsten für unser Empfinden — die
Zeitgenossen urteilen anders, wie die Rezension in der Allgemeinen
Deutschen Bibliothek 67 I₁₁₀ beweist — hat dieser Grundzug seines
Wesens, das Streben nach illusionslosem Erkennen, in dem Lehr-
gedichte „Antiplatonismus" (WM 82₁₅ ff., 84₁₅₅ ff., 88 II₅₀ ff.,
fehlt SW) Ausdruck gefunden, in dem er sich mit dem Begriffe der
Liebe auseinandersetzt. Das Thema, der Kampf gegen die Über-
spanntheit, ist der Zeit geläufig. Wieland, um nur das wichtigste
Beispiel zu nennen,²) stellt ja in den verschiedensten Formen die
Entwicklung von verstiegener Schwärmerei zur „Philosophie der
Grazien" dar; aber es gibt keinen größeren Gegensatz zwischen der an-
mutigen Weisheit Wielands und der rücksichtslosen Roheit Alxingers.
Liebe ist nach ihm eine Art Verrücktheit, die den Menschen unfähig
zur Erfüllung seiner bürgerlichen Pflichten macht, und doch nur ver-
kappte Wollust; diese³) und nicht die „Liebe" ist „das Haupttrab an
der großen Wunderuhr" der Welt — das Bild ist charakteristisch für
den Rationalisten. Das wenige Gute, das die „Liebe" — nicht ein
Kind der Natur, sondern „ein Kind der Phantasey, Im dichterischen
Rausch gezeuget, Von regelloser Schwärmerey, Der schlimmsten Amme,
groß gesäuget" — stiftet, daß sie nämlich den feuervollen Jüngling
bisweilen von Irrwegen abhält, verschwindet gegenüber dem vielen
Leid, das sie verursacht; sie ist die Schlacke am Golde der Wollust.
Den üblen Folgen der Wollust, die durch eine realistische Beschreibung

---

¹) In dem Gedichte „Das Glück" (84₇₂, 88 I₂₀ fehlt SW) ermahnt er den
müßigen Abel zu geistiger Arbeit und schließt mit den bitteren Strophen:

Doch sieh! ungläubig wackeln hier viel Ohren,
Und mancher Heldenenkel tauft
Mich einen schalen Schwätzer, einen Thoren,
Der Unsinn ihm verkauft;
  Für ihn wohl Unsinn! denn was sollt, ihr Großen,
  Euch selber um das Glück bemühn?
Zwey Monden noch, so bringt mit Englands Rossen
Geltsch (ein bekannter Pferdehändler) euer Glück nach Wien.

Ähnlich pessimistisch schließt die begeisterte Apostrophe „An Glück" 84₁₄₅, 88₄₀.
In der Ausgabe 88 sind beide Stellen unterdrückt.
  ²) Vgl. auch Goeking's Epistel an Rink (Goeking, „Sämmtliche Gedichte"
I₉₄), in der die „Steckenpferde" Platos und Ovids einander gegenübergestellt werden.
  ³) Von Gottes Hand zu Sterblichen geleitet,
     War uns die Wohllust stets, und bleibt ein wahres Gut.
                                   (Antiplatonismus 84₁₆₂ = 88 II₆₀.

der Syphilis dargestellt werden, entgeht man durch Maßhalten. Auch in der „Schutz- und Zueignungsschrift" zu den „Liebesliedern aus dem Ovid" nimmt er die „süße Wohllust" in Schutz und rühmt das Altertum:

.. Die süße Wohllust war
Kein Laster noch, sie stand auf dem Altar.

Wie spiegelt sich nun diese Weltanschauung in seinen lyrischen Gedichten? Wohl hat er Gedichte, in denen er — viel kühner als Hagedorn, auf den er sich (88 I$_{55}$ „An den Unbestand") beruft, und die Anakreontiker — zu strupellosem Lebensgenuß auffordert, Treue und Liebe als Phantome verhöhnt („An den Unbestand" WM 84$_{18}$, 88 I$_{54}$; „Warnung" 88$_{66}$; „Aufruf zur Freude" 88 I$_{90}$; „An Blumauer" WM 84$_{57}$, 88 I$_{102}$) und er scheint seine Lehre auch ins Leben umgesetzt zu haben, wenn man das außerordentlich kühne „An —" WM 88$_{93}$, 88 I$_{144}$ („Dein grauer Schatz, der arme Narr ...") biographisch ausbeuten darf. Alxinger war eine heißsinnliche Natur — nicht umsonst hat er Ovids „Geständnis" (Amores II) übersetzt — oft klagt er über „der Thierbegierden Geyer", der ihn quäle, und seine Zärtlichkeiten sind recht handgreiflicher Natur (88 I$_{48, 52, 72, 81}$ und andere, besonders „Morgenbesuch" WM 85$_{18}$, 88$_{71}$), die „Weibsen" („Lied eines Hagestolzen" 84$_{67}$; 88$_{85}$ und SW ist der Ausdruck geändert) verachtete er gründlich) Die Wiener Schönen sind ihm oberflächlich, gedankenlos, putzsüchtig, geil und treulos. Er läßt uns einen Blick in ein „Mädchenherz" tun (WM 83$_{140}$, 84$_{152}$, 88$_{48}$ fehlt SW), wo es aussieht wie in einer Marchande de Mode Boutique, und zeigt sie uns in Gesellschaft, wo sie von süßen Herrchen umschwärmt wird, und im Hause, auch hier mit ihren Gedanken bei Putz und Koquetterie.[1]) Freilich kommen auch die Männer nicht viel besser weg (88 II$_{72}$ „An ein junges Fräulein", fehlt SW).

Neben diesen von ätzender Satire erfüllten Gedichten stehen aber andere, die überströmen von der Sentimentalität des „Siegwart"-Zeitalters.

Siegwart der Mönch weint seiner dahingeschiedenen Marianne nach und sieht ihre verklärte Lichtgestalt erscheinen („Siegwart als Mönch im Klostergarten" 84$_{79}$, 88 I$_{94}$). Ein Liebender sehnt sich nach Vereinigung mit seiner verklärten Selma,[2]) die er im weißen Totenkleide vor sich sieht. („An eine tote Geliebte" 88 I$_{82}$; 84$_{65}$ „An eine

---

[1]) „An Blumauer" WM 84$_{37}$, 84$_{65}$, 88 I$_{102}$. „Der Fächer" WM 83$_{102}$, 84$_{37}$, 88 I$_{49}$, „An das Fräulein Gabriele von Baumberg" 88 II$_{112}$; Ausfälle in: „An mein Buch" 84$_{8}$ f., 88 I$_{16}$ f. (fehlt SW), „Schutz- und Zueignungsschrift" 88 I$_{197, 199}$ (fehlt SW), „An Herrn von Ehrenberg" 88 II$_{72}$ (fehlt SW).
[2]) Vgl. über Leons „Selma an Selmar" (77$_{79}$) oben S. 21.

tote Geliebte" heißt sie Lilla). Eine Nonne kämpft verzweifelt gegen ihre Liebe zu Selmar und sieht keine Erlösung als den Tod („Lied einer Nonne" 84₅₈, 88 I₇₈). Lange Sommertage hindurch weint der Dichter aus Sehnsucht nach der Geliebten („Liebesschwermut" 88 I₁₁₈), selbst auf der Jagd denkt er unter Tränen der entfernten Geliebten („Der Anstand" 84₈₅ = „Empfindungen auf dem A." 88 I₄₇). Verzweiflung erfaßt ihn, da sie krank ist („Die Genesung" 88 I₁₀₉). Einer Treulosen („An eine Ungetreue" WM 82₁₆₀ = 84₆₁ = „An Selinden" 88 I₇₉),¹) die einen reichen, aber alten Mann des Geldes wegen geheiratet hat, vergibt er: noch von seinem Grabe soll ein Hauch ihr Vergebung zuwehen. Die Verführungskünste einer Buhlerin weist er pathetisch zurück, denn Selindens Kuß hat ihn geseit:

Den Kuß, nicht etwann eine Faunenbeute,
Nein, den sie gab,
Den nehm ich, folgt auch nie darauf ein zweyter,
Mit mir ins Grab.
            („An eine Buhlerinn" WM 86₃₈, 88 I₁₁₃).

Die Komik, die darin liegt, wenn auf das Gedicht „Aufruf zur Freude", welches mit der Strophe:

Komm, schönste der Braunen,
Aufs Sopha zu mir!
Doch weg jetzt mit Launen
Und Tugendgezier!
Verlache die Blonde,
Die siegwartisiert
Und zärtlich dem Monde
Eins vorlamentiert

schließt, unmittelbar (84₇₇:₇₉, 88 I₉₁:₉₄, SW VIII₅₃:₅₄) „Siegwart als Mönch im Klostergarten" folgt, scheint er gar nicht empfunden zu haben, ebensowenig, daß dieser Spott auf das „Siegwartisieren²) vor allem sein eigenes Programmgedicht „An mein Saitenspiel" trifft, das in allen Sammlungen (SS, SG, SW) an der Spitze steht. Man könnte an eine Entwicklung von der sentimentalen zur materia-

---

¹) 88 I₇₉ ist dieser Schluß getilgt und durch Strophen ersetzt, welche ihr voraussagen, daß alle Pracht sie über die innere Lehre nicht wird hinwegtäuschen können.

²) „Antiplatonismus" 88 II₃₂ spricht er spöttisch von einem Pärchen, „ganz auf Siegwarts Ton gestimmt" (84₁₅₇ hieß es: „ganz nach eurem Takt"), um dann, ähnlich wie „An den Unbestand" 84₃₉, 88 I₅₉ Romeo und Werther als bekannte Opfer der Liebe aufzuzählen. In einer Epistel („An ein junges Fräulein" 88 II₇₂, fehlt SW) heißt es: „Ein Werther schießet sich in Loch Ins Strudelköpfchen: dieß klingt prächtig, macht Parade". 84₈₇ „Lied eines Hagestolzen": „Thoren, denen das Gehirn Siegwarts Schwärmerey verrückt". In der Fassung von 1788 ist diese Stelle geändert, die Beziehung auf Siegwart dafür in die oben zitierte Strophe in „Aufruf zur Freude" eingeführt, wo sie 84 gefehlt hatte.

listischen Lebensanschauung glauben, wenn nicht die Gedichte beider Richtungen in den Sammlungen von 1784 und 1788 nebeneinander stünden und Alxinger in einem Briefe an Nicolai vom April 1785[1]) selbst ausdrücklich erklärt hätte: „Ich könnte Ihnen Gedichte aufweisen, die ich mitunter für einige meiner besten halte, aber dennoch unterdrückt habe, weil ich Meinungen, die ich bei der Verfassung hegte, geändert, und glaube, daß ein ehrlicher Mann ebensowenig in Versen als in Prosa lügen müsse." Tränenselige Empfindsamkeit und nüchterner Zynismus sind also in seiner Seele vereint; doch hat das an komplizierten Charakteren so reiche Jahrhundert ja noch viel seltsamere Mischungen scheinbar unvereinbarer Charaktereigenschaften hervorgebracht.

Mitunter scheint Alxinger den Widerspruch doch gefühlt zu haben; er legte sich eine eigene Theorie zurecht, um der Liebe in seiner Lebensanschauung Raum zu schaffen: die Liebe ist zwar ein Wahn, aber dieser Wahn hält den Jüngling von Irrwegen ab und hilft ihm, der Tierbegierden Geier zu zähmen. Unermüdlich hat er diesen Gedanken wiederholt: „An mein Saitenspiel" 84_{20}, 88_{20}, „An eine Buhlerin" WM 86_{28}, $88\ I_{113}$, „Gottes Güte" 84_{138}, $88\ II_{33}$, „An Maftalier" 84_{142} = „Vorzüge der Liebe" $88\ II_{27}$, Antiplatonismus WM 82_{15}, 84_{155}, $88\ II_{50}$. Dieselbe Ansicht vertritt er auch in seinem „Doolin von Mahnz" (IV_{45} ff.), nur daß er so wie sein Freund Blumauer glaubt, in den schönen Zeiten des Rittertums habe die reine Liebe wirklich auf Erden geweilt, bekanntlich im schärfsten Gegensatze zu seinem Meister Wieland, der stets mit lächelnder Ironie zeigte, daß die Menschen zu allen Zeiten nur Menschen waren. Das Ideal, an das er für Gegenwart und Zukunft nicht glaubte, verlegte er also in die Vergangenheit.[2])

Und doch unterscheiden sich auch die „siegwartisierenden" Gedichte von ähnlichen Produkten anderer Dichter. In dem Nonnenliede hören wir von Skapulier und Schleier, von Cilicium und Psalter, vom Horabeten und vom Rutschen auf der heiligen Stiege. Siegwart spricht von seinem Priestereid, vom heiligen Aloysius und wagt es, die Wangen seiner ihm als Vision erscheinenden Marianne mit den

---

[1]) G. Wilhelm a. a. O. S. 15.
[2]) Vgl. Doolin IV_{45} ff.:

  Nicht so zur Zeit der alten Ritterschaft,
  Wo noch die Seele neue Kraft
  Vom ungeschwächten Leib erhalten

. . . .
  . . . . da stieg man noch in's Grab
  Mit seiner ersten Lieb' und einzigen hinab
  Und nahm von seiner Pflicht, sein Ehrenwort zu halten,
  Das Wort nicht aus, das man dem Weibe gab.

Wundenmalen Christi zu vergleichen. In dem Gedichte „An eine
Ungetreue" bleibt der Grund der Untreue nicht im Dunklen wie bei
der großen Masse solcher Klagen (vgl. oben die Analyse der Liebeslyrik), sondern die Geliebte hat einen alten Mann wegen seines Reichtums geheiratet; der Betrogene malt sich aus, wie sie in prächtiger
Karosse durch den Prater rollt, am Schauspielhause absteigt, wie der
Lakai ihre Schleppe hebt, der Logenmeister die Tür aufreißt, und
versenkt sich in schmerzvollsüße Erinnerung an die Zeit, da sie beide
noch in der letzten Reihe eng nebeneinander saßen. Die Buhlerin in
dem Gedichte „An eine Buhlerinn" ist sehr deutlich gesehen, wie sie
den netten Fuß vorstreckt, den Busen bloßfächelt und dem Dichter
lockend eine Rose zuwirft. Nirgends findet sich bei ihm das Schäferkostüm und wenn er von idyllischem ländlichen Glück spricht (z. B.
88 I$_{80}$), meint er den Bauer. Nichts ist für seine Gabe realistischer
Darstellung bezeichnender als die Art, wie er das Motiv der ver-
lassenen Geliebten behandelt. Die „Verlassene" (WM 85$_{97}$, 88 I$_{84}$)
steht nicht am Schmerzenbach oder am Ufer des Stromes, in den sie
sich stürzen will, sondern sie befindet sich in einer Gesellschaft, in der
sie sich verstellen muß; erst da sie allein ist, macht sie ihrem Schmerze
in bitteren Klagen Luft:

> Weh mir! was ist Männerliebe?
> Nicht der Seele Hochgefühl:
> Grober Kitzel, thierische Triebe,
> Sinnenweide, Fiberspiel.

Hier finden wir die Lebensanschauung des „Antiplatonismus"
wieder. Die Erbitterung, mit der sie vorgetragen wird, ist Alzingers
persönliche Note; sie beweist auch, daß es sich im „Antiplatonismus"
um mehr als eine paradoxe Umkehrung einer landläufigen Anschauung handelt. Solch ein eifernder Geist war natürlich nicht zum
Lyriker geschaffen — wo er zart sein will, wird er sentimental;
daß er auch von seiner Lyrik eine ethische Wirkung erwartete, zeigt
sein Programmgedicht und die schöne Epistel „An Leon" 88 II$_{104}$
(fehlt SW) — sondern zum Kämpfer: seine ganze Veranlagung wies
ihn auf die Satire.

Satire erfüllt denn auch nicht nur seine Kampfgedichte gegen
den Jesuitismus, Satire erfüllt auch seine „Lieder und Oden"; durch
die pathetische Satire gegen die verderbte Gegenwart, welcher er die
unverdorbene Zeit des Rittertums entgegenstellt, unterscheiden sich seine
Ritterepen vor allem von denen seines Vorbildes Wieland.

Diese Satire ist immer außerordentlich real in den Schilderungen und wir verdanken seiner Kunst realistischer Darstellung
manch wertvolles Kulturbild aus dem alten Wien. Wir hören vom
Praterkorso, vom Kohlmarkt mit dem Kaffee Milano (84$_1$, 88 I$_7$), vom

VI. Die Autoren des Wiener Musenalmanachs.

Graben mit seinem Nachtleben[1]) (88 II$_{69}$ ff.), von dem üppigen Leben des Adels mit seinen Maitressen, seinen französischen Kammerdienern, italienischen Sängerinnen und englischen Rennpferden. Wir werden auch in die vornehme Gesellschaft geführt, wo die Langeweile brütet, bis die Spadille „Die Mohrenstirn" erhebt (88 I$_{50}$); wir sehen dort die Schöne, umringt von „süßen Herrchen", die ihr „süße Zötchen" ins Ohr flüstern (88 I$_{51, 103}$, II$_{114}$ und andere Stellen).

Der außerordentliche Sachenreichtum — auch für Blumauer und dessen Schüler J. B. Koller ist dieser Reichtum an Sachen charakteristisch — beschwert Alxingers Gedichte und ihm gegenüber versagt das geringere Maß künstlerischer Gestaltungskraft, das ihm gegeben war. Einen satirischen Charakter zu schaffen — die höchste Kunstform der Satire[2]) — ist ihm nicht gelungen und dies ist tief in seiner Natur begründet: er sieht nicht das Wesen der Menschen, sondern nur ihr Tun und Treiben. Daher ist auch nirgend verzeihendes Verstehen, sondern nur heftiges Eifern. Damit aber hängt es auch zusammen, daß er dort am wertvollsten ist, wo er ohne Reflexion reine Beschreibung dessen gibt, was er bekämpft. Ein wahres Kabinettstück in dieser Hinsicht ist das lateinische Gedicht „Visum nocturnum" (88 II$_{485}$ SW VII$_{290}$; von Ratschky für den WM 90$_{33}$ übersetzt), das trotz der toten Sprache außerordentlich real gedacht ist; er schildert einen Tag aus dem Leben eines jungen österreichischen Adeligen, der, Erbe eines historischen Namens und eines ungeheuren Vermögens, Kraft und Zeit in Lüsten vergeudet; der Genius Wiens — so ist die Fiktion — führt dieses Bild dem Dichter im Traume vor, um ihm zu zeigen, wie wenig vom Adel für die deutsche Literatur zu hoffen sei. Eine Art Gegenstück zum „Visum nocturnum" bietet die Epistel „An das Fräulein Gabriele von Baumberg" 88 II$_{113}$ (fehlt SW), in welcher das tägliche Leben der vornehmen Wiener Damen satirisch geschildert wird. Proben dieser Art dichtgedrängter streng sachlicher Beschreibung finden sich überall in seinen Gedichten.[3]) Die Kunst der Darstellung wächst mit

---

[1]) Wie weit Alxinger im Berismus zu gehen wagte, zeigt das nach einem Vorbilde Swifts gearbeitete Lehrgedicht „Die Schöne, wie sie zu Bette geht" (84$_{140}$, 88 II$_{44}$), in welchem er als abschreckendes Beispiel eine Dirne schildert, die an allen möglichen venerischen Krankheiten leidet. Vgl. oben S. 170 Anmerkung 2.

[2]) „Cecilia" 84$_{122}$ ist kaum ein Ansatz dazu.

[3]) „An mein Buch" 84$_1$, 88$_7$; „An Blumauer" WM 84$_{57}$, 84$_{63}$, 88$_{103}$; „An Herrn v. Ehrenberg" 88 II$_{69}$ (fehlt SW); „Prophezeihung bey meines Ratschky Abreise" WM 88$_{31}$, 88 II$_{96}$ (fehlt SW); „Morgenbesuch" WM 85$_{19}$, 84$_{53}$, 88$_{71}$; „Über die Unduldsamkeit in der Freymaurerey" 88 I$_{297-301}$ (fehlt SW); „Bei dem Grabe Theresiens" 84$_{105}$, 88 II$_9$ (fehlt SW); „An eine Dame bey ihrer Abreise in den Landtag" NG 71, SW VIII$_{229}$.

VI. Die Autoren des Wiener Musenalmanachs.

den Jahren. Die Gedichte „An eine Ungetreue" WM 82_{180}, 84_{61} (= „An Selinde" 88_{79}), „Mein Mädchen auf der Redoute" 84_{20} (= „Lina auf der R." 88_{38}), „Der Fächer" WM 83_{108}, 84_{87}, 88_{49}, „An eine Buhlerinn" WM 86_{38}, 88_{112} sind in der zweiten Fassung (1788) um viele reale Züge bereichert worden.

Wo Alxinger aber Einkleidungen sucht, da fällt die Dürftigkeit seiner Erfindungsgabe unangenehm auf. Er läßt z. B. einen „Unglücklichen an seinen Hund" ($88\ I_{44}$) klagen über die Undankbarkeit der Menschen richten, die ihn im Unglücke verleugnen. Er fingiert ein andermal eine Vision eines besseren Daseins („Das Gesicht" $88\ I_{250}$, fehlt SW) und beschreibt, was er nicht sah: Tyrannenwut, Pfaffenstolz ꝛc. Reichlichen Gebrauch macht er von der Form der Apostrophe: er redet einen Gegenstand an (z. B. „Der Fächer" WM 83_{108}, $88\ I_{49}$), an welcher er die Satire knüpft, oder einen Begriff — diese Form ist die häufigste, wie sie auch seinem Denken am meisten entsprach — z. B. die Charlatanerie $88\ I_{221}$ (fehlt SW), den Unbestand WM 84_{13}, $88\ I_{54}$ und setzt sich mit ihm auseinander. Mitunter rückt er den Personen, die er bekämpft, persönlich auf den Leib, z. B. „Die Priester Gottes" (Anhang zu 1784) oder jugendlichpathetisch in dem Gedichte „Das Glück" $88\ I_{29}$, in welchem er den Adel auffordert, sich der Wissenschaft oder der Poesie zu widmen, statt Vermögen und Kraft in Lüsten zu vergeuden. Selten wird der Satire ein positives Bild entgegengestellt wie in dem oben erwähnten Gedichte „Das Glück" $88\ I_{29}$, oder in dem Gedichte „Die Freyheit" $88\ I_{125}$, in welchem der Höfling dem freien Bauern, oder in dem Freimaurergedichte „Bey der Aufnahme eines Geistlichen" $88\ I_{261}$ (fehlt SW), in welchem der „Pfaffe" und der wahre Priester einander gegenübergestellt werden.

Auch seine lyrischen Ausdrucksformen sind beschränkt. Sehr selten spricht er seine Empfindungen in der Ich-Form aus, fast immer sucht er etwas, das sie aussprechen kann. Am häufigsten macht er von der Form des Rollenliedes Gebrauch („Die Verlassene" $88\ I_{84}$, „Der Unglückliche an seinen Hund" $88\ I_{44}$, „Sehnsucht nach der Geliebten" $88\ I_{63}$, „Lied einer Nonne" $88\ I_{82}$, „Siegwart als Mönch im Klostergarten" $88\ I_{94}$, „Lied eines alten Juden" $88\ I_{99}$). Fast immer geht er von der Situation aus und so schwerfällig ist er, daß die Gedichte $88\ I_{44}$, $88\ I_{47}$, $88\ I_{63}$, $88\ I_{82}$, $88\ I_{94}$ alle mit „Hier, wo ..." beginnen. Den Schluß bildet zumeist ein Ausblick auf die Zukunft, ein Wunsch, eine Aufforderung. Mitunter, besonders in späterer Zeit, nimmt er seine Zuflucht zu altmodischen Inventionen: Kalliope steht im Kreise der Schwestern auf und singt ein Loblied auf den Fürsten Kaunitz („Kalliopens Gesang Von dem Fürsten Kaunitz Rietberg" 84_{17}, fehlt 88, SW VIII_{39}). In dem

Hochzeitsgedichte „An ein Brautpaar" (WM 87₄₀, 88 II₈₉, fehlt SW) werden die olympischen Götter und verschiedene allegorische Figuren herbeigerufen; auch die pikante Schlußpointe fehlt nicht. Die allegorischen Figuren Schönheit und Mode, beide Zwillingstöchter des Kupid, haben einen Streit („Schönheit und Mode" WM 90₇, NG₅, fehlt SW). Die allegorischen Figuren Vernunft und Liebe schließen am Vermählungstage eines Grafen einen Vertrag („Vertrag zwischen Liebe und Vernunft, geschlossen am...." WM 94₇₇, NG₁₃₅, fehlt SW). In einer allegorischen Erzählung wird von der „Schöpfung der Freundschaft" berichtet (WM 94₅₂, NG₁₄₉, fehlt SW). In einer Epistel läßt der Dichter einem Kanarienvogel eine rührende Geschichte erzählen, um dem Fräulein Gabriele von Baumberg ein Kompliment zu machen (NG 21, fehlt SW) und dergleichen. In diese Zeit fallen auch die Kantaten, sämtlich Gelegenheitsdichtungen (SW VIII₁₄₁₋₁₇₃), die, vom künstlerischen Standpunkt betrachtet, hierher gehören, soweit sie nicht kleine Dramen sind, wie „Die Vergötterung des Herkules" SW VIII₁₄₁.

In einer besonderen Untersuchung, die nicht an den epischen Werken Alxingers vorübergehen dürfte, müßte der Einfluß der Antike auf Vorstellungskreis, Technik und Diktion des Dichters untersucht werden.

Alxinger kannte die Alten auf das Genaueste und hat ihnen fast auf jeder Seite seiner Gedichte gehuldigt:

> Der Griechen und der Römer Hand
> Führt mich, mich ewges Kind, am goldnen Gängelband

hat er in der Widmung seines Arion (88 II₉₇) bekannt.[1]

Die Abhängigkeit besteht weniger in den Motiven als in der Form. Die antike Mythologie hat er in zunehmend stärkerem Maße verwendet, alle möglichen Tropen und Figuren der antiken Rhetorik finden sich in seinen Gedichten (besonders die auffallend lang aus-

---

[1] Fast an Opitz gemahnt eine Stelle in der Epistel „An Leon" 88 II₁₀₅ (fehlt SW):

> ..... gute Verse machen
> Heißt noch nicht, ein guter Dichter sein.
> Wer nicht, von Begeisterung umwehet,
> Auf der Spur der alten Griechen gehet.
> Wer nicht den schon frühe reifen Geist
> Aus den Banden niedrer Wünsche reißt;
> Nicht der Menschheit edelsten Gefühle,
> Ausgeströmt vom hohen Saitenspiele,
> In die Herzen seiner Brüder gießt;
> Der sey zwar ein Licht in seiner Classe,
> Sey ein kluger, ein gelehrter Mann,
> Sey gelobt, geehrt, berühmt; er maße
> Sich nur nicht den Dichtertitel an.

gesponnenen Apostrophen). Häufig werden „schöne Stellen" nachgeahmt nach demselben Grundsatze, nach welchen er in Übersetzungen
Horazischer Oden oder Ovidischer amores die Anspielungen auf
antike Verhältnisse und Ereignisse durch moderne ersetzt, also alte
Formen zum Ausdrucke moderner Anschauungen und moderner
Empfindungen verwendet. Sein außerordentliches Gedächtnis bot
ihm bereitwillig lange Stellen aus antiken Autoren und so fühlen
wir uns auf Schritt und Tritt an geflügelte Worte erinnert. In
dem emsigen Bemühen, den Alten Schönheiten zu rauben, erinnert
er an die Dichter des 17. Jahrhunderts. Es fehlt auch sonst nicht
an Ähnlichkeiten. Wie die Dichter des 17. Jahrhunderts ist Alxinger
ein geschulter Philologe, der für seine Übersetzungen den Text selbst
emendiert (88 II $_{149, 178}$). Wie diese macht auch er noch lateinische
Gedichte 88 II $_{418-440}$[1]) und Virgil steht auch ihm höher als Homer.[2])
Wie jenen Dichtern ist es auch ihm eine der vornehmsten Aufgabe
des Dichters, „Sprachverbesserer" („An mein Buch" 84 $_7$, 88 $_{15}$) zu
sein und einmal spricht er wie sie von „unsrer Heldensprache" („Das
Buch an den Leser" 88 I $_{29}$). Die maßlos schmeichelnden Gelegenheitsgedichte (84 $_{17}$ = SW VIII $_{89}$, 88 I $_{87}$ = SW VII $_{17}$ und andere,
besonders in den NG) und das allegorische Hochzeitsgedicht mit der
cynischen Schlußpointe (WM 87 $_{40}$, 88 II $_{81}$, fehlt SW) passen zu
dem Bilde.

Sprach- und Versmaß meisterte Alxinger nur mit Mühe, den
Zwang des Reimes spürt man recht oft. Die Strophen wurden ihm
sehr schwer und so oft er sie durchging, fand er daran zu feilen.
Leichter bewegt er sich in den vers libres, in denen fast alle seine
„Briefe, Lehr- und Strafgedichte", sowie die meisten Gelegenheitsgedichte der letzten Zeit verfaßt sind. In der letzten Sammlung (NG)
taucht auffallenderweise der Alexandriner auf (NG $_{89, 41, 85, 130,}$
$_{146, 147}$), so daß sich also auch in der Form dieselbe rückschreitende
Entwicklung beobachten läßt wie im Inhalt. Anderseits ist ihm ein
gewisses Maß sprachkünstlerischer Kraft nicht abzusprechen. Es gelingt
ihm oft, ein überraschend treffendes Gleichnis oder einen außerordentlich charakteristischen Ausdruck als Abschluß eines längeren
Raisonnements zu finden.

Die letzte Gedichtsammlung Alxingers, die „Neuesten Gedichte",
zeugt von einem vollständigen Versiegen der dichterischen Kraft. Von
den 65 Gedichten dieser Ausgabe — auch sie bringt eine Übersetzung

---

[1]) In einem Brief an Reinhold aus dem Jahre 1787 (Keil a. a. O. S. 60)
spricht er davon, ein paar Jahre der lateinischen Muse zu widmen, was er glück-
licherweise nicht ausgeführt hat.
[2]) Vgl. Sämmtliche Werke X, 195—200 „Über das moralische Gefühl im
Homer und Virgil".

eines Dramas, der „Medea" des Euripides, und eine Kantate „Die Vergötterung des Herkules" — sind außer zwölf Epigrammen, welche für die Charakteristik der Individualität des Dichters gar nichts besagen, und der Probe einer Phädrusübersetzung nur noch zehn Gedichte, die nicht Gelegenheitsgedichte sind. Unter diesen befindet sich die schon besprochene Allegorie („Die Schöpfung der Freundschaft" NG $_{149}$, fehlt SW), eine ziemlich alberne Fabel („Die Gans als Polyhistorinn" NG $_{84}$), ein zweideutiges Glückwunschgedicht, das offenbar auf besondere private Verhältnisse anspielt („Alte Liebe rostet nicht" WM 92 $_{159}$, NG $_{87}$, SW $_{97}$), ein Gedicht („An die Zeit" NG $_{24}$, SW VIII $_{99}$), das zum frohen Lebensgenusse auffordert, ein Wechselgesang „Der Frühling" (NG $_{144}$, SW VIII $_{105}$) und fünf Liebesgedichte, alle erfüllt von einer süßlichen Sentimentalität, die sich von der Sentimentalität der früheren siegwartisierenden Gedichte durch einen Einschlag von konventioneller Galanterie unterscheiden. Nur die wunschlos-ehrfurchtsvolle Liebe ist ihm jetzt die „Wahre Liebe" (WM 91 $_{114}$, NG $_{146}$, fehlt SW). Daß die Geliebte ihm eine Haarlocke schenkt, macht ihn maßlos glücklich („An Minnen" WM 92 $_{67}$, NG $_{48}$). Er schreibt eine Grabschrift eines Schoßhundes, den er um seinen Tod beneidet, da seine Gebieterin ihn beweint hat (NG $_{93}$, fehlt SW). Er läßt ein Hündchen seiner Gebieterin zur Genesung Glück wünschen und doch bedauern, daß er nun nicht mehr auf ihrem Busen „gleich einem Reh auf Rosenhügeln" herumhüpfen und nicht mehr unter ihre Decke schlüpfen darf „wie der Bergmann in den Schacht" und wieder schließt er:

> Wer eigennützig liebt, der lass' es lieber seyn.
> Gehorsam nur und Opfer ziemen
> Den Herzen, die der Treu, der wahren Treu sich rühmen
> WM 96 $_{38}$ (fehlt NG und SW).

Alles, was er besitzt, Ruhe, Reichtum, Ehren, langes Leben, möchte er „Ihr" geben, damit sie an seinem Grabe mit einer Mitleidsträne im Auge seufze: „Er hat zu sehr geliebt" („Wunsch" WM 91 $_{85}$, NG 87, fehlt SW). Wenn Gott die kranke Geliebte gesund werden läßt und ihm nur noch ein Jahr an ihrer Seite schenkt, so will er gerne sterben und auf seinem Leichensteine soll stehen:

> Der allerglücklichste der Menschen ruhet hier.

Das sind Motive der galanten Lyrik und wir gehen wohl nicht fehl, wenn wir diese Rückentwicklung mit seiner gesellschaftlichen Stellung in Zusammenhang bringen. Leon schreibt (am 23. Januar 1790) an Reinhold über diese Periode in Alzingers Leben: „Alzinger ist, soviel ich weiß, nun ganz mit unsrer hohen Noblesse beschäftiget, so daß er von derselben allen Stolz und Selbstdünkel — auch sogar in der Schriftstellerey — mit sich herumträgt, und auf uns andere sublunarischen und litterarischen Geschöpfe seinesgleichen, hoch wie ein Gott, herabsieht. Kurz sein Sinn und sein Herz formt sich ganz nach der allergnädigsten hochadlichen Manier" (Keil a. a. O. 71).

Von den Gelegenheitsgedichten dieser Sammlung, die Seume mit wenigen Ausnahmen fast sämtlich in die SW aufgenommen hat, sind beinahe alle künstlerisch wertlos. Die reizende Epistel „An eine Dame. Bey ihrer Abreise zum Landtage" (NG $_{71}$, fehlt SW) mit ihren köstlichen Genrebildern aus dem Wiener Gesellschaftsleben steht ganz vereinzelt. —

Die vorstehende Skizze wollte unter anderem zeigen, daß die Gedichtauswahl der SW geeignet ist, ein ganz falsches Bild der Individualität des Dichters hervorzurufen.

L. L. Haschka.

„.... ein kühnes Meteor
aus Haschkas Kiel."

Ratschky „An Alxinger" WM 85$_{117}$.

In einigen[1]) Jahrgängen der WM taucht meteorgleich Alxingers Freund und Lehrer L. L. Haschka, der spätere Verfasser der österreichischen Volkshymne, mit zornig-stolzen Oden auf. Er steht noch ganz im Sturm und Drang, seine maßlosen und wilden Oden widerstehen jeder Einreihung.

Haschkas Dichtungen erwecken mehr psychologisches als ästhetisches Interesse. In seiner Jugend über alle Grenzen des guten Geschmacks[2]) hinaus ein Tyrannenhasser, trat er später in den Dienst der Reaktion. Je heftiger seine Jugend-Oden, deren Kühnheit alle seine Freunde erschreckte,[3]) gewesen waren, um so glaublicher erschien es jetzt, daß sie erheuchelt waren und daß Haschka eben den Mantel nach dem Winde gedreht habe. Kurz („Geschichte der deutschen Literatur" 3, 46 a) beschuldigt ihn sogar, der Polizei als Spitzel gedient zu haben, ein Vorwurf, der sich seither fortgeerbt hat, obwohl er sich, so viel ich sehe,

---

[1]) 81$_{30, 115, 191}$, 82$_{30, 96, 129}$ 85$_{71, 79, 99, 139}$, 86$_{16, 34, 49, 72, 85}$. Er trat also mit M. Denis in den WM ein; über die Polemik zwischen Ratschky und Haschkas „Literarischen Monaten" vgl. S. 10.

[2]) Xenien 413: Die Muse zu den Xenien.
  Aber jetzt rat' ich euch, geht, sonst kommt noch gar der Gorgona
  Fratze oder ein Band Oden von Haschka heraus.
Die „Trogalien zur Verdauung der Xenien" 1797 antworteten:
  Sicherlich hätt' er Dich mit der Klapper verschonet, o Haschka,
  Hättest Du Wahrheit nicht unsern Regenten gesagt.

[3]) Gust. Wilhelm a. a. O. S. 47.

nur auf die von Gustav Wilhelm a. a. O. im Anhang II, S. 98 zitierten Broschüren stützt, die auch gegen Alxinger — offensichtlich ohne die geringste Berechtigung — denselben Vorwurf erhoben. Ohne Haschka verteidigen zu wollen, mache ich nur darauf aufmerksam, daß ja auch Haschkas Vorbild Fr. Stolberg die Entwicklung vom maßlosen Tyrannenhasser zum Reaktionär durchgemacht hat. An der Echtheit seiner Gesinnung zweifelte vor 1790 niemand. Der argwöhnische Alxinger, den mit Haschka eine enthusiastische Freundschaft verband, ist voll Verehrung für ihn, sowie seine Schülerin C. Pichler, die in ihren „Denkwürdigkeiten" sein Wesen „jetzt nach fünfzig Jahren darüber nachdenkend, fördernd und um sich greifend" nennen möchte.¹) Nicht nur in seinen Oden, sondern auch im Leben war er von rückhaltlosem Freimut, wie die gepfefferte Antwort auf das berüchtigte Zirkular der Nachdruckfirma Trattner in Wien beweist²) und noch in den Briefen, die er als alter Mann (1803—1808) an Reinhold schreibt,³) spüren wir den leidenschaftlichen Feuerkopf.

Haschkas dichterische Entwicklung ist sehr schwer zu überblicken, da er seine Oden nicht gesammelt hat, sondern sie einzeln in Flugblättern erscheinen ließ, um unmittelbarer zu wirken. Sie sind sehr selten⁴) geworden und ich muß mich auf die beschränken, die im WM stehen.

Begonnen hat er als Barde, leuchtendes Vorbild war ihm Klopstock,⁵) dessen glühende Ruhmbegierde und dessen Ehrgeiz auch ihn beseelte, und der feurige Stolberg, dem er sich ebenbürtig fühlt (85 ₇). Zu seinen frühesten Oden dürften diejenigen gehören, welche er in den von ihm und Fr. J. Riedel herausgegebenen „Literarischen Monaten" (1773—1777) als Barde Cronnan (das ist kläglicher Ton) veröffentlicht. Dort stehen auch seine von schwärmerischer Liebe erfüllten Oden an Minona, über die er später so herb gespottet hat.⁶)

---

¹) Siehe ihre „Denkwürdigkeiten aus meinem Leben" 1, S. 53.
²) Gräffer „Josefinische Curiosa" 4, 167.
³) Keil „Wiener Freunde" S. 73—103.
⁴) „Eine ganze Suite dürfte zu den größten Seltenheiten gehören", sagt Wurzbach 8, 21.
⁵) .... da mir, ein Sturm, ein Blitz,
Klopstocks Namen entgegen fuhr!
Also weinte mein Aug Thränen der Ruhmbegier
Klopstocks früher Unsterblichkeit.   „Über den Ruhm" 86 ₄₅ ff.

⁶) Ob ich wiedergeliebt wurde, daß wußte kaum
Meine Herzensinfantinn selbst;
Denn was weiß ein Geschlecht, welches so liebt, als haßt,
Wie der Rosenbusch riecht und sticht!
Doch daß ich sie geliebt rasend, dem rasenden
Roland, züchtig, dem flüchtigen
Quixot' ähnlich, und sechs Sommer, bekenn' ich dir ...
„Über den Ruhm" 86 ₄₃ f.

VI. Die Autoren des Wiener Musenalmanachs.

Im WM 81₁₉₁₋₂₀₇ tritt er auf mit einer 39 Strophen langen Ode Haschkas („Zur Hör' und Lehre den Jünglingen meiner Vaterstadt"), in der er die Urzeit und ihre einfach edlen Sitten der entarteten Gegenwart zur Nachahmung vorhält.

Doch allzu lange litt es ihn nicht in den Eichenhainen der Vorzeit, es trieb ihn, in die Gegenwart einzugreifen. Fast jedes wichtige Ereignis auf dem Gebiete der Literatur und Politik hat er mit seinen Oden begleitet.[1]) Bald zornig eifernd, bald lehrend und mahnend wendet er sich immer an eine größere Gemeinschaft[2]) und darin erinnert er an seinen früheren Predigerberuf; auch an den Stil der Predigt finden sich in seinen Oden und in seinen Briefen unverkennbare Anklänge.

Von den Oden des WM gehört der „Zuruf an Deutschlands Künstler" 82₈₆ hierher, in dem er die Künstler auffordert, durch „stolzes Verstummen der Kunst" sich an den Fürsten zu rächen, welche die Kunst nicht unterstützen.

Wie maßlos und geschmacklos er werden konnte, zeigen besonders die beiden Oden 85₇₋₁₃ („Ode") und 85₁₃₉₋₁₄₇ („Selbstgespräch"). In der „Ode" 85₇₋₁₃ wendet er sich gegen die nicht tugendhaften Dichter,[3]) im „Selbstgespräch" 85₁₃₉₋₁₄₇ — man traut seinen Augen kaum — ist Gegenstand einer langen pathetischen Elegie die wichtige Frage, ob er sich das Haar schneiden solle oder nicht:[4])

---

[1]) „Wenn meine Oden auch gar keinen Poet. Werth hätten, so werden sie doch historisch immer merkwürdig bleiben; denn redlich und getreu ist meine Leyer in allen Ereignissen ihrer Tage gefolgt. Tantum! —" rühmt er in einem Briefe an Reinhold aus dem Jahre 1807 (Reil a. a. O. S. 97).

[2]) Diese Gelegenheitsdichtung, die in Österreich sehr populär war und wie Goedeke § 298 beweist, in weitestem Umfange gepflegt wurde, bildet einen nicht unerheblichen Teil der literarischen Produktion Österreichs und verdiente eine sichtende Untersuchung; schon nach den Titeln lassen sich gewisse Gattungen wie die antikisierende Ode, das volkstümliche Rollenlied ꝛc. unterscheiden.

[3]) Ach! ein so böser Schaden frißt unter uns
Schon lang umher, und machet die Dichterzunft
So stinkend, daß das Schlammgethier selbst
Unsre Genossame edel angrunzt!
Denn, leider!, hat so mancher der Unsrigen
Die himmelreine Muse genöthiget,
Lord Spindle's und Tiberiuffe
Schändlich zu trauen!

Die Anspielungen und die ungewöhnlichen Wörter werden in Anmerkungen erklärt, sowie überhaupt die Ode mit Anmerkungen für Haschka charakteristisch ist.

[4]) Zur Erklärung: Alxinger redet in einer Epistel (SG II 85) seinen Freund an: Mein Haschka, der bisher, wenn Mißgunst oder Neid
Bald seine Verse, bald sein Kleid
. . . .
Geschmähet, edel schwieg . . .

Soll ich das Haar mir verschneiden, wie? oder es fürder noch pflegen?
Jenes zwar wäre bequem, aber gebräuchlich ist dieß.

Und nun ereifert er sich über die Tyrannei des Despoten Gebrauch und fährt fort:

Wehe dir, Laurenz, o weh, wenn du das Haar dir verschneidst!
Nicht der wüllerne Pöbel allein und die Jungen der Gasse,
Auch die seidene Frau und der vergoldete Herr
Werden trefflich dein spotten, und dir das Haupt nachschütteln.

Mit großer Erbitterung und im einzelnen sehr real malt er sich aus, wie er im Schauspielhaus, in der Oper, im „Hain, welchen die Donau benetzt", ausgelacht werden wird, wie sein Liebchen fremd tut und die Freunde ihm ausweichen oder in das Lachen der anderen einstimmen, um jede Gemeinschaft mit ihm abzulehnen. Er bleibt aber dabei: „brennen das Haar und kleben das Haar und stecken das Haar ... sollte der Freyen kein Mann." Alle großen Völker, meint er, hätten das Haar kurz getragen.

So der Teuton einst, der Grieche, der Römer, der Korse nur jüngst, die
Muthigsten heutiger Knecht', einige Briten noch itzt!
Meint ihr, es hätten unsere Väter Helden geschrecket,
Wenn sie durch Künste des Kamms hätten gethürmet ihr Haar?
Meint ihr, Alkaios hätte Kronen zu Schanden gesungen,
Wenn er sein ringelig Haar hätte gewickelt in Band?
Meint ihr, Caesar wäre bis heut unerreichet geblieben,
Wenn er mit Kappen aus Haar hätte die Glaze bedeckt,
Meint ihr, es hätte Paoli sich auch nur wollen entjochen,
Wenn er in Beutel gehüllt hätte getragen sein Haar?
Und der dem Himmel den Blitz, den Tyrannen den Zepter entrissen,
Franklin (neige dich, Lieb!) meint ihr, er kräusele sich?

So will auch er sich nicht in der Betätigung seiner Freiheit behindern lassen, denn

... es ist etwas für Schätzer der Freyheit,
Auch nur einen Ring haben zersprenget des Zwangs.

Was den Leuten gelüstet, das reden sie. Mögen sie reden!
Was denn kümmert es mich? ... Risch mit der Schere darein!

Das ist eine der Oden, welche die Xenien mit der Fratze der Gorgona verglichen. Wenn er ruhig ist, gelingen ihm mitunter schöne Gedichte reflektierender Art wie die Ode „Die Trübsal" 82₁₀ und die bidaktischen Oden der Jahrgänge 1785 und 1786, die er einzelnen seiner Freunde zueignet.[1]) Sie zeigen deutlich „den Einfluß

Haschka scheint also wirklich auch in seinem Äußeren dem „unwiderstehlichen Hange zum Sonderbaren", den ihm sein Freund Alxinger in seinem Dichten zuschreibt (G. Wilhelm a. a. O. S. 46), gefolgt zu sein.

[1]) „Für die Mütter" 85₇₉, „Unsere Bestimmung" 86₁₆, „Die Übereinstimmung" 86₃₄, „Der Vorzug" 86₄₉, „Über den Ruhm" 76₈₃, „Einst und Jetzt" 86₇₂.

von Stolbergs „Jamben" und sind im ganzen frei von Maßlosig-
keiten und Überschwenglichkeiten; die Mahnungen, die er den Müttern
86 $_{79}$, hinweisend auf den „jedernwürdigen Aemil", erteilt, zeigen
von psychologischem Scharfblick und weiser Mäßigung. Den Satiriker
verleugnet er freilich nie und die Erbitterung darüber, daß er oft
gerade dann, wenn er mit ganzer Seele sich für eine Sache ein-
gesetzt,[1]) nur Spott und Hohn geerntet, bricht in der Ode „Über
den Ruhm" 86 $_{85}$ durch:

> Doch jetzt pochet mein Herz nicht mehr bey Namen, jetzt
> Wein' ich nicht mehr aus Ruhmbegier,
> Seit ich ihm, dem Gespenst, welchem das männliche
> Alter fröhnet, in's Antlitz sah,
> Sah, wie ungerecht es diese zu Boden tritt,
> Jene bis an den Mond erhebt.
> Auch schmeißt manche der Ruhm nur zum Gespött' empor,
> Wie die Prell' einst den Sancho schmiß,
> Der, je höher er flog, oder je ernster er
> That, je lauter belachet ward.

Mit so bitteren Empfindungen sah er auf den Enthusiasmus
seiner Jugend zurück. —

Haschka ist auch sonst eine der interessantesten Erscheinungen
des österreichischen Literaturlebens. Seine Briefe (Reil a. a. O.
S. 73—103) beweisen ein stets reges Interesse für die neuen Erscheinungen der Literatur und ein überraschend weitherziges und
kluges Urteil (z. B. über Wielands Altersstätigkeit, über Jean Paul,
über Tiecks „Oktavian", die Schlegel, Zacharias Werner und andere),
und daneben einen begreiflichen lokalpatriotischen Stolz auf die
Romane seiner Schülerin C. Pichler und die Dramen Collins.

J. F. Ratschky und Gottlieb Leon.

Ratschky und Leon, von denen der erste den WM begründete,
der zweite zu Grabe geleitete, beide ständige Mitarbeiter des Almanachs, repräsentieren uns zwei verschiedene Seiten des österreichischen
Wesens: in Ratschky lebt die Genußfreudigkeit und Lachlust des
Wieners, in Leon seine weiche Empfänglichkeit, seine Begeisterungsfähigkeit und seine Sentimentalität. Nichts ist für die Verschiedenheit
der beiden durch innige Freundschaft verbundenen Männer bezeich-

---

[1]) Für seine Reizbarkeit erscheint mir folgende Strophe aus der Ode „Der
Vorzug" 86 $_{40}$ charakteristisch. Er fragt, ob er der einzige Vorzug des Dichters sei:
> .... daß er da, wo ein Erdensohn
> Kaum ein Lüftchen verspürt, einem Orkane bebt?
> Da, wo jener nur zucket,
> Er vor Schmerzen in Ohnmacht fällt?

nender als die Art, wie sie dem Freimaurertume¹) gegenüberstehen, das ja im Geistesleben der Josefinischen Epoche eine so große Rolle spielt. Leon entwirft in dem Gedichte „Maurerurbild" („Gedichte", Wien 1788, S. 139) das Ideal eines Maurers, dem schon Mutter Natur bei der Geburt das Siegel seiner Sendung auf die Stirn gedrückt hat, der hinauszieht, um der Menschheit das Evangelium der Natur zu verkünden und nach vollbrachter Sendung zur ewigen Sonnenquelle heimkehrt; er schwelgt in der Symbolik der Aufnahmszeremonien. Ratschky dagegen läßt einen neu aufgenommenen Freimaurer („Gedichte", Wien 1785, S. 148) staunend fragen, ob denn „das ganze Heer" Teil am Lichte habe und warnt ähnlich wie Alxinger vor Zeichendeuterei und Hieroglyphensucht. Derselbe Gegensatz zeigt sich auf dem Gebiete der Literatur. Leon wird von der Sentimentalität der Zeit ganz erfaßt, wahllos schwärmt er für Klopstock, für Werther und „Siegwart", für die Romane Jacobis und der la Roche (vgl. „Gedichte", S. 41), während Ratschky aller Überschwenglichkeit mit kühlem Spotte gegenübersteht.²) Leon lebt eben in einem Phantasiereich, Ratschky wurzelt in der Gegenwart. Leon flieht aus dem grauen Alltag in die verschwundene Herrlichkeit des Rittertums, Ratschky gelingen Gedichte, die echte Wiener Luft atmen, wie das behagliche „Eya mir ist wohl hienieden" (WM 83₈₉, „Gedichte", S. 102) oder „Das schöne Mädel" (WM 79₁₀₄, fehlt in den „Gedichten"). Von Alxinger unterscheiden sich beide durch die große Liebenswürdigkeit ihres Temperamentes — Leons Minnelieder haben keine Spitze gegen die entartete Gegenwart wie die Alxingers (und Blumauers), in Ratschkys satirischen Gedichten läßt die Freude an der Komik und der Humor keinerlei Bitterkeit empfinden — und durch die größere Formbegabung; der Vers fließt ihnen leichter, die Form wird nicht „gewählt" wie bei Alxinger, sondern ergibt sich selbst. Von einem Einfluß der Antike ist bei Leon gar nichts, bei Ratschky wenig zu spüren, obwohl beide übersetzt haben.

Bei beiden rinnt der Quelle der Produktion spärlich und versiegt bald. Ihre Gedichtsammlungen geben ungefähr die Grenze an; was sie nachher geschaffen haben, ist von geringerer Bedeutung. Die erworbene Formgewandtheit verwenden beide nach Erlöschen der Produktionskraft zu Übersetzungen und auf diesem Gebiete ist der Phantasiemensch dem Wirklichkeitsmenschen überlegen: während Ratschky in die Zeit Gottscheds zurückgeht und z. B. Popes „Versuch über die Kritik" in gereimten Alexandrinern überträgt, übersetzt Leon,

---
¹) Leon und Ratschky haben wie Alxinger in ihren Gedichten eigene Rubriken für Freimaurergedichte.
²) In demselben Jahrgange des WM (1777), der Leons erstes Minnelied 77₁:₄ bringt, steht Ratschkys Parodie „Der Barde und der Minnesänger" (77₁₀₁).

darin ein Vorläufer der Romantik, mit möglichster Treue aus dem Mittelhochdeutschen (Minnelieder), aus dem Italienischen (Petrarca), aus dem Spanischen und handhabt immer graziöser die romanischen Versformen (Sonett, Stanze); in seinen „Rabbinischen Legenden" (Wien 1821) hat er einen Pfad betreten, den vor ihm Herder und nach ihm Gottfried Keller geschritten sind.[1])

Gottlieb Leon.

Gottl. Leon (später von Leon) wurde 1757 in Wien geboren, studierte daselbst, ging an die Hofbibliothek, rückte langsam zum Kustos vor, trat 1827 in den Ruhestand und starb 1832 als 75jähriger Greis. Er gehört zu den interessantesten Persönlichkeiten des österreichischen Literaturlebens und eine Darstellung seines literarischen Wirkens würde auch die allgemeine Literaturgeschichte, speziell die Geschichte der Romantik um manchen Zug bereichern. Mit ungemeiner Schmiegsamkeit des Geistes hat er — ganz unähnlich Alxinger, der gewöhnlich als Hauptvertreter der österreichischen Literatur des 18. Jahrhunderts genannt wird — die Entwicklung von der Anakreontik bis zur jüngeren Romantik mitgemacht und verkörpert gleichsam in seiner Person die noch nicht zusammenhängend dargestellte Bedeutung Wiens für die Entwicklung der Romantik.

In der Vorrede zu den „Gedichten" 1788 erklärt Leon, es sei ihm unmöglich, alle seine in Almanachen, Zeitschriften und Taschenbüchern zerstreuten Gedichte in einen Band zusammenzubringen, und verspricht einen zweiten Band, der aber — wohl infolge der sehr absprechenden Rezension in der Allgemeinen Deutschen Bibliothek (89 I$_{75}$) — nicht erschienen ist. Die Sammlung von 1788 enthält 56 Gedichte, von denen 30 schon vorher im WM erschienen waren. Von den neu hinzukommenen 26 Stücken sind 10 Freimaurergedichte, die also wahrscheinlich im „Freimaurerjournal", aber kaum in einem anderen Almanach gedruckt sein dürften, nur für Wiener berechnete „Gelegenheitsgedichte" und vier „Volksgedichte". Es ist also nur von einer ganz geringen Anzahl von Gedichten wahrscheinlich, daß sie schon in anderen Almanachen veröffentlicht wurden, die Gedichte des Wiener Musenalmanachs bilden den Grundstock. Da nun der WM 1777—1788 im ganzen 61 [vielleicht[2])] 65] Gedichte von ihm

---

[1]) Siehe die außerordentlich interessante Vorrede (Zitate bei Goedeke 6, 535).
[2]) Das Gedicht „An den Mond" 77$_{71}$, das im WM mit dem Autornamen Löbl, der sich z. B. auch in Tschinks „Blumenlese" 1790 findet, bezeichnet ist, hat Leon in seine Sammlung (S. 29) aufgenommen; demnach muß man wohl auch die drei anderen Gedichte Löbls (77$_{67,}$ $_{112,}$ $_{124}$) aufnehmen; ebenso das mit W—g gezeichnete Gedicht „An das Glück" 78$_{130}$, weil Leon die unter derselben Chiffre stehende Prosaidylle „Der Blumenkranz" 78$_{12}$ aufgenommen hat (S. 55); 78$_{130}$ ist sehr altmodisch.

enthält,¹) so erscheint er in den „Gedichten" viel ärmer als er ist, was mit zu der schlechten Beurteilung in der Allgemeinen Deutschen Bibliothek beigetragen haben mag.

Änderungen sind (abgesehen von den im Text erwähnten) ganz wenige zu verzeichnen.

Die gereimten Gedichte sind alle unverändert geblieben, nur in dem Gedichte „Mahenlied" 77₉₃ (= „Mahfest" Gedichte 18) hat er nach der sechsten Strophe drei Strophen eingeschoben, welche den Mai schildern. In der Ode „Nachtgesang" 77₁₁₅ (= Gedichte 16) ist ebenfalls eine Strophe nach der achten Strophe eingeschoben und im Ausdrucke einiges geändert. Das ist alles. Wo Titeländerungen vorgenommen werden, gebe ich es in Klammern an.

Leon ist ein Phantasiemensch im Gegensatz zu Wirklichkeitsmenschen wie Alxinger und Haschka, bei denen das Unzulängliche ihrer dichterischen Leistungen sich durch das Zurückbleiben ungestalteter Wirklichkeitselemente erklärt; Leons Gedichte haben wohl selten ein wirkliches Erlebnis zur Veranlassung, die Literatur wirkt auf ihn stärker als das Leben. Bei keinem der Wiener Dichter lassen sich so vielerlei literarische Einflüsse nachweisen wie bei ihm; alle möglichen literarischen Richtungen haben auf ihn gewirkt. In der nachfolgenden Darstellung soll sein Entwicklungsgang nur, soweit er sich im WM spiegelt, geschildert werden. Hervorgegangen ist er aus der Anakreontik und noch in späteren Jahren hat er ein anakreontisches Gedicht von C. F. Weiße²) paraphrasiert. Dann erfaßte ihn die Klopstockbegeisterung: er ahmt Klopstocks „Vaterlandslied" (79₁₀₃ = Gedichte 36, vgl. S. 24) nach, er besingt die zukünftige Geliebte, er preist den Meister („An Klopstock" 79₁₁₇, fehlt in den Gedichten); freilich zeigt gerade dieses sein Huldigungsgedicht, wie sehr seine weiche, hingebende Art von dem großen Pathos des Meisters entfernt war. Auch der Sturm und Drang, der an Alxinger fast spurlos vorüberging, in Ratschky nur Spott und Hohn weckte, wirkt mächtig auf Leon. Er kennt Rousseau,³) Lavater (96₁₃₅), die Romane Fr. Jacobis und vor allem Goethe, der einen tiefen und dauernden Eindruck auf ihn machte. In naiver Weise zeigt er sein lebhaftes Interesse dadurch, daß er sich mit den von ihnen geschaffenen Gestalten gleichsam persönlich in Verbindung setzt. So macht er eine Figur aus Jacobis Roman „Aus

---

¹) Von 1789—1796 bringt der WM von ihm nur 30 Gedichte, darunter 14 Übersetzungen, 9 Gelegenheitsgedichte, 2 offenbar aus früherer Zeit stammende Mailieder und 4 Prosastücke.
²) „Die Verschwiegenheit" 87₃₁ (= Gedichte 25) geht auf Weißes „Verschweigung" (C. F. Weiße „Kleine lyrische Gedichte" Wien 1793, 1, 30) zurück.
³) Er übersetzt Rousseaus „Devin du village" 87₉₄. Das Gedicht „Herz und Geist" 87₁₁₉ trägt ein empfindsames Motto aus der „Nouvelle Heloise".

VI. Die Autoren des Wiener Musenalmanachs.

Allwills Papieren" zu seiner „zukünftigen Geliebten" („An Gott" 78₈₃, „An Sylli Wallberg" 78₁₀₁. „Meine gefundene Sylli" 81₁₄₂), Klopstocks Ode „Das Bündnis" setzt er fort in dem Gedichte „Selma an Selmar" 77₇₉ (vgl. S. 21, 86 ff. und 176 f.): Selma sehnt sich nach der Vereinigung mit dem toten Selmar, der ihr getreu seinem (in Klopstocks Ode gegebenen) Versprechen erschienen ist. Später überschreibt er dieses Gedicht „Lotte an Werther" (Gedichte 18) in gänzlicher Verkennung des Goetheschen Romans, aber ganz im Geiste der Zeit, die Lotte und Werther im Tode zu vereinen liebte.¹) Natürlich begeisterte ihn auch der „Siegwart": er feiert den Verfasser in überschwenglichster Weise („Brief an den Verfasser des S**ts" 78₁₂₅, fehlt in den Gedichten) und klagt um die tote Geliebte („An Elisa 1779" 85₃₂).

Mit den Jahren genas er von der Sentimentalität der Jugend. 96₁₃₁ spottet er über die „Romanhelden unseres nun, Gottlob! verflossenen empfindsamen Jahrzehends" und besonders über den „am Grabe seiner geliebten Marianne so jämmerlich erfrorenen Kapuziner Siegwart". Welcher Art sein Geschmack später war, zeigt die sehr pikante „Geschichte der Schönpfläfterchen und der Mode Fumée de Londres" 96₁₃₁ (auf 1790 zurück datiert und einer Freyin von P. gewidmet): mit Wielandischer Ironie erzählt er in der Form des genre melée und unter Anspielungen auf Wieland „Amadis", auf Feenmärchen und pikante Anekdoten ein galantes Abenteuer der Venus mit dem Tölpel Vulkan.

Nur die sentimentale Seite des Sturmes und Dranges hatte auf Leon gewirkt, ein Stürmer und Dränger ist er nie gewesen. In seinem Schaffen hielt er sich an sanftere Geister. Er schreibt Prosaidyllen wie Geßner (siehe diese) und Mailieder wie Hölty (siehe unten). Bürger und Gleim haben ihn nach seiner eigenen Angabe (Gedichte S. XVI) zu den Minneliedern angeregt, die seine Spezialität wurden, und auf Claudius gehen die Gedichte zurück, die er unter eine eigene Rubrik „Volksgedichte" gestellt hat. Wie Claudius den „Invaliden-Görgel", so hat sich Leon die Figur des „ehrlichen Herrnalser-Philipps" geschaffen. Diesen „Herrnalserphilipp" läßt er Gelegenheitsgedichte sprechen: einen Neujahrsspruch (Gedichte 111), Gedichte auf den Tod Maria Theresias (Gedichte 117) und auf die Ankunft des heiligen Vaters²) (Gedichte 120). Volkstümliche Gedichte wie „Morgenlied eines Bauermanns" 82₃₄, „Ehrenrede an den guten ehrlichen Bruder Waldhäufel" 81₈₇ hat er als „Philipps

---

¹) So in dem vielberufenen Wiener Feuerwerk (Richter „Aus der Messias- und Wertherzeit" S. 143).
²) Auch als Einzeldruck erschienen (Goedeke § 298 A 7. 5).

Morgenlied"¹) (Gedichte 126) und „Philipps Ehrenrede .." (Gedichte 133) auf diese Figur übertragen.

Freilich trifft er den naiven Volkston viel weniger als Claudius, sondern verfällt ins Süßliche.

Auch komische Balladen hat er nach dem Vorbilde Gleims und der Göttinger (88₉₂ = Gedichte 86, 88₆₅ = Gedichte 77) geschrieben; eine ernste scheint er außer der „Anmüthigen und züchtigen Historia..." (vgl. S. 113) nie versucht zu haben.

Die Hauptmasse der Lieder Leons sind Liebeslieder. Nur in sechs Liedern ist Naturschilderung das Grundmotiv und von diesen sechs sind fünf Mailieder nach dem Vorbilde Höltys. Es fehlt Leon die tiefe Innigkeit Höltys. Auch ist sein Standpunkt gegenüber der Landschaft ein ganz anderer: bei Hölty ruhiges Versenken in die Landschaft, wie denn seine Lieder meist mit einer ruhigen Schilderung einsetzen — bei Leon überschwengliches Entzücken, das sich sprachlich in dem Überwiegen der Ausrufsätze kundtut. Die Landschaft ist nicht beobachtet, sondern poetisch aufgeputzt. Im „Mayenlied" 77₉₃ (= „Mayfest", Gedichte 18) ist die Landschaft mit singenden Schäfern belebt, die unter Jubeltänzen im Hain den Mai erwarten, in dem Frühlingsliede „An einen Freund" 77₁₂₇ (= „Einladung aufs Land", Gedichte 27) belauschen Faune die Nymphen.²)

Die Schäfer, Nymphen und Faune verschwinden allmählich, aber die Landschaft gewinnt nicht an Wahrheit: tauige Flur 77₉₃ (= Gedichte 18), 77₁₀₅ (fehlt in den Gedichten), 78₈₆ (= Gedichte 81), duftende Kräuter 77₁₂₇ (= Gedichte 27), 78₈₆, Lämmer springen auf der Au 77₁₀₅, ₁₂₇, 78₈₆, Tauber girren um die Täubchen 77₁₀₅, ₁₂₇, 78₈₆, der Bach irrt lieberauschend durch das buschigte Tal 77₉₃, ₁₀₅, ₁₂₇, 78₈₆. Dazu kommen noch Veilchen 77₁₂₇, 78₈₆, fächelnde sanfte Winde 77₉₃, ₁₀₅, Nachtigallen usw.

Wahr und wirklich beobachtet scheint die Landschaft nur in einem einzigen Gedichte („In einer Regenmondnacht" 78₁₁₃, fehlt in den Gedichten) zu sein:

> Wie ernst bist du im Schleyer
> Der Nacht, wie so voll Feyer,
> Allliebende Natur!
> Im leisen Silberregen
> Trinkt deines Gottes Segen
> Die hehre Mondenflur.

---

¹) Vgl. Claudius „Morgenlied eines Bauermanns" im Hamburger Musenalmanach 77₁₃₅ (bei Sauer S. 268).

²) In den „Gedichten" ist diese Strophe geändert: Scheue Rehe lauschen im Schilf und fliehen beim leisesten Geräusch leichtfüßig in den Ister.

VI. Die Autoren des Wiener Musenalmanachs.

Freilich schließt sich auch hier an das gesehene Bild, das man aber ohne den Titel wohl kaum verstehen würde, mit plumpem Übergang („Auch ich hab' ihn getrunken Den warmen Segensquell ...") die Reflexion. Die Goethische Naturbegeisterung, welche aus dem Motto[1]) zu dem — künstlerisch unbedeutenden — „Frühgebet an die Natur" (Gedichte 11) spricht, vermochte er nicht zu gestalten; immer wieder verfiel er in das Zierliche, Niedliche, Manierierte. Das Tändelnde, Spielerische ist die Note seiner Gedichte geblieben.

In Leons Liebesgedichten herrscht die Sentimentalität der Siegwartzeit und verbindet sich mit der Zierlichkeit der Form zu einer eigentümlichen Süßlichkeit, die für seine Liebeslieder[2]) und besonders für seine Minnelieder charakteristisch ist. Wohltuend berühren diesen sentimentalen Gedichten gegenüber die zwei, in denen der Grundton heiter und schalkhaft ist: „An Hannchen" 77$_{131}$ und „Jägers Liebslied" 78$_{97}$ (fehlen beide in den Gedichten).

In der Form sind alle diese Gedichte außerordentlich einfach. Er verwendet zumeist vierzeilige Strophen, aus drei- oder vierhebigen Versen gebildet; Nebensätze fehlen fast völlig.

Von den Gedichten an die zukünftige Geliebte — in nicht weniger als sechs Gedichten hat er dieses Motiv behandelt — zeigen zwei die Süßlichkeit und Geziertheit der übrigen Liebeslieder („An meine Zukünftige" 78$_{75}$ = „Ritter Minnebold an seine Zukünftige", Gedichte 94; „An meine künftige Geliebte" 78$_{115}$, fehlt in den Gedichten), die anderen sind tiefer — auch das Versmaß ist ein anderes — und geben Zeugnis von dem seltsamen Phantasieleben, das der Dichter führte. In dem Gedichte „An Gott" 78$_{83}$ (fehlt in den Gedichten) bittet er Gott um eine Geliebte mit Sylis Herzen und verweist auf Jacobis Roman „Aus Ed. Allwills Papieren" im Aprilhefte des „Teutschen Merkur" (Jahrgang 1776), in 78$_{101}$ „An Sylli Wallberg" (fehlt in den Gedichten) redet er das Phantasiegebilde zärtlich an:

Du, für die mein Herz so zärtlichliebend schläget,
Und nach dir sich in geheimen Seufzern reget,
Oft hast du in mondenheller Thauennacht
Trost des Himmels in mein leidend Herz gebracht.

---

[1]) „O Natur, laß mich immer in dir die heilige lebendige Allkraft Gottes schaun, und da, wo der Weise das innere Triebwerk deiner Räder zu sehn glaubt, leises Weben einer unsichtbaren Gottheit ahnden." Aus einem ungedruckten Aufsatze.
[2]) „Liebeslied" 77$_{125}$, „An Demoiselle Johanna J**r" 78$_{77}$, „Jägers Liebeslied" 78$_9$; (fehlen sämtlich in den Gedichten), „An Lottchen" 85$_{105}$ (auf 1778 zurück datiert = Gedichte 44), „Minnelied" 77$_{115}$ (= Gedichte 105 „Frauenhold ans Liebchen"), „Lenzlied an Lottchen" 81$_{134}$ (= Gedichte 107 „Frauenholds Lenzlied ans Liebchen").

Er resigniert:

>Du aus reinern Himmeln schöngebautes Wesen,
>Dein liebreicher Schöpfer hat dich auserlesen
>Nur allein für jene goldbewölkten Höhn,
>Nicht für diese Welt: für die bist du zu schön.[1]

Im Jenseits also hofft er die für ihn bestimmte Geliebte zu finden und ans Herz zu drücken. Aber er findet sie noch auf Erden: 81$_{142}$ „Meine gefundene Sylli. Amalien von D***s gewidmet. An einem Sonntagsmorgen auf dem Wege nach Heiligenstadt im Herbste 1780"; in regellosen, den Charakter der Improvisation tragenden Versen verkündet er, daß er sein Ideal gefunden habe:

>Und da mir, Elenden, schon Glaub und Hofnung schwinden,
>Find' ich dich noch auf diesem Erdenball,
>Und du bist da, bist da, geliebtes Ideal!
>Allkräftig vor mir da in Engelsherrlichkeit:
>Umgiebst mit deinem Glanz die Schöpfung weit und breit.

In einem späteren Gedichte „An meine Geliebte" 86$_{181}$ (fehlt in den Gedichten) spinnt er aber den Faden weiter: er schwankt, ob er ein Mädchen, das ihn fesselt, als die „künftige Geliebte", das ist das für ihn bestimmte Ideal, anerkennen soll und gibt dabei eine Schilderung seines Wesens, die an Weltschmerzpoesie einer späteren Zeit mahnt:

>Ja, Zauberinn! du hast zu Lieb' und Treue
>Ein edles Herz an dich gebannt,
>Ein Herz, das schon voll düstrer Menschenscheue
>Sich weg von dieser Welt gewandt.
>Und doch, vom Band der Menschheit losgerungen,
>Gleichwohl in seiner Einsamkeit,
>Von ihrem Wohl und Weh noch tief durchdrungen,
>Ihr seine besten Kräfte weiht;
>Ein Herz, das . . . .

Diese Gedichte (78$_{83}$, $_{101}$, 81$_{142}$, 86$_{181}$), sowie auch das „Frühgebet an die Natur" (Gedichte 11) heben sich durch eine vertiefte

---

[1] Um den Unterschied im Tone zu beleuchten, setze ich die erste Strophe von 78$_{75}$ „An meine Zukünftige" (= Gedichte 94):

>Wie so heiß ich dich erflehe,
>O das weiß mein Himmel nur:
>Wo ich geh' und wo ich stehe,
>Such ich, Engel, deine Spur.

Oder „An meine künftige Geliebte" 78$_{115}$:

>So bang ist mirs im Sinn, so bang:
>Ich sterb', ich sterb' im bittern Drang.
>Ach manche, manche liebe Nacht
>Hab' ich so weinend hingebracht.

Weltauffassung — er spricht vom großen All (86 $_{181}$, der heiligen Sonntagsfeyerstille, die das Herz mit himmelreicher Fülle schwellt (Gedichte 11) — und durch die Sprache von den süßlich-gezierten Liebes- und Mailiedern ab. Wortzusammensetzungen wie allkräftig 81 $_{142}$, allebend 86 $_{181}$ [1]) scheinen darauf hinzuweisen, daß die Vertiefung dem Einfluß Goethes zuzuschreiben ist, den Leon glühend verehrte.[2])

Auf Goethe scheinen auch die archaisierenden Gelegenheitsgedichte, die sich um 1779—1782 nicht nur bei Leon, sondern auch bei Hartel finden, zurückzugehen, wenn auch nicht der Knittelvers, sondern die einfache vierzeilige Strophe angewendet wird. Von Leons Gedichten gehören hierher: „Gratulationsschwank. An Hartel" 79 $_{135}$, „Goldne Regel für edle Rittersleute" 81 $_{81}$ und „Meisterschwank an den Aezkünstler Herrn Gabriel Fießinger, anlangend die Kunst und ihre Genossen" 82 $_{64}$ (fehlen sämtlich in den Gedichten). Besonders das letztgenannte Gedicht zeigt den Einfluß Goethes,[3]) wenn er von „Künstlers Erdenwallen" spricht, jede Regel abweist und nur in der Natur die Gesetze der Kunst finden will.

Die archaisierende Färbung ist mit ganz geringen Mitteln erreicht: Fehlen des Artikels (z. B. ihr hättet Prinzenleben), des Personalpronomens (Bey mir hättst Seel' und Leibsgenuß), volkstümliche Wendungen (eins äzen, so was, sieh mal und anderes), volkstümliche Bindungen (Seel- und Leibsgenuß = was man für Seele und Leib braucht, Dach und Fach, Nutz und Frommen, Gut und Geld, voll Rost und Frost, ohn Maß und Zahl) und andere. Alle diese Elemente finden sich auch in den „Volksgedichten", eigentlich archaistische Formen wie han, lan, die Endung in Bildnerey, Konterfeyen, Abkopeyen, alte Wendungen wie „Geliebt' es Gott" sind selten; archaistisch ist es ferner, wenn von der Synagoge, biederen Jüngern, ehrsamen Kunstgesellen,[4]) der aberweisen Zunft der Kribbler und anderen gesprochen wird.

In Ton und Stil, sowie im Vorstellungskreise zeigen die archaisierenden Gelegenheitsgedichte vielfache Ähnlichkeit mit den Minneliedern. „Naive herzvolle Simplicität" (Vorbericht zu den „Gedichten" S. XV) wird in beiden angestrebt.

---

[1]) Vgl. dazu aus 82 $_{64}$ „Ein Meisterschwank . . .": all alles nach Genügen, allgenüglich, allstät (= stets); ferner: Quellkraft, Kraftgeist, Kunstbeginn, Schöpfungssinn, Laberkühl, herztreulich und ähuliche Ausdrücke.

[2]) Vgl. S. 26 f.

[3]) Vgl. S. 26 f.

[4]) Hartel 79 $_{139}$ spricht auch von Bönhasen, muß den Ausdruck aber in einer Anmerkung erklären.

VI. Die Autoren des Wiener Musenalmanachs.

Welche Umstände zusammenwirkten, um in Wien eine besondere Begeisterung für Rittertum und Mittelalter zu erwecken, habe ich oben (S. 88) dargelegt.

Leon hat im Vorbericht zu seinen Gedichten bekannt, daß er durch Gleim und Bürger zu seinen Minneliedern angeregt wurde. Aber während diese[1]) über die Verwendung einzelner Vorstellungen der Minnelyrik und die Umbildung einzelner mittelhochdeutscher Gedichte nicht hinausgegangen sind, glaubte Leon in ehrlicher Begeisterung an die Möglichkeit einer Wiederbelebung des alten Minnesangs und wünschte, „daß der Zauber dieser unserer urväterlichen Kraftgesänge einen jungen fähigen Mann weckte, der sich ganz zu einem neuen deutschen Original in dieser Gattung von Gedichten bildete." Zweifellos hatte er ein innigeres Verhältnis zum Minnesang als die Dichter des Hains — gerade daß er von der Nachahmung, die mißlingen mußte, zur getreuen Übersetzung fortschritt, beweist dies — wenn auch seine Nachahmung eine rein äußerliche war und nur die sentimentale Süßlichkeit seiner Liebeslieder in ritterliches Kostüm steckte.[2]) Denn mehr als Kostümpoesie sind diese Gedichte kaum. Man höre nur, wie der Ritter sich schildert (86,31 = Gedichte 96):

> Könnte sie, die Süße, Holde,
> Mich zum Minner auserfehn,
> Ha! mit ihrem Minnesolde
> Wollt' ich Noth und Tod bestehn.
>
> Goldnen Rittersporn und Degen,
> Wappen, Ordensband und Stern
> Trüg' ich nur um ihretwegen
> Unter freyen deutschen Herr'n.

---

[1]) Vgl. Sokolowsky „Klopstock, Gleim und die Anakreontyriker als Nachdichter des altdeutschen Minnegesangs". Zeitschrift für deutsche Philologie 35, 212—224.

[2]) In der Gedichtausgabe hat Leon durch Titeländerung seine Minnelieder in historische Rollenlieder umgewandelt. Schon die Namen zeigen, wie gering seine Kenntnis des Mittelhochdeutschen damals war.

77,105 „Minnelied" = Gedichte 105 „Frauenhold ans Liebchen".
78,75 „An meine Zukünftige" = Gedichte 94 „Ritter Minnebold an seine Zuk."
78,118 „Minnesang auf die Edelveste und Tugendsame Jungfrau Kunigunda Friedmar" = Gedichte 91 „Chrimhilt der Junge an Fräulein Kunigunda von Friedmar".
79,109 „Der Minnesold" = Gedichte 103 „Graf Selbitz an Frau Elisabeth von Reutlingen".
81,164 „Minnelied" = Gedichte 101 „Ritter Floris an Rosa von Lauenburg" (die 5. Strophe ist geändert, weil der Name eingefügt wurde).
81,184 „Lenzlied an Lottchen" = Gedichte 107 „Frauenholds Lenzlied ans Liebchen".
86,31 „Minnelied" = Gedichte 96 „Ritter Minnebold an Fräulein Friedamilla".
87,64 „Ritter Minnebolds Freudenlied" = Gedichte 98 „Ritter Minnebolds Freudenlied an Ebendieselbe".

Naiver kann sich die Freude an glitzernder Theaterrüstung nicht kundtun.

Der Ritter kämpft mit Schild und Lanze auf Turnieren, er scheut nicht Hieb und Wunde, er befreit zu Ehren der Geliebten keusche Jungfraun „aus der Raubgrafen Händen". Wenn er soldlos um Minne ringt, läßt er sich Haar und Bart wachsen und tut mit eblen deutschen Herren eine Pilgerfahrt ins Heidenland.

Sonst erfahren wir vom Ritter nichts, desto mehr aber von der Herrin. Ich habe bei der Analyse der Lyrik gezeigt, wie dürftige Mittel bei der äußeren Beschreibung der Geliebten der Durchschnittslyrik zugebote standen; hier bot die Minnelyrik eine willkommene Bereicherung, die den Reiz des Romantisch-Frembartigen hatte. Leon nennt die Geliebte zarte Magd, eble Magd, Engel, Huldin, die Minne (so gebildet wie: der Minner) und sogar Minnchen (Deminutiv von: die Minne), die Jungfrau reine, klarer lichter Morgenstern des Herzens, Blume aller Frauen, schönste Frauenzier, Lilie der Frauenschaft. Er preist unermüdlich ihre Schönheit: sie ist so schön als auf dem Feld ein Lilien; so mildreich ist ihr Angesicht wie des Mondes Silberlicht; ihr Aug' scheint wie der Morgenstern; ihrer Augen süßes Blau glänzt wie Veilchen auf der Au; kußlich ist ihr Mündelein; ihr Mund gleicht hellen Rosen; die Wänglein sind hell wie Rosenschein; es leuchtet als das klare Gold ihr Haar, das bis ans Erdreich rollt; ihr Händlein ist so blank und rein als Lilien im Gefilde. Sie geht in Perlenschmuck und Ringen, Perlenschmuck und Edelsteine zieren hoch ihr blondig Haar; ein klarer Lilienkranz schmückt sie. In Ehr' und Züchten ist sie dem Geliebten hold; an Zucht und Zier und Ehrbarkeit übertrifft sie keine; ihr makelbarer Ehrenkranz strahlt wie der hehre Mondenglanz; kein Fräulein in Österreich ist ihr an Zucht und Milde gleich; ihr hoher Ehrenschein nimmt den Ritter zu holden Diensten ein; sie stammt aus abligem Geblüt.

Seltsam stellt sich Leon den Liebesverkehr zwischen Ritter und Dame vor: die Herrin geht einher in ebler Mägde Schar und tritt hervor, um den verzweifelnden Ritter zu trösten, sie bietet ihm, „hold im Frauenkranz", das Händlein zum Tanz; sie geht im Gärtlein spazieren, wo er sitzt, bietet ihm ein Abendgrüßchen und „dann gar" ein Küßchen und seither eilt er jeden Abend „ins Gärtlein zu der Minne". Meist aber dient der Ritter „soldlos".

In seinem Streben, sich in die Anschauungswelt des Mittelalters zu versetzen, ging Leon noch weiter. „Ihre (sc. der Minnesinger) Gedichte atmen ganz den Geist ihres Zeitalters und haben eine wundersame Mischung von Religion, Rittertum und Liebe," sagt er im Vorbericht zu den Gedichten (S. XV). Dieser Satz, welcher

VI. Die Autoren des Wiener Musenalmanachs.

in der Blütezeit der Romantik ausgesprochen sein könnte, erklärt uns die seltsame Einmischung religiöser Vorstellungen in einem[1]) dieser Minnelieder („Ritter Minnebolds Freudenlied" WM 87₆₄ = Gedichte 98). Ritter Minnebold singt:

> Gleich des Heilands Leichenbilde
> Saß ich schon neun Monden lang,
> Nun ich, ach! mit Speer und Schilde
> Soldlos noch um Minne sang.

Da ihn die Dame ermutigt:

> Wie des Priesters Hand dem Kranken
> Nach der letzten schweren Beicht
> An des bittern Todes Schranken
> Noch die heil'ge Ölung reicht:
> Seht, so . . . . .

An sprachlichen Entlehnungen ist wenig zu finden, selten braucht er erklärende Anmerkungen.

Leons Produktionskraft erlosch rasch; seine wachsende Formgewandtheit benützt er zu kunstvollen Gelegenheitsgedichten und Übersetzungen. Als er daher — vielleicht auch durch die unfreundliche Haltung der Kritik entmutigt — aufhörte, Minnelieder zu schreiben, begann er aus den Minnesingern zu übersetzen. Folgende Übersetzungen sind im WM erschienen:

90₆₄ „Frauentrost". Nach Herrn Heinrich von Meißen (= MSH. I. 13. III).
90₇₂ „Maylied". Nach Herrn Ulrich von Lichtenstein (= MSH. II. 46. XXVIII; nur die ersten drei Strophen).
90₉₀ „Frauenhuld". Nach Herrn Hesso von Reinach (= MSH. I. 210. II; dritte und vierte Strophe).
90₁₀₀ „Frühlingslied". Nach Herrn Ulrich von Lichtenstein (= MSH. I. 48. XXXI; die ersten vier Strophen).
92₁₇ „Mayengruß". Nach dem Schenken von Limpurg (= MSH. I. 133. V).
92₃₅ „Minnelehren". Nach Herrn Burkard von Hohenfels (= MSH. I. 208. XVI; vierte und fünfte Strophe).
92₄₆ „Frühlingsgabe". Nach Herrn Walther von der Vogelweide (= Lachmann 74₂₀; zwei Strophen).
92₇₉ „Liebestreue". Nach Herrn Christian von Hamle (= MSH. I. 113. V).
92₁₁₁ „Frühlingstrauer". Nach Herrn Wachsmuth von Künzingen (= MSH. I. 303. VI).

Übersetzungsprinzip ist für Leon, so wörtlich als möglich, oder, wo das nicht möglich, im Geiste des Originals — natürlich so wie er ihn eben auffaßte — zu übersetzen. Gerne behält er, wenn es angeht, auch den Reim bei; nur dreimal muß er veraltete Reimwörter durch Anmerkungen erklären (90₇₂, 92₇₉, ₁₁₁). Die Übersetzungen haben

---

[1]) Von allgemeinen Wendungen wie: reichen Dankbirgott singen; helf mir Gott, Anrufungen Gottes und Kreuzzugsgelöbnissen abgesehen.

also nicht mehr Archaistisches als seine Minnelieder. In 90 ₇₂, ₈₀, ₁₀₉, 92 ₃₅, ₄₈ übersetzt er nur ausgewählte Strophen.

Wenn eine genaue Wiedergabe ihm nicht gelingt, strebt er danach, im Sinne des Originals zu ändern.

92 ₁₁₁ übersetzt er z. B. die Zeile „alliu meister geheilent nie mêre" durch: „Pfaff und Arzt kann mich nicht heilen", muß aber die Bedeutung des Wortes „Pfaff" in einer Anmerkung erklären.

92 ₇₉ kann er

> Wol mich des fliezens, des sie flôz
> diu liebe in daz herze mîn;
> der staete mich noch nie verdrôz.

nicht übersetzen und macht daraus:

> Gelobt sey hoch ihr freundlich Grüßen,
> Es floß in's Herz so lieblich mir,
> Der Treue soll mich's nicht verdrießen.

und erklärt, daß Grüßen = Wohlwollen bezeugen. Beidemale ist also ein unübersetzbarer mittelhochdeutscher Ausdruck durch einen leichter verwendbaren mittelhochdeutschen, nicht aber durch einen neuhochdeutschen ausgerückt worden.

Freilich nicht immer ist er so streng. Seine geringe Kenntnis der Sprache und der Kultur des Mittelalters bringt eine gewisse Vagheit in alle diese Übersetzungen und verleitet ihn überdies, selbständig weiter zu dichten.

Er vergröbert:

> 92 ₁₇: Sît willkomen, vrou sumerzît,
> Sît willkomen, her meie!

übersetzt er:

> Sey willkommen, Sommerszeit,
> Zeit des holden Mayen.

und in demselben Liede in der zweiten Strophe:

> Vil maneger fröude varwe hât
> In seinem krame der meie.
> Die beide wunneklîche stât
> Mit bluomen mancherleie.

> Aller Freuden Farben blühn,
> May, in deinem Garten,
> Laub und Gras von manchem Grün,
> Blumen aller Arten.

Immer ist er geneigt zu moralisieren. So übersetzt er „zuht" stets mit „Tugend". Die rein weltlichen Minnelehren des Burkhard von Hohenfels hat er ganz ins Moralische übergeführt, wodurch natürlich das ganze Gedicht zerstört wurde.[1])

Am schlimmsten ist es aber, wenn er selbständig weiterdichtet, was er freilich nur bei Walthers: „Nemt frouwe disen kranz" (92₄₃) getan hat. Hier verfällt er sofort in die Hohlheit seiner Minnelieder:

> Nemt diesen Schmuck des Lenzen,
> Sagt' ich einer schönen Magd,
> Blumen sind die Zier bey Tänzen,
> So ihr sie in Züchten tragt.
> Aller Hoheit Glanz und Ehre,
> Silber, Gold und Edelstein
> Sollte, wenn ich Kaiser wäre,
> Eures Hauptes Zierde seyn.

Dieser Gedanke gefiel ihm so gut, daß er ihn in einer (bei Walther nicht vorhandenen) Strophe weiterspann:

> Hoher Würde nur zum Lohne,
> Hat euch Gott so wohl geziert,
> Daß euch eine Kaiserkrone
> Baß, denn dieser Kranz gebührt:
> Doch ich bin an Macht und Habe
> Nur ein armer Edelknecht,
> Fräulein, drum sey diese Gabe
> Meiner Huld euch nicht zu schlecht.

Darauf ließ er dann die Strophe:

> Si nam daz ich ir bôt

folgen, den Schluß aber wieder abschwächend:

> Und ihr minnigliches Neigen
> Sagte: daß sie hold mir sey.

Mit Ausnahme dieses Liedes ist überall das Streben nach genauer Wiedergabe des Originals zu konstatieren.

Für den Strophenbau fehlt ihm das rechte Verständnis. Er ändert unter Beibehaltung der Zeilenzahl die Reimstellung und gleicht die ungleich langen Zeilen aus. Nur in 92₃₅ (= MSH I₃₀₃ XVI) ahmt er das schwierige Versmaß des Originals genau nach.

---

[1]) Auch in dem oben zitierten „Mayengruß" 92₁₇ übersetzt er:

> Mîn liep sô vil schoene treit,
> Von dem ich singe hinne

durch:

> Aller Tugend Schöne trägt
> Sie in ihrem Herzen.

Josef Franz Ratschky

wurde am 21. August 1757 zu Wien geboren und starb daselbst nach rascher juristischer Carrière am 31. Mai 1810; er ist, wie Wurzbach bemerkt, einer der wenigen Österreicher, denen ihre literarische Tätigkeit nicht zum Schaden, sondern zur Förderung gereichte.

Außer den lyrischen Gedichten, die er 1785 (Gedichte[1]) von Jos. Fr. Ratschky, Wien bey R. Gräffer 1785) und 1805 („Neuere Gedichte", R. Gräffer 1805) sammelte, hat er sich auf dem Gebiete des Dramas versucht: „Weiß und Rosenfarb", ein Singspiel, im WM 1777 abgedruckt; „Bekir und Gulrouï", Wien 1780; „Der Theaterkitzel", Lustspiel 1781. Die Dramen sind gänzlich unbedeutend. Wichtiger ist das komische Heldengedicht „Melchior Striegel" (Wien 1793/4), das mit den Mitteln der Rabenerschen Satire die französische Revolution ins Lächerliche zu ziehen sucht; das loyale Werk scheint viel Anklang gefunden zu haben, denn es erschien 1799 in einer Prachtausgabe mit sechs Kupfern. Die Fiktion, er gebe das Manuskript eines verhungerten jungen Dichters heraus, verschafft dem Verfasser Gelegenheit, jederzeit in der Art Wielands zwischen Erzähler und Leser zu treten. Zu allem Überflusse ist aber das Gedicht außerdem nach der Fiktion von einem jungen Gelehrten, also einem Dritten, kommentiert, und zwar so, daß die Anmerkungen umfangreicher sind als das Gedicht selbst. Die dürftige Erzählung von der Staatsumwälzung in Schöpsenheim, welche Melchior Striegel, der Sohn des Igelwirtes und sein Sancho Pansa, der Roßwärter Krummschnabel, vollbringen, wird nicht einmal zu Ende geführt, sondern durch angefügte Dokumente, welche in Schriftdruck gegeben sind (ein Erlaß des Gemeinderates von Schöpsenheim und Grabinschriften), ergänzt.

Hier kommen vor allem Ratschkys Gedichte in Betracht, also seine Beiträge für den WM und seine Gedichtsammlung 1785.

Auch Ratschky war ein Talent von sehr kurzer Blütezeit. Die Zahl seiner Beiträge (1777: 13, 78: 4, 79: 7, 80: 4, 81: 2, 82: 3, 83: 5, 84: 4, 85: 3, 86: 1, 87: 5, 88: 3, 89: 3, 90: 3, 91: 1, 92: 1, 93: 1, 94: 1, 95: 2, 96: 1) sinkt rasch.

Die Ausgabe[2]) von 1785 enthält 50 Gedichte, wovon 24, also etwa die Hälfte im WM 1777—1785 schon veröffentlicht waren. Der WM 1777—1785 brachte im ganzen 42 Stücke, die Jahrgänge 1786—1796 nur 22 Stücke.

---

[1]) Das erste in Wien auf Velin gedruckte Buch.
[2]) Die Gedichte sind chronologisch geordnet, wie ein Vergleich der Reihenfolge im WM zeigt.

VI. Die Autoren des Wiener Musenalmanachs.

Veränderungen (Verkürzungen, Verbesserungen, Einfügung neuer satirischer Anspielungen) weisen nur die Stücke: „Der verpachtete Parnaß" (77$_{80}$ = Gedichte 11), „Kaiser Arnulphs Hasenjagd" (79$_{111}$ = Gedichte 31). Eine gänzliche Umarbeitung erfuhr — nicht zu seinem Vorteile — das Gedicht „Rabeners Anakrise" (77$_{95}$ = Gedichte 20): es heißt jetzt (vgl. S. 21 Anmerkung) „Dr. Swift im Reiche der Schatten" und ist in seiner Grundauffassung geändert. Swift ist nicht Satiriker, sondern „was sich nicht leicht zusammentrifft, Domdechant und Philosoph"; dementsprechend findet er in der Unterwelt nicht Satiriker wie Rabener in der ersten Fassung, sondern Freidenker wie Lukrez, Lukian, Macchiavell, Hobbes, Bayle, Hutten, Rabelais. Aus dem Huldigungsgedicht für Rabener ist ein josefinisches Tendenzgedicht geworden.

Wie alle Wiener Dichter hat auch Ratschky viel übersetzt[1]) und die Auswahl dieser Übersetzungen[2]) ist für sein Wesen und seine Entwicklung charakteristisch. Von der Antike (Horaz: 77$_{129}$ = Gedichte 17, 88$_{54}$ = Gedichte 79; 89$_{48, 99}$ und Martial 78$_{122, 135}$) und dem Neulateiner Johannes Secundus[3]) („Die beruhigte Geliebte", Gedichte 96) ausgehend, wandte er sich der französischen Anakreontik zu („Amors Lotterie" 78$_{76}$, ferner das graziöse Gedicht des Chevalier de Parny „An eine Rasenbank" 84$_{85}$ = Gedichte 114) und übersetzte außerdem französische gegen die „Pfaffen" gerichtete Anekdoten[4]) („Der lockere Chorherr" 87$_{12}$ und „Der ketzerische Dorfjunge" 87$_{88}$) und ein ernstes Gedicht „An eine Exnonne" (85$_{88}$ = Gedichte 131) nach D'Hermite de Maillane. Ein Zurückbleiben — obige Übersetzungen stehen alle auf der Höhe des Zeitgeschmackes — bedeuten die Übersetzungen aus dem Englischen. Er bringt schlüpfrige Gedichte („Das beängstigte Stubenmädchen"[5]) 88$_{99}$, „Lied einer jungen Ehefrau", Gedichte 174), ein parodistisches Gedicht („Elegie eines tiefbetrübten Witwers" 93$_{87}$), ein Lobgedicht „Auf den Erfinder der Buchstaben" 96$_{41}$; dann aber auch ernste Gedichte wie eine Übersetzung von Parnells Legende „The Hermit" 91$_7$ ff. und die „Probe einer Übersetzung von Popens Versuch über die Kritik" 94$_{91}$.

Ratschky war ein echter Sohn des Volkes der Phäaken. Es ist kein Zufall, daß er sich immer wieder zu Horaz hingezogen fühlte,

---

[1]) Die Jahrgänge 91, 93, 94, 96 bringen nur je eine Übersetzung.
[2]) Vgl. dazu oben das Kapitel über die fremden Literaturen im WM.
[3]) Alxinger hat (Sämmtliche Gedichte II$_{379-411}$) dessen „Küsse" übersetzt, darunter als Nr. XI (S. 397) obiges Gedicht.
[4]) Ob der Zusatz „Aus dem Französischen" hier auf Wahrheit beruht oder bloß als Deckung gegen die Zensur diente, muß dahingestellt bleiben.
[5]) Vgl. Ch. F. Weiße „Kleine Gedichte" I$_{24}$; auch Ratschkys „Fastenlied" (88$_{24}$) erinnert an Ch. F. Weißes „Die Ungerechtigkeit. An Chloen" („Kleine Gedichte" I$_{90}$).

während seine Freunde Alxinger, Brandstetter und Leon lieber aus Ovid und den römischen Elegikern übersetzen: heiterer Lebensgenuß war sein Element, „Liebe und Wein", wie er Gedichte 66 zusammenfaßt, und sonst noch viele andere gute Dinge, wie z. B. der „Dithyrambe auf die Einweihung einer neuen Weinschenke" 86₆₇ (Gedichte 127) zeigt. Bei Alxinger beobachtet man ein beständiges Ankämpfen gegen die Sinnlichkeit; Ratschky gibt sich dem Genusse völlig sorglos hin, bis etwa eine Krankheit ihn jäh aufschreckt („An meine Spießgesellen" 79₈₄, fehlt in den Gedichten). Seine besten Gedichte atmen diese sorglose Behaglichkeit und Leichtlebigkeit.

Auch der künstlerische Charakter seiner Gedichte ist der der Sorglosigkeit, der Improvisation.

> Zu Schönbrunn im Kaisergarten
> Nahm ich mal ein Mädel wahr
> Und seitdem scheint auszuarten
> All mein Wandel ganz und gar ..

erzählt er in einem Gedichte („Das schöne Mädel" 79₁₀₄, fehlt in den Gedichten). Auch der „Zufriedene" (83₈₉ = Gedichte 102), das gelungenste seiner Gedichte, ist formell so einfach als möglich. In zahllosen Gedichten ist wohl der Gedanke ausgesprochen, daß man keine Schätze braucht, um glücklich zu sein, aber wie unübertrefflich malt Ratschkys Gedicht das weiche, sorglose Behagen:

> Eya! mir ist wohl hienieden:
> Gäb's auch eine beßre Welt,
> Sey's! ich bin mit der zufrieden,
> Wenn sie manchem auch mißfällt.

Doch sind solcher Gedichte nur wenige: „Das Linzermädchen" 78₁₃₇ (fehlt in den Gedichten), drei gereimte sapphische Strophen voll heißer Sinnlichkeit; das Bekenntnisgedicht „An Sie, die mir so gern verzeiht" 82₄₇ (fehlt in den Gedichten), der „Dithyrambe auf die Einweihung einer neuerbauten Weinschenke" 84₆₇ (Gedichte 127), ein Gedicht, das uns einen Einblick in das Wohlleben von Alt-Wien tun läßt und von toller Lustigkeit erfüllt ist. Die beiden an Leon gerichteten Gedichte „An meinen kranken Leon" 79₈₈ (Gedichte 29) und „Über Leons Tonsur" 79₁₈₀ (Gedichte 37) wären noch hierzuzählen und etwa die Episteln, in denen sich der Verfasser sorglos gehen läßt („An Netzer" 82₉₅, Gedichte 14; „An meine lieben Freunde Blumauer und Brandstetter" 84₉₇, Gedichte 122; „An Herrn Blumauer", Gedichte 71; „An H. von Alxinger" 88₄₃; „An die Frau Landräthinn von *" 92₁₅₀; „An Herrn S*" 95₁ ff.). Sie sind meist von einem Landaufenthalte oder aus dem Bade oder einer Station einer seiner vielen Amtsreisen an Wiener Freunde gerichtet, geben eine

VI. Die Autoren des Wiener Musenalmanachs.

Schilderung des Aufenthaltsortes, erkundigen sich nach den Verhältnissen des Adressaten. Es sind witzige und doch auch gemütvolle Plauderbriefe voll feiner, kulturhistorisch nicht uninteressanter Schilderung aus dem geselligen Leben des josefinischen Wiens; vgl. den Abschnitt über die Epistel.

Eigentlich lyrische Gedichte hat er außer den genannten äußerst wenige verfaßt: abgesehen von den Freimaurergedichten (Gedichte 112, 116, 118, 120, 130, 133, 148), zwei Trinklieder 77_{72} und 83_{133} (fehlen in den Gedichten), ein allegorisierendes Dankgedicht „An den f. k. Leibarzt Quarin" (Gedichte 96), zwei Gedichte der anakreontischen Richtung („An ein Sommerlüftchen" 83_{172}, fehlt in den Gedichten; „Der feste Vorsatz" 84_{61}, Gedichte 107) und ein pathetisches der Odenform sich näherndes Gedicht „Das Loos des Biedermannes. An Herrn Haschka"(Gedichte 198). Die lyrische Ader floß ihm offenbar sehr dünn.

Der Ernst lag ihm nicht. Von den fünf Balladen, die er in seiner Gedichtsammlung aufgenommen hat, sind nur zwei („Kaiser Arnulfs Hasenjagd" und „Ballade"¹) ernst, die übrigen drei („Die Pfarrköchin und Schuster Veit", „Die Hundeträgerinnen" und „Kurzweilige Liebesbegebenheit, wie die eifersüchtige Jungfrau Klyzia …", eine Parodie auf Leons erst später im WM 90_{133} erschienene Idylle „Clytia und Leucothoe") gehören der Gattung der komischen Ballade an.

Außer den besprochenen haben wir von Ratschky nur noch Spott- und Scherzgedichte; nicht umsonst hat er in einem seiner frühesten Gedichte (vgl. S. 17 und 21) Rabener seine Huldigung dargebracht („Rabeners Anakrise" 77_{85}). Im Anfange ist seine Satire gegen literarische Erscheinungen gerichtet: „Der verpachtete Parnaß" 77_{80} (= Gedichte 11) verspottet die ewigen Trink- und Weinlieder der Anakreontik, „Barde und Minnesänger" (77_{101} Gedichte 25) parodiert in gelungener Weise die Barden- und Minnedichtung (vgl. S. 17), „Iz und Ypsilon, ein Dialog" (Gedichte 57) scheint sich auf den Voß-Lichtenbergschen Streit über die Verbesserung der deutschen Orthographie zu beziehen und es fehlt auch nicht ein erbittertes Gedicht „An die heutige Kritik" (Gedichte 100).

Später tritt seine Satire in das reale Leben ein: er wird einer der Führer im Kampfe wider die Gegner der josefinischen Reformen (vgl. S. 83 ff.). In der Wahl der künstlerischen Mittel ist er dabei — um diese Zeit beginnt ja auch schon seine Begabung zu versiegen — nicht sehr wählerisch: der berühmte Reim orthodox: Ochs (vgl. Erich Schmidt a. a. O.) gibt Anlaß zu einem Gedichte „Recept wider die

¹) Das einzige von ihm im Göttinger Musenalmanach (1781_{17}) erschienene Gedicht.

Heterodoxie" (Gedichte 105); er erzählt Anekdoten, deren Spitzen gegen die Orthodoxie gerichtet sind (vgl. oben), er trägt eine parodistische Legende („Der keusche Einsiedler Pachon" 86$_{52}$) vor, er läßt einen Bettelmönch nach den Buchstaben des hebräischen Alphabets[1]) über die sinkende Macht der Bettelorden klagen („Klagelied eines österreichischen Bettelmönchs" 89$_{164}$), er gibt eine burleske „Grabschrift des hl. Antonius" 87$_{61}$, er legt eine ironische Beichte ab („An den Erzvater der alleinseelig machenden bayrischen Kirche, Herrn P. Franke" 87$_{84}$; diese Gedichte fehlen in den Gedichten). Es steht ihm also nur die Form der direkten Ironie zu Gebote. Wie leidenschaftlich und heftig dieser sonst ganz auf heiteren Lebensgenuß gerichtete Mann in seinen Kampfgedichten werden konnte, habe ich S. 33 f. gezeigt.

Die Scherzgedichte sind durchaus harmloser Natur und bieten nur deshalb Interesse, weil überall das Anknüpfen an vorhandene Traditionen zu beobachten ist. „Das Sonnet" 77$_{79}$, eine ironische Lobpreisung einer alten Vettel, hat seine Vorgänger im 17. Jahrhundert, das satirische Couplet („Wer hätte das gedacht" 77$_{74}$) wurde von der Anakreontik gepflegt, die Nänie „Über den Tod eines Stutzers" 80$_{71}$ (Gedichte 49) geht auf antike Vorbilder zurück, der „Lobgesang auf das Kriegsvolk eines kleinen Reichsfürsten" 90$_{75}$ ist von Blumauer inspiriert und Parodien wie die von Hamlets Monolog 82$_{179}$ (Gedichte 76) waren noch bis ins 19. Jahrhundert in Wien beliebt (vgl. Goedeke 5, 299). Auch die „Astronomischen Observationen eines Pfarrers zum Behufe gewisser Ehemänner" 80$_{84}$ (Gedichte 41) und die „Bitte an das Geld" 81$_{189}$ sind im Gedanken ganz und gar unoriginell.

Ratschky scheint seine angesehene Stellung im Kreise der Wiener Dichter weniger seinen Gedichten, die uns, wenn auch nicht ohne glückliche Einfälle im einzelnen und von „leichter Versifikation", wie die zeitgenössischen Rezensionen hervorheben, doch im ganzen unbedeutend erscheinen, als seinen menschlichen Eigenschaften zu verdanken. „Als Mensch und Dichter gleich korrekt" preist ihn Alxinger in einer Epistel (88$_{31}$).

„.... Wie brav und bieder
Er als Barde dichtet, so brav und bieder
Lebt er als Mensch auch,"

rühmt von ihm sein früherer literarischer Gegner, der argwöhnisch-scharfblickende Haschka, in einer Ode (86$_{34}$), die er „Übereinstimmung" (nämlich zwischen Worten und Werken) nennt.

---

[1]) Der Gebrauch des biblischen Stils zu Zwecken der Satire war damals häufig. In Nicolais Allgemeiner Deutscher Bibliothek steht z. B. 1783 Juli, S. 72 der „Auszug eines Schreibens aus Wien an die Herausgeber", in welchem im Tone der Bibel über die Reform des Mönchwesens berichtet wird.

VI. Die Autoren des Wiener Musenalmanachs.

> „Ha! deine brave Biederart
> Die Hehl und Fehl nicht schlau verwahrt;
> Dein muntrer launiger Gesang
> Errangen dir mein Herz schon lang,"

sagt Leon im „Bundeslied" (79 $_{69}$, Gedichte 21) von ihm.

Diese unbedingte Ehrlichkeit, sowie die aus den wenigen lyrischen Gedichten und den Episteln hervorleuchtende Liebenswürdigkeit machte ihn zum verehrten Haupte eines Kreises, in dem mancher ihn an Begabung übertreffen mochte.

Gabriele von Baumberg.

Über Gabr. von Baumberg,[1]) die „Sappho Wiens", welcher die Wiener Dichter bewundernde Episteln weihen,[2]) kann ich mich kurz fassen. So sehr ihr trauriges Schicksal, ihre rührende Treue gegenüber ihrem unglücklichen Gatten, dem ungarischen Schriftsteller Batsányi,[3]) menschliche Anteilnahme erwecken, so geringes Interesse haben ihre Gedichte vom literarischen Standpunkte aus.

Ich beschränke mich in der Hauptsache auf die im WM enthaltenen Gedichte, die alle in die Sämtlichen Gedichte = SG aufgenommen wurden.

Gabr. von Baumberg scheint in frühen Jahren — ihr Geburtsjahr steht nicht fest — zu dichten begonnen haben. Der Vers fließt ihr leicht dahin und auch die Reime stellen sich ihr fast zu leicht ein; wenigstens finden sich bei keinem der namhafteren Wiener Dichter so viel Reimbänder wie Freuden : Leiden, Leier : Feuer, Liebe : Triebe: trübe, Sonne : Wonne, Seelen : quälen und andere. Ihre Bilder und Vergleiche sind blaß und farblos, ihr Sinn für Natur ist so unentwickelt, ihre Landschaftsbilder — sie sind selten genug — so wenig geschaut, daß ihr in dem an den abwesenden Geliebten gerichteten Gedichte „Am ersten May 1784" (WM 85 $_{13}$) folgende Strophe entschlüpfte:

> Obschon die Erde Früchten,
> Die Wiese Blumen trägt,
> Die Nachtigall Geschichten
> Von treuer Liebe schlägt . . . .[4])

---

[1]) Interessante Aufschlüsse über ihr Leben gibt nach ungedruckten Briefen Ed. Wertheimer im Feuilleton der „Neuen Freien Presse" 1884, Nr. 1794.

[2]) Die Dichterin hat dieselben, wie üblich, in ihre Sammlung („Sämmtliche Gedichte Gabrielens von Baumberg", Wien, Trattner 1800) aufgenommen: „Herr von Alxinger an mich" S. 35, „Liebel an mich" S. 63, „Fräulein von Greiner (verehelichte C. Pichler) an mich" S. 91, „Leon an mich" S. 162, „Ratsky (= Ratschky) an mich" S. 177.

[3]) Vgl. C. Pichler „Zerstreute Blätter aus meinem Schreibtisch", Sämmtliche Werke 40, S. 26 ff. und Ed. Wertheimer a. a. O.

[4]) In den SG S. 19 („Der Frühlingsmorgen") hat sie die Strophe verbessert:
> Obschon zu künft'gen Früchten
> Die Erde Blüten trägt, ..

Auch in dem gleichzeitigen Gedichte „An den Mond" 86₂₉ kommen **bunte Blumenhügel** (: Spiegel) vor.

Solch grobe Schnitzer sind ihr später nicht mehr widerfahren,[1] aber die Möglichkeit eines einzigen Falles beweist die geringe Kraft der Anschauung, die sie besaß.

Und doch ist Gabr. von Baumberg, so paradox es klingt, im Kreise der Alxinger, Blumauer, Haschka, Leon am meisten „Dichterin", wenn diese sie auch als Künstler übertreffen. Sie gehört keiner literarischen Richtung an, sie spezialisiert sich nicht wie diese auf einzelne Gattungen, sondern sie spricht in ihren kunstlosen Versen eigene Empfindungen aus und ihre Gedichte sind ein treues Bild ihres Inneren, freilich ein blasses Bild, „mit wenig Farbe nur auf schlichter Leinwand", um ein Wort von ihr zu gebrauchen.

K. Pichler, Gabrielens um wenige Jahre jüngere Jugendfreundin — die beiden haben sich gegenseitig Idyllen gewidmet, die in Gabr. von Baumbergs SG 91—105 stehen — hat uns ein Bild der Dichterin entworfen: schlank und zierlich gebaut, nicht gerade schöne, aber ansprechende Gesichtszüge, blaues, seelenvolles Auge, angenehme Stimme; sie rühmt den Zauber ihres Umganges und vergißt auch nicht hervorzuheben, daß sie sich gut zu kleiden verstand.

Im WM erscheint Gabr. von Baumberg zuerst 1785 mit zwei Gedichten („Am ersten May 1784" 85₁₃ und „An den Mond. Als Eduard verreist war" 85₂₈), die sich nach dem Zeugnisse K. Pichlers auf die Abreise ihres ersten Geliebten nach den Niederlanden beziehen; sie sind beide wahr empfunden trotz der formelhaften Verwendung poetischer Vorstellungen. Dieses erste Verhältnis scheint sich zerschlagen zu haben. Der Schmerz darüber, verbunden mit dem Gefühle der Kränkung über die Teilnahmslosigkeit oder gar den Spott ihrer Umgebung, den sie durch die Offenheit ihrer Bekenntnisse (vgl. besonders 86₂₉) herausfordern mochte, drückt ihren Gedichten von nun an den Stempel auf. Sie fühlt sich unglücklich,[2]

---

[1] Auch grobe Sprachfehler wie der acc. plur. „Früchten" finden sich in den späteren Gedichten nicht mehr.

[2] Besonders charakteristisch ist 87₇ ff.:

> Alles, alles folgt dem Ruf der Freude....
>   Dürft' ich auch, ich würd's vielleicht nicht können:
> Denn mein Herz ist öde, kalt und leer;
> Meine Laune kann ich dir nicht nennen,
> Denn ich kenne mich fast selbst nicht mehr.
>
> Ruhig bin ich wie das Grab; ein Schatten
> Ist mein Leben, und ein süßer Traum
> Die Erinnerung an Freuden, die wir hatten,
> Und an eine Zukunft denk' ich kaum.

unverstanden und vereinsamt (87₇ „An meine Freundinn Rosalia von Schmerling", 88₁₁₄ „Fragment aus dem Buche der Erfahrung", 89₈₂ „An die Muse" und andere), sie möchte vergessen („Meine Bitte" 90₈₃), sie sieht die Welt und besonders die Männer in schlimmstem Lichte („Widerruf" 87₆₄, „Glück und Liebe" 80₇₅, „Schwur und Glaube" 91₁₁₆, „An ein Brautpaar" 95₈₇). So werden ihre Gedichte immer trübseliger. Dabei muß bemerkt werden, daß die Dichterin nicht von Haus aus so tränenselig angelegt war, sondern gar fröhlich scherzen konnte („Beweggründe zur Dichtkunst" 86₁₈, „Das fruchtlose Beispiel" 91₁₃₄ und „Antwort" 91₁₃₉). Freilich leidet auch sie unter der Zeitkrankheit der Empfindsamkeit und trägt auch eins von jenen weichgeschaffenen Herzen im Busen, das

.... oft gequält von edlen Seelenschmerzen,
In jene Welt sich träumt, und die vergißt.

(Gabr. von Baumbergs Antwort [SG 165] auf Leons Gedicht „Herz und Geist" 87₁₁₀; auch in Leons Gedichten S. 175). Nur ihre Leier tröstet sie über die „Qual, ein Mensch zu seyn" (87₁₂₄).

Noch ein Zug darf in dem Bilde der „ersten Dichterin Österreichs" nicht vergessen werden: die Wiener Damen zählten nicht zu ihren Bewunderern und die Gehäßigkeit ihrer Alters- und Geschlechtsgenossinnen mag der zartbesaiteten Seele der Dichterin manche böse Stunde bereitet haben. Alxinger und Liebel trösten sie darüber und sagen den Wiener Schönen derbe Wahrheiten,[1]) aber Gabriele fürchtet

  Hingebannt wie eine Marmorsäule,
  Steh' ich kalt mit unverwandtem Blick
  In dem Weltgebäude da, und theile
  Nicht, wie sonst, der Menschen Schmerz und Glück.

  Selbst die letzte meiner Wehmuthsthränen
  Starrt am Auge, und kein Sonnenbrand
  Ist vermögend, trocknen sie zu können,
  Und zu lösen meines Zaubers Band.

[1]) SG S. 35 „Herr von Alxinger an mich" (auch in Alxingers SG II₁₁₃):

  Man sagt mir, theure Gabriele!
  Daß unsrer Fräulein Schaar auf manches süße Lied,
  Worin sich deine schöne Seele
  Schön malet, mit Verdruß und Naserümpfen sieht
  „Hat sie sonst nichts zu thun, als dichten?
  Fürwahr ein Weib hat andre Pflichten!
  Gelehrsamkeit steht ihr fürwahr nicht an.
  Wir haben uns in unserm Leben
  Mit diesem Zeug nicht abgegeben,
  Und kriegen doch wohl auch, so Gott will, einen Mann'.

wohl nicht mit Unrecht,[1]) daß diese Episteln die Sache noch ärger machen würden. So unschuldig die Dichterin an der Unliebenswürdigkeit der Wiener Schönen ist, ihre Gedichte werden durch die häufigen Klagen über die Unempfindlichen, die es ihr zum Vorwurfe machen, daß sie dem Monde ihr Leid klagt und sich mit den Blumen bespricht („An gewisse Leute" 88₉₇, „Abschied von meiner Leyer" 87₁₂₄; in den SG öfter), nicht erfreulicher.

Das lyrische Schaffen der Dichterin läßt sich leicht überblicken. Die Gedichte, in denen sie in schlichten Worten[2]) ausspricht, was sie bewegt und quält, sind ihre besten, wenn sie auch mitunter ohne genauere Kenntnis der privaten Verhältnisse der Dichterin nicht ganz verständlich sind. Sie hat außer diesen Gelegenheitsgedichten im edelsten Sinne noch schwärmerische Gedichte an Freundinnen[3]) gerichtet, ziemlich viele Gelegenheitsgedichte (85₄₈, ₁₃₈, 87₆₃, ₈₆, 88₁₅, ₁₄₇, 90₁₄₄, 91₃₄, ₉₆, ₁₄₁, 92₁₁₀, 93₅₀, ₁₅₃, 94₉₅, 95₂₇, ₄₆, ₅₄, ₆₀, 96₁₅, ₁₁₈, ₁₂₉) und ein paar harmlose Epigramme (86₄₃, 87₃₀, 91₁₂₇, 92₄₃) geschrieben. Allgemeinen Inhalts, losgelöst von der zufälligen Veranlassung, sind eine Gruppe von reflektierenden Gedichten, an denen sich die kunstlose Technik aller ihrer Gedichte am besten aufzeigen läßt. Sie knüpfen alle[4]) — Am letzten Christmond" 88₃₉ und „Kennzeichen wahrer

Ebenso Professor Liebel („Liebel an mich" GS S. 63):

    Wer lehrte dich, durch sanfte Zaubertöne
    Das Herz zu wenden, wie es dir gefällt,
    In einem Laube, wo sich noch die Schöne
    Mit Feenmärchen unterhält?
    Wo sie bei Gaukelspiel und Kasperlade
    Und Hetze sich, wie bey Galotti freut
    Indeß sie nur der Schminf' und der Pomade
    Die Stunden ihrer Bildung weiht.

[1]) „Antwort" SG S. 39 ff.
[2]) Charakteristisch ist in seiner Anspruchslosigkeit das „Impromptu. In einer schönen Gegend" 86₄₀:

    Schön ist die Gegend zwar, allein was hilft es mir!
    Die Quell' und Würze meiner Freude,
    Mein treuer Adolf, ist nicht hier.
    O lieber Gott! nimm einst uns in den Himmel beyde!
    Allein dank' ich dafür.

[3]) 87₇ „An meine Freundinn Rosalia von Schmerling."
    89₁₀₅ „Der Schwesternbund."
    92₇₁ „An C. von Greiner."
    94₁₅ „An Fanny."
    95₄₀ „An meine Freundin Constantia von St"; in den SG noch andere.

[4]) „Selbstberuhigung. Bei einem Spaziergang im Herbst" 81₅₁; „Empfindungen in Laschs Garten" 89₉; „Sophiens Empfindungen bey Sonnenaufgang" 89₂₉; „Empfindungen in einer sternhellen Frühlingsnacht" 95₉₀. Zu den SG stehen noch mehr dergleichen wie: „Gedanken an einem Wintertag im Augarten" SG S. 80, „Empfindungen auf der Redoute" 86 S. 220 und andere.

Liebe" 92₂₃ allein ausgenommen — an Naturszenen an, wie schon der Titel andeutet. Aber da ist kein Versenken in die Landschaft, kein Hineinfühlen in ihre Stimmung, sondern die Naturszene ist ein rein äußerlicher Anknüpfungspunkt für empfindsame Gedanken, die sich eine schöne Seele beim Anblick eines Sonnenaufganges und dergleichen macht. Diese Gedichte zeigen am deutlichsten, wie weit die „Sappho Wiens" davon entfernt war, eine Sappho zu sein, und wie wenig es ihr gegeben war, starke innere Erlebnisse — daß sie solche hatte, beweist ihre Lebensgeschichte — ebenbürtig zu gestalten.

Benedikt Josef Koller.[1]

Abseits von dem Freundeskreise der Leon, Ratschky, Baumberg und anderen steht ein Spätling, der einzige Nachahmer Blumauers unter den bedeutenderen Mitarbeitern am WM. Er tritt im 1788—1793 mit zahlreichen Beiträgen[2] auf und bringt mit seinen Gedichten einen plebejischen Zug in diese Gemeinschaft „weichgeschaffener Seelen". Wie vulgär kontrastiert das an Gabriele von Baumberg gerichtete Widmungsgedicht seiner Ballade „Caspar von Guelphen" (Gedichte von J. B. Koller, Wien, Edler von Mößle 1793, S. 137), mit der er vor der „Muse Wiens" ... „angestochen kommt", mit Leons zartem Herzenserguß an die Dichterin („Herz und Geist" 87₁₁₀). Dieser Mann klagt nicht dem Monde sein Leid und spricht nicht mit Blumen: „Publicität, das Göttermädchen"[3] ist es, für die er schwärmt. Die Dichtkunst ist ihm nicht ein heiliger Beruf, sondern wie er in der Ankündigung (WM 92₁₇₀ = Gedichte XXV) ganz offen gesteht, — ein Geschäft:

> Schon fünfmal wies ich meine Musterkarte
> Im Almanach dem Publikum zur Schau,
> Und spekulirte rechts und links genau,
> Wie Pater Hell auf seiner Sternenwarte.
> Ob etwa nicht ein günstiger Planet
> Für meine Reimerey'n an Teutschlands Himmel steht.

In der prosaischen Vorrede erklärt er als Zweck seiner Dichtungen „die Ruhestunden des Müden zu würzen, das Verdienst von seiner Verehrung — die Bosheit von seiner Verachtung zu überzeugen, Thorheiten zu geißeln, wohltätige Empfindungen in den Herzen seiner Brüder zu erwecken, und, wenn es möglich ist, auch hie und da ihr Zwergfell zu erschüttern".

[1] Geboren 26. August 1767 in Biendorf (Anhalt-Köthen), gestorben als k. k. Legationsrat in Stuttgart 1817. Vgl. Goedeke 5, 295 und 6, 255; Wurzbach 12, 348.
[2] Er liefert 88: 6, 89: 10, 90: 6, 91: 6, 92: 16, 93: 2 Beiträge.
[3] (Gedichte 56 „An das Papier".

Ich muß die Vorrede weiter zitieren: "Meinen Zweck gewisser zu erreichen, wählte ich bey den meisten Gedichten die lyrisch-dramatische Form, die mir immer mehr Interesse zu bewirken fähig schien, als der Ausdruck meiner Empfindungen unter eigenem Stempel; was ich selbst empfinde, das wirkt nur vorzüglich auf jene, die mich persönlich kennen; den meisten ist es gleichgültig; darum fand ich es für besser, andere selbst reden zu lassen, als von ihnen zu reden." — Was er meint, wird aus den Titeln seiner Gedichte klar: sie sind mit Ausnahme der Balladen,[1]) der Epigramme,[2]) der Gelegenheitsgedichte,[3]) der Fabeln,[4]) der Encomia[5]) und dreier Gedichte, in denen der Verfasser in eigener Person spricht ("An den Apoll", Gedichte 6; "An Florianchen" 89₁₁₅, Gedichte 85 und "An den Wahn" 92₉₆, Gedichte 75) sämtlich Rollenlieder, und zwar a) scherzhafte: "Liebeserklärung eines Besenbinders" 90₉₂, Gedichte 10; "Liebeserklärung eines Schuhmachers" 91₂₃, Gedichte 87; "Der Betrunkene an seinen Rausch" 92₁₂₃, Gedichte 44; b) ernste: "Der Invalide an seinen Fleischtopf" 88₁₂₁, Gedichte 25; "Der Invalide an seine Krücke" 90₃₀, Gedichte 65; "Der Invalide an sein Holzbein" 91₄₆, Gedichte 131; "Der Invalide an Laudons Grab" 92₁₂, Gedichte 179; "Die Eryonne an Amor", Gedichte 13; "Der Greis an Amor" 91₅₆, Gedichte 21; "Der liebende Mönch", Gedichte 32; "Die Nonne an Luna", Gedichte 187; "Nachtgedanken einer Verführten", Gedichte 191.

"Das zweite Vehikel," fährt Koller in der Vorrede fort, "meinen Zweck zu erreichen, war das Bestreben nach dem Reize der Neuheit; ich suchte noch unbesungene Gegenstände, oder an schon besungenen neue Seiten und Wendungen auf; ob ich sie ..." Man wird ihm eine gewisse Anerkennung nicht versagen können, wenn man Titel liest wie: "Die begrabene Vestale an ihr Lämpchen" 92₁₄₆, Gedichte 183, "Morgenlied eines Europäers in Tahiti",[6]) Gedichte 171. Die Krone in dieser Hinsicht ist aber das Einleitungsgedicht "An den Apoll", Gedichte 6. In einer Anmerkung erklärt er, daß es im Mittelalter

---

[1]) "Die Belagerung von Weinsberg" 89₆₄, Gedichte 38; "Mahomed der Zweyte" 89₁₉, Gedichte 95 (vgl. S. 112); "Die Rache", Gedichte 105; "Bella Donna" 92₅₈, Gedichte 121; "Caspar von Guelphen", Gedichte 147—168.
[2]) Gedichte 5, 6, 9, 12, 17, 20, 20, 24, 31, 36, 37, 40, 43, 64, 84, 86, 86, 104, 113, 120, 137, 168, 174. Alle 24 sind schon im WM 1788—1792 erschienen.
[3]) "Gedichte 15, 18, 27, 68, 72, 90, 134, 169; im WM nur Gedichte 27 = 92₁₃₄ "An Herrn Hofrath von Sonnenfels, als er sein Vehamt niederlegte".
[4]) Gedichte 59, 114, 135.
[5]) "An die Tinte", Gedichte 47, "An den Federkiel", Gedichte 52, "An das Papier", Gedichte 56, "An Fortunen", Gedichte 98, "Naenie auf dem Grabe eines Schmarotzers" 92₇, Gedichte 116 und das an der Spitze der Sammlung stehende Encomion "An die Nachdrucker" (schon 89₇).
[6]) Vgl. Blumauers Gedicht "O Tahiti. An Georg Forster". — Im Vossischen Musenalmanach 88₆₄ stand ein "Lied eines Neuseeländischen Colonisten".

VI. Die Autoren des Wiener Musenalmanachs.

feuda solaria = Sonnenlehen (vgl. J. Grimm „Deutsche Rechtsaltertümer", 2. Auflage 1, 387) gegeben habe und nimmt als Ritter, der aufgehenden Sonne entgegenreitend, von Herrscher Apoll die Welt zu Lehen und gelobt Kampf gegen den Drachen Fanatismus und die Hydra Kritik.

Koller hat später — der Gedichtsammlung von 1793 ist keine zweite mehr gefolgt — eine umfangreiche dramatische Tätigkeit entfaltet (Possen, Lustspiele, Schauspiele, ein vaterländisches Trauerspiel und anderes; vgl. Goedeke 5, 295). Man hätte diese Entwicklung aus den „Gedichten" prophezeien können, aber ebenso auch, daß er kaum etwas Bedeutendes leisten werde; ein einziges[1]) Gedicht verrät den Griff des Dramatikers, alle anderen sind bloße Zustandsgedichte.

Koller wählt die Form des Rollenliedes, weil seine Persönlichkeit dem fremden Leser unbekannt und gleichgiltig sei. Er vergißt dabei, daß der Invalide, der sein Holzbein anredet, oder der Europäer, der ein Morgenlied auf Tahiti singt, dem Leser noch gleichgiltiger ist, wenn er nicht irgendwie charakterisiert wird. Zu einer Charakteristik der sprechenden Personen sind aber nicht die geringsten Ansätze vorhanden, sondern der Autor nützt einzig und allein, und zwar mit größter Naivität die Situation aus. Die tausendfältig gemachte Erfahrung, daß Dramatiker, die keine Charaktere zu schaffen vermögen, durch die Situation zu wirken trachten, bewahrheitet sich hier wie an einem Schulbeispiele.

In allen Rollenliedern Kollers wird jemand oder etwas angesprochen, auch wo es nicht schon im Titel gesagt ist. Dadurch gewinnt er zwei Personen, eine sprechende und eine imaginäre angesprochene, z. B. die abwesende Geliebte in den komischen Liebeserklärungen, die Krücke, das Holzbein ꝛc. in den Invalidenliedern, die Sonne in „Lied eines Europäers auf Tahiti" ꝛc. Die Beziehung zwischen den beiden Personen wird nun auf zweierlei Weise hergestellt:

1. Die redende Person setzt sich mit dem angesprochenen Gegenstande in Parallele: die begrabene Vestale weiß ihre Empfindungen nicht anders auszudrücken, als daß sie ihr Los mit dem erlöschenden Lämpchen vergleicht. „Die Nonne an Luna", Gedichte 187 vergleicht ihr Schicksal mit dem Lunas Zug für Zug:

> Uns beyde führet ein geheimer Kummer
> Gleich menschenscheu durch Nacht und Einsamkeit.

---

[1]) „Die Exnonne an Amor" Gedichte 13.: eine Exnonne — also eine der vielen durch die Klosteraufhebungen frei gewordenen Nonnen, fleht Amor an, die Sehnsucht nach Liebe von ihr zu nehmen, da sie sich noch durch ihr Gelübde gebunden fühlt, oder den „Greisen, die da lösen können", Jugend und Sympathie einzuflößen.

Der Nonne Wange deckt ein Schleier — Lunas Wange ein bleicher Nebelflor, von ihren Wangen fallen Tränen, von denen Lunas Tautropfen, ihr ist Albert genommen, Lunen Endymion.

Das verstand Koller also unter der Kunst „an schon besungenen Gegenständen — die Nonnenlieder sind ja ein beliebtes Thema — neue Seiten auffinden". So verfährt er auch in den Invalidenliedern: der Invalide vergleicht sein Geschick bis ins einzelne mit dem der Krücke: einst war sie ein starker Baum — er ein kräftiger Mann, sie fiel im Haine — er im Schlachtgewühle. Auch zwischen dem Invaliden und seinem Fleischtopfe Beziehungen herzustellen, wird ihm nicht schwer: beide sind invalid, ihm fehlt der Arm — dem Topfe die Habe; er verdiente einen Lorbeer — der Topf einen goldenen Reif.

2. Die zweite Form, eine Beziehung zwischen den beiden dramatischen Personen — der Nachteil, daß die eine Person stets stumm ist, ließ sich nicht beheben — ist weitaus wirkungsvoller: die redende Person macht der angeredeten (stummen) Vorwürfe oder — was technisch dasselbe ist — lobt sie. Der Besenbinder und der Schuhmacher schelten so scherzhaft die Geliebte und bitten sie um Erhörung, der Betrunkene spricht humorvoll seinen Rausch an, der Plantagensklave verflucht den Zucker, der Greis, der im Alter plötzlich von Liebe erfaßt wird und von Amor verlangt, daß er sie von ihm nehme, droht sogar:

Ha! daß ich dich nicht gleich mit meiner Krücke —
Du blinder Schütze du!
(„Der Greis an Amor" 91$_{36}$, Gedichte 21.)

Diese Gruppe leitet zu den Encomien über, die technisch genau gleich gebaut sind: beständige Anrede an den besungenen Gegenstand. In diesen Encomien ist er ein Schüler Blumauers, dem er auch sonst nahesteht,[1]) aber es ist ein Beweis seines Geschmackes, daß er statt der unerträglich einförmigen Loblieder auf Dinge, die niemand lobt, die „Schimpf"lieder[2]) vorzieht, die zwar künstlerisch und technisch auf gleicher Stufe stehen, aber eine weitaus flottere Tonart ermög-

---

[1]) Wie Blumauers so sind auch Kollers Gedichte oft im Wesen nur Aufreihungen von Einfällen auf einen Faden, also kompositionslos. Der Eingang von Kollers Gedicht „An Fortuna", Gedichte 47 erinnert an den von Blumauers „An den Mond" 87$_{45}$. Koller hat das berühmte „Que je ne suis la fougère" in dem Gedichte „Der liebende Mönch", Gedichte 32 travestiert, Blumauer in dem „Lied an der Toilette der Geliebten zu singen" 89$_{39}$ parodiert. Wie Blumauer in der Aeneis (VI) so führt Koller in dem „Panegyrikus auf die Herren Nachdrucker" 89$_7$ ff. diese Schädlinge in die Unterwelt. Koller vertritt schließlich in dem Gedichte „An den Wahn" 92$_{96}$, Gedichte 75 dieselbe Anschauung wie Blumauer in „Illusion und Grübelen" 81$_{100}$ und dem „Glaubensbekenntnis .." (Sämmtliche Werke IV$_3$).

[2]) Gedichte 98: Ich bin nun einmal drüber her
Sie weidlich auszuschimpfen.

lichen. Solche Scheltlieder sind: „An Fortuna", Gedichte 98; „An die Tinte", Gedichte 47; „An den Federkiel", Gedichte 52 und als lobendes Gegenstück zu den letzten zwei Gedichten: „An das Papier", Gedichte 56. Ein gar grimmiges Loblied ist der „Panegyrikus auf die Herren Nachdrucker" 89₇ ff., Gedichte 1, der allerheftigste Erbitterung atmet.

Die „Naenie auf den Tod eines Schmarotzers" 92₈₉, Gedichte 116 geht natürlich auf antike Muster zurück und ist zu vergleichen mit Ratschkys „Über den Tod eines Stutzers" WM 80₂₁ und Sonnleithners „Naenie auf einen verstorbenen Schlemmer" WM 96₁₃

In allen Gedichten Kollers offenbart sich Erfindungsarmut. Abgesehen von dem pedantischen Anschlusse an die Situation und dem sich darin verratenden Gedankenmangel zeigen sich in der kleinen Sammlung, die — außer den 24 Epigrammen — nur 42 Gedichte enthält, mehrfach Wiederholungen: „Die Nonne an Luna" und „Die Nonne an Amor" sind ähnlich, die komischen Balladen „Die Rache" und „Bella Donna" haben das gleiche Grundmotiv. In drei Gedichten („Naenie auf den Tod eines Schmarotzers", „Der Invalide an seine Krücke", „Der Invalide an sein Holzbein") wird der Abschluß — da diese Gedichte kompositionslos sind, so bedürfen sie eines äußeren Abschlusses einer Pointe; der fehlt bei Koller nie — durch die gleiche Erfindung,¹) in den beiden Gedichten „Der Greis an Amor" und „Die Nonne an Amor" fast durch die gleichen Worte herbeigeführt.

Am erschreckendsten zeigt sich Kollers Mangel an Erfindungsgabe in den Gelegenheitsgedichten „An die Frau Gräfin von Stockhamer, als sie in Menschenhaß und Reue in der Eulalia auftrat" (Gedichte 15) und in der „Epistel an Gabriele von Baumberg" (Gedichte 138). Er will der Gräfin ein Kompliment über ihr Spiel machen und erzählt, wie einst an einem Sommerabend die Grazien die Göttin Harmonie an einer lichten Quelle trafen, wie sie einer neugeschaffenen Seele ihre Töne einflößte. Da flehte Thalia die Göttin an, sie auf ihren Ton zu stimmen, und sie gewährte es. Noch trivialer ist die Erfindung in der Epistel an Gabr. von Baumberg. Er will ihr eine Ballade weihen, deren Stoff einem ritterlichen Tauerspiele „Hainz von Stein der Wilde" von Hübner entlehnt ist. Er erzählt da, wie er sich einst in Helikons geweihten Hain verlor. Er sieht wiederum die Grazien, diesmal in Trauer, denn sie sind, wie er ihrem Gespräche entnimmt, eifersüchtig auf die Dichterin an dem Ister, die früher ihr Stolz, jetzt ihre Rivalin ist. Während er dann

---

¹) Trank und Speise sollen am Grabe des Schlemmers, Krücke und Holzbein am Grabe des Invaliden aufgestellt werden.

am Quell Aganippe schläft, kommt die Muse, weckt ihn und führt ihn in einen Saal, der Thalien geweiht ist. Dort sieht er

so manches ew'ge Meisterstück
Vom deutschen Shakespeare, dem großen Schiller

und daneben ein Stück „Hainz von Stein der Wilde". Die Finger jucken ihn, er möchte es, „ins engere Gewand des Reimes eingenäht," in dem Balladensaale unterzubringen suchen. Die Muse gestattet es, aber nur unter der Bedingung, es der besten Dichterin zum Opfer darzubringen.

Man sieht, er kann sich in Superlativen nicht genug tun. Die gleiche Übertreibung zeigen die übrigen Gelegenheitsgedichte.

Glücklicher als die ernsten Gedichte sind die komischen. Hier macht sich der Mangel an Erfindungsgabe nicht so stark geltend. Er besitzt entschieden Sinn für groteske Komik, so wenn er das Bild des Versifex ausmalt, der nicht umkommen kann („Bella Donna", Gedichte 121), oder sich vorstellt, wie Charon schwitzen wird, wenn er den dicken Schmarotzer über den Styx setzen muß („Naenie", Gedichte 116) und andere. Es gelingen ihm packende und originelle Einzelbeobachtungen; so wenn er den Nachdrucker mit einer Katze vergleicht, die sich in die Zitzen einer Kuh verbeißt, oder wenn er an Böcke denkt, die im Stalle auf den Salzstein zudrängen oder — charakteristisch für Koller — an einen Schabenschwarm, der auf neue Kleider zufährt. Diejenigen seiner Epigramme, welche solche Einzelbeobachtungen oder Einfälle festhalten, gehören zu den besten des ganzen Almanachs. (Panegyrikus 88_{113} = Gedichte 36; Schlüsselgewalt 89_{33}, Gedichte 86, Epithalamium 88_{105}, Gedichte 9 und andere.)

Es steckt auch ein Stück von einem Satiriker in ihm. Die Invalidenlieder haben eine satirische Spitze gegen die Regierung, die so unzureichend für die verwundeten Kämpfer sorgte; gegen die „Pfaffen" wenden sich überall Anspielungen und von drei Fabeln richtet sich eine („Die Klapperschlange", Gedichte 59) sogar mit erstaunlicher Offenheit gegen die Jakobinerriecherei zu einer Zeit, da diese „Klapperschlangen" gerade am einflußreichsten waren.[1]

Von den Balladen ist eine einzige ernst gehalten, von den anderen zwei durch die Schlußpointe ins Parodistische hinübergezogen,[2] zwei grotesk-komisch vorgetragene Metamorphosen.[3]

---

[1] Vgl. S. 157 f.
[2] „Die Belagerung von Weinsberg" 89_{64}, Gedichte 38 und „Mahomed der Zweyte" 89_{10}, Gedichte 95.
[3] „Bella Donna" 92_{55}, Gedichte 121 und „Die Rache", Gedichte 105. Beide behandeln das gleiche Motiv.

VI. Die Autoren des Wiener Musenalmanachs.

Die ernste Ballade „Caspar von Guelphen"¹) — sie umfaßt 63 fünfzeilige Strophen — zeigt den übertreibenden schwulstigen Stil der Nachahmer Bürgers:

> Mit gräßlichem Schrei wie vom Donner gerührt,
> Fiel Bertha ohnmächtig zurücke,
> Und Waldemar riß sich, der Sinne beraubt,
> Die eigenen Haare vom zitternden Haupt
> Mit starrem verzweifelnden Blicke.

Koller besitzt ein außerordentlich starkes rhythmisches Gefühl. Er brauchte an seinen Versen nicht zu feilen und hat an den aus dem WM übernommenen Gedichten kein Wort geändert. Seine Sprache mußte seinem innersten Wesen nach rhetorisch und pathetisch gehalten sein. Die Gedichte „An Sonnenfels" und „Auf den Tod Josefs II." schwelgen in Antithesen, Parallelismen und allen Figuren der Rhetorik. In dem Gedichte „An den Wahn" 92₉₆, Gedichte 75 ist der Einfluß der Schillerschen Diktion unverkennbar:

> Kühn, und stolz auf seinen Götterfunken,
> Dringt der Mensch in Nacht, und Ewigkeit,
> Ringt nach Wahrheit, und hascht wonnetrunken
> Statt der Göttinn nur ihr Wolkenkleid,
> Bleibt entzücket an der Schwelle stehen,
> Wähnt sich in dem Arm der Göttinn da,
> Sieht sich blind, um endlich einzusehen,
> Daß er — nichts vom Heiligthume sah.

---
¹) Über den Inhalt vgl. Otto Brahm „Das Ritterdrama des 18. Jahrhunderts", Quellen und Forschungen 40, S. 133: Hainz Stain raubt Walltrand, die Braut Siegfrieds. Siegfried erstürmt Hainz' Schloß, tötet ihn und erkennt zu spät, daß es sein Vater ist. Er und Walltrand finden den Tod. Bei Koller heißt Siegfried Walter, Hainz heißt Casper und ist nicht Siegfrieds Vater, so daß ein guter Ausgang möglich wird. — Hübners Stück wurde in der „Allgemeinen Deutschen Bibliothek" 63, 407 sehr abfällig rezensiert.

Register.

Aaron 148. 158.
Addisson, Jos., „Cato" 62. 125. 171.
Adelung 39. 145 f.
Adlersburg, Karl Edler von 148.
Affsprung, J. M. 86. 106. 149.
Alxinger, Joh. Bapt. Edler von 4. 8. 14. 15. 16. 19. 20. 35. 36. 43. 45. 46. 47. 48. 49. 50. 51. 58. 60. 63. 64. 66. 69. 70. 72. 76. 81. 84. 85. 88. 89. 93. 100. 102. 104. 105. 118. 120. 123. 124. 125. 138. 140. 147. 152. 153. 158. 161. 162—185. 186. 187. 188. 191. 192. 205. 207. 208. 209. 210. — Sein Einfluß auf den WM 2. 33. 42. 110. — Doolin 53. 98. 167. 168. 178. — Bliomberis 167.
P. Amschel, Ant. von 173.
Anakreon 164. 165. 166.
Anakreontil 21. 22. 24. 43. 63. 80. 99. 128. 148 f. 192. 207.
Anfossi, Pasquale 105.
Anthologie, Griechische 4. 45. 63. 66. 98. 122. 148. 158.
Apollonius Rhodius 164.
Archilochus 20.
Ariost 24. 59. — „Der rasende Roland" 186.
Aristänet 58. 63. 125.
Aristophanes 59.
Armbruster, J. M. 72.
Arnstein, Benj. Dav. 53. 64. 93. 127.
Auffenberg, Bened. von 148. 152. 153. 158.
„Aufmerksame, Der" Zeitschrift 159.

Bahrdt, Karl Frdr. 36.
Balbi, Hieronymus, Bischof von Gurk 16. 64. 122. 127.

Bar, George Louis baron de 24. 59.
Bardendichtung, Deutsche 3. 17. 21. 22. 32 ff. 37. 50. 57. 108 f. 149. 186 ff. 190. 206.
Batthyani, Ludw. Fürst von 15. 16. 44. 82. 105. 149.
Bauernfeld, Ed. von 36. 160.
Baumberg, Gabriele von 15. 16. 42. 45. 46. 49. 51. 56. 60. 68. 86. 101. 104. 106. 118. 120. 140. 141. 147. 148. 150. 152. 153. 167. 176. 180. 182. **208—212.** 216 ff.
Bayle, Pierre 204.
Bertuch, Frdr. Just. 126.
Besser, Joh. von 78.
Bibliothek, Allgemeine Deutsche 6. 14 f. 44. 63. 112. 191. 207. 218.
Binder, Jos. Frh. von Kriegelstein 94. 149. 152. 181.
P. Biwald, Leop. Gottlieb 178.
Blodig, Jos. von Sternfeld 81. 43. 107. 108. 149. 160.
Blumauer, Al. 4. 14. 15. 16. 17. 18. 19. 35. 36. 38. 40. 43. 44. 45. 46. 48. 60. 61. 69. 74. 81. 82. 83. 85. 95. 97. 102. 103. 104. 106. 112. 113. 116. 119. 140. 142. 143. 147. 148. 149. 153. 158. 170. 173 176. 180. 205. 209. 212. 213. 215. — Einfluß auf den WM 2. 8. 9. 10. 11. 12. 32. 33. 42.
„Blumenlese der Musen". Wien 1790, herausgegeben von Joh. Karl von Ladner und Cajetan Tschul 152 f. 158. 161.
Bodmer, Joh. Jacob 49.
Boie, Heinr. Chn. 2. 20. 162.
Boileau-Despréaux, Nikolas 20. 38.
Born, Jgn. Edler von 83. 86. 95. 173.

Bothe, Frdr. Heinr. 67.
Boufflers Louis François Marquis de 44. 48. 60. 61. 65.
Bremer Beiträger 21. 23. 93.
Bundesmann, Ant. 148.
Bur 148.
Bürger 3. 4. 25. 39. 55. 58. 59. 80. 81. 90. 146. 150. 155. 162. 173. 193. 218. — Einfluß auf den WM 26. 42. 46. 48. 63. 90. 95. 98. 110. 140. 150. 155. 173. — Balladen 89. 42. 113 f. 218. — Lenoreparodien: 111. 120. — Minnelyrik 22. 66. 193.
Burkard von Hohenfels 200 ff.
Buschmann, Josepha Bar. von 53. 148.

Canitz, Frdr. Rud. Ludw. Frhr. von 73.
Catull 46. 63. 66. 121. 161. 205.
Chesterfield, Philipp Dormer Stanhope, Earl of 62.
„Chronologen", Zeitschrift 78.
Cervantes, Saavedra, Miguel de 186. 189. 203.
Claudius, Matth. 4. 24. 25. 40. 48. 55. 58. 115. 193 f.
Coith 148.
Columbus 164.
Collin, Heinr. Jos. 189.
Corneille, Pierre „Polyeukt" 24. 61. 125.
Cornova, Ign. 34.
Christian von Hamle 200 ff.

Daxberg, Florian 53. 146.
Denis 9. 10. 11. 12. 15. 17. 19. 32. 37. 38. 43. 46. 47. 50. 57. 59. 83. 98. 104. 107. 121. 147. 148. 149. 152. 158. 168. 173. — Denis' Schüler im WM 31. 108. — Ossianübersetzung 31. 38. 109. — „Sammlung kürzerer Gedichte aus den neueren Dichtern Deutschlands" 67 f.
Desbillons, François Joseph 64. 109.
Deshoulières, Antoinette de 49. 60. 61. 65.
Despreux (= Després, Louis?) 20.
Deurer, Georg Ferd.? 34. 50. 51. 52. 54. 58. 86. 107. 108. 121. 150. 152. 161.
Dirnböck, Georg 105. 149.
Dithyramben 98 f.
Dopler, Jos. 88. 149. 153. 160.

Eberl, Ant. Bern. 46. 148. 158.
Egrovary, Anna Maria, geb. von Tiell 53. 147. 150.
Engel 28. 29. 32. 150.
Engelhart 148, siehe T. K. A. H. Vogue.
Englische Literatur im WM 38 f. 61 f.
Eschenburg, Joh. Joach. 126.
Euripides 161. 181.
Dr. Evans, John (?) 62.

P. Fast 35. 37. 165. 169. 173.
Fenelon, François de Salignac de la Motte 20. 61.
Fießinger, Gabriel 26. 27. 43. 107. 127. 149. 197.
Fischart, Joh. 28 (der beste bule). 174.
Follershall, Ernst Verm. 58. 148.
Forster, Fräulein von (Antonia) 8. 28. 31. 111. 160.
P. Frank 16. 87. 207.
Französische Literatur im WM 20 ff. 43 f. 59 ff. — Liebanfänge: Je vais peindre traits pour traits 61. — Le Destin nous separe, le Penchant nous unit 61. — Que ne suis-je la fougère (Ah, si j'etois la fougère) 15. 16. 102. 115.
Freimaurer in Wien 33. 38. 54. 104. 161. 165. 167. 191.
Freymaurerjournal 191.
Fridrich, Karl Julius 51. 55. 87. 108. 122. 143. 150. 152. 153. 161.
Friedelberg, J. 51. 120. 149. 152. 160.
Frischherz, J. 148.
Füger, Joach. 147. 148. 152. 153. 158.

Gaheis, Fr. Ant. de Paula 53. 149. 152. 158. 160.
Gaßler, Fr. 112. 113. 149. 152. 161.
Gellert, Chn. Fürchtegott 67.
Gerning (Joh. Jsaak Freiherr von?) 53. 107. 126. 148. 160. 161.
Geßner, Salomon 22. 48. 55 ff. 68. 88. 95. 112. 145. 193.
Gleim, Joh. Wilh. Ludw. 21. 28. 59. 89. 92. 98. 112. 126. 145. — Minnelieder 22. 63. — Komische Balladen 112. 191. — Kriegs- und Soldatenlieder 40. 55. 56. 119. 149. 193. 198.
Gluck, Christoph Wilibald Ritt. von 175.
Goeckingk, Leop. Frdr. Günther von 15. 35. 71. 77. 79. 90. 111. 149. 152. 153. 160. 175. — Seine Episteln 69

Goethe, Joh. Wolfgang von: Stellung im WM 3. 18. 24. 26. 54. 55. 59. 146. 162. 192. 195. — Goethisieren 23 — Werthers Leiden 25. 26. 43. 57. 80. 85. 86. 177. 190. 193. — Farcen 26. 126. — Götz 26. — Erwin und Elmire 26. — Künstlers Erdewallen 27. 197. — Venetianische Epigramme 52. — Bürgergeneral 47. 76. — „Mein Mädchen ward mir ungetreu" 88. — Brief an Rochlitz (29. März 1801) 60. — Knittelverse 126. 155. — Sprache und Stil 26 f. 197.
Goeze, Melchior 36.
Gotter, Frdr. Wilh. 49. 60. 114.
Göttinger Hain, Lyrik des 22. 25. 46. 57 f. 62. 80 ff. 99. 112. 119. 126. 149. 155. 198.
Gottsched, Joh. Christoph 126 190.
P. Grasel, Joh. Baptist 113.
Grécourt, Jean-Baptiste-Joseph 43. 44. 60. 61. 81.
Greiner, Karoline von (nachmals verm. Pichler) 26. 45. 49. 53. 54. 63. 82. 89. 95. 101. 126. 127. 149. 150. 152. 153. 160. 186. 189. 208. 209. 211.
Gressel, Jean Baptiste Louis de 164.
Grillparzer, Fr. 160.
Grotzhamer, Ant. 4. 33. 40. 41. 43. 57. 95. 102. 110. 126. 140. 148. 152. 153. 154. 155 f.
Gruber, Werner von 149. 153. 160.
Gruber, Fr. Engelbert 158.
Gryphius, Andreas 82.

Hagedorn, Frdr. von 49. 56. 101. 176.
P. Hald, Franz 37.
Haller, Albrecht von 23. 55. 149. — Romane 37.
Hartel, Karl Joh. 18. 20. 25. 26. 42. 91. 148. 152. 153. 154. 155 f. 197.
Haschka, Lor. Leop. 4. 9. 15. 16. 17. 23. 27. 35. 36 38. 39. 45. 56. 57. 67. 72. 76. 106. 107. 108. 109. 121. 148. 152. 153. 161. 173. 185—189. 192. 206. 207. 209.
Haug, Frdr. 71. 74. 77.
Haugwitz, Otto Graf 108. 148. 149.
Haydn Josef 100.
Hegrad, Frdr. 76. 105. 139. 140. 149. 152. 153. 158.
Heinrich von Meißen 200 ff.
Heinse, Wilh. 63.

P. Hell, Maximilian 173. 212.
Hénault, Charles Jean-François 60.
P. Herbert, Josef Ritter von 178.
Herder, Joh. Gottfr. 191.
Herz, Leop. 92. 147. 148. 149. 153.
Heßo von Reinach 200 ff.
Hickel, Jos., der Jüngere 27. 167.
Hiesberger, Leop. 149.
Himmel, Frdr. Heinrich 60. 106.
Hobbes, Thomas 204.
Höfflein (bei Goedeke: Höflein) 28. 29. 30. 32. 149.
Hoffmann, Karl Gottlob 4. 16. 40. 138. 147. 150. 152.
Hoffmann, Leop. Al. 35. 36. 173.
Hoffmann (bei Goedeke: Hofmann) 147. 149. 161.
Hofstäter, Fel. 9. 19. 87. 38. 106. 109. 127. 149. 152. 153. 160. 178.
Hölty, Ludw. Heinr. Christoph 4. 15. 21. 48. 49. 54. 55. 66. 98. 102. 111. 112. 193. 194.
Holzer, Michael (?) 105. 106.
Holzmeister, Jos. 148.
Homer 55. 183.
Hompeck 40. 149.
Horaz 20. 46. 59. 63. 66. 90. 100. 102. 164. 165. 183. 204.
P. Hormayer 173.
Hübner, Lor. 217. 218.
Hummel, Jos. 149.
Hungar (Hunger), Fr. 148.
Hussar 28. 149.
Hutten, Ulr. von 204.

Iffland, Aug. Wilh. 59. 65.
Jacobi, Frdr. Heinr. „Aus Eduard Allwills Papieren" 26. 57. 190. 192. 195. — „Woldemar" 25. 190. 192. — „Iris" 192/3.
Jacobi, Joh. Georg 66. 81. 102. 126.
Jaquet, Katharina 147. 148. 152. 153. 165.
Jean Paul 189.
Johannes Secundus 164. 204.
Josch, Joh. Val. 4. 15. 50. 118.
Josch, Jos. 147. 148. 149.
Josch, Franz Xaver 147. 148. 149.
Jünger, Joh. Frdr. 16. 149. 153.
Juvenal 167. 171.

Kalchberg, Joh. Nep. Ritter von 92. 150. 152. 153. 161. — „Früchte vaterländischer Musen" 161.

Käftner, Abr. Goth. 71. 76. 77. 79.
Keller, Gottfr. 191.
Kemper, James 88. 149.
Klafficismus 8. 51 f. 52. 55. 77. 107 f. 122. 160.
Kleist, Ewald von 23. 55.
Klinger, Maximilian, „Zwillinge" 23. 26. — „Plimplamplasko" 23. - „Faust" 65.
Klopstod, Fdr. Gottlieb 8. 21. 22. 24. 27. 55. 59. 75. 86. 98. 106. 107. 126. 140. 186. 190. 192 f. 193. 195 f. — „Hermannschlacht" 38. 56.
Koller, Bened. Jos. 15. 16. 33. 40. 41. 42. 50. 51. 52. 112. 140. 143. 147. 148. 153. 155. 180. 212—218.
Koller, Bened. Maria 159.
Kompositionen des WM 28. 46. 105 f.
König, Jos. Eust. 95. 149. 152. 160.
König, Justus Chr. Gottlieb 87. 112. 113. 114. 143. 147. 149 150. 152. 153. 161.
Kotzebue, Aug. von 89. „Sonnenjungfrau" 59.
Kretschmann, Karl Frdr. 57.
Kreuzner, Liebe von 48. 149. 153. 160.

Lackner, Karl von 82. 149. 152. 153. 161.
Lafontaine, Jean de 24. 59. 60. 109. 128.
Laiminger (?) 60.
Landsdowne, George Granville Lord 62.
Langbein, Aug. Frdr. Ernst 53. 111.
La Motte, François de 123.
Laroche, Sophie von. Romane 57. 190. — „An eine Linde" 16. 105. 150. 152.
Lavater, Joh. Kaspar 54. 192.
Legne, T. R. A. H. (siehe Engelhart) 148.
Legrand d'Auffy, Pierre-Jean 50. 61. 111.
Leibesdorf, Ibig 50. 148. 158
Leon, Gottlieb von 4. 6. 7. 13. 14. 15. 16. 17. 18. 20. 21 ff. 24. 25. 26. 33. 31. 38. 40. 41. 42. 43. 45. 48. 49. 52. 53. 54. 55. 56. 63. 66. 67. 68. 81. 84. 86. 90. 92. 96. 104. 105. 106. 107. 112. 113. 119. 120. 126. 127. 145. 147. 148. 149. 151. 152. 155. 157. 176. 179. 184. 189—202. 205. 206. 208. 209. 210. 212. — Einfluß auf den WM 8. 9. 32. 46 ff. — Rabbinische Legenden 191.
Lessing, Gotth. Ephraim. Epigramme 72. 77. 79. — Anti-Goeze 86. — Emilia Galotti 211.

Lichtenstein, siehe Ulrich.
Liebe von Kreuzner, siehe Kreuzner.
Liebel, Jgn. 20. 210. 211.
Liebhold 52. 53. 148.
Liebwerth 148.
Limpurg, Schenk von 200 ff.
„Literarische Monate", Zeitschrift 10. 17. 185. 186.
Literaturzeitung, Jenaische Allgemeine 15 ff. 44. 48. 158.
Löber, Valentin „Teutschredender Cwenus" 79.
Pöbl (siehe Peon) 20. 150. 153. 191.
Logau, Frdr. von 71. 72. 77. 78. 79.
P. Ludwig 173.
Lukian 59. 204.
Lucretius 204.

Macchiavelli, Nicolò 204.
P. Maffei 173.
Magellone, Volksbuch von der schönen 113.
Maillane, D'Hermite de 60. 82. 204.
Maintenon, Madame de 44. 80.
Maisch, Wilhelmine, verehelichte Müller 53. 148. 152. 153. 159.
Mallet 60. 109.
Martial 46. 63. 66. 71. 72. 204.
Mastalier, Karl 1. 10. 14. 17. 45. 63. 66. 122. 147. 148. 153. 158. 168. 170. 173. 178.
Matthisson, Frdr. von 4. 52. 64. 94. 160.
Mahr, C. 149.
P. Mazzioli, Jakob 173.
Meinhard, Joh. Nik. 63.
Meißner, Aug. Gottlieb 69. 140. 148. 152. 153. 160.
Menantes 78.
Merkur, Deutscher 14. 18. 25. 57. 78. 158 171. 195.
P. Merz 35. 36. 87. 173.
Meyer, Frdr. Ludw. Wilh. 50. 149. 152. 153. 159.
P. Michaeler, Karl Josef 173.
Miller, Joh. Martin, „Siegwart" 25. 43. 54. 57. 58. 80. 82. 85. 118. 172. 176. 177. 178. 181. 190. 193. — Siegwartisieren 177. 178. 184. —
Lyril 58.
Minnelyril 17. 21. 22. 38. 80. 129. 195. 197—200. 206. — Übersetzungen aus den Minnesingern 200 bis 202.
Mistei, J. 148.

Monnaye, de la (?) 3. 24.
Moritz, Joh. Frhr. von 147. 149. 152. 153. 162.
Moritz, Wenzel 117. 148.
Mozart, Wolfgang Amadeus 83. 85. 105. 108.
Müller, J. J. von Krügelstein 118.
Müller, Wilhelmine, siehe Maisch.
Musenalmanache: Fränkischer 161. — Göttinger 2. 3. 4. 12. 46. — Leipziger 2. 3. 4. — Österreichischer 5. — Preßburger 158. — Schwäbischer 79. — Boßischer 2. 3 f. 12. 50. 60. 110. 111. 155. 213. — Wiener, Neuer auf das Jahr 1798: 12. 52. 160.
Musaeus 164.

Nicolai, Frbr. 14. 16. 38. 171. 138. 207.
Nicolay, Ludw. Heinr. Frhr. von 110.
Nomis, A. A. 50. 68. 120. 121. 140. 150. 157. 161.
Noverre 7. 17. 20.
Nugent 62.
Nunberger, Franz de Paula 106. 149. 152. 153. 160. 170.
Nuth, F. A. 149.

Opitz, Martin 101. 182.
Ossian 22. 30. 31. 43. 55. 61. 108. — Übersetzung von Denis 31. 33. 109.
Oswald, Joh. 38. 105. 148.
Ovid 59. 205. — Metamorphosen 45. 46. 63. 66. — Amores 164. 166. 167. 176. 183.
Owen, John 64. 71. 72. 74. 77. 78. 79.

Paldaurus, F. R. 52. 54. 94. 150.
Papowsky, Papa von 148.
Paradis, Maria Theresia 105.
Parnell, Thomas 15. 49. 59. 62. 80. 111. 120. 204.
Parny, Evariste de 44. 60. 61. 64 f. 204.
P. Pauer (Josef Valentin?) 169. 173.
Percy „Reliques of Ancient English Poetry" 61.
Perinet, Joach. 46. 74. 92. 102. 149. 152. 163. 166.
Perler, Ant. 15. 149.
Persius 20. 171.
Petrak, Ulr. 16. 33. 35. 38. 69. 77. 148. 150. 153. 154. 155.
Petrarca, Francesko 63. 66. 80 120. 191.

Petronius 20.
Pezzel, Joh. „Faustin" 36. 173.
Pfeffel, Gottlieb Konrad 16. 67. 105. 148. 152.
Phaedrus Übersetzung von Alxinger 15. 49. 167. 181.
Pichler, Karoline, siehe Kar. von Greiner.
Pignotti, Lorenzo 167.
Piron, Alexis 44. 61. 64.
Place, de la 61. 88.
Plato 59.
Plinius 38.
P. Pochlin, (Markus?) 35. 173.
P. Poda, Nikolaus, von Neuhaus 173.
Poggio Fiorentino 53. 64. 109.
Pope, Alexander 38. 49. 59. 62. 63. 65. 124. 164. 190. 204.
Prandstetter, Matt. Jos. 4. 9. 11. 14. 16. 27. 28. 31. 32. 33. 35. 41. 42. 43. 50. 51. 52. 57. 60. 69. 70. 85. 94. 96. 98. 99. 102. 105. 106. 110. 111. 114. 117. 119. 120. 121. 124. 127. 141. 148. 149. 150. 152. 153. **156—158. 205.**
Preinbinger 148.
Prior, Matthew 4. 62.
Properz 46. 64. 165. 205.

Rabelais, François 204.
Rabener, Gottlieb Wilh. 17. 20. 21. 23. 55. 204. 206.
Rabitschnig, Jos. 128. 149. 152. 153. 155. 160.
Raimund, Ferd. 102.
Ramler, Karl Wilh. 48. 49. 51. 52. 55. 56. 77. 108. 163.
Rathlef, Ernst Lor. Mich. 67. 143. 149. 152. 153. 159.
Ratschky, Jos. Franz; von 15. 19. 20. 45. 47. 49. 53. 57. 64. 65. 66. 68. 69. 70. 78. 84 f. 92. 105. 106. 111. 112. 113. 117. 120. 124. 126. 127. 141. 147. 148. 150. 152. 153. 158. 165. 173. 180. 185. **189—191.** 192. **203—208.** 212. — Einfluß auf den WM 7—12. 14. 18 f. 20—23. 33—37. 48. — „Melchior Striegel" 21. 203.
Rautenstrauch, Joh. 34. 36.
Realzeitung, Österreichische 5. 18 f. 20. 94. 113. 161.
Regelsberger, Kristoph 21. 61. 147. 149. 152. 153. 160.
Reichetzer, Fr. 149. 160. 161.

Reinhold, Karl Leonhard 13. 14. 15. 18.
110. 161. 171. 183. 185. 186. 187.
Reiter, Jos. 14. 17. 19. 148.
Reitzenstein „Lotte bei Werthers Grabe"
57.
Retzer, Jos. von 3 14. 15. 19. 23. 33.
35. 87. 39. 62 f. 64. 66. 70. 71. 122.
127. 140. 147. 148. 152. 154. 159.
205.
Ribini, Joh. 148. 168.
Richardson, Samuel „Pamela" 61. 145.
Richter, Jos. 9. 11. 149. 153. 160.
Riedel, Frdr. Just. 17. 21. 164. 186.
Romantik 63. 191. 200.
Rost, Joh. Christoph 59.
Rousseau, Jean Baptiste 44. 61.
Rousseau, Jean Jaques 30. 101. —
Devin du village 61. 192. — Nouvelle Heloise 83. 192. — Emile 189.
Rupprecht, Joh. Bapt. 53. 102. 148.
152. 153. 159.

Saam, Frdr. 8. 28. 30. 31. 32. 39. 40.
90. 105. 150. 151. 152. 153. 161.
Sacco, Johanna 26. 27. 157.
Salis, Joh. Gaud. von S.-Seewis 1.
Sannens, Frdr. Karl 148. 151. 152.
153. 158.
Scheiger, Jos. Ign. 4. 67. 149. 152.
153. 159.
Schenk, Joh. 106.
Schibiou, Thomas 53.
Schiller, Frdr. von, Lauraoden 84. —
Würde der Frauen 73. — Bild von
Sais 111. — Die Donau in ** 7.
— Tabulae votivae 52. — Schiller
als Dramatiker 217. — Die Räuber
29. 115. — Aeneis-Übersetzung 65 f.
— Sprache 218.
Schink, Joh. Frdr. 18. 149. 152. 159.
Schisling, Fr. 60. 93. 140. 149. 160.
152. 153. 159.
Schlangenberg, Joh. Freiherr von 160.
Schlegel, Aug. Wilhelm 19. 189. —
Seine Übersetzungsmethode 65 f.
Schlegel, Frdr. 189.
Schleifer, Leop. Matth. 13. 50. 52. 54.
58. 106. 107. 112. 114. 132. 147.
150. 152. 153. 158. 161.
Schlosser, Thad. 12. 20. 22. 25. 28. 32.
34. 86. 96. 105. 107. 112 127. 149.
Schmid, Chr. Heinr., Herausgeber des
Leipziger MA 2. 10. — Anthologie
der Teutschen 57.

Schmidt, Frdr. Wilh. Aug. 49.
Schmidt, Klamer 63.
Schneider, Karl Agnell 92. 149. 152.
153. 160.
Schöpfenbrunn, Bine. Karl Ebler von
107. 150. 161.
P. Schörfer 173.
Schram, Fr. 33. 42. 150. 152. 153.
161.
Schubert, Fr. 106.
Seneca 164.
Seume, Joh. Gottfr. 166. 167. 168.
Shakspeare, Romeo und Julie 57. 85.
177. — Hamlet 29. 61. 102. 107.
Shenstone, William 1. 62.
Sined, siehe Denis.
Soldat, von einem, siehe Karl Gottl.
Hoffmann.
Sonnenfels, Jos. von 3. 4. 14. 15. 33.
36. 45. 79. 100. 112. 127. 140. 148.
152. 153—154. 171. 218. 218.
Sonnleithner, Christoph 147. 160.
Sonnleithner, Ign. 67. 145. 147. 160.
Span, Mart. 6. 15. 38. 40. 41. 46.
150. 152. 153. 161.
Spanische Literatur 4. 64. 191.
Spreihl, Joh. Edler von 40. 149.
Stadler, Josef 105.
Steffau, J. A. 57. 108.
Stein, Ant. 149. 152. 153. 160.
Steinsberg, Ritter von 35.
Sterne, Lorenz 39. 61.
Stolberg, Frdr. Leop. Graf zu 3. 4.
39. 58. 59. 88. 126. 186. 189. —
Ilias-Übersetzung 68.
Streckfuß, Karl 19.
Sturm und Drang 22 ff. 25. 29 ff. 49.
50. 75. 152. 185. 192. 193.
Stürmer, Jos. 39. 61. 112. 114. 149.
161.
Sulzer von Winterthur 148. 158.
Swift, Jonathan 21. 59. 180. 201.

Tacitus 38.
Tasso, Torquato 55.
Tibull 45. 64. 66. 165. 170. 205.
Tied, Ludw. 189.
Tompsen (Thompsen, Benj.?) 62.
Traubenberg, von 53. 149. 161.
Trogalien zur Verdauung der Xenien
185.

Ulrich von Lichtenstein 200 ff.
Umlauf, Leop. 148. 158.

Register.   225

Urbain, K. G. von 118.
Urban VIII., Papst 64.
Uz, Joh. Pet. 53. 163.

Vessel, J. G. 40. 51. 149.
Virgil 52. 68. 164. 183.
Vogel, Ant. Edler von 51. 106. 149.
Volkslieder 21. 32. 39 f.
Volkstümliche Richtung in der Lyrik 40 f. 138. 155. 193 f.
Voltaire, François Marie Arouet de 15. 24. 36. 37. 59. — Pucelle 61. — Blumauers Übersetzung der Pucelle 15. 45. 126.
Voß, Joh. Heinr. 46. 48. 55. 58. 102. — Voß als Redakteur seines MA 3. 4. 12. 24. 25. 60. 62. 155. — Übersetzungsmethode 4. 65. 66. 67. — Orthographie 13. 206.

Wachsmut von Künzingen 200 ff.
Wagemann, Bened. von 42. 48. 50. 81. 160. 153.
Wagner, Jos. Al. 149. 159.
P. Walcher, Josef 173.
Waller, Edmund 62. 65.
Walter von der Vogelweide 200 ff.
P. Waltrong 173.
Weidner, Joh. Leonhard 77. 78. 110.
Weisser, Frdr. Christoph 74. 77.
Weiße, Chr. F. 56. 66. 77. 88. 98. 101. 192. 204. — Kinderlieder 55. 92. — Bibliothek der schönen Wissenschaften 14.

Werner, Zacharias 189.
Wernike, Christian 71. 72. 77. 78. 79. 112.
Wiedmann, Karl von 50. 148. 159.
Wieland 24. 27. 28. 55. 58 f. (Komische Erzählungen, Kombabus, Der neue Amadis, Sommermärchen, Oberon, Von den ältesten Zeitkürzungsspielen). 68. 110. 123. 126. 141. 175. 178. 182. 193. — Der Teutsche Merkur 14 (siehe Merkur). — Übersetzungsmethode 66. 67.
Wieland, Sophie, vereh. Reinhold 166. 169. 173.
„Wienerblättchen", Zeitschrift 13. 46.
„Wiener Konversationsblatt", Zeitschrift 158.
Wiener Nachdrucke 49 (Gotter, Hagedorn, Hölty, Ramler). 107 (Ramler). 53 (Uz).
Wiener Schriftstellerlexikon 153.
Wienerische Theaterchronik 7.
Winkler, Jos. Karl von Mohrenfels 57. 128. 125. 143. 149. 150. 152. 153. 161.
P. Wurz, Ignatz 173.

Young, Edward 145.

Zenien 70. 186. 188.

Zachariae, Just. Frdr. Wilh. 2. 23. 55.

Berichtigungen und Zusätze.

S. 5, Z. 41 lies: „Geistesströmungen" Berlin 1875
S. 8, Z. 14 und 15 lies: Edlem statt Edlen
S. 49, Z. 7 lies: vgl. unten
S. 66, Z. 20 lies: Tibull
S. 87, Z. 3 lies: 79 top statt 97 top
S. 93, Z. 20 lies: Göttinger statt Schweizer
S. 98, Z. 10 lies: Doolin statt Bliomberis
S. 107, Z. 24 lies: ist statt sind
S. 123, Z. 32 lies: Irion statt Ilion
S. 149, Z. 30; S. 160, Z. 6 von unten lies: Reichetzer
S. 152 ist Sonnenfels fälschlich unter Niederösterreich statt unter Mähren eingereiht
S. 166, Z. 15 lies: Medea statt Hecuba
S. 183, Z. 2 lies: welchem statt welchen
S. 183, Z. 23 lies: Sprache

www.ingramcontent.com/pod-product-compliance
Lightning Source LLC
Chambersburg PA
CBHW021818230426
43669CB00008B/793